佛教研究叢書15

二萬五千頌般若經合論記要 (四)

李森田 記要

蘭臺出版社

《現觀莊嚴論》

彌勒菩薩造・法尊法師譯

《二萬五千頌般若波羅蜜多經》

玄奘譯《大般若波羅蜜多經》第二會

目　次

1

第三冊

二萬五千頌般若經合論科判(第四冊)

(大般若經第二會現觀莊嚴論合編)

[乙三] 一切智　　　　　一切智品第四
　　　　　　　　　　　　[第三事]一切智

　[丙一] 一切智自體
　　[丁一] 遠近道

　　　　　　　　　　　　[第四會]清淨品卷 545

　　　　　　　　　　　　[第四會]清淨品卷 545

　[戊三] 所治能治差別

東北方品卷438、439

示相品卷 443，成辦品卷 444，
船等喻品卷 444、445，初業品卷 445

1.歎般若能成大事　　　　　　　　　　　　　35-39

2.般若依五事說甚深　　　　　　　　　　　35-44

　　(八種甚深：生甚深、滅甚深、真如甚深、所知甚深、
　能知甚深、行甚深、無二甚深、巧便甚深)

　①聲聞人生滅疑　　　　　　②破始行菩薩有見無見執

　③中道行：以自相空方便不著有無

7.化他功德無邊

　　　　　夢行品卷 451

　(1)夢中行三三摩地有益無益　　(2)夢中業集不集成

　(3)夢中迴向成不成　　　　　　(4)明所證法甚深

　　　　　願行品卷 451

　(1)別修六波羅蜜之願　　　　　　(2)具修六波羅蜜之願

第二事

第20義

3.無漏修
(1)引發修

【第 20 義】：引發修道　20

〔義相〕：能立究竟智德之大乘無漏隨現觀，即引發修
道之相。

〔界限〕：從初地乃至十地。

[此自性殊勝，一切無作行，立法不可得，是大義利性。](頌2-25)

(此為現前成就性相之修道。)

引發修道就所相不同，差別為五，謂：

20.1.此修道自體性，是無倒見色等實性之慧。

20.2.若不由此慧攝持，布施等餘五度不能成佛，故是殊勝方便。

20.3.此慧行相，謂知一切法無勝義生，即於一切不起實有作行。

20.4.即由(如是)自性殊勝等之道，將通達諸法不可得之慧，安立於行者相
續。

20.5.令得究竟義利廣大之佛果，是大義利性。

3.無漏修
(1)引發修 【第 20 義】：引發修道

1.禮讚供養般若波羅蜜多

20.1 修道自體性是無倒見色等實性之慧

(1)稱歎般若功德

　　卷 434〈大師品 38〉：第二分大師品第三十八

　　「爾時，具壽舍利子白佛言：

　　「世尊！1.如是般若波羅蜜多能作照明，畢竟淨故；2.如是般若波羅蜜多
　　皆應敬禮，諸天人等所欽奉故；3.如是般若波羅蜜多無所染著，世間諸
　　法不能污故；4.如是般若波羅蜜多遠離一切三界瞖眩，能除煩惱諸見暗
　　故；5.如是般若波羅蜜多最為上首，於一切種菩提分法極尊勝故；6.如
　　是般若波羅蜜多能作安隱，永斷一切驚恐逼迫災橫事故；7.如是般若波
　　羅蜜多能施光明，攝受諸有情令得五眼故；8.如是般若波羅蜜多能示中
　　道，令失路者離二邊故；9.如是般若波羅蜜多善能發生一切相智，永斷
　　一切煩惱相續并習氣故；10.如是般若波羅蜜多是諸菩薩摩訶薩母，菩薩
　　所修一切佛法從此生故；11.如是般若波羅蜜多不生不滅，自相空故；12.
　　如是般若波羅蜜多離一切生死，非常非壞故；13.如是般若波羅蜜多能為
　　依怙，施諸有情正法寶故；14.如是般若波羅蜜多能成圓滿如來十力，一
　　切他論皆能伏故；15.如是般若波羅蜜多能轉三轉十二行相無上法輪，達
　　一切法無轉還故；16.如是般若波羅蜜多能示諸法無倒自性，顯了無性自
　　性空故。」*1

　　(CBETA, T07, no. 220, p. 182, a21–b13)

　　sher phyin:　v.027, p. 36808–36919　　《合論》：v50, pp. 113012–113121

(2)應云何住(供養)般若？

20.2 由此慧攝持布施等餘五度

　　卷 434〈大師品 38〉：

　　「世尊！若諸菩薩若趣菩薩乘者、若諸聲聞若趣聲聞乘者、若諸獨覺若趣
　　獨覺乘者，於此般若波羅蜜多應云何住？」

　　①供養禮敬般若如佛

　　　佛言：

「舍利子！是諸有情住此般若波羅蜜多應如大師，供養禮敬如是般若波羅蜜多應如供養禮敬大師。何以故？舍利子！大師不異般若波羅蜜多，般若波羅蜜多不異大師，大師即是般若波羅蜜多，般若波羅蜜多即是大師。

②諸聖諸善法皆由般若出故

舍利子！一切如來、應、正等覺皆由般若波羅蜜多而得出現。舍利子！一切菩薩摩訶薩、獨覺、阿羅漢乃至預流皆由般若波羅蜜多而得出現。舍利子！一切世間十善業道皆由般若波羅蜜多而得出現。舍利子！一切四靜慮、四無量、四無色定、五神通皆由般若波羅蜜多而得出現。舍利子！一切布施波羅蜜多乃至般若波羅蜜多皆由般若波羅蜜多而得出現。舍利子！一切內空乃至無性自性空，四念住乃至八聖道支，如是乃至如來十力乃至十八佛不共法，乃至一切相智，皆由般若波羅蜜多而得出現。」

2.獨讚般若之因緣

時，天帝釋作是念言：

「今舍利子何因緣故問佛此事？」念已，即白舍利子言：「大德今者有何因緣發如是問？」

(1)般若方便力能成就隨喜迴向菩提

時，舍利子告帝釋言：

「憍尸迦！諸菩薩摩訶薩由是般若波羅蜜多所攝持故，方便善巧能於過去未來現在十方世界，一切如來、應、正等覺從初發心至得無上正等菩提、轉妙法輪度無量眾、入無餘依般涅槃界乃至法滅，於其中間所有一切功德善根，若諸聲聞、獨覺、菩薩餘有情類功德善根，如是一切能以無相及無所得而為方便，合集稱量現前隨喜。既隨喜已，與諸有情平等共有迴向無上正等菩提，由是因緣故問此事。

(2)般若能導引、能攝持餘五度

「復次，憍尸迦！諸菩薩摩訶薩所學般若波羅蜜多，超勝布施、淨戒、安忍、精進、靜慮波羅蜜多無量倍數。憍尸迦！如生盲者若百、若千、若多百千，無淨眼者而為前導，猶尚不能近趣正道，況能遠至安隱豐樂國邑王都！如是布施、淨戒、安忍、精進、靜慮波羅蜜多諸生盲眾，若無般若波羅蜜多淨眼者導，尚不能趣菩薩正道，況能遠達一切智城！

「復次，憍尸迦！布施等五波羅蜜多，要由般若波羅蜜多所攝引故，名有目者。復由般若波羅蜜多所攝持故，此五方得到彼岸名。」

(3)般若具大方便力能速圓滿六度為勝

時，天帝釋便白具壽舍利子言：

「如大德說布施等五波羅蜜多，要由般若波羅蜜多所攝持故，乃得名為到彼岸者，豈不應說要由布施乃至靜慮波羅蜜多所攝持故，餘五乃得到彼岸名？若爾，何緣獨讚般若波羅蜜多？」

舍利子言：

「如是！如是！如汝所說。布施等六波羅蜜多互相攝持能到彼岸，然住般若波羅蜜多具大勢力方便善巧，能速圓滿所修布施、淨戒、安忍、精進、靜慮波羅蜜多，非住前五能辦是事，是故般若波羅蜜多於前五種為最為勝、為尊為高、為妙為微妙、為上為無上、無等無等等。由是因緣，獨讚般若超勝餘五波羅蜜多。」

(CBETA, T07, no. 220, p. 182, b[13]–p. 183, a[9])

sher phyin: v.027, p. 369[19]–373[09] 《合論》：v50, pp. 1132[01]–1135[04]

3.般若生 (觀諸法不生)

20.3 知一切法無勝義生，不起實有作行

(1)云何引發般若？

卷 434〈大師品 38〉：

爾時，舍利子白佛言：「世尊！諸菩薩摩訶薩云何應引發般若波羅蜜多？」

①諸法不生故般若生

佛言：

「舍利子！諸菩薩摩訶薩不為引發色乃至識故，應引發般若波羅蜜多；不為引發眼處乃至意處故，應引發般若波羅蜜多；不為引發色處乃至法處故，應引發般若波羅蜜多；不為引發眼界乃至意界故，應引發般若波羅蜜多；不為引發色界乃至法界故，應引發般若波羅蜜多；不為引發眼識界乃至意識界故，應引發般若波羅蜜多；不為引發眼觸乃至意觸故，應引發般若波羅蜜多；不為引發眼觸為緣所生諸受乃至意觸為緣所生諸受故，應引發般若波羅蜜多；不為引發布施波羅蜜多乃至般若波羅蜜多故，應引發般若波羅蜜多；不為引發內空乃至無性自性空故，應引發般若波羅蜜多；不為引發四念住乃至八聖道支故，應引發般若波羅蜜多；如是乃至不為引發如來十力乃至十八佛不共法故，應引發般若波羅蜜多；不為引發一切智、道相智、一切相智故，應引發般若波羅蜜多；不為引發一切法故，應引發般若波羅蜜多。」

②云何觀諸法不生？

時，舍利子白言：

「世尊！諸菩薩摩訶薩云何不為引發色乃至一切法故，應引發般若波羅蜜多？」

佛言：

「舍利子！以色乃至一切法無作、無生、無得、無壞，無自性故，諸菩薩摩訶薩不為引發色乃至一切法故，應引發般若波羅蜜多。」*2

(CBETA, T07, no. 220, p. 183, a^{10}–b^{6})

sher phyin: v.027, p. 373^{09}–375^{08}　《合論》: v50, pp. 1135^{05}–1136^{19}

(2)無生故無合

20.4 將通達諸法不可得之慧，安立於行者相續

①般若於諸法無生相故無所合

卷434〈大師品38〉: 時，舍利子復白佛言：

「世尊！諸菩薩摩訶薩如是引發般若波羅蜜多與何法合？」

佛言：

「舍利子！諸菩薩摩訶薩如是引發般若波羅蜜多不與一切法合，以不合故得名般若波羅蜜多。」

舍利子言：「如是般若波羅蜜多不與何等一切法合？」

世尊告曰：

「如是般若波羅蜜多，不與善法合，不與非善法合；不與世間法合，不與出世間法合；不與有漏法合，不與無漏法合；不與有罪法合，不與無罪法合；不與有為法合，不與無為法合。何以故？舍利子！如是般若波羅蜜多於一切法無所得故，不可說與如是法合。」(諸法畢竟無生故)

②般若與諸法合亦無所合

❶般若與一切相智無所得故不合

時，天帝釋白佛言：

「世尊！如是般若波羅蜜多豈亦不與一切相智合？」

佛言：

「憍尸迦！如是！如是！如汝所說。如是般若波羅蜜多亦不與一切相智合，由此於彼無所得故。」(諸法畢竟無生故)

❷如是合亦無所合

1.非如凡夫取相合

(問)「世尊！云何般若波羅蜜多於一切相智無合亦無得？」

(佛言)「憍尸迦！非般若波羅蜜多於一切相智如名、如相、如其所
作、有合有得。」(非如凡夫所說之合)

2.應如佛不取相合

(問)「世尊！云何般若波羅蜜多於一切相智亦可說有合有得？」

(佛言)「憍尸迦！由般若波羅蜜多於一切相智如名相等，無受無取、
無住無斷、無執無捨，如是合得，而無合得。」*3

憍尸迦！如是般若波羅蜜多於一切法亦如名相等，無受無
取、無住無斷、無執無捨，如是合得，而無合得。」*3

❸帝釋解所說義

時，天帝釋復白佛言：

「希有！世尊！如是般若波羅蜜多為一切法無生無滅、無作無成、無
得無壞，無自性故，而現在前，雖有合有得，而無合無得，如是理
趣不可思議。」

(3)取相或著無俱失般若

①取相(有所得)分別合不合，則失般若

爾時，具壽善現白佛言：

「世尊！若菩薩摩訶薩修行般若波羅蜜多時，起如是想：『如是般若波
羅蜜多與諸法合，或不與諸法合。』是菩薩摩訶薩俱捨般若波羅蜜多，
俱遠般若波羅蜜多。」

②若著空無所有，亦失般若

佛言：

「善現！復有因緣，諸菩薩摩訶薩捨遠般若波羅蜜多，謂菩薩摩訶薩修
行般若波羅蜜多時，起如是想：『如是般若波羅蜜多，無所有、非真
實、不堅固、不自在。』是菩薩摩訶薩捨遠般若波羅蜜多。」

4.明信般若 (信般若則不信諸法)

具壽善現復白佛言：

「世尊！若菩薩摩訶薩信般若波羅蜜多時，為不信何法？」

佛言：

「善現！若菩薩摩訶薩信般若波羅蜜多時，則不信色，不信受、想、行、識；
不信眼處，不信耳、鼻、舌、身、意處；不信色處，不信聲、香、味、觸、
法處；不信眼界，不信耳、鼻、舌、身、意界；不信色界，不信聲、香、
味、觸、法界；不信眼識界，不信耳、鼻、舌、身、意識界；不信眼觸，
不信耳、鼻、舌、身、意觸；不信眼觸為緣所生諸受，不信耳、鼻、舌、

身、意觸為緣所生諸受；不信布施波羅蜜多，不信淨戒、安忍、精進、靜慮波羅蜜多；不信內空，不信外空、內外空、空空、大空、勝義空、有為空、無為空、畢竟空、無際空、散無散空、本性空、自共相空、一切法空、不可得空、無性空、自性空、無性自性空；不信四念住，不信四正斷、四神足、五根、五力、七等覺支、八聖道支；如是乃至不信佛十力，不信四無所畏、四無礙解、大慈、大悲、大喜、大捨、十八佛不共法；不信預流果，不信一來、不還、阿羅漢果；不信獨覺菩提；不信一切菩薩摩訶薩行，不信諸佛無上正等菩提；不信一切智，不信道相智、一切相智。」

時，具壽善現復白佛言：

「世尊！云何菩薩摩訶薩信般若波羅蜜多時，則不信色，廣說乃至不信一切相智？」

佛言：

「善現！諸菩薩摩訶薩修行般若波羅蜜多時，觀一切色不可得故，雖信般若波羅蜜多而不信色，廣說乃至觀一切相智不可得故，雖信般若波羅蜜多，而不信一切相智。是故，善現！諸菩薩摩訶薩信般若波羅蜜多時，則不信色，廣說乃至不信一切相智。」(CBETA, T07, no. 220, p. 183, b⁶–p. 184, a¹⁴)

sher phyin: v.027, p. 375⁰⁸–380¹⁰ 《合論》：v50, pp. 1136²⁰–1141⁰⁵

5.般若波羅蜜多是大波羅蜜多

20.5 令得究竟義利廣大之佛果

卷434〈大師品38〉：爾時，具壽善現白佛言：

「世尊！如是般若波羅蜜多是大波羅蜜多。」

佛言：「善現！汝緣何意作如是說：如是般若波羅蜜多是大波羅蜜多？」

(1)以五門釋大波羅蜜多

①不分別諸法大小等，是名大波羅蜜多

善現對曰：

❶不作大不作小

「世尊！由此般若波羅蜜多，於色乃至識不作大不作小*4，於眼處乃至意處不作大不作小，於色處乃至法處不作大不作小，於眼界乃至意界不作大不作小，於色界乃至法界不作大不作小，於眼識界乃至意識界不作大不作小，於眼觸乃至意觸不作大不作小，於眼觸為緣所生諸受乃至意觸為緣所生諸受不作大不作小，於布施波羅蜜多乃至般若波羅蜜多不作大不作小，於內空乃至無性自性空不作大不作小，於四念住乃至八聖道支不作大不作小，如是乃至於佛十力乃至

十八佛不共法不作大不作小，於佛無上正等菩提不作大不作小，於諸如來、應、正等覺不作大不作小。世尊！我緣此意，故說般若波羅蜜多是大波羅蜜多。

❷不作集不作散

「復次，世尊！由此般若波羅蜜多於色不作集不作散*5，於受、想、行、識不作集不作散，如是乃至於佛無上正等菩提不作集不作散，於諸如來、應、正等覺不作集不作散。世尊！我緣此意，故說般若波羅蜜多是大波羅蜜多。

❸不作量不作非量

「復次，世尊！由此般若波羅蜜多於色不作量不作非量*6，於受、想、行、識不作量不作非量，如是乃至於佛無上正等菩提不作量不作非量，於諸如來、應、正等覺不作量不作非量。世尊！我緣此意，故說般若波羅蜜多是大波羅蜜多。

❹不作廣不作狹

「復次，世尊！由此般若波羅蜜多於色不作廣不作狹*7，於受、想、行、識不作廣不作狹，如是乃至於佛無上正等菩提不作廣不作狹，於諸如來、應、正等覺不作廣不作狹。世尊！我緣此意，故說般若波羅蜜多是大波羅蜜多。

❺不作強不作弱

「復次，世尊！由此般若波羅蜜多於色不作強不作弱*8，於受、想、行、識不作強不作弱，如是乃至於佛無上正等菩提不作強不作弱，於諸如來、應、正等覺不作強不作弱。世尊！我緣此意，故說般若波羅蜜多是大波羅蜜多。

②著「不作大小」等相，亦失般若，不得無上菩提

❶依止般若等，起「作大小、不作大小」等想，非行般若

1.「不作大、不作小」想

「復次，世尊！若菩薩摩訶薩新趣大乘依止般若乃至布施波羅蜜多，起如是想：『如是般若波羅蜜多於色不作大不作小，於受、想、行、識亦不作大不作小，乃至於佛無上正等菩提不作大不作小，於諸如來、應、正等覺亦不作大不作小。如是般若波羅蜜多於色不作集不作散，於受、想、行、識亦不作集不作散，乃至於佛無上正等菩提不作集不作散，於諸如來、應、正等覺亦不作集不作散。如是般若波羅蜜多於色不作量不作非量，於受、想、行、

識亦不作量不作非量，乃至於佛無上正等菩提不作量不作非量，於諸如來、應、正等覺亦不作量不作非量。如是般若波羅蜜多於色不作廣不作狹，於受、想、行、識亦不作廣不作狹，乃至於佛無上正等菩提不作廣不作狹，於諸如來、應、正等覺亦不作廣不作狹。如是般若波羅蜜多於色不作強不作弱，於受、想、行、識亦不作強不作弱，乃至於佛無上正等菩提不作強不作弱，於諸如來、應、正等覺亦不作強不作弱。』世尊！是菩薩摩訶薩由起此想非行般若波羅蜜多。

2.「作大、作小」想

「復次，世尊！若菩薩摩訶薩新趣大乘依止般若乃至布施波羅蜜多，起如是想：『如是般若波羅蜜多於色作大作小，於受、想、行、識亦作大作小，乃至於佛無上正等菩提作大作小，於諸如來、應、正等覺亦作大作小。如是般若波羅蜜多於色作集作散，於受、想、行、識亦作集作散，乃至於佛無上正等菩提作集作散，於諸如來、應、正等覺亦作集作散。如是般若波羅蜜多於色作量作非量，於受、想、行、識亦作量作非量，乃至於佛無上正等菩提作量作非量，於諸如來、應、正等覺亦作量作非量。如是般若波羅蜜多於色作廣作狹，於受、想、行、識亦作廣作狹，乃至於佛無上正等菩提作廣作狹，於諸如來、應、正等覺亦作廣作狹。如是般若波羅蜜多於色作強作弱，於受、想、行、識亦作強作弱，乃至於佛無上正等菩提作強作弱，於諸如來、應、正等覺亦作強作弱。』世尊！是菩薩摩訶薩由起此想非行般若波羅蜜多。

❷不依止般若等，起「作大小、不作大小」等想，非行般若

1.「不作大、不作小」想

「復次，世尊！若菩薩摩訶薩新趣大乘不依般若乃至布施波羅蜜多，起如是想：『如是般若波羅蜜多於色不作大不作小，於受、想、行、識亦不作大不作小，乃至於佛無上正等菩提不作大不作小，於諸如來、應、正等覺亦不作大不作小。如是般若波羅蜜多於色不作集不作散，於受、想、行、識亦不作集不作散，乃至於佛無上正等菩提不作集不作散，於諸如來、應、正等覺亦不作集不作散。如是般若波羅蜜多於色不作量不作非量，於受、想、行、識亦不作量不作非量，乃至於佛無上正等菩提不作量不作非量，於諸如來、應、正等覺亦不作量不作非量。如是般若波羅蜜多於

色不作廣不作狹，於受、想、行、識亦不作廣不作狹，乃至於佛無上正等菩提不作廣不作狹，於諸如來、應、正等覺亦不作廣不作狹。如是般若波羅蜜多於色不作強不作弱，於受、想、行、識亦不作強不作弱，乃至於佛無上正等菩提不作強不作弱，於諸如來、應、正等覺亦不作強不作弱。』世尊！是菩薩摩訶薩由起此想非行般若波羅蜜多。

2. 「作大、作小」想

「復次，世尊！若菩薩摩訶薩新趣大乘不依般若乃至布施波羅蜜多，起如是想：『如是般若波羅蜜多於色作大作小，於受、想、行、識亦作大作小，乃至於佛無上正等菩提作大作小，於諸如來、應、正等覺亦作大作小。如是般若波羅蜜多於色作集作散，於受、想、行、識亦作集作散，乃至於佛無上正等菩提作集作散，於諸如來、應、正等覺亦作集作散。如是般若波羅蜜多於色作量作非量，於受、想、行、識亦作量作非量，乃至於佛無上正等菩提作量作非量，於諸如來、應、正等覺亦作量作非量。如是般若波羅蜜多於色作廣作狹，於受、想、行、識亦作廣作狹，乃至於佛無上正等菩提作廣作狹，於諸如來、應、正等覺亦作廣作狹。如是般若波羅蜜多於色作強作弱，於受、想、行、識亦作強作弱，乃至於佛無上正等菩提作強作弱，於諸如來、應、正等覺亦作強作弱。』世尊！是菩薩摩訶薩由起此想非行般若波羅蜜多。

❸ 起「作大小、不作大小」等想，皆非般若*9

「何以故？」

「世尊！若菩薩摩訶薩起如是想：『如是般若波羅蜜多於色若作大小、不作大小，於受、想、行、識若作大小、不作大小，乃至於佛無上正等菩提若作大小、不作大小，於諸如來、應、正等覺若作大小、不作大小。如是般若波羅蜜多於色若作集散、不作集散，於受、想、行、識若作集散、不作集散，乃至於佛無上正等菩提若作集散、不作集散，於諸如來、應、正等覺若作集散、不作集散。如是般若波羅蜜多於色若作量非量、不作量非量，於受、想、行、識若作量非量、不作量非量，乃至於佛無上正等菩提若作量非量、不作量非量，於諸如來、應、正等覺若作量非量、不作量非量。如是般若波羅蜜多於色若作廣狹、不作廣狹，於受、想、行、識若作廣狹、不作廣狹，乃至於佛無上正等菩提若作廣狹、不作廣狹，於諸如來、

應、正等覺若作廣狹、不作廣狹。如是般若波羅蜜多於色若作強弱、不作強弱，於受、想、行、識若作強弱、不作強弱，乃至於佛無上正等菩提若作強弱、不作強弱，於諸如來、應、正等覺若作強弱、不作強弱。』

世尊！如是一切皆非般若波羅蜜多等流果故。

③以有所得故，不能得無上菩提

「世尊！若菩薩摩訶薩起如是想：『如是般若波羅蜜多於色若作大小、不作大小，於受、想、行、識若作大小、不作大小，乃至於佛無上正等菩提若作大小、不作大小，於諸如來、應、正等覺若作大小、不作大小。如是般若波羅蜜多於色若作集散、不作集散，於受、想、行、識若作集散、不作集散，乃至於佛無上正等菩提若作集散、不作集散，於諸如來、應、正等覺若作集散、不作集散。如是般若波羅蜜多於色若作量非量、不作量非量，於受、想、行、識若作量非量、不作量非量，乃至於佛無上正等菩提若作量非量、不作量非量，於諸如來、應、正等覺若作量非量、不作量非量。如是般若波羅蜜多於色若作廣狹、不作廣狹，於受、想、行、識若作廣狹、不作廣狹，乃至於佛無上正等菩提若作廣狹、不作廣狹，於諸如來、應、正等覺若作廣狹、不作廣狹。如是般若波羅蜜多於色若作強弱、不作強弱，於受、想、行、識若作強弱、不作強弱，乃至於佛無上正等菩提若作強弱、不作強弱，於諸如來、應、正等覺若作強弱、不作強弱。』

世尊！是菩薩摩訶薩名大有所得，非行般若波羅蜜多。

何以故？

非有所得想能證無上正等菩提故。*10

(2)以十門釋大波羅蜜多

「所以者何？

①無生

「世尊！有情無生故，當觀般若波羅蜜多亦無生；色無生故，當觀般若波羅蜜多亦無生；受、想、行、識無生故，當觀般若波羅蜜多亦無生；如是乃至諸佛無上正等菩提無生故，當觀般若波羅蜜多亦無生；一切如來、應、正等覺無生故，當觀般若波羅蜜多亦無生。*11

②無自性

「世尊！有情無自性故，當觀般若波羅蜜多亦無自性；色無自性故，當觀般若波羅蜜多亦無自性；受、想、行、識無自性故，當觀般若波羅

蜜多亦無自性；如是乃至諸佛無上正等菩提無自性故，當觀般若波羅蜜多亦無自性；一切如來、應、正等覺無自性故，當觀般若波羅蜜多亦無自性。

③無所有

「世尊！有情無所有故，當觀般若波羅蜜多亦無所有；色無所有故，當觀般若波羅蜜多亦無所有；受、想、行、識無所有故，當觀般若波羅蜜多亦無所有；如是乃至諸佛無上正等菩提無所有故，當觀般若波羅蜜多亦無所有；一切如來、應、正等覺無所有故，當觀般若波羅蜜多亦無所有。

④空

「世尊！有情空故，當觀般若波羅蜜多亦空；色空故，當觀般若波羅蜜多亦空；受、想、行、識空故，當觀般若波羅蜜多亦空；如是乃至諸佛無上正等菩提空故，當觀般若波羅蜜多亦空；一切如來、應、正等覺空故，當觀般若波羅蜜多亦空。

⑤遠離

「世尊！有情遠離故，當觀般若波羅蜜多亦遠離；色遠離故，當觀般若波羅蜜多亦遠離；受、想、行、識遠離故，當觀般若波羅蜜多亦遠離；如是乃至諸佛無上正等菩提遠離故，當觀般若波羅蜜多亦遠離；一切如來、應、正等覺遠離故，當觀般若波羅蜜多亦遠離。

⑥不可得

「世尊！有情不可得故，當觀般若波羅蜜多亦不可得；色不可得故，當觀般若波羅蜜多亦不可得；受、想、行、識不可得故，當觀般若波羅蜜多亦不可得；如是乃至諸佛無上正等菩提不可得故，當觀般若波羅蜜多亦不可得；一切如來、應、正等覺不可得故，當觀般若波羅蜜多亦不可得。

⑦不可思議

「世尊！有情不可思議故，當觀般若波羅蜜多亦不可思議；色不可思議故，當觀般若波羅蜜多亦不可思議；受、想、行、識不可思議故，當觀般若波羅蜜多亦不可思議；如是乃至諸佛無上正等菩提不可思議故，當觀般若波羅蜜多亦不可思議；一切如來、應、正等覺不可思議故，當觀般若波羅蜜多亦不可思議。

⑧無壞滅

「世尊！有情無壞滅故，當觀般若波羅蜜多亦無壞滅；色無壞滅故，當

觀般若波羅蜜多亦無壞滅；受、想、行、識無壞滅故，當觀般若波羅蜜多亦無壞滅；如是乃至諸佛無上正等菩提無壞滅故，當觀般若波羅蜜多亦無壞滅；一切如來、應、正等覺無壞滅故，當觀般若波羅蜜多亦無壞滅。

⑨無覺知

「世尊！有情無覺知故，當觀般若波羅蜜多亦無覺知；色無覺知故，當觀般若波羅蜜多亦無覺知；受、想、行、識無覺知故，當觀般若波羅蜜多亦無覺知；如是乃至諸佛無上正等菩提無覺知故，當觀般若波羅蜜多亦無覺知；一切如來、應、正等覺無覺知故，當觀般若波羅蜜多亦無覺知。

⑩力不成就

「世尊！有情力不成就故，當觀般若波羅蜜多亦力不成就；色力不成就故，當觀般若波羅蜜多亦力不成就；受、想、行、識力不成就故，當觀般若波羅蜜多亦力不成就；如是乃至諸佛無上正等菩提力不成就故，當觀般若波羅蜜多亦力不成就；一切如來、應、正等覺力不成就故，當觀般若波羅蜜多亦力不成就。*12

世尊！我緣此意，故說菩薩摩訶薩般若波羅蜜多是大波羅蜜多。」

(CBETA, T07, no. 220, p. 184, a^{15}–p. 186, c^{9})

sher phyin: v.027, p. 380^{10}–387^{02} 《合論》：v50, pp. 1141^{06}–1146^{02}

註解：

*1 般若波羅蜜諸功德

(1)能顯說諸法實相，無戲論無垢濁，畢竟清淨，故能遍照一切五種法藏。(有為法(過去、現在、未來)、無為法、不可說法) (第九義*14)

(2)能守護菩薩，救其苦惱，成其所願，為天人所禮敬。

(3)世間中貪瞋痴三毒所不能染污。

(4)能除百八煩惱及六十二見等暗。

(5)一切菩提分法以般若波羅蜜為上首。

(6)能斷生老病死等諸驚恐逼迫災橫事，令作安隱。

(7)令有情得五眼，能施光明。

(8)能示中道，令墮邪見者離有無二邊。

(9)能生一切相智，住金剛三昧，斷一切煩惱習氣；能知一切相智之因緣：諸法之總相、別相。

(10)十方三世無量諸佛法皆從此生。

(11)不生不滅，以諸法自相空故。

(12)常、斷(壞)是諸見本，諸見是諸結使本，諸結使是一切生死中苦本。

(13)能令有情信三寶得世間、出世間樂。

(14)能圓滿如來十力，能伏他不為他所壞。

(15)能轉三轉十二行相法輪。

　　　於諸法不生故不轉生死中，於諸法不滅故不還入涅槃。

(16)能示諸法無倒自性，不取有不取無，離有無即是諸法性，顯了無性自性空(無法有法空)。

　　如是等無量因緣，讚歎般若。

*2 色等因緣和合起，行者知色虛妄，不令起(無作)。不起故不生，不生故不得，不得故不失(壞)。

*3 如是合得，而無合得

(1)佛為破斷滅說故說合，但不如凡夫取相、著名、作起有為法之合。

(2)應如佛心之合：

　①無受：諸法有無常等過失，故不受。

　②無取：一切相虛誑，故不取。　　　　③無住：心緣世間皆動相，故不住。

　④無著：能生種種苦惱，後變異，故不著，無執無捨。

　⑤無斷：世間果報不實，如幻如夢，無所滅故不斷。

　佛不著法不生高心，入畢竟空中，深入大悲以救眾生，故行者應如佛心說合。

*4 不作大不作小

　心於諸法中隨意作大小。

(1)如心急時心小，安樂時心大；八背捨中，隨心故外色或大或小。

(2)或於眼見色中，和合相關之動作、長短、數量及差別相，亦同認為是色，以此五法故作大(擴大色之解釋)。而以可見者為色，見不到的不名為色，故作小；或以微塵常是真，麁色虛誑非真但有假名為色，故「色作小」。

　凡夫於色等或作大或作小，隨憶想分別故，破諸法性。

　般若波羅蜜多隨色性如實觀，不作大、不作小。

*5 不作集不作散　(不合不散)

　　般若波羅蜜中，不以微塵合故有麁色生，但有假名，無有定相色；亦不以麁色散故還歸微塵，
　　是故言「不合不散」。(色是作法，有生滅相，有分別籌量多少，不得言「不合不散」。)

*6 不作量不作非量

　　色無邊故無量，無處不有色、無時不有色，故無有量。

　　凡夫以空故說無量，以實故說有量；般若波羅蜜多遠離空、實，故言「非量非無量」。

*7 不作廣不作狹

　　凡夫隨心憶想得解，故於色作廣、作狹。

　　般若波羅蜜多觀諸法實相，不隨心故非廣非狹。

*8 不作強不作弱　(不作有力、無力)

　　凡夫不知和合因緣生諸法，故言色有力。

　　　如合眾縷以為繩，而說繩有力；又如牆崩殺人而言牆有力。若各各分散，則無有力。

　　般若波羅蜜，知和合相，不說一法有力，不說言無力。

*9 起「作大小、不作大小」想皆非般若

　(1)般若與五度和合功德具足

　　　若菩薩不遠離六波羅蜜，色等諸法不作大不作小。

　　　若只行般若波羅蜜則心亂不調順，多生疑悔邪見，失般若波羅蜜相。

　　　若與五波羅蜜合行則能成辦眾事。

　(2)離五度行般若

　　　若離五波羅蜜多，行般若波羅蜜多，

　　　①分別色等諸法若大若小等，是人即墮有所得，墮有邊中；

　　　②若於色等諸法無所分別若大若小，離五波羅蜜，則著是不大不小等空相。

　　　先分別諸法大小，有所得為失；今著不大不小等空相，亦是失。

*10 非有所得想

　(1)若菩薩摩訶薩行般若波羅蜜多時，以有所得故生諸戲論，作色大、作色小，乃至諸佛作強作
　　　弱，有大過失。無上正等菩提是寂滅相、無所得相、畢竟清淨相。以有所得故不能得無上菩
　　　提。

　(2)第九義 9.1.9

　　　「一切智智無造無作，一切有情亦無造無作，畢竟不可得故。」

　　　　作法有生滅相，無作則無生滅。作法為用，無作法為體。作無以自立，依無作而立，無作
　　　　無以顯現，依作法而顯現，如波無水不立，水無波不見。

　(3)《大寶積經・無邊莊嚴會》卷4

　　　　法無有起，不自在故；法無觀待，捨圓滿故；法無作用，無去來故；法無自性，超過一切自
　　　　性法故；法本平等無有差別，無戲論故。

*11 無生

　　破我之顛倒，故有情不生。般若波羅蜜亦如眾生相，不生不滅。

　　人、法二法因緣和合生，但有假名，無有定性。無定性即是無生，故知色等法無生。

*12 力不成就

(1)諸法從因緣和合生，各各無自力(力不成就)。

般若波羅蜜多，知諸法無自力，無自力故無自性，無自性故空。

般若波羅蜜多從諸法生，故無自力，無自力故，亦同諸法畢竟空。

故說有情與法力不成就故，般若波羅蜜多力亦不成就。

(2)前說「般若波羅蜜多觀諸法(於色等)，不作強(有力)不作弱(無力)。」若般若波羅蜜多能作

如是觀，即是有大力。

(大波羅蜜)

此中所說不同，故有情力不成就，當觀般若波羅蜜多亦力不成就。

第二事

第21義

(2)清淨修

【第 21 義】：清淨修道　21

〔義相〕：能立究竟斷德之大乘無漏隨現觀，即清淨
修道之相。

〔界限〕：從初地乃至十地。

①因差別　21.1

[依佛及施等，善巧諸方便，此是勝解因。諸法衰損因，](頌2-26)
[謂魔所魅著，不信解深法，執著五蘊等，惡友所攝持。](頌2-27)

以善攝及捨所得之清淨性相，其生與不生之因為何？

(21.1.1)順緣

(1)外緣親近諸佛；

(2)內緣修行施等波羅蜜多；

(3)及善巧方便止觀雙運。

是於清淨修道勝解之因或順緣。

(21.1.2)違緣

此清淨修道等法衰損之因或違緣者，謂：

(1)被魔所魅著；

(2)及惡友所攝受，是外違緣；

(3)若種性下劣不能信解深法；

(4)及根器下劣執著五蘊等實有，是內違緣。

此等即不生清淨修道之因也。

②境差別　21.2

[果法清淨性，即色等清淨，以彼二無異，不可分故淨。](頌2-28)

(21.2.1)(凡聖補特伽羅之)沙門果解脫道，由自因無間道斷垢之清淨；

(21.2.2)彼境色等亦由彼垢斷而清淨，以由一種所治遠離(耽執我)所成之 (果與色等)二種清淨，自性無異，亦不可用異理分別令異，故說 為一種清淨。

③果差別　21.3

[惑所知三道，斷故為弟子，麟喻佛子淨，佛一切最淨。](頌2-29)

(21.3.1)聲聞阿羅漢解脫道，由自所治品之清淨，即聲聞弟子之清淨， 以是唯斷貪等煩惱所顯之清淨故。

(21.3.2)獨覺者為麟喻之清淨，是斷煩惱及斷所取分別一分所知障所顯 之清淨故。

(21.3.3)聖位菩薩者，為聖佛子之清淨，是斷煩惱障能取所取分別三道 垢所顯之清淨故。

(21.3.4)最極清淨法界所出生之佛果滅諦，即無上佛陀之清淨，是一切 種斷煩惱所知二障及習氣所顯之清淨故。

④自性差別
❶清淨差別　21.4

[對治九地中，上上等諸垢，謂由下下等，諸道能清淨。](頌2-30)

有作是念：此非說二乘清淨之時，云何於此宣說清淨之餘而說 佛與 二乘是否最清淨耶？

答：亦可述此差別，以於三界九地中，對治修所斷能取所取分別上上 品諸垢，其對治自性，如其次第，謂大乘修道下下品等道，能清 淨二障，二乘不能斷二障故。

❷佛清淨　21.5

[由斷諍門中，道能量所量，由是平等性，遍對治三界。](頌2-31)

　　佛清淨為最清淨者，由於能治所治次第斷過門中，許大乘修道 由能量之智與所量實空平等性故，是能盡清淨三界諸障之真對治故。(以三界行相之知所知二者不可得而為等同，是彼全部之對治本質。)

　　此處之諍者，謂：下下等九種修道，斷除上上等九種實執，不應道理，譬如羸劣士夫不能摧伏強力怨敵，於劣怨敵不須強力士夫。如是下品修道不能斷除上品實執，斷下品實執不須上品修道故。

　　答云：無過，譬如浣衣，洗除粗垢，不待勤勞，洗除細垢，須大劬勞，
　　　　如是能治所治亦應理故。

(2)清淨修 【第 21 義】：清淨修道

1.云何得信解甚深般若

21.1 因差別

(21.1.1)順緣

卷 434〈地獄品 39〉：「第二分地獄品第三十九之一

(1)舍利子問

爾時，具壽舍利子白佛言：

「世尊！若菩薩摩訶薩於此般若波羅蜜多能信解者，是菩薩摩訶薩

　　1.從何處沒來生此間？

　　2.發趣無上正等菩提已經幾時？

　　3.曾親供養幾所如來、應、正等覺？

　　4.修習布施乃至般若波羅蜜多為已久如？

　　云何信解如是般若波羅蜜多甚深義趣？」

(2)佛說

　①明所具因緣

**　　　　　　　(I)外緣親近諸佛　　　(II)內緣修行施等波羅蜜多**

佛告舍利子：

「若菩薩摩訶薩於此般若波羅蜜多能信解者，

　　1.是菩薩摩訶薩從十方殑伽沙等世界無量無數無邊如來、應、正等覺
　　　法會中沒，來生此間。

　　2.是菩薩摩訶薩發趣無上正等菩提，已經無量無數無邊百千俱胝那庾
　　　多劫。

　　3.是菩薩摩訶薩已曾親近供養無量無數無邊不可思議不可稱量如
　　　來、應、正等覺。

　　4.是菩薩摩訶薩從初發心，常勤修習布施、淨戒、安忍、精進、靜慮、
　　　般若波羅蜜多，已經無量無數無邊百千俱胝那庾多劫。

　②以無相無二無所得為方便隨順信解般若 (如見佛聞法)

　　　舍利子！是菩薩摩訶薩若見、若聞如是般若波羅蜜多，便作是念：『我
　　　見大師，聞大師說。』舍利子！是菩薩摩訶薩以無相、無二、無所得
　　　為方便，能正信解如是般若波羅蜜多甚深義趣。」*1

2.所信般若無聞無見

爾時，具壽善現白佛言：

「世尊！如佛所說。是菩薩摩訶薩若見、若聞如是般若波羅蜜多，便作是念：
『我見大師，聞大師說。』世尊！甚深般若波羅蜜多為有能聞、能見者不？」

佛言：

「善現！甚深般若波羅蜜多實無能聞及能見者。何以故？善現！甚深般若波
羅蜜多實非所聞、所見法故。善現！般若波羅蜜多無見無聞，諸法鈍故，
乃至布施波羅蜜多無見無聞，諸法鈍故；內空無見無聞，諸法鈍故，乃至
無性自性空無見無聞，諸法鈍故；四念住無見無聞，諸法鈍故，乃至八聖
道支無見無聞，諸法鈍故；如是乃至如來十力無見無聞諸法鈍故，乃至十
八佛不共法無見無聞，諸法鈍故；諸佛無上正等菩提無見無聞，諸法鈍故，
一切如來、應、正等覺無見無聞，諸法鈍故。」*2

(CBETA, T07, no. 220, p. 186, c^{11}–p. 187, a^{16})

sher phyin:　v.027, pp. 387^{03}–390^{08}　《合論》：v50, pp. 1146^{03}–1148^{17}

3.有新學能修般若，亦有久學不能修般若

(III)善巧方便止觀雙運

卷 434〈地獄品 39〉：

「具壽善現復白佛言：「世尊！諸菩薩摩訶薩已於無上正等菩提積行久如，
乃能修學甚深般若波羅蜜多？」

(1)從初發心即能修學般若

佛言：

「善現！於此事中應分別說。善現！有菩薩摩訶薩從初發心即能修學甚深
般若波羅蜜多，亦能修學靜慮、精進、安忍、淨戒、布施波羅蜜多。善
現！是菩薩摩訶薩有方便善巧故，不壞諸法，不見諸法有增有減。常不
遠離布施波羅蜜多乃至般若波羅蜜多相應正行，常不遠離諸佛世尊及諸
菩薩摩訶薩眾。從一佛國趣一佛國，欲以種種上妙供具，供養恭敬、尊
重讚歎諸佛世尊及諸菩薩摩訶薩等，隨意能辦，亦能於彼諸如來所種諸
善根，令速圓滿。是菩薩摩訶薩隨受身處，不墮母腹胞胎中生。心常不
與煩惱雜住，亦曾不起二乘之心。是菩薩摩訶薩常不遠離殊勝神通，從
一佛國至一佛國，成熟有情、嚴淨佛土。善現！是菩薩摩訶薩能正修學
甚深般若波羅蜜多。」*3　(CBETA, T07, no. 220, p. 187, a^{16}–b^{5})

sher phyin:　v.027, pp. 390^{09}–391^{11}　《合論》：v50, pp. 1148^{18}–1149^{21}

卷 435〈地獄品 39〉：「第二分地獄品第三十九之二

(2)雖是久學不能修學般若，以有所得故

21-5

(21.1.2)違緣

①明謗捨般若之行

「善現！有菩薩摩訶薩雖曾見佛若百、若千、若多百千，於彼諸佛及弟子所亦多修行布施、淨戒、安忍、精進、靜慮、般若，而有所得為方便故，不能修學甚深般若波羅蜜多乃至布施波羅蜜多。善現！是菩薩摩訶薩聞說如是甚深般若波羅蜜多，便從坐起捨眾而去。善現！是菩薩摩訶薩輕慢如是甚深般若波羅蜜多，亦輕慢佛，既捨如是甚深般若波羅蜜多，亦捨諸佛。善現！今此眾中亦有彼類，聞我宣說甚深般若波羅蜜多，心不悅可捨眾而去。所以者何？是善男子、善女人等，先世聞說甚深般若波羅蜜多已曾捨去，今世聞說如是般若波羅蜜多，由宿習力還復捨去。

「善現！是善男子、善女人等，於此所說甚深般若波羅蜜多，身、語及心皆不和合，由斯造作增長愚癡、惡慧罪業。彼由造作增長愚癡、惡慧罪業，聞說如是甚深般若波羅蜜多，即便毀謗障礙棄捨。彼既毀謗障礙棄捨如是般若波羅蜜多，則為毀謗障礙棄捨過去未來現在諸佛一切相智。

②明謗捨般若之報

❶先受地獄苦

彼由毀謗障礙棄捨過去未來現在諸佛一切相智，即便造作增長能感匱正法業。彼由造作增長能感匱正法業，墮大地獄*4 經歷多歲，若多百歲、若多千歲、若多百千歲、若多俱胝歲、若多百俱胝歲、若多千俱胝歲、若多百千俱胝歲、若多百千俱胝那庾多歲，大地獄中受諸楚毒猛利大苦。彼罪重故，於此世界從一大地獄至一大地獄，乃至火劫、水劫、風劫未起已來，受諸楚毒猛利大苦。若此世界火劫、水劫、風劫起時，彼匱法業猶未盡故，死已轉生他方世界，與此同類大地獄中經歷多歲，若多百歲、若多千歲，乃至若多百千俱胝那庾多歲，大地獄中受諸楚毒猛利大苦。彼罪重故，於他世界從一大地獄至一大地獄，乃至火劫、水劫、風劫未起已來，受諸楚毒猛利大苦。若他世界火劫、水劫、風劫起時，彼匱法業猶未盡故，死已轉生餘方世界，與此同類大地獄中經歷多歲，若多百歲、若多千歲，乃至若多百千俱胝那庾多歲，大地獄中受諸楚毒猛利大苦。彼罪重故，於餘世界從一大地獄至一大地獄，乃至火劫、水劫、風劫未起已來，受諸楚毒猛利大苦。

如是展轉遍歷十方諸餘世界大地獄中，受諸楚毒猛利大苦。若彼諸餘十方世界火劫、水劫、風劫起時，彼匱法業猶未盡故，死已還生此間世界大地獄中，從一大地獄至一大地獄，乃至火劫、水劫、風劫未起已來，受諸楚毒猛利大苦。若此世界火劫、水劫、風劫起時，彼匱法業猶未盡故，死已復生他餘世界，經歷十方大地獄中，受諸楚毒猛利大苦。

❷次受傍生苦

「如是輪迴經無量劫，彼匱法罪業勢稍微，從地獄出墮傍生趣經歷多歲，若多百歲、若多千歲，乃至若多百千俱胝那庾多歲，受傍生身備遭殘害恐迫等苦。罪未盡故，於此世界從一險惡處至一險惡處，乃至火劫、水劫、風劫未起已來，備遭殘害恐迫等苦。若此世界三災壞時，彼匱法業餘勢未盡，死已轉生他方世界與此同類傍生趣中經歷多歲，若多百歲、若多千歲，乃至若多百千俱胝那庾多歲，受傍生身備遭殘害恐迫等苦。罪未盡故，於他世界從一險惡處至一險惡處，乃至火劫、水劫、風劫未起已來，備遭殘害恐迫等苦。若他世界三災壞時，彼匱法業餘勢未盡，死已轉生餘方世界與此同類傍生趣中經歷多歲，若多百歲、若多千歲，乃至若多百千俱胝那庾多歲，受傍生身備遭殘害恐迫等苦。罪未盡故，於餘世界從一險惡處至一險惡處，乃至火劫、水劫、風劫未起已來，備遭殘害恐迫等苦。如是展轉遍歷十方諸餘世界，受傍生身備遭殘害恐迫等苦。若彼諸餘十方世界三災壞時，彼匱法業餘勢未盡，死已還生此間世界傍生趣中，從一險惡處至一險惡處，乃至火劫、水劫、風劫未起已來，備遭殘害恐迫等苦。若此世界三災壞時，彼匱法業餘勢未盡，死已復生他餘世界，遍歷十方傍生趣中，廣受眾苦。

❸受鬼界苦

「如是循環經無量劫，彼匱法罪業勢漸薄，脫傍生趣墮鬼界中經歷多歲，若多百歲、若多千歲，乃至若多百千俱胝那庾多歲，於鬼界中備受飢羸焦渴等苦。罪未盡故，於此世界從一餓鬼國至一餓鬼國，乃至火劫、水劫、風劫未起已來，備受飢羸焦渴等苦。若此世界三災壞時，彼匱法業餘勢未盡，死已轉生他方世界與此同類餓鬼趣中經歷多歲，若多百歲、若多千歲，乃至若多百千俱胝那庾多歲，於鬼界中備受飢羸焦渴等苦。罪未盡故，於他世界從一餓鬼國至一餓鬼國，乃至火劫、水劫、風劫未起已來，備受飢羸焦渴等苦。若他

世界三災壞時，彼匱法業餘勢未盡，死已轉生餘方世界與此同類餓鬼趣中經歷多歲，若多百歲、若多千歲，乃至若多百千俱胝那庾多歲，於鬼界中備受飢羸焦渴等苦。罪未盡故，於餘世界從一餓鬼國至一餓鬼國，乃至火劫、水劫、風劫未起已來，備受飢羸焦渴等苦。如是展轉遍歷十方諸餘世界，於鬼界中備受飢羸燋渴等苦。若彼諸餘十方世界三災壞時，彼匱法業餘勢未盡，死已還生此間世界餓鬼趣中，從一餓鬼國至一餓鬼國，乃至火劫、水劫、風劫未起已來，備受飢羸焦渴等苦。若此世界三災壞時，彼匱法業餘勢未盡，死已復生他餘世界，遍歷十方餓鬼趣中廣受眾苦。

❹雖得人身，生下賤家，生身不全，生無三寶處等苦

「如是周流經無量劫，彼匱法業餘勢將盡，出餓鬼界來生人中，雖得為人而居下賤，謂或生在生盲聾家，或旃茶羅家、或補羯娑家、或屠膾家、或漁獵家、或工匠家、或樂人家、或邪見家、或餘猥雜惡律儀家，或所受身無眼、無耳、無鼻、無舌、無手、無足、盲瞎、聾瘂、癭疽、疥癩、風狂、癲癎、癱殘、背僂、矬陋、攣躄、諸根缺減、黧黮、窮悴、頑囂、無識，諸有所為人皆輕誚，或所生處不聞佛名、法名、僧名、菩薩名、獨覺名，或復生於幽暗世界，恒無晝夜不覩光明，居處險阻穢惡毒刺。何以故？善現！彼匱法業造作增長極深重故，受如是等不可愛樂圓滿苦果，品類眾多難可具說。」

❺壞正法業與五無間業比較

爾時，舍利子白佛言：「世尊！如來常說罪中重者謂五無間，今說第六造作增長壞正法業，與五無間為相似耶？」

1.論因

佛言：

「舍利子！壞正法業最極麁重，不可以比五無間業*5。謂彼聞說甚深般若波羅蜜多，即便不信誹謗毀呰言：『如是語，非諸如來、應、正等覺之所演說，非法、非律、非大師教，我等於此不應修學。』是謗法人自謗般若波羅蜜多，亦教無量有情毀謗；自壞其身，亦令他壞；自飲毒藥，亦令他飲；自失生天解脫樂果，亦令他失；自持其身足地獄火，亦以他身足地獄火；自不信解甚深般若波羅蜜多，亦轉教他令不信解甚深般若波羅蜜多；自溺苦海，亦令他溺。

「舍利子！我於如是甚深般若波羅蜜多，尚不欲令謗正法者聞其名

字，況為彼說！舍利子！謗正法者，我尚不聽住菩薩乘諸善男子、善女人等聞其名字，況令眼見！豈許共住？何以故？舍利子！諸有謗毀甚深般若波羅蜜多，當知彼名壞正法者，墮黑暗類如穢蝸螺，自污污他如潰糞聚。若有信用壞法者言，亦受如前所說大苦。舍利子！諸有破壞甚深般若波羅蜜多，當知彼類即是地獄、傍生、餓鬼，決定當受極重猛利無邊大苦，是故智者不應毀謗甚深般若波羅蜜多。」

2.論果

時，舍利子復白佛言：

「世尊！何緣但說如是壞正法者墮大地獄、傍生、鬼界長時受苦，而不說彼形貌身量？」

佛言：

「舍利子！止！不應說壞正法者當來所受惡趣形量。何以故？舍利子！若我具說壞正法者當來所受惡趣形量，彼聞驚怖當吐熱血便致命終或近死苦，心頓憂惱如中毒箭，身漸枯悴如逢霜草。恐彼聞說壞正法者當受如是大醜苦身，徒自驚惶喪失身命，我愍彼故，不為汝說壞正法罪形貌身量。」

舍利子言：

「惟願佛說壞正法者當來所受惡趣形量，明誡未來令知謗法當獲大苦不造斯罪。」

佛言：

「舍利子！我先所說足為明誡，謂未來世諸善男子、善女人等，聞我所說壞正法業造作增長極圓滿者，墮大地獄、傍生、鬼界一一趣中長時受苦，足自兢持不謗正法。」

時，舍利子便白佛言：

「唯然！世尊！唯然！善逝！當來素性諸善男子、善女人等，聞佛先說謗正法罪感長時苦足為明誡，寧捨身命終不謗法，勿我未來當受斯苦。」

③勸善攝身語意業

爾時，具壽善現白佛言：

「世尊！若有聰慧諸善男子、善女人等，聞佛所說謗正法人於當來世久受大苦，應善護持身、語、意業，勿於正法誹謗毀壞，墮三惡趣長時受苦，於久遠時不得見佛、不聞正法、不值遇僧，不得生於有佛國土，

雖生人趣下賤、貧窮、醜陋、頑愚、支體缺減，諸有所說人不信受。」

❶明壞正法業因

　1.惡語業有壞法重罪

　　具壽善現復白佛言：「造作增長感匱法業，豈不由習惡語業耶？」

　　佛言：

　　「善現！如是！如是！實由串習惡語業故，造作增長感匱法業。於我正法毘奈耶中，當有愚癡諸出家者，彼雖稱我以為大師，而於我說甚深般若波羅蜜多誹謗毀壞。善現當知！若有謗毀甚深般若波羅蜜多，則為謗毀諸佛無上正等菩提。若有謗毀諸佛無上正等菩提，則為謗毀過去未來現在諸佛一切相智。若有謗毀過去未來現在諸佛一切相智，則為謗毀一切如來、應、正等覺。若有謗毀一切如來、應、正等覺，則為謗毀佛寶、法寶、苾芻僧寶。若有謗毀佛法僧寶，則當謗毀世間正見。若當謗毀世間正見，則當謗毀布施、淨戒、安忍、精進、靜慮、般若波羅蜜多，亦當謗毀內空乃至無性自性空，亦當謗毀四念住乃至八聖道支，如是乃至亦當謗毀如來十力乃至十八佛不共法，亦當謗毀一切智、道相智、一切相智。彼由謗毀一切相智，即便攝受無量無數無邊罪業。由彼攝受無量無數無邊罪業，即便攝受一切地獄、傍生、鬼界及人趣中無量無數無邊大苦。」

　2.四因緣謗毀般若

　　具壽善現復白佛言：「彼諸愚夫幾因緣故，謗毀如是甚深般若波羅蜜多？」

　　佛言：

　　「善現！由四因緣，彼諸愚夫謗毀如是甚深般若波羅蜜多。何等為四？一者、為諸邪魔所扇惑故，彼諸愚夫謗毀如是甚深般若波羅蜜多。二者、於甚深法不信解故，彼諸愚夫謗毀如是甚深般若波羅蜜多。三者、不勤精進，耽著五蘊，諸惡知識所攝受故，彼諸愚夫謗毀如是甚深般若波羅蜜多。四者、多懷瞋恚，樂行惡法，憙自高舉，輕蔑他故，彼諸愚夫謗毀如是甚深般若波羅蜜多。善現！彼諸愚夫由具如是四因緣故，謗毀如是甚深般若波羅蜜多，由此當來受無量苦。」

4.明般若甚深難信難解

　(1)從諸法無縛無解明

①以三緣故難信難解

具壽善現復白佛言：

「世尊！世間愚夫不勤精進，為惡知識之所攝受，未種善根具諸惡行，
於佛所說甚深般若波羅蜜多實難信解。」

佛言：

「善現！如是！如是！如汝所說。世間愚夫不勤精進，為惡知識之所攝
受。未種善根具諸惡行，於我所說甚深般若波羅蜜多實難信解。」

(CBETA, T07, no. 220, p. 187, b[13]–p. 189, c[14]) 《合論》: v50, pp. 1150[01]–1158[02]

②諸法無縛無解故難信難解

卷 435〈地獄品 39〉：

具壽善現復白佛言：「如是般若波羅蜜多，云何甚深難信難解？」

❶約五蘊等明

佛言：

「善現！色無縛無解。*6 何以故？以色無所有性，為色自性故。受、
想、行、識無縛無解。何以故？以受、想、行、識無所有性，為受、
想、行、識自性故。

「善現！眼處乃至意處無縛無解。何以故？以眼處乃至意處無所有
性，為眼處乃至意處自性故。色處乃至法處無縛無解。何以故？以
色處乃至法處無所有性，為色處乃至法處自性故。

「善現！眼界乃至意界無縛無解。何以故？以眼界乃至意界無所有
性，為眼界乃至意界自性故。色界乃至法界無縛無解。何以故？以
色界乃至法界無所有性，為色界乃至法界自性故。眼識界乃至意識
界無縛無解。何以故？以眼識界乃至意識界無所有性，為眼識界乃
至意識界自性故。眼觸乃至意觸無縛無解。何以故？以眼觸乃至意
觸無所有性，為眼觸乃至意觸自性故。眼觸為緣所生諸受乃至意觸
為緣所生諸受無縛無解。何以故？以眼觸為緣所生諸受乃至意觸為
緣所生諸受無所有性，為眼觸為緣所生諸受乃至意觸為緣所生諸受
自性故。

❷約六波羅蜜多明

「善現！布施波羅蜜多乃至般若波羅蜜多無縛無解。何以故？以布施
波羅蜜多乃至般若波羅蜜多無所有性，為布施波羅蜜多乃至般若波
羅蜜多自性故。

❸約十八空及諸道法明

「善現！內空乃至無性自性空無縛無解。何以故？以內空乃至無性自性空無所有性，為內空乃至無性自性空自性故。

「善現！四念住乃至八聖道支無縛無解。何以故？以四念住乃至八聖道支無所有性，為四念住乃至八聖道支自性故。

「善現！如是乃至如來十力乃至十八佛不共法無縛無解。何以故？以如來十力乃至十八佛不共法無所有性，為如來十力乃至十八佛不共法自性故。

「善現！一切智無縛無解。何以故？以一切智無所有性，為一切智自性故。道相智、一切相智無縛無解。何以故？以道相智、一切相智無所有性，為道相智、一切相智自性故。

❹約三世明

「復次，善現！色前際無縛無解。何以故？以色前際無所有性，為色前際自性故。受、想、行、識前際無縛無解。何以故？以受、想、行、識前際無所有性，為受、想、行、識前際自性故。如是乃至一切智前際無縛無解。何以故？以一切智前際無所有性，為一切智前際自性故。道相智、一切相智前際無縛無解。何以故？以道相智、一切相智前際無所有性，為道相智、一切相智前際自性故。

「善現！色後際無縛無解。何以故？以色後際無所有性，為色後際自性故。受、想、行、識後際無縛無解。何以故？以受、想、行、識後際無所有性，為受、想、行、識後際自性故。如是乃至一切智後際無縛無解。何以故？以一切智後際無所有性，為一切智後際自性故。道相智、一切相智後際無縛無解。何以故？以道相智、一切相智後際無所有性，為道相智、一切相智自性故。

「善現！色中際無縛無解。何以故？以色中際無所有性，為色中際自性故。受、想、行、識中際無縛無解。何以故？以受、想、行、識中際無所有性，為受、想、行、識中際自性故；如是乃至一切智中際無縛無解。何以故？以一切智中際無所有性，為一切智中際自性故。道相智、一切相智中際無縛無解。何以故？以道相智、一切相智中際無所有性，為道相智、一切相智中際自性故。」

③以八因緣故難信難解

具壽善現復白佛言：

「世尊！1.不勤精進、2.未種善根、具不善根、3.惡友所攝、4.懈怠增上、5.隨魔力行、6.精進微劣、7.失念、8.惡慧補特伽羅*7，於佛所說甚深

般若波羅蜜多實難信解。」

佛言：

「善現！如是！如是！如汝所說。1.不勤精進、2.未種善根、具不善根、3.惡友所攝、4.懈怠增上、5.隨魔力行、6.精進微劣、7.失念、8.惡慧補特伽羅，於我所說甚深般若波羅蜜多實難信解。」

(CBETA, T07, no. 220, p. 189, c[14]–p. 190, b[25])

sher phyin: v.027, pp. 391[11]–404[15] 《合論》: v50, pp. 1158[02]–1161[04]

(2)諸法畢竟淨無二無別故般若甚深

21.2 境差別 (總說清淨)

①諸法清淨與果清淨無二無別

卷 435〈地獄品 39〉：

「所以者何？善現！

色清淨即果清淨，果清淨即色清淨，是色清淨與果清淨，無二、無別、無壞、無斷。*8

受、想、行、識清淨即果清淨，果清淨即受、想、行、識清淨，是受、想、行、識清淨與果清淨，無二、無別、無壞、無斷。

如是乃至一切菩薩摩訶薩行清淨即果清淨，果清淨即一切菩薩摩訶薩行清淨，是一切菩薩摩訶薩行清淨與果清淨，無二、無別、無壞、無斷。

諸佛無上正等菩提清淨即果清淨，果清淨即諸佛無上正等菩提清淨，是諸佛無上正等菩提清淨與果清淨，無二、無別、無壞、無斷。

②諸法清淨與般若清淨無二無別

「復次，善現！

色清淨即般若波羅蜜多清淨，般若波羅蜜多清淨即色清淨，是色清淨與般若波羅蜜多清淨*9，無二、無別、無壞、無斷。

受、想、行、識清淨即般若波羅蜜多清淨，般若波羅蜜多清淨即受、想、行、識清淨，是受、想、行、識清淨與般若波羅蜜多清淨，無二、無別、無壞、無斷。

如是乃至一切智清淨即般若波羅蜜多清淨，般若波羅蜜多清淨即一切智清淨，是一切智清淨與般若波羅蜜多清淨，無二、無別、無壞、無斷。

道相智、一切相智清淨即般若波羅蜜多清淨，般若波羅蜜多清淨即道相智、一切相智清淨，是道相智、一切相智清淨與般若波羅蜜多清淨，

無二、無別、無壞、無斷。

③諸法清淨與一切智智清淨無二無別

「復次,善現!

色清淨即一切智智清淨,一切智智清淨即色清淨,是色清淨與一切智智清淨,無二、無別、無壞、無斷。

受、想、行、識清淨即一切智智清淨,一切智智清淨即受、想、行、識清淨,是受、想、行、識清淨與一切智智清淨,無二、無別、無壞、無斷。

如是乃至一切智清淨即一切智智清淨,一切智智清淨即一切智清淨,是一切智清淨與一切智智清淨,無二、無別、無壞、無斷。

道相智、一切相智清淨即一切智智清淨,一切智智清淨即道相智、一切相智清淨,是道相智、一切相智清淨與一切智智清淨,無二、無別、無壞、無斷。

④不二清淨與諸法清淨無二無別

「復次,善現!

不二清淨即色清淨,色清淨即不二清淨,是不二清淨與色清淨,無二、無別、無壞、無斷。

不二清淨即受、想、行、識清淨,受、想、行、識清淨即不二清淨,是不二清淨與受、想、行、識清淨,無二、無別、無壞、無斷。

如是乃至不二清淨即一切智清淨,一切智清淨即不二清淨,是不二清淨與一切智清淨,無二、無別、無壞、無斷。

不二清淨即道相智、一切相智清淨,道相智、一切相智清淨即不二清淨,是不二清淨與道相智、一切相智清淨,無二、無別、無壞、無斷。」

(CBETA, T07, no. 220, p. 190, b²⁵–p. 191, a¹²)

sher phyin: v.027, pp. 404¹⁵–406¹⁴ 《合論》: v50, pp. 1161⁰⁵–1163⁰³

⑤我等清淨與諸法清淨無二無別

21.3 果差別

(21.3.1)聲聞之清淨

聲聞阿羅漢解脫道,由自所治品之清淨,即聲聞弟子之清淨,以是唯斷貪等煩惱所顯之清淨故。

卷 435〈地獄品 39〉:

「復次,善現!

我、有情乃至知者、見者清淨即色清淨，色清淨即我、有情乃至知者、見者清淨，是我、有情乃至知者、見者清淨與色清淨，無二、無別、無壞、無斷。*10

我、有情乃至知者、見者清淨即受、想、行、識清淨，受、想、行、識清淨即我、有情乃至知者、見者清淨，是我、有情乃至知者、見者清淨與受、想、行、識清淨，無二、無別、無壞、無斷。

如是乃至我、有情乃至知者、見者清淨即一切智清淨，一切智清淨即我、有情乃至知者、見者清淨，是我、有情乃至知者、見者清淨與一切智清淨，無二、無別、無壞、無斷。

我、有情乃至知者、見者清淨即道相智、一切相智清淨，道相智、一切相智清淨即我、有情乃至知者、見者清淨，是我、有情乃至知者、見者清淨與道相智、一切相智清淨，無二、無別、無壞、無斷。

⑥貪瞋癡清淨與諸法清淨無二無別

「復次，善現！

貪、瞋、癡清淨即色清淨，色清淨即貪、瞋、癡清淨，是貪、瞋、癡清淨與色清淨，無二、無別*11、無壞、無斷。

貪、瞋、癡清淨即受、想、行、識清淨，受、想、行、識清淨即貪、瞋、癡清淨，是貪、瞋、癡清淨與受、想、行、識清淨，無二、無別、無壞、無斷。

如是乃至貪、瞋、癡清淨即一切智清淨，一切智清淨即貪、瞋、癡清淨，是貪、瞋、癡清淨與一切智清淨，無二、無別、無壞、無斷。

貪、瞋、癡清淨即道相智、一切相智清淨，道相智、一切相智清淨即貪、瞋、癡清淨，是貪、瞋、癡清淨與道相智、一切相智清淨，無二、無別、無壞、無斷。」(CBETA, T07, no. 220, p. 191, a^{12}–b^9)

sher phyin: v.027, pp. 406^{15}–411^{10} 《合論》: v50, pp. 1163^{04}–1164^{14}

⑦蘊處界清淨乃至一切相智清淨無二無別

(21.3.2)獨覺之清淨

獨覺者為麟喻之清淨，是斷煩惱及斷所取分別一分所知障所顯之清淨故。

❶蘊處界清淨故十二因緣清淨無二無別 (三毒等諸法淨之果報因緣)

卷 435〈地獄品 39〉：

「復次，善現！

色清淨故受清淨，受清淨故色清淨，是色清淨與受清淨，無二、無別、無壞、無斷。

如是受清淨故想清淨，想清淨故行清淨，行清淨故識清淨，

識清淨故眼處乃至意處清淨，意處清淨故色處乃至法處清淨，法處清淨故眼界乃至意界清淨，意界清淨故色界乃至法界清淨，法界清淨故眼識界乃至意識界清淨，意識界清淨故眼觸乃至意觸清淨，意觸清淨故眼觸為緣所生諸受乃至意觸為緣所生諸受清淨，意觸為緣所生諸受清淨，

故無明乃至老死愁歎苦憂惱清淨。」*12

(CBETA, T07, no. 220, p. 191, b⁹⁻²⁰)

sher phyin: v.027, pp. 411¹⁰–412⁰³ 《合論》: v50, pp. 1164¹⁵–1165¹⁴

(21.3.3)聖位菩薩之清淨

聖位菩薩者，為聖佛子之清淨，是斷煩惱障能取所取分別三道垢所顯之清淨故。

❷十二因緣清淨展轉乃至一切相智清淨

卷 435〈地獄品 39〉：

「老死愁歎苦憂惱清淨故般若波羅蜜多乃至布施波羅蜜多清淨，

布施波羅蜜多清淨故內空乃至無性自性空清淨，

無性自性空清淨故四念住乃至八聖道支清淨，

八聖道支清淨故展轉乃至佛十力乃至十八佛不共法清淨，十八佛不共法清淨故一切智清淨，

一切智清淨故道相智清淨，道相智清淨故一切相智清淨，一切相智清淨故道相智清淨，是道相智清淨與一切相智清淨，無二、無別、無壞、無斷。」(CBETA, T07, no. 220, p. 191, b²⁰–c¹)

sher phyin: v.027, pp. 412⁰³–415⁰⁶ 《合論》: v50, pp. 1165¹⁵–1167¹¹

21.4 清淨差別 (九品)

有作是念：此非說二乘清淨之時，云何於此宣說清淨之餘而說 佛與二乘是否最清淨耶？答：亦可述此差別，以於三界九地中，對治修所斷能取所取分別上上品諸垢，其對治自性，如其次第，謂大乘修道下下品等道，能清淨二障，二乘不能斷二障故。

⑧諸法淨、菩薩行法淨；一切智智清淨無二無別*13

(21.4.1)下下品道

❶六波羅蜜多清淨

卷 435〈地獄品 39〉：

「復次，善現！

般若波羅蜜多清淨故色清淨，色清淨故一切智智清淨；若般若波羅蜜多清淨，若色清淨，若一切智智清淨，無二、無別、無壞、無斷。

廣說乃至般若波羅蜜多清淨故一切相智清淨，一切相智清淨故一切智智清淨；若般若波羅蜜多清淨，若一切相智清淨，若一切智智清淨，無二、無別、無壞、無斷。

如是乃至布施波羅蜜多清淨故色清淨，色清淨故一切智智清淨；若布施波羅蜜多清淨，若色清淨，若一切智智清淨，無二、無別、無壞、無斷。

廣說乃至布施波羅蜜多清淨故一切相智清淨，一切相智清淨故一切智智清淨；若布施波羅蜜多清淨，若一切相智清淨，若一切智智清淨，無二、無別、無壞、無斷。」(CBETA, T07, no. 220, p. 191, c²⁻¹⁵)

sher phyin: v.027, pp. 415⁰⁶–422⁰⁵ 《合論》: v50, pp. 1167¹²–1168¹⁸

(21.4.2)下中品道

❷十八空清淨

卷 435〈地獄品 39〉：

「善現！

內空清淨故色清淨，色清淨故一切智智清淨；若內空清淨，若色清淨，若一切智智清淨，無二、無別、無壞、無斷。

廣說乃至內空清淨故一切相智清淨，一切相智清淨故一切智智清淨；若內空清淨，若一切相智清淨，若一切智智清淨，無二、無別、無壞、無斷。

如是乃至無性自性空清淨故色清淨，色清淨故一切智智清淨；若無性自性空清淨，若色清淨，若一切智智清淨，無二、無別、無壞、無斷。

廣說乃至無性自性空清淨故一切相智清淨，一切相智清淨故一切智智清淨；若無性自性空清淨，若一切相智清淨，若一切智智清淨，無二、無別、無壞、無斷。

❸三十七道品清淨

「善現！

四念住清淨故色清淨，色清淨故一切智智清淨；若四念住清淨，若色清淨，若一切智智清淨，無二、無別、無壞、無斷。

廣說乃至四念住清淨故一切相智清淨，一切相智清淨故一切智智清淨；若四念住清淨，若一切相智清淨，若一切智智清淨，無二、無別、無壞、無斷。

如是乃至八聖道支清淨故色清淨，色清淨故一切智智清淨；若八聖道支清淨，若色清淨，若一切智智清淨，無二、無別、無壞、無斷。

廣說乃至八聖道支清淨故一切相智清淨，一切相智清淨故一切智智清淨；若八聖道支清淨，若一切相智清淨，若一切智智清淨，無二、無別、無壞、無斷。

❹如來十力等諸道品清淨

「善現！

如是乃至如來十力清淨故色清淨，色清淨故一切智智清淨；若如來十力清淨，若色清淨，若一切智智清淨，無二、無別、無壞、無斷。

廣說乃至如來十力清淨故一切相智清淨，一切相智清淨故一切智智清淨；若如來十力清淨，若一切相智清淨，若一切智智清淨，無二、無別、無壞、無斷。

如是乃至十八佛不共法清淨故色清淨，色清淨故一切智智清淨；若十八佛不共法清淨，若色清淨，若一切智智清淨，無二、無別、無壞、無斷。

廣說乃至十八佛不共法清淨故一切相智清淨，一切相智清淨故一切智智清淨；若十八佛不共法清淨，若一切相智清淨，若一切智智清淨，無二、無別、無壞、無斷。

❺一切智、道相智、一切相智清淨

「善現！

一切智清淨故色清淨，色清淨故一切智智清淨；若一切智清淨，若色清淨，若一切智智清淨，無二、無別、無壞、無斷。

廣說乃至一切智清淨故一切相智清淨，一切相智清淨故一切智智清淨；若一切智清淨，若一切相智清淨，若一切智智清淨，無二、無別、無壞、無斷。

如是乃至一切相智清淨故色清淨，色清淨故一切智智清淨；若一切

相智清淨，若色清淨，若一切智智清淨，無二、無別、無壞、無斷。
廣說乃至一切相智清淨故道相智清淨，道相智清淨故一切智智清
淨；若一切相智清淨，若道相智清淨，若一切智智清淨，無二、無
別、無壞、無斷。

❻一切智智清淨

「復次，善現！

一切智智清淨故色清淨，色清淨故般若波羅蜜多清淨；若一切智智
清淨，若色清淨，若般若波羅蜜多清淨，無二、無別、無壞、無斷。
廣說乃至一切智智清淨故一切相智清淨，一切相智清淨故般若波羅
蜜多清淨；若一切智智清淨，若一切相智清淨，若般若波羅蜜多清
淨，無二、無別、無壞、無斷。

如是乃至一切智智清淨故色清淨，色清淨故一切相智清淨；若一切
智智清淨，若色清淨，若一切相智清淨，無二、無別、無壞、無斷。
廣說乃至一切智智清淨故道相智清淨，道相智清淨故一切相智清
淨；若一切智智清淨，若道相智清淨，若一切相智清淨，無二、無
別、無壞、無斷。

其中一一所有文句，皆應類前次第廣說。」

(CBETA, T07, no. 220, p. 191, c^{15}–p. 192, b^{23})

sher phyin: v.027, pp. 422^{05}–429^{10} 《合論》: v50, pp. 1168^{19}–1170^{02}

⑨有為清淨、無為清淨無二無別

(21.4.3)下上品道

卷 435〈地獄品 39〉：

「復次，善現！有為清淨故無為清淨，無為清淨故有為清淨，若有為清
淨，若無為清淨，無二、無別、無壞、無斷。*14

⑩三世清淨無二無別

「復次，善現！

過去清淨故未來清淨，未來清淨故過去清淨；若過去清淨，若未來清
淨，無二、無別、無壞、無斷。*15

過去清淨故現在清淨，現在清淨故過去清淨；若過去清淨，若現在清
淨，無二、無別、無壞、無斷。

未來清淨故現在清淨，現在清淨故未來清淨；若未來清淨，若現在清
淨，無二、無別、無壞、無斷。

過去清淨故未來現在清淨，未來、現在清淨故過去清淨；若過去清淨，

若未來現在清淨，無二、無別、無壞、無斷。

未來清淨故過去現在清淨，過去現在清淨故未來清淨；若未來清淨，若過去現在清淨，無二、無別、無壞、無斷。

現在清淨故過去未來清淨，過去未來清淨故現在清淨；若現在清淨，若過去未來清淨，無二、無別、無斷、無壞。」

(CBETA, T07, no. 220, p. 192, b²³–c¹¹)

sher phyin:　v.027, pp. 429¹⁰–430⁰⁴　《合論》: v50, pp. 1170⁰³⁻¹⁴

5.舍利子歎般若甚深清淨為信毀之由

卷 436〈清淨品 40〉:「第二分清淨品第四十

(1)甚深歎

(21.4.4)中下品道

爾時，舍利子白佛言:「世尊！是法清淨最為甚深。」

佛言:「如是畢竟淨故。」

舍利子言:「何等畢竟淨故，說是法清淨最為甚深？」*16*17

佛言:

「舍利子！色畢竟淨故，說是法清淨最為甚深；受、想、行、識畢竟淨故，說是法清淨最為甚深；眼處乃至意處畢竟淨故，說是法清淨最為甚深；色處乃至法處畢竟淨故，說是法清淨最為甚深；眼界乃至意界畢竟淨故，說是法清淨最為甚深；色界乃至法界畢竟淨故，說是法清淨最為甚深；眼識界乃至意識界畢竟淨故，說是法清淨最為甚深；布施波羅蜜多乃至般若波羅蜜多畢竟淨故，說是法清淨最為甚深；內空乃至無性自性空畢竟淨故，說是法清淨最為甚深；四念住乃至八聖道支畢竟淨故，說是法清淨最為甚深；如是乃至如來十力乃至十八佛不共法畢竟淨故，說是法清淨最為甚深；一切菩薩摩訶薩行畢竟淨故，說是法清淨最為甚深；諸菩薩摩訶薩畢竟淨故，說是法清淨最為甚深；諸佛無上正等菩提畢竟淨故，說是法清淨最為甚深；一切如來、應、正等覺畢竟淨故，說是法清淨最為甚深；一切智畢竟淨故，說是法清淨最為甚深；道相智、一切相智畢竟淨故，說是法清淨最為甚深。」

(CBETA, T07, no. 220, p. 192, c¹⁹–p. 193, a¹⁴)

sher phyin:　v.027, pp. 430⁰⁵–432¹⁴　《合論》: v50, pp. 1170¹⁵–1171²¹

(2)明了歎 (明照歎)

(21.4.5)中中品道

卷 436〈清淨品 40〉:「時，舍利子復白佛言:

「世尊！是法清淨甚為明了。」

佛言：「如是畢竟淨故。」

舍利子言：「何等畢竟淨故，說是法清淨甚為明了？」

佛言：

「舍利子！般若波羅蜜多畢竟淨故，說是法清淨甚為明了，乃至布施波羅
蜜多畢竟淨故，說是法清淨甚為明了。如是乃至一切智畢竟淨故，說是
法清淨甚為明了，道相智、一切相智畢竟淨故，說是法清淨甚為明了。」
*18

(CBETA, T07, no. 220, p. 193, a$^{14-21}$)

sher phyin:　v.027, pp. 432^{14}–435^{01} 《合論》：v50, pp. 1172^{01}–1173^{07}

(3)不轉不續欷 (不相續欷)

(21.4.6)中上品道

卷 436〈清淨品 40〉：時，舍利子復白佛言：

「世尊！是法清淨不轉不續。」*19

佛言：「如是畢竟淨故。」

舍利子言：「何等畢竟淨故，說是法清淨不轉不續？」

佛言：

「舍利子！色不轉不續畢竟淨故，說是法清淨不轉不續，受、想、行、識
不轉不續畢竟淨故，說是法清淨不轉不續。如是乃至一切智不轉不續畢
竟淨故，說是法清淨不轉不續，道相智、一切相智不轉不續畢竟淨故，
說是法清淨不轉不續。」

(CBETA, T07, no. 220, p. 193, a^{21}–b^{1})

sher phyin:　v.027, pp. 435$^{02-10}$ 《合論》：v50, pp. 1173$^{08-17}$

(4)無雜染欷 (無垢欷)

(21.4.7)上下品道

卷 436〈清淨品 40〉：時，舍利子復白佛言：

「世尊！是法清淨本無雜染。」

佛言：「如是畢竟淨故。」

舍利子言：「何等畢竟淨故，說是法清淨本無雜染？」

佛言：

「舍利子！色畢竟淨故，說是法清淨本無雜染；受、想、行、識畢竟淨故，
說是法清淨本無雜染。如是乃至一切智畢竟淨故，說是法清淨本無雜
染；道相智、一切相智畢竟淨故，說是法清淨本無雜染。」(本無雜染，

亦不為百八諸煩惱所染。)

時，舍利子復白佛言：「世尊！是法清淨本性光潔。」

佛言：「如是畢竟淨故。」

舍利子言：「何等畢竟淨故，說是法清淨本性光潔？」

佛言：

「舍利子！色畢竟淨故，說是法清淨本性光潔；受、想、行、識畢竟淨故，說是法清淨本性光潔。如是乃至一切智畢竟淨故，說是法清淨本性光潔；道相智、一切相智畢竟淨故，說是法清淨本性光潔。」

(CBETA, T07, no. 220, p. 193, b[1-15])

sher phyin: v.027, pp. 435[10-20] 《合論》：v50, pp. 1173[18]–1174[06]

(5)無得無現觀歟 (無得無著歟)

(21.4.8)上中品道

卷 436〈清淨品 40〉：時，舍利子復白佛言：

「世尊！是法清淨無得無現觀。」

佛言：「如是畢竟淨故。」

舍利子言：「何等畢竟淨故，說是法清淨無得、無現觀？」

佛言：

「舍利子！色本性空畢竟淨故，說是法清淨無得無現觀*20；受、想、行、識本性空畢竟淨故，說是法清淨無得無現觀。如是乃至一切智本性空畢竟淨故，說是法清淨無得無現觀；道相智、一切相智本性空畢竟淨故，說是法清淨無得無現觀。」(CBETA, T07, no. 220, p. 193, b[15-23])

sher phyin: v.027, pp. 435[20]–436[09] 《合論》：v50, pp. 1174[07-17]

(6)無生歟 (不出歟)

(21.4.9)上上品道

①諸法無生

卷 436〈清淨品 40〉：時，舍利子復白佛言：

「世尊！是法清淨無生無出現。」

佛言：「如是畢竟淨故。」

舍利子言：「何等畢竟淨故，說是法清淨無生無出現？」

佛言：

「舍利子！色無生無顯畢竟淨故，說是法清淨無生無出現；受、想、行、識無生無顯畢竟淨故，說是法清淨無生無出現。如是乃至一切智無生無顯畢竟淨故，說是法清淨無生無出現；道相智、一切相智無生無顯

畢竟淨故，說是法清淨無生無出現。」(CBETA, T07, no. 220, p. 193, b²³–c³)

sher phyin: v.027, pp. 436⁰⁹⁻¹⁶ 《合論》：v50, pp. 1174¹⁸–1175⁰⁵

②三界無生

　卷436〈清淨品40〉：時，舍利子復白佛言：

「世尊！是法清淨不生欲界、不生色界、不生無色界。」

佛言：「如是畢竟淨故。」

舍利子言：「云何是法清淨不生欲界、不生色界、不生無色界？」

佛言：

「舍利子！三界自性不可得故，說是法清淨不生欲界、不生色界、不生無色界。」*21

(CBETA, T07, no. 220, p. 193, c³⁻⁸)

sher phyin: v.027, pp. 436¹⁶–437¹² 《合論》：v50, pp. 1175⁰⁶–1176⁰²

21.5 立佛清淨為最清淨

(7)無知歎

(21.5.1)離能量

　卷436〈清淨品40〉：時，舍利子復白佛言：

「世尊！是法清淨本性無知。」

佛言：「如是畢竟淨故。」

舍利子言：「云何是法清淨本性無知？」

佛言：「舍利子！以一切法本性鈍故，是法清淨本性無知*22。」

舍利子言：「何等本性無知故，說是法清淨本性無知？」

佛言：

「舍利子！色本性無知，自相空故，說是法清淨本性無知，受、想、行、識本性無知，自相空故，說是法清淨本性無知。如是乃至一切智本性無知，自相空故，說是法清淨本性無知，道相智、一切相智本性無知，自相空故，說是法清淨本性無知。」

(8)清淨歎 (一切淨歎)

(21.5.2)離所量

　時，舍利子復白佛言：「世尊！一切法本性清淨故，是法清淨。」

佛言：「如是以一切法畢竟淨故。」

舍利子言：「云何一切法本性清淨故，說是法清淨？」

佛言：「舍利子！以一切法不可得故，本性清淨說是法清淨。」*23

(CBETA, T07, no. 220, p. 193, c^{8–23})

sher phyin: v.027, pp. 437^{12}–438^{14} 《合論》: v50, pp. 1176^{03}–1177^{06}

(9)無損益歎

(21.5.3)清淨三界諸障

卷 436〈清淨品 40〉：時，舍利子復白佛言：

「世尊！如是般若波羅蜜多於一切相智無益無損。」

佛言：「如是畢竟淨故。」

舍利子言：「云何般若波羅蜜多於一切相智無益無損？」

佛言：「舍利子！法性常住故，如是般若波羅蜜多於一切相智無益無損。」
*24

(10)無所執受歎

時，舍利子復白佛言：

「世尊！如是般若波羅蜜多本性清淨，於一切法無所執受。」

佛言：「如是以一切法畢竟淨故。」

舍利子言：「云何般若波羅蜜多本性清淨，於一切法無所執受？」

佛言：

「舍利子！法界湛然無動搖故，如是般若波羅蜜多本性清淨，於一切法無所執
受。」*25

6.善現歎淨，如來述成

(1)我淨故諸法淨

①我無所有故 (有為諸行淨)

❶五蘊淨

爾時，具壽善現白佛言：

「世尊！我清淨故，色、受、想、行、識清淨。」

佛言：「如是畢竟淨故。」*26

「世尊！何緣而說我清淨故，色、受、想、行、識清淨是畢竟淨？」

「善現！我無所有故*27，色、受、想、行、識亦無所有是畢竟淨。」

❷十二處十八界淨

「世尊！我清淨故，眼處乃至意處清淨。」

佛言：「如是畢竟淨故。」

「世尊！何緣而說我清淨故，眼處乃至意處清淨是畢竟淨？」

「善現！我無所有故，眼處乃至意處亦無所有是畢竟淨。」

「世尊！我清淨故，色處乃至法處清淨。」

佛言：「如是畢竟淨故。」

「世尊！何緣而說我清淨故，色處乃至法處清淨是畢竟淨？」

「善現！我無所有故，色處乃至法處亦無所有是畢竟淨。」

「世尊！我清淨故，眼界乃至意界清淨。」

佛言：「如是畢竟淨故。」

「世尊！何緣而說我清淨故，眼界乃至意界清淨是畢竟淨？」

「善現！我無所有故，眼界乃至意界亦無所有是畢竟淨。」

「世尊！我清淨故，色界乃至法界清淨。」

佛言：「如是畢竟淨故。」

「世尊！何緣而說我清淨故，色界乃至法界清淨是畢竟淨？」

「善現！我無所有故，色界乃至法界亦無所有是畢竟淨。」

「世尊！我清淨故，眼識界乃至意識界清淨。」

佛言：「如是畢竟淨故。」

「世尊！何緣而說我清淨故，眼識界乃至意識界清淨是畢竟淨？」

「善現！我無所有故，眼識界乃至意識界亦無所有是畢竟淨。」

❸六波羅蜜多淨

「世尊！我清淨故，布施波羅蜜多乃至般若波羅蜜多清淨。」

佛言：「如是畢竟淨故。」

「世尊！何緣而說我清淨故，布施波羅蜜多乃至般若波羅蜜多清淨是畢竟淨？」

「善現！我無所有故*27，布施波羅蜜多乃至般若波羅蜜多亦無所有是畢竟淨。」

❹十八空淨

「世尊！我清淨故，內空乃至無性自性空清淨。」

佛言：「如是畢竟淨故。」

「世尊！何緣而說我清淨故，內空乃至無性自性空清淨是畢竟淨？」

「善現！我無所有故，內空乃至無性自性空亦無所有是畢竟淨。」

❺諸道品淨

「世尊！我清淨故，四念住乃至八聖道支清淨。」

佛言：「如是畢竟淨故。」

「世尊！何緣而說我清淨故，四念住乃至八聖道支清淨是畢竟淨？」

「善現！我無所有故，四念住乃至八聖道支亦無所有是畢竟淨。」

「世尊！我清淨故，如來十力乃至十八佛不共法清淨。」

佛言：「如是畢竟淨故。」

「世尊！何緣而說我清淨故，如來十力乃至十八佛不共法清淨是畢竟
　淨？」

「善現！我無所有故，如來十力乃至十八佛不共法亦無所有是畢竟
　淨。」

②我自相空故諸道果淨 (無為道果淨)

「世尊！我清淨故，預流、一來、不還、阿羅漢果、獨覺菩提、無上正
　等菩提清淨。」

佛言：「如是畢竟淨故。」

「世尊！何緣而說我清淨故，預流、一來、不還、阿羅漢果、獨覺菩提、
　無上正等菩提清淨是畢竟淨？」

「善現！我自相空故*27，預流、一來、不還、阿羅漢果、獨覺菩提、
　無上正等菩提亦自相空是畢竟淨。」

③我無相無念故一切智等淨

「世尊！我清淨故，一切智、道相智、一切相智清淨。」

佛言：「如是畢竟淨故。」

「世尊！何緣而說我清淨故，一切智、道相智、一切相智清淨是畢竟
　淨？」

「善現！我無相、無得、無念、無知故，一切智、道相智、一切相智亦
　無相、無得、無念、無知是畢竟淨。」

④二清淨故無得無現觀

「世尊！二清淨故，無得無現觀。」

佛言：「如是畢竟淨故。」

「世尊！何緣而說二清淨故*28，無得無現觀是畢竟淨？」

「善現！顛倒所起染淨無故，無得無現觀是畢竟淨。」

(2)我無邊故諸法淨 (空故無邊)

以畢竟空無際空故我無邊 (空故無邊)

①五蘊淨

具壽善現復白佛言：「世尊！我無邊故，色、受、想、行、識亦無邊。」

佛言：「如是畢竟淨故。」

「世尊！何緣而說我無邊故，色、受、想、行、識亦無邊是畢竟淨？」

「善現！以畢竟空、無際空故，是畢竟淨。」

②十二處十八界淨

「世尊！我無邊故，眼處乃至意處亦無邊。」

佛言：「如是畢竟淨故。」

「世尊！何緣而說我無邊故，眼處乃至意處亦無邊是畢竟淨？」

「善現！以畢竟空、無際空故，是畢竟淨。」

「世尊！我無邊故，色處乃至法處亦無邊。」

佛言：「如是畢竟淨故。」

「世尊！何緣而說我無邊故，色處乃至法處亦無邊是畢竟淨？」

「善現！以畢竟空、無際空故，是畢竟淨。」

「世尊！我無邊故，眼界乃至意界亦無邊。」

佛言：「如是畢竟淨故。」

「世尊！何緣而說我無邊故，眼界乃至意界亦無邊是畢竟淨？」

「善現！以畢竟空、無際空故，是畢竟淨。」

「世尊！我無邊故，色界乃至法界亦無邊。」

佛言：「如是畢竟淨故。」

「世尊！何緣而說我無邊故，色界乃至法界亦無邊是畢竟淨？」

「善現！以畢竟空、無際空故，是畢竟淨。」

「世尊！我無邊故，眼識界乃至意識界亦無邊。」

佛言：「如是畢竟淨故。」

「世尊！何緣而說我無邊故，眼識界乃至意識界亦無邊是畢竟淨？」

「善現！以畢竟空、無際空故，是畢竟淨。」

③六波羅蜜淨

「世尊！我無邊故，布施波羅蜜多乃至般若波羅蜜多亦無邊。」

佛言：「如是畢竟淨故。」

「世尊！何緣而說我無邊故，布施波羅蜜多乃至般若波羅蜜多亦無邊是畢竟淨？」

「善現！以畢竟空、無際空故，是畢竟淨。」

④諸道品淨

「世尊！我無邊故，四念住乃至八聖道支亦無邊。」

佛言：「如是畢竟淨故。」

「世尊！何緣而說我無邊故，四念住乃至八聖道支亦無邊是畢竟淨？」

「善現！以畢竟空、無際空故，是畢竟淨。」

「世尊！我無邊故，如來十力乃至十八佛不共法亦無邊。」

佛言：「如是畢竟淨故。」

「世尊！何緣而說我無邊故，如來十力乃至十八佛不共法亦無邊是畢竟淨？」

「善現！以畢竟空、無際空故，是畢竟淨。」

⑤諸道果淨

「世尊！我無邊故，預流、一來、不還、阿羅漢果、獨覺菩提、無上正等菩提亦無邊。」

佛言：「如是畢竟淨故。」

「世尊！何緣而說我無邊故，預流、一來、不還、阿羅漢果、獨覺菩提、無上正等菩提亦無邊是畢竟淨？」

「善現！以畢竟空、無際空故，是畢竟淨。」

⑥一切智等淨

「世尊！我無邊故，一切智、道相智、一切相智亦無邊。」

佛言：「如是！畢竟淨故。」

「世尊！何緣而說我無邊故，一切智、道相智、一切相智亦無邊是畢竟淨？」

「善現！以畢竟空、無際空故，是畢竟淨。」

(3)能知般若甚深清淨，名為菩薩般若波羅蜜多

「世尊！若菩薩摩訶薩能如是覺，是為般若波羅蜜多。」

佛言：「如是！畢竟淨故。」

「世尊！何緣而說若菩薩摩訶薩能如是覺，是為般若波羅蜜多即畢竟淨？」

「善現！由此能成道相智故。」*29

(CBETA, T07, no. 220, p. 193, c²³–p. 195, a²⁶)

sher phyin:　v.027, pp. 438¹⁴–444⁰⁸　《合論》: v50, pp. 1177⁰⁷–1182¹²

註解：

*1 以三方便信解般若

(1)無相

知諸法一相，所謂無相。

(2)無二

菩薩知內外十二入，皆是魔網，虛誑不實。於此中生六種識，亦是魔網虛誑。唯不二法是實，無眼、色乃至無意、法。今眾生離十二入故，常以種種因緣說是不二法。

(3)無所得

不二法中，心無所著，故名無所得。

*2 無見無聞

(1)諸法入般若波羅蜜中，皆一相所謂無相，是中無分別聞者見者及可聞可見。

凡夫由分別故有利鈍，由分別而有是眼、是色、是耳、是聲，而有六情是利、六塵是鈍，色等諸法是鈍、慧等是利；諸法入般若波羅蜜中，如百川歸海，皆是一味，故說「般若波羅蜜不可見不可聞，以諸法鈍故。」從六波羅蜜等諸道法乃至諸佛無上菩提，無見無聞亦如是。

(2)眾生離法不能聞不能見，法離眾生亦不能聞不能見。

*3 初發心即能學者

有初發心即能修學六波羅蜜多者：

(1)具善巧方便力

雖行六波羅蜜多起福德因緣，而心不著。

(2)不壞諸法

由信解力，聞大乘二乘法皆能信，於外道在家出家法亦不破壞。能分別是道、非道，捨非道行是道。一切法入般若波羅蜜中無增減(無是、無非、無受、無破)。

(3)具足諸福德

常不遠離六波羅蜜乃至成熟有情嚴淨佛土。

*4 大地獄(naraka)　　　　《瑜伽師地論》4，《大毗婆沙論》172，《俱舍論》11

(地獄之說在經論上有眾多分歧，今綜合以為說明。)

南瞻部洲下，過一千(或言五千)由旬處有地獄。此地獄有大有小，大則八寒八熱。

(《瑜伽論》從此下三萬二千踰繕那，至等活那落迦。從此復隔四千踰繕那，有餘那落迦。)

(1)八大地獄 (八熱地獄)

猛火燒然，受極熱苦迫之地獄的總稱。

①想地獄 sañjīva (等活地獄) ——壽 500 年 (一日夜為四天王天 500 年)

此獄中受苦眾生，手生鐵爪，互相瞋忿懷毒害想。相互攻擊而死，然冷風吹尋復活起。殺生罪者墮此。

②黑繩地獄 kālasūtra ——壽 1000 年 (一日夜為忉利天 1000 年)

獄卒以熱鐵繩絣牽受罪者，然後斬鋸。惡風吹熱鐵繩，籠絡其身，燒皮徹肉，焦骨沸髓，苦毒萬端。

③堆壓地獄 saṃghāta (眾合地獄) ——壽 2000 年 (一日夜為夜摩天 2000 年)

有大石山合起，堆壓受罪者，骨肉糜碎。殺生、偷盜、邪淫者墮此。

④叫喚地獄 raurava (號叫地獄)　──壽4000年 (一日夜為兜率天1000年)

獄卒將受罪者擲入大鑊中，沸湯烹煮，受苦號叫。殺生、偷盜、邪淫、飲酒者墮此。

⑤大叫喚地獄 mahāraurava (大號叫地獄)　──壽8000年 (一日夜為樂化天8000年)

獄卒將受罪者沸湯烹煮已，業風吹活，又捉向熱鐵鏊中煎熬，痛可極切，發大號叫。殺生、偷盜、邪淫、妄語者墮此。

⑥燒炙地獄 tapaba (燒熱地獄)　──壽16000年 (一日夜為他化自在天16000年)

以鐵為城，烈火猛燄，內外燒炙，皮肉糜爛，痛苦萬端。

⑦大燒炙地獄 pratāpaba (大燒熱地獄)　──壽半中劫

獄卒將受罪者置於鐵城中，烈火燒城，內外俱赤，燒炙罪人。又有火坑，火焰熾盛，其坑兩岸，復有火山，捉彼罪人貫三鐵又上，著於火中，皮肉糜爛，痛苦萬端。

⑧無間地獄 avīci (阿鼻地獄)　──壽一中劫

受罪者，於此獄中受苦，無有間歇，感受前七地獄苦，乃極苦之地獄。造五逆罪、誹謗大乘者墮此。

(五種無間❶趣果(報)無間；❷受苦無間；❸時無間；❹命(一中劫)無間；❺形無間。生而復死，死而還生，身形無有間歇。)

(2) 八寒地獄

世界邊緣，日月不照的極寒之地，受冰寒之迫。(有言位於八大地獄之旁，或言位於其下)(壽量為八大之半)

① 具皰地獄 arbuda (頞部陀)

受罪者因嚴寒所逼，皮肉皰起。

② 皰裂地獄 nirarbuda (尼剌部陀)

受罪者因寒苦所逼，皰即拆裂。

③ 緊牙地獄 aṭaṭa (阿吒吒、歇唏詀)

受罪者由寒苦增極，唇不能動，唯於舌中作聲。

④ 呵聲地獄 hahava (apapa) (囉囉婆、郝郝凡、阿波波)

受罪者由寒苦增極，舌不能動，唯作此臛臛之聲。

⑤ 歎聲地獄 huhuva (虎虎婆、虎虎凡、阿呼呼)

受罪者由寒苦增極而發異聲。

⑥ 青蓮地獄 utpala (嗢鉢羅)

受罪者由寒苦增極，皮肉開拆，皮膚凍成青色，似青蓮花。

⑦ 紅蓮地獄 padma (鉢特摩)

受罪者由寒苦增極，肉色大拆，皮下肉凍成紅色，似紅蓮花。

⑧ 大紅蓮地獄 mahāpadma (摩訶鉢特摩)

受罪者由寒苦增極，皮肉凍裂，全身變紅裂成十六、三十二或無數瓣，似大紅蓮花。

(3) 十六小地獄 (近邊地獄) (壽量不定)

為八大地獄(八熱地獄)之眷屬，在八大地獄之外圍，又名十六遊增地獄。

① 《大毗婆沙論》172

一一大地獄有十六增，謂各有四門，一一門外各有四增。

❶燀煨增，謂此增內燀煨沒膝。

❷屍糞增，謂此增內屍糞泥滿。

❸鋒刃增，謂此增內復有三種。

    1.刀刃路，謂於此中仰布刀刃以為道路。   2.劍葉林，謂此林上純以銛利劍刃為葉。

    3.鐵刺林，謂此林上有利鐵，刺長十六指。刀刃路等三種雖殊而鐵枝同，故一增攝。

❹烈河增，謂此增內有熱醎水。

如是八大地獄并諸眷屬便有一百三十六所。(受苦眾生於此諸獄次第遊歷，其苦轉增，故稱十六遊增地獄。)

② 《瑜伽師地論》4

謂彼一切諸大那落迦，皆有四方、四岸、四門，鐵牆圍繞。從其四方四門出已，其一一門外有四出園。

謂燀煨齊膝…。死屍糞泥…。刀劍為路…。廣大灰河…。

③ 《大智度論》16

指八寒冰地獄與八炎火地獄。前說八寒地獄攝於此中，為八大地獄之眷屬，而八炎火地獄為炭坑、沸尿、燒林、劍林、刀道、劍刺林、醎河、銅橛等地獄。

《俱舍論》11 則以八大地獄各有十六眷屬外，別有八寒地獄。

④ 《經律異相》49　T53n2121，　　　《長阿含經》19

八大地獄…其一地獄，各有十六小地獄。

1.黑沙地獄：熱黑沙著身，使皮骨焦爛。

2.沸屎地獄：獄卒令抱沸屎鐵丸，燒其身手，亦令入口中，穿身而過，無不焦爛，另有鐵嘴鳥食肉達髓。

3.鐵釘地獄：獄卒令臥熱鐵上，以五百釘釘其手足。

4.飢餓地獄：令撲於熱鐵上，以鎔銅灌口，穿身而過。

5.渴地獄：以熱鐵丸放入口中，燒其唇舌，通徹下過。

6.一銅鑊地獄：捉人倒投鑊中，隨湯涌沸，上下迴旋。

7.多銅鑊地獄：捉人倒投鑊中，全身爛壞，再以鐵鉤將其取置餘鑊中。

8.石磨地獄：令人撲於熱石上，以大熱石壓身，迴轉揩磨，使骨肉糜爛，苦毒無量。

9.膿血地獄：令人於沸涌膿血中馳走，湯灼其身，令頭面爛壞，又取膿血令食，通徹下過。

10.量火地獄：令罪人執鐵升以量火聚，火燄遍燒其身。

11.灰河地獄：令罪人入灰河，隨波上下，河中鐵刺刺其全身，出河至岸，被岸上利劍割刺，復有犲狼來齧。罪人避上樹時，為樹劍傷其全身，復有鐵嘴鳥啄其頭，食其腦。所剩白骨，冷風吹來還復生。

12.鐵丸地獄：令人撮取熱鐵丸，以致手足爛壞，全身火燃。

13.釿斧地獄：以熱鐵釿斧斫其手足耳鼻身體。

14.犲狼地獄：犲狼競相來齧嚙罪人。

15.劍樹地獄：暴風起，劍樹林落下之劍樹葉，傷其全身，復有鐵嘴鳥啄其雙目。

16.寒冰地獄：大寒風起，令人皮肉凍傷剝裂，苦毒號叫，然後命終。

(4)孤獨地獄 (獨一地獄) (壽量不定)

處所不定，或於四洲之中江河之邊，或於山間空曠、林間、岩石中，或於地下、空中等處，不屬於上述各大小地獄。非是眾多和集一處，而是少數，或一或二眾生，由於個別業力招感而臨時發生。

《瑜伽論》4

復有獨一那落迦、近邊那落迦，即大那落迦及寒那落迦，以近邊故不別立處。又於人中，亦有一分獨一那落迦可得。

(佛經中沒提，應為論師之創見。)

*5 五無間業

(1)殺父母但違一世恩，殺行般若之菩薩違久劫恩。

(2)出佛身血、殺阿羅漢但壞肉身，不壞法身。

(3)壞和合僧，雖離眷屬，不壞般若。

是故五無間罪不得似壞般若波羅蜜。般若波羅蜜能令人作佛，毀般若罪則無可比喻。

*6 無縛無解

(1)無所有性

以色等諸法，有為作法，從因緣和合生故，無有定性，故無縛無解。

(2)別釋

①三毒是縛，三解脫門是解。三毒從和合因緣生，無自性故無縛。三解脫門亦空故無解。

②取相著法、顛倒煩惱是縛，虛誑不實故無縛。若虛誑不實則無所斷，亦無解。

③一切心心所法，憶想分別取相，縛於緣中。若入諸法實相中，知是虛誑，心清淨無縛無解。

*7 惡慧

即無巧便慧。

於善不善法相不破、憍慢不除、邪見戲論故，求諸法實相，不知分別諸法相之好醜。

*8 諸法淨與果清淨無二無別

(1)因淨果亦淨

觀色等法不淨、無常等，得身念處等，故說四念處是色等諸法果。此中四念處性無漏、斷煩惱、為涅槃故清淨，見果淨故，知因亦淨。

①不淨觀是假想觀(勝解作意)

不淨觀是初入門，非如實觀(真實作意)，故不入十六勝行。

十六勝行中，觀「無常、苦、空、無我」，不觀「不淨」。淨觀顛倒故生婬欲，破淨故言不淨，非是實，故不入十六勝行，但是勝解觀。

②般若中不觀淨不淨等

般若中不觀常無常，不觀淨不淨等。常無常、淨不淨、空實等諸觀滅、戲論滅，是色實相。色實相淨，故果亦淨。

(2)無壞無斷

色與果清淨等法非可斷法，故云無斷；非滅壞法，故云無壞。

*9 諸法淨與般若淨無二無別

　　(1)般若波羅蜜多如虛空，畢竟淨無所染汙。

　　　得般若波羅蜜多有三因緣：

　　　　①正觀：觀色等諸法實相是不生不滅。　　　　　②正行：行六波羅蜜多。

　　　　③正修：修四念處等。

　　(2)以色等諸法及般若波羅蜜多，實相中無二(無別)、(不異)不別、不離不散故不斷不壞，是故言
　　　　「般若波羅蜜多清淨，故色等諸法淨；色等諸法淨，故般若波羅蜜多淨。」

*10 我等清淨

　　我(有情乃至知者見者)十方三世中求不可得，於五蘊中但有假名。

　　如「我」空、無所有、清淨，一切法亦如是。

*11 三毒清淨

　　煩惱即實相。

　　三毒實性清淨故，色等諸法亦清淨，三毒淨‧色等淨無二無別‧

*12 十二因緣清淨

　　無明畢竟空故淨，無明淨故行亦淨，廣說諸法淨之果報因緣，故說「無明乃至老死愁歎苦憂惱
　　清淨」。

*13 諸菩薩所行法，展轉清淨無二無別

　　一法為首，餘法各各為首，展轉皆清淨。

　　此中諸法為：

　　　1.蘊處界：五蘊、十二處、十八界。

　　　2.諸道法：六度、十八空、三十七道品、佛十力等諸道法。

　　　3.諸道果：三乘道果及三智。

　　菩薩所行法指諸道法及諸道果。

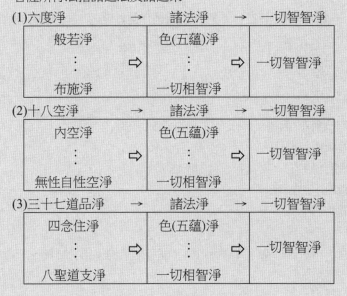

(1)六度淨　　　　→　　諸法淨　　→　　一切智智淨

般若淨		色(五蘊)淨		
⋮	⇨	⋮	⇨	一切智智淨
布施淨		一切相智淨		

(2)十八空淨　　　→　　諸法淨　　→　　一切智智淨

內空淨		色(五蘊)淨		
⋮	⇨	⋮	⇨	一切智智淨
無性自性空淨		一切相智淨		

(3)三十七道品淨　　→　　諸法淨　　→　　一切智智淨

四念住淨		色(五蘊)淨		
⋮	⇨	⋮	⇨	一切智智淨
八聖道支淨		一切相智淨		

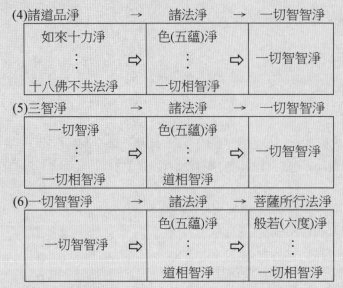

(4)諸道品淨　　　→　　諸法淨　　　→　　一切智智淨

如來十力淨		色(五蘊)淨		一切智智淨
⋮	⇨	⋮	⇨	
十八佛不共法淨		一切相智淨		

(5)三智淨　　　　→　　諸法淨　　　→　　一切智智淨

一切智淨		色(五蘊)淨		一切智智淨
⋮	⇨	⋮	⇨	
一切相智淨		道相智淨		

(6)一切智智淨　　→　　諸法淨　　→　　菩薩所行法淨

一切智智淨		色(五蘊)淨		般若(六度)淨
	⇨	⋮	⇨	⋮
		道相智淨		一切相智淨

*14 有為淨、無為淨

有為法之實相即是無為法。

(1)淨行者於諸法中求常樂我淨不可得，若不可得是為有為法。

知此不可得，即是無為法。故說「有為淨故無為淨」。

(2)因有為法故能知無為法，而聖人得是無為法而說有為法相。故說「有為淨故無為淨，無為淨故有為淨」。

*15 三世清淨(空)

(1)有為法在三世中。

①過去世破壞、散壞、無所有，故空。

②未來世未生未有故空。

③現在世亦無

❶有先有後，知有現在，二世無故現在亦無。　❷有為法念念生滅無住時，無住故無現在。

(2)三世空故，有為法空；有為法空，故無為法亦空。「空」即是畢竟清淨，不破不壞，無戲論如虛空。

*16 清淨義

(1)世間清淨　(智淨、所緣淨)

法清淨有二種：①智慧淨；②所緣法(境)淨。

此二相待，離智淨無緣淨，離緣淨無智淨。

一切心心所法從緣生，無緣則智不生。如無薪則火無所燃。

以有智故，知緣為淨；無智則不知緣淨。

此中智淨、緣淨相待，為世間常法。

(2)實相本淨　(畢竟清淨)

離智離緣，諸法實相本自清淨。諸法實相常淨，非佛所作，非菩薩、辟支佛、聲聞、一切凡夫所作，有佛無佛法爾常住不壞相。

若為心心所法所緣，在顛倒虛誑法及果報中，則染汙不清淨。

(3)清淨有種種名

清淨或名如、法性、實際，或名般若波羅蜜多，或名道，或名無生無滅、空、無相、無作、無知無得，或名畢竟空等有無數名。

*17 清淨甚深

(1)畢竟淨故法清淨最為甚深

①一切法中畢竟淨、無所著，乃至淨體亦不著，是名畢竟淨。

自有智淨境不淨、智不淨境淨，而今內外並冥，緣智俱寂，是為畢竟空。

②十方三世佛亦不著淨，是為畢竟淨。

③清淨般若波羅蜜多能令一切賢聖無邊苦盡，有是大利益。此淨能與一切樂而實無所與，能拔一切苦而實無所拔。菩薩不著是般若波羅蜜多。

如是有無量因緣畢竟淨，故言是法清淨最為甚深。

(2)何法畢竟清淨？

色等諸法清淨故，是清淨甚深。

所以者何？

色等諸法本末因果清淨故，是清淨甚深。

於般若中不觀色等常無常、淨不淨、空實等。<u>諸觀滅戲論滅</u>是色實相，色實相淨，果亦淨，是淨甚深。

*18 清淨明了

是淨能破戲論無明，能與畢竟空慧光明。行六波羅蜜多，能得是淨明。是淨能與有餘依涅槃，故言淨明。

(此明觀即般若觀。)

*19 淨不轉不續

先以空等三三昧捨諸善法，後壽命自然盡時，色等五蘊不去(後世)，亦不相續。

(既得般若觀明，則生死不續，謂無餘依涅槃。)

*20 無得無現觀

若行諸法實相不二道，從苦法忍乃至十五心，是名得。第十六心現觀得沙門果。

行六波羅蜜乃至生柔順忍名得(不畢竟淨)，現觀生無生法忍(畢竟淨)入菩薩位。

是清淨法中，用無所得心，則無得無現觀。

*21 無生

知諸法畢竟空，畢竟空故不取相，不取相故不起不作三種業，不作業故一切世間(三界)不生。

有二因緣說無生：(1)三種生業不起故；(2)三界自性不可得故。

*22 無知

諸法淨無知，以諸法純(法無分別)故。

*23 清淨

諸法性常不生，不生故不可得，不可得故畢竟清淨。

*24 於一切相智無益無損

般若波羅蜜雖有如是功德，畢竟清淨故，於一切相智無益無損。

如夢如幻中，雖有得失，亦無益無損；如虛空畢竟清淨無所有，雖因是虛空有所成濟，亦不得言「空有所作」，亦不得言「空無所益」。

布施波羅蜜多等雖因般若波羅蜜多而有所作，然亦言「般若波羅蜜多無益無損」。

*25 無所執受

般若波羅蜜多觀一切法有失：不淨、無常、苦、空、無我、不生不滅、非不生非不滅等。種種因緣，讚歎滅諸觀戲論、斷語言道(心行斷)，是故說「般若波羅蜜清淨，於諸法無所執受」。

滅諸觀戲論、斷語言道，即是入法性相，是故說「法界湛然無動搖故」。(法性不動故)

*26 我淨故五蘊淨

我空易解，故以我空喻法空(五蘊空)。又以我空、法空說畢竟空。(此淨即空)

*27 我無所有、我自相空

(1)我無所有故

我無所有故，蘊處界及諸有為諸道法亦無所有。

①我從和合因緣假名生，於無我中有我顛倒，是故說我虛妄無所有，以五蘊著處因緣故無所有。

②六波羅蜜多乃至十八佛不共法等諸法雖善，是有為作法，菩薩所著故，亦是無所有。

(2)我自相空故

預流果等是無為道果。無為法自相空，所謂無生無滅，無住無異故，是故不說無所有，但說自相空。

(3)有為法中邪行多，故說無所有。無為法中，無生無滅、無邪行故，說自相空。

又，有為果法是著處，故說不可得。無為果是煩惱無處，非所著處，但云自相空。

*28 二清淨

清淨有二種：

(1)用二法清淨

二法者即智淨、緣淨(所緣清淨)。　(顛倒分別是垢是淨。)

(2)用不二法清淨

智淨、緣淨亦無。　(顛倒所起染淨皆無。)

*29 能知般若深淨名菩薩般若波羅蜜多

(1)知般若畢竟空 (清淨)

能以我空、法空，知一切法畢竟空，是名般若波羅蜜多。般若波羅蜜多即是畢竟清淨。

(2)空有無礙

①雖畢竟空而有道相智

菩薩雖知諸法畢竟空，欲令有情得此畢竟空，遠離著心。

但為破著心故說畢竟空，非是實空。得畢竟空即知道相智。

②具道相智而復畢竟空

般若無定相，但以道相智分別說，令菩薩行般若有方便故，能觀諸法畢竟空。

第三事

第22～30義

[乙三]一切智　　　一切智品第四

【第三事】一切智

〔義相〕：現證無我慧所攝持，復是小乘現觀種類，即一切智相。

〔界限〕：遍一切聖者皆有。

[丙一]一切智自體

[丁一]遠近道

[戊一]遠近道之理　　22／23

【第 22 義】：智不住三有之道相智

〔義相〕：觀待世俗事是破有邊現觀種類大乘聖智，即「智不住三有」之道相智相。

〔界限〕：從大乘見道乃至佛地。

【第 23 義】：悲不滯涅槃之道相智

〔義相〕：觀待世俗事是破寂滅邊現觀種類大乘聖智，即「悲不滯涅槃」之道相智相。

〔界限〕：從大乘見道乃至佛地。

[非此岸彼岸，不住其中間，知三世平等，故名般若度。](頌3-1)

22.1.菩薩一切智道般若波羅蜜多，由慧故不住生死此岸，由悲故不住涅槃彼岸，於彼二岸中間亦勝義不住，以是雙破二邊現證空性智所攝持之現觀故。

22.2.如是不住三有寂滅二邊之一切智，即是近諸佛菩薩者，以是現證三

世諸法平等無實自性智所攝持之現觀故。

22.3.此中兼說聲聞獨覺之一切智，是遠離真一切智道般若波羅蜜多者，以彼不知三世諸法平等實空故。(不知三時平等性，僅只自證般若波羅蜜多，遠離悲與慧。)

[戊二]成立彼理　24 / 25

【第 24 義】：與果般若波羅蜜多遠離之一切智
　　　　　　　　　(所治品之一切智)

〔義相〕：若有一切智遠離大悲，實執所縛，即與果般若波羅蜜多遠離之一切智相。

〔界限〕：從小乘見道乃至小乘無學道。

【第 25 義】：與果般若波羅蜜多鄰近之一切智
　　　　　　　　　(能治品之一切智)

〔義相〕：大悲與空慧所攝持大乘聖智住小乘現觀種類者，即與果般若波羅蜜多鄰近之一切智相。

〔界限〕：從大乘見道乃至佛地。

[彼由緣相門，非方便故遠，由善巧方便，即說為鄰近。](頌3-2)

有作是難：「聲聞與菩薩之一切智不應分遠近，以通達三世(三時)諸法平等性，即知一切法性，聲聞菩薩皆知彼法性故，如龍猛菩薩云『因緣所生法，我說即是空』，此說空即緣起義，二乘亦通達緣起性故。」

為答此難，故說：

24.1.此處所說二乘之一切智可說為遠，由緣一切法與道執有實相，非修果般若波羅蜜多之方便故。(如幻，耽著實有法表象，不知其無自性之平等性。)彼由遠離大乘善知識，及遠離通達無自性慧等之善巧方便故。

24.2.菩薩聖者之一切智可說為近，由生果般若波羅蜜多善巧方便所攝持故。

彼由長時親近大乘善知識聽受無倒教授，於引生聞、思等慧善巧方便故。

[戊三]所治能治差別　　　26 / 27

1.一切智相執所治

【第 26 義】：所治品一切智

〔義相〕：若一切智遠離方便及殊勝慧，是所治品一切智
相。

〔界限〕：從小乘見道乃至小乘無學道。

[色蘊等空性，三世所繫法，施等菩提分，行想所治品。](頌3-3)

26.若於如所有性所攝之色蘊等補特伽羅我空，盡所有性所攝(三時)三界
繫諸法，及於布施等菩提分道，起真實行想，此想所縛之道，即是
菩薩道所治品，以是彼歧誤處故。

　　(於色蘊等我空性，三時攝有漏無漏法及對治之諸菩提分道，觀緣起實有行想。此為顛
　　倒趣入，應斷除，是為所治品。)

2.一切智之能治　　27

【第 27 義】：能治品一切智　　(大乘聖者心續中之一切智)

〔義相〕：安住大乘現觀種類方便勝慧所攝之大乘聖智，
即能治品一切智相。

〔界限〕：從大乘見道乃至佛地。

[施等無我執，於此令他行，此滅貪著邊。](頌3-4abc)

27.自於布施等六度住無我執，亦於此上安立諸餘眾生令他修行，如是通
達所依道相三法皆無實之智(三輪清淨)，即能於所依及道滅除貪著之
邊，以是彼貪正對治故。

3.果上相執所治　　27.1

[執佛等微細。](頌3-4d)

27.1.於佛等境起微細實執繫縛，修禮拜等，雖是福德資糧之因而能對治
不信等，然是菩薩道之所治品，以是彼歧誤處故。

4.果上之能治　　27.2

(1)是所治品之理

[法道最甚深，自性遠離故。](頌3-5ab)

(27.2.1)於果上微細實執，亦是菩薩道之所治品，以諸法道究竟真義最

為甚深，是自性遠離之法性故。(自性空)

(2)正對治

[知諸法性一，故能斷貪著。](頌3-5cd)

(27.2.2)現知諸法同一自性(能知所知同一平等性)，所謂實空(自性空)，由此菩薩智能斷果上實執，以是彼真對治故。

(3)傍義

[由遣除見等，故說難通達，色等不可知，故為不思議。](頌3-6)

(27.2.3)說勝義諦難通達者，以唯是究竟內智所證，遮遣見色等之名言量所能知(者)故。

又勝義諦說為不可思議，以名言量不能了知；從色等乃至佛不共法是世俗法性，其究竟實性唯是聖根本智所見故。

5.結說　　27.3

[如是一切智，所治能治品，無餘諸差別，當知如經說。](頌3-7)

27.3.如是此一切智品中所說之所治品、能治品等一切智之無餘差別，當知皆是如《經》所說也。

[戊一]**遠近道之理** 【第 22 義】：智不住三有之<u>道相智</u>

　　　　　　　　　　　【第 23 義】：悲不滯涅槃之<u>道相智</u>

1.非此岸、非彼岸、非中間

　卷 545〈清淨品 8〉：

　善現復言：「如是般若波羅蜜多非此岸、非彼岸、非住中間。」

　佛言：「如是！畢竟淨故。」

　(CBETA, T07, no. 220,　第四會 p. 802, b$^{19-21}$)

　sher phyin:　v.027, pp. 444$^{08-17}$ 《合論》：v50, pp. 1182^{17}–1183^{06}

> ## 22.1 不住生死此岸、不住涅槃彼岸、中間亦不住
> ## 22.2 不住有寂二邊為近 (證三世平等無實自性故)
> ## 22.3 聲聞獨覺智遠離般若波羅蜜多 (不知三世平等實空故)

[戊二]**成立彼理** 　【第 24 義】：遠離般若波羅蜜多之<u>一切智</u>

　　　　　　　　　　　　　　　　　(所治品)

　　　　　　　　　　　【第 25 義】：鄰近般若波羅蜜多之<u>一切智</u>

　　　　　　　　　　　　　　　　　(能治品)

2.執著名相，則遠離般若波羅蜜多

　(1)二乘一切智為遠

> ## 24.1 二乘一切智為遠

　卷 545〈清淨品 8〉：

　善現復言：「若菩薩摩訶薩起如是想，棄捨般若波羅蜜多，遠離般若波羅蜜多。」

　佛告善現：「如是！如是！所以者何？是菩薩摩訶薩著名著相。」

　(CBETA, T07, no. 220, 第四會，p. 802, b$^{21-24}$)

　sher phyin:　v.027, pp. 444^{18}–445^{16} 《合論》：v50, pp. 1183^{07}–1184^{01}

　(2)大乘一切智為近

> ## 24.2 大乘一切智為近

　卷 545〈清淨品 8〉：具壽善現便白佛言：

「甚奇！世尊！希有！善逝！善為菩薩摩訶薩眾，於深般若波羅蜜多，開示分別究竟著相。」(CBETA, T07, no. 220, 第四會，p. 802, b$^{24-26}$)

sher phyin: v.027, pp. 445$^{16-19}$ 《合論》：v50, pp. 1184$^{02-05}$

[戊三]所治能治差別　　　26 / 27
1.一切智相執所治　【第 26 義】：一切智之所治品
2.一切智之能治　【第 27 義】：能治品一切智

3.明所治 (著相)

26.一切智之所治

卷 545〈清淨品 8〉：時，舍利子問善現言：

「云何菩薩摩訶薩於深般若波羅蜜多所起著相？」

善現答言：

「若菩薩摩訶薩於色謂空起空想著，於受、想、行、識謂空起空想著，於過去法謂過去法起過去法想著，於未來法謂未來法起未來法想著，於現在法謂現在法起現在法想著；謂菩薩乘善男子等，初發心時生如是福，亦名著相。」

(CBETA, T07, no. 220(第四會), p. 802, b^{26}-c^4)

sher phyin: v.027, pp. 445^{19}-448^{08} 《合論》：v50, pp. 1184^{06}-1186^{17}

4.明能治

(1)具道相智而復畢竟空

27.一切智之能治

①觀諸法畢竟空

卷 436〈清淨品 40〉：

「世尊！若菩薩摩訶薩修行般若波羅蜜多，方便善巧作如是念：『色不知色，受不知受，想不知想，行不知行，識不知識；眼處不知眼處，乃至意處不知意處；色處不知色處，乃至法處不知法處；眼界不知眼界，乃至意界不知意界；色界不知色界，乃至法界不知法界；眼識界不知眼識界，乃至意識界不知意識界；過去法不知過去法，未來法不知未來法，現在法不知現在法；布施波羅蜜多不知布施波羅蜜多，乃至般若波羅蜜多不知般若波羅蜜多；內空不知內空，乃至無性自性空不知無性自性空；四念住不知四念住，乃至八聖道支不知八聖道支；

如來十力不知如來十力，乃至十八佛不共法不知十八佛不共法；一切智不知一切智，道相智不知道相智，一切相智不知一切相智。』是菩薩摩訶薩已於無上正等菩提住正定聚。」

佛言：「善現！如是！如是！如汝所說。」

②觀無能修者與所修法　(無分別執著)

爾時，舍利子問善現言：

「諸菩薩摩訶薩修行般若波羅蜜多時，有方便善巧者，為於諸法二想轉不？」

善現答言：

「舍利子！若菩薩摩訶薩修行般若波羅蜜多時，有方便善巧者，不作是念：『我能行施，如是行施；我能持戒，如是持戒；我能修忍，如是修忍；我能精進，如是精進；我能入定，如是入定；我能習慧，如是習慧；我能植福，如是植殖福；我能入菩薩正性離生，如是入菩薩正性離生；我能嚴淨佛土，如是嚴淨佛土；我能成熟有情，如是成熟有情；我能當得一切相智，如是當得一切相智。』舍利子！是菩薩摩訶薩修行般若波羅蜜多，有方便善巧故，無如是等一切分別，由通達內空、外空、內外空、空空、大空、勝義空、有為空、無為空、畢竟空、無際空、散無散空、本性空、一切法空、自相空故。舍利子！諸菩薩摩訶薩修行般若波羅蜜多時，有方便善巧故無所執著。」

(CBETA, T07, no. 220, p. 195, a^{26}–c^4)

sher phyin:　v.027, pp. 448^{08}–450^{03}　《合論》：v50, pp. 1186^{18}–1188^{10}

5.果上之所治

27.1 果上之所治

(1)執著相 (麁執相)

卷 436〈清淨品 40〉：爾時，天帝釋問善現言：

「大德！云何應知住菩薩乘諸善男子、善女人等，修行般若波羅蜜多時所起執著？」(執著入諸善法和合，利根者所覺，鈍根者不覺。)

善現答言：

「憍尸迦！住菩薩乘諸善男子、善女人等修行般若波羅蜜多時，無方便善巧故，起自心想*1；起布施想，起布施波羅蜜多想；起淨戒想，起淨戒波羅蜜多想；起安忍想，起安忍波羅蜜多想；起精進想，起精進波羅蜜多想；起靜慮想，起靜慮波羅蜜多想；起般若想，起般若波羅蜜多想；起內空想，起外空乃至無性自性空想；起四念住想，起四正斷乃至八聖

道支想；起如來十力想，起四無所畏乃至十八佛不共法想；起一切智想，起道相智、一切相智想；起佛無上正等菩提想，起諸如來、應、正等覺想；起於佛所種善根想，起以如是所種善根合集稱量與諸有情平等共有迴向無上正等覺想。

(2)執著相之過失

「憍尸迦！由此應知住菩薩乘諸善男子、善女人等修行般若波羅蜜多時所起執著。憍尸迦！是善男子、善女人等由此執著所繫縛故，不能修行無著般若波羅蜜多迴向無上正等菩提。何以故？憍尸迦！非色本性可能迴向，非受、想、行、識本性可能迴向；乃至非一切智本性可能迴向，非道相智、一切相智本性可能迴向。」(色等諸法相畢竟空故，不可得迴向無上菩提。)

(CBETA, T07, no. 220, p. 195, c$^{5-28}$)

sher phyin:　v.027, pp. 450^{03}–452^{08}　《合論》：v50, pp. 1188^{11}–1190^{05}

(3)觀諸法平等實性　(不應分別)

卷 436〈清淨品 40〉：

「復次，憍尸迦！若菩薩摩訶薩欲於無上正等菩提，示現勸導讚勵慶喜他有情者，應觀諸法平等實性，隨此作意示現勸導讚勵慶喜他諸有情，謂作是言：『汝善男子、善女人等修行布施波羅蜜多時，不應分別我能行施；修行淨戒波羅蜜多時，不應分別我能持戒；修行安忍波羅蜜多時，不應分別我能修忍；修行精進波羅蜜多時，不應分別我能精進；修行靜慮波羅蜜多時，不應分別我能入定；修行般若波羅蜜多時，不應分別我能習慧；行內空時，不應分別我住內空；行外空乃至無性自性空時，不應分別我能住外空乃至無性自性空；修四念住時，不應分別我能修四念住；修四正斷乃至八聖道支時，不應分別我能修四正斷乃至八聖道支；修如來十力時，不應分別我能修如來十力；修四無所畏乃至十八佛不共法時，不應分別我能修四無所畏乃至十八佛不共法；修一切智時，不應分別我能修一切智；修道相智、一切相智時，不應分別我能修道相智、一切相智；修無上正等菩提時，不應分別我能修無上正等菩提。』

(4)於自他無損遠離執著　(無執相)

「憍尸迦！諸菩薩摩訶薩欲於無上正等菩提示現勸導讚勵慶喜他有情者，應如是示現勸導讚勵慶喜他諸有情。若菩薩摩訶薩於其無上正等菩提，能如是示現勸導讚勵慶喜他有情者，於自無損亦不損他，如諸如來所應許可示現勸導讚勵慶喜諸有情故。憍尸迦！住菩薩乘諸善男子、善

女人等若能如是示現勸導讚勵慶喜趣菩薩乘諸有情者，便能遠離一切執著。」

(CBETA, T07, no. 220, p. 195, c^{28}–p. 196, a^{28})

sher phyin: v.027, pp. 452^{09}–454^{04} 《合論》: v50, pp. 1190^{06}–1191^{18}

6.果上之能治

(1)不應取相憶念分別 (微細實執)

27.2 果上之能治

(27.2.1)果上微細實執為所治品，不應取相憶念分別

卷 436〈清淨品 40〉：爾時，世尊讚善現曰：

「善哉！善哉！汝今善能為諸菩薩說執著相，令趣大乘諸善男子、善女人等離執著相，修諸菩薩摩訶薩行。善現！復有此餘微細執著，當為汝說，汝應諦聽！極善思惟！」

善現白言：「唯然！願說！我等樂聞。」

佛言：

「善現！住菩薩乘諸善男子、善女人等欲趣無上正等菩提，若於如來、應、正等覺取相憶念，皆是執著；若於過去、未來、現在一切如來、應、正等覺無著功德，從初發心乃至法住所有善根取相憶念，既憶念已深心隨喜，既隨喜已與諸有情平等共有迴向無上正等菩提，如是一切取相憶念皆名執著。若於一切如來弟子及餘有情所修善法取相憶念深心隨喜，既隨喜已與諸有情平等共有迴向無上正等菩提，如是一切亦名執著。何以故？善現！於諸如來、應、正等覺及諸弟子若餘有情功德善根，不應取相憶念分別，諸取相者皆虛妄故。」*2 (CBETA, T07, no. 220, p. 196, a^{28}–b^{17})

sher phyin: v.027, pp. 454^{04}–455^{07} 《合論》: v50, pp. 1191^{19}–1193^{01}

(2)果上之能治 (般若自性空能斷果上實執)

(27.2.2)知法自性空能斷果上實執

①般若常離一切法

卷 436〈清淨品 40〉：時，具壽善現白佛言：

「世尊！如是般若波羅蜜多最為甚深。」

佛言：「如是！以一切法本性離故。」 (般若離一切法故，微細相不得入般若中。)

②諸法一性(無性)離一切執著

「世尊！如是般若波羅蜜多皆應敬禮。」

佛言：「如是！功德多故。然此般若波羅蜜多無造無作(故)，無能證者。」

（諸佛及聲聞等皆不能證知。）

「世尊！一切法性不可證覺。」　（般若與法皆不可得，無證(得)無覺(知)。）

佛言：

「如是！以一切法本性唯一，能證所證不可得故。

善現當知！諸法一性即是無性，諸法無性即是一性。如是諸法一性無性是本實性，此本實性無造無作。

善現！若菩薩摩訶薩能如實知諸所有法一性無性無造無作，則能遠離一切執著。」*3　(CBETA, T07, no. 220, p. 196, b[18–28])

sher phyin:　v.027, p. 455[07–21] 《合論》：v50, pp. 1193[02–17]

③般若難知難解

(27.2.3)不可言說思議

卷 436〈清淨品 40〉：

「具壽善現復白佛言：「如是般若波羅蜜多難可覺了。」

佛言：

「如是！由此般若波羅蜜多無能見者、無能聞者、無能覺者、無能知者，離證相故。」

④般若不可思議

「世尊！如是般若波羅蜜多不可思議。」

佛言：

「如是由此般若波羅蜜多，不可以心取，離心相故；不可以色乃至識取，離彼相故；不可以眼乃至意取，離彼相故；不可以色乃至法取，離彼相故；不可以眼識乃至意識取，離彼相故；不可以布施波羅蜜多乃至般若波羅蜜多取，離彼相故；不可以內空乃至無性自性空取，離彼相故；不可以四念住乃至八聖道支取，離彼相故；不可以如來十力乃至十八佛不共法取，離彼相故；不可以一切智、道相智、一切相智取，離彼相故；不可以一切法取，離彼相故。復次，善現！如是般若波羅蜜多不從色生，乃至不從一切法生。」(五蘊乃至十八佛不共法可與般若作因緣，不能生般若。)

⑤般若無所造作

具壽善現復白佛言：「如是般若波羅蜜多無所造作。」

佛言：

「如是！以諸作者不可得故。善現！色不可得故作者不可得，受、想、行、識不可得故作者不可得，乃至一切法不可得故作者不可得。善現！

由諸作者及色等法不可得故，如是般若波羅蜜多無所造作。」

(CBETA, T07, no. 220, p. 196, b^{28}–c^{20})

sher phyin:　v.027, pp. 455^{21}–457^{07}　《合論》: v50, pp. 1193^{18}–1194^{21}

27.3 結說

如是此一切智品中所說之所治品、能治品等一切智之無餘差別，當知皆是如《經》所說也。

[丁二]一切智加行

【第 28 義】：一切智品所說菩薩加行

〔義相〕：於世俗性自性差別顛倒執著，及於勝義性自性差別
　　　　　顛倒執著，修彼隨一對治之菩薩瑜伽，即此一切智
　　　　　品所說菩薩加行之相。

〔界限〕：從大乘資糧道乃至十地最後心。

[戊一]加行差別　28

[色等無常等，未圓滿圓滿，及於無貪性，破實行加行，](頌3-8)
[不變無造者。三難行加行，如根性得果，故許為有果，](頌3-9)
[不依仗於他，誰知七現事。](頌3-10ab)

　　此中所說菩薩一切智加行有十種：就境分四，就自性分三，就作用分
二，就證知譬喻有一。(此等從遮遣面說)

28.1.就境之四種

　(28.1.1)於色等事破實執行之加行。

　(28.1.2)於彼別法無常等破實執行之加行。

　(28.1.3)於功德所依圓滿未圓滿破實執行之加行。

　(28.1.4)於無實貪性破實執行之加行。

28.2.就自性之三種

　(28.2.1)於所作業破除實執謂不變加行。

　(28.2.2)於造者破除實執謂無造者加行。

　(28.2.3)於果破除實執謂三種難行加行。

　　　　三種難行者，謂三智之中：

　　　(1)一切相智於勝義無所得，於世俗須經三無數劫修二資糧方能
　　　　證得，是所為難行。

　　　(2)道相智於勝義無所得，於世俗須學三道，乃至未圓滿成熟嚴
　　　　淨不證彼果，是加行難行。

　　　(3)一切智須自身生起由此門中利益二乘種性，然自不證唯斷煩
　　　　惱之果，是所作難行也。

28.3.就作用之二種

　(28.3.1)如三種所化根性而令得果，故許為有果加行。

　(28.3.2)由勝利門救護等事，不依仗他加行。

28.4.就證知譬喻之一種

就七種現事，證知無自性加行。

證知七現事(表象)及喻者，謂：

(28.4.1)諸有漏緣起皆非實有，唯由執著習氣所變現故，譬如夢事。

(28.4.2)又即前宗唯是因緣和合所現故，譬如幻事。

(28.4.3)又即前宗，雖如是現若如是有成相違故，譬如陽焰。

(28.4.4)又即前宗，唯仗緣現故，譬如谷響。

(28.4.5)又即前宗，唯從習氣相如是現故，譬如影像。

(28.4.6)又即前宗，無實所依如是現故，譬如乾闥婆城。

(28.4.7)又即前宗，無實作者如是現故，譬如變化。

[戊二]加行自性

【第 29 義】：菩薩加行平等性　29

〔義相〕：於境、有境，破除實執慧所攝持之菩薩瑜伽，即一切智品所說菩薩加行平等性相。

〔界限〕：從大乘資糧道乃至十地最後心。

[不執著色等，四種平等性。](頌3-10cd)

此處所說之加行有四平等性，謂：

29.1.於色等自性、

29.2.青等相、

29.3.差別、

29.4.有境(證知)*4，

無實執著之加行有四種故。

(於此等行相皆不可得，即是加行平等性。從平等性上觀修加行。)

[戊一]加行差別　　【第 28 義】：一切智品所說菩薩加行

1.正行般若

28.1 就境分

卷 436〈無摽幟品 41〉：「第二分無摽幟品第四十一之一

「爾時，具壽善現白佛言：「世尊！云何菩薩摩訶薩應行般若波羅蜜多？」

(若無作者，般若波羅蜜無所能作，應云何行云何得般若波羅蜜多？)

(1)不行諸法

(28.1.1)於色等事破實執行之加行

佛言：

「善現！菩薩摩訶薩行般若波羅蜜多時，若不行色，是行般若波羅蜜多；
不行受、想、行、識，是行般若波羅蜜多；乃至不行一切智，是行般若
波羅蜜多；不行道相智、一切相智，是行般若波羅蜜多。」

(CBETA, T07, no. 220, p. 196, c22–27)

sher phyin:　v.027, pp. 457⁰⁷–458⁰⁹　《合論》: v50, pp. 1195⁰¹–1196⁰³

(2)不行觀諸法常無常等*5

(28.1.2)於無常等破實執行之加行

卷 436〈無摽幟品 41〉：

「不行色若常若無常，是行般若波羅蜜多；不行受、想、行、識若常若無
常，是行般若波羅蜜多；如是乃至不行一切智若常若無常，是行般若波
羅蜜多；不行道相智、一切相智若常若無常，是行般若波羅蜜多。不行
色若樂若苦，是行般若波羅蜜多；不行受、想、行、識若樂若苦，是行
般若波羅蜜多；如是乃至不行一切智若樂若苦，是行般若波羅蜜多；不
行道相智、一切相智若樂若苦，是行般若波羅蜜多。不行色若我若無我，
是行般若波羅蜜多；不行受、想、行、識若我若無我，是行般若波羅蜜
多；如是乃至不行一切智若我若無我，是行般若波羅蜜多；不行道相智、
一切相智若我若無我，是行般若波羅蜜多。不行色若淨若不淨，是行般
若波羅蜜多；不行受、想、行、識若淨若不淨，是行般若波羅蜜多；如
是乃至不行一切智若淨若不淨，是行般若波羅蜜多；不行道相智、一切
相智若淨若不淨，是行般若波羅蜜多。

何以故？

善現！菩薩摩訶薩行般若波羅蜜多時，尚不見色、受、想、行、識，況

見色、受、想、行、識若常若無常、若樂若苦、若我若無我、若淨若不淨！如是乃至尚不見一切智、道相智、一切相智，況見一切智、道相智、一切相智若常若無常、若樂若苦、若我若無我、若淨若不淨！」

(CBETA, T07, no. 220, p. 196, c27–p. 197, a22)

sher phyin: v.027, pp. 458⁰⁹–459¹⁹ 《合論》：v50, pp. 1196⁰⁴–1198¹¹

(3)不行圓滿不圓滿*6

(28.1.3)於功德所依圓滿未圓滿破實執行之加行

卷 436〈無摽幟品 41〉：

「復次，善現！菩薩摩訶薩行般若波羅蜜多時，不行色圓滿，不行色不圓滿，是行般若波羅蜜多；不行受、想、行、識圓滿，不行受、想、行、識不圓滿，是行般若波羅蜜多。如是乃至不行一切智圓滿，不行一切智不圓滿，是行般若波羅蜜多；不行道相智、一切相智圓滿，不行道相智、一切相智不圓滿，是行般若波羅蜜多。

何以故？

善現！菩薩摩訶薩行般若波羅蜜多時，尚不見不得色、受、想、行、識，況見況得色、受、想、行、識若圓滿若不圓滿！如是乃至尚不見不得一切智、道相智、一切相智，況見況得一切智、道相智、一切相智若圓滿若不圓滿！」

(CBETA, T07, no. 220, p. 197, a23–b6)

sher phyin: v.027, pp. 459²¹–461¹³ 《合論》：v50, pp. 1198¹²–1200⁰⁷

(4)不行執著不執著

(28.1.4)於無實貪性破實執行之加行

卷 436〈無摽幟品 41〉：時，具壽善現白佛言：

「世尊！甚奇！如來、應、正等覺善為大乘諸善男子、善女人等，宣說執著不執著相。」

佛言：

「善現！如是！如是！如汝所說。一切如來、應、正等覺善為大乘諸善男子、善女人等，宣說執著不執著相。復次，善現！菩薩摩訶薩行般若波羅蜜多時，不行色若執著若不執著，是行般若波羅蜜多；不行受、想、行、識若執著若不執著，是行般若波羅蜜多；不行眼乃至意若執著若不執著，是行般若波羅蜜多；不行色乃至法若執著若不執著，是行般若波羅蜜多；不行眼識乃至意識若執著若不執著，是行般若波羅蜜多；不行布施波羅蜜多乃至般若波羅蜜多若執著若不執著，是行般若波羅蜜多；

不行內空乃至無性自性空若執著若不執著，是行般若波羅蜜多；不行四念住乃至八聖道支若執著若不執著，是行般若波羅蜜多。如是乃至不行如來十力乃至十八佛不共法若執著若不執著，是行般若波羅蜜多；不行一切智、道相智、一切相智若執著若不執著，是行般若波羅蜜多；不行預流、一來、不還、阿羅漢果、獨覺菩提若執著若不執著，是行般若波羅蜜多；不行一切菩薩摩訶薩行、諸佛無上正等菩提若執著若不執著，是行般若波羅蜜多。

「善現！菩薩摩訶薩如是行般若波羅蜜多時，如實了知色無執著、不執著相，受、想、行、識亦無執著不執著相；如是乃至如實了知一切菩薩摩訶薩行無執著不執著相，諸佛無上正等菩提亦無執著不執著相。」

(CBETA, T07, no. 220, p. 197, b⁶–c⁵)

sher phyin: v.027, pp. 461¹³–464¹² 《合論》: v50, pp. 1200⁰⁸–1202¹⁹

2.善現歎「甚深般若及諸行者」

28.2 就自性分

(1)甚深法性不增不減

(28.2.1)於所作業破除實執謂不變加行

卷 436〈無摽幟品 41〉：時，具壽善現白佛言：

「世尊！甚深法性極為希有，若說若不說俱不增不減。」

佛言：

「善現！如是！如是！如汝所說。甚深法性極為希有，若說不說俱無增減。善現！假使如來、應、正等覺盡壽量住讚毀虛空，而彼虛空無增無減，甚深法性亦復如是，若說不說俱無增減。」

(CBETA, T07, no. 220, p. 197, c⁵⁻¹¹)

sher phyin: v.027, pp. 464¹²–465⁰² 《合論》: v50, pp. 1202²⁰–1203¹⁴

卷 436〈無摽幟品 41〉：

(28.2.2)於造者破除實執謂無造者加行

「善現！譬如幻士於讚毀時無增無減亦無憂喜，甚深法性亦復如是，若說不說如本無異。」

(行者罪業因緣生是虛誑法，與般若波羅蜜合故無有異，如種種色到須彌山邊，同為金色。)

(CBETA, T07, no. 220, p. 197, c¹¹⁻¹³)

sher phyin: v.027, pp. 465⁰²⁻⁰⁶ 《合論》: v50, pp. 1203¹⁵⁻²⁰

(2)諸法雖不可得，而菩薩能勤修般若不退轉

(28.2.3)於果破除實執謂三種難行加行
(I)一切相智之所為難行

卷 436〈無摽幟品 41〉：「爾時，具壽善現復白佛言：

「世尊！諸菩薩摩訶薩修行般若波羅蜜多甚為難事。

①修般若如修虛空 (虛空中無諸法可了可得)

調此般若波羅蜜多，若修不修無增無減、無憂無喜、無向無背，而勤修學如是般若波羅蜜多乃至無上正等菩提常無退轉。

何以故？

世尊！諸菩薩摩訶薩修行般若波羅蜜多，如修虛空都無所有。世尊！如虛空中無色可了，無受、想、行、識可了；無眼處可了，無耳、鼻、舌、身、意處可了；無色處可了，無聲、香、味、觸、法處可了；無眼界可了，無耳、鼻、舌、身、意界可了；無色界可了，無聲、香、味、觸、法界可了；無眼識界可了，無耳、鼻、舌、身、意識界可了；無布施波羅蜜多可了，無淨戒、安忍、精進、靜慮、般若波羅蜜多可了；無內空可了，無外空乃至無性自性空可了；無四念住可了，無四正斷乃至八聖道支可了；如是乃至無如來十力可了，無四無所畏乃至十八佛不共法可了；無一切智可了，無道相智、一切相智可了；無預流果可了，無一來、不還、阿羅漢果、獨覺菩提可了；無一切菩薩摩訶薩行可了，無諸佛無上正等菩提可了，所修般若波羅蜜多亦復如是。

②勤修般若不退轉

調此般若波羅蜜多甚深法中，無色可得，無受、想、行、識可得，乃至無一切菩薩摩訶薩行可得，無諸佛無上正等菩提可得。此中雖無諸法可得，而諸菩薩能勤精進修學般若波羅蜜多，乃至無上正等菩提常無退轉，是故我說諸菩薩摩訶薩修行般若波羅蜜多甚為難事。」

(CBETA, T07, no. 220, p. 197, c¹⁴–p. 198, a¹²)

(3)諸有情應禮敬般若行者

卷 437〈無摽幟品 41〉：第二分無摽幟品第四十一之二

爾時，具壽善現復白佛言：

「世尊！諸菩薩摩訶薩能擐如是大功德鎧，一切有情皆應敬禮。

①為利益諸有情

世尊！若菩薩摩訶薩為諸有情擐功德鎧勤精進者，如為虛空擐功德鎧發勤精進。

(令有情得智慧禪定等，得今世後世樂。)

②欲成熟解脫有情

世尊！若菩薩摩訶薩為欲成熟解脫有情擐功德鎧勤精進者，如為虛空成熟解脫擐功德鎧發勤精進。(令有情得漏盡，成三乘道，入無餘涅槃。)

③為一切法

世尊！若菩薩摩訶薩為一切法擐功德鎧勤精進者，如為虛空擐功德鎧發勤精進。」(CBETA, T07, no. 220, p. 198, a²¹–b¹)

sher phyin: v.027, pp. 465⁰⁶–467⁰³ 《合論》: v50, pp. 1204⁰¹–1206⁰⁷

④為拔有情出生死苦

(II)道相智之加行難行

卷 437〈無摽幟品 41〉：

「世尊！若菩薩摩訶薩為拔有情出生死苦擐功德鎧勤精進者，如為舉虛空置高勝處擐大功德鎧發勤精進。」

(虛空無色無形，欲舉虛空，是為難。有情亦如是畢竟空，欲舉三界有情著涅槃中，是故名擐功德鎧。)

(CBETA, T07, no. 220, p. 198, b¹⁻³)

sher phyin: v.027, pp. 467⁰³⁻⁰⁴ 《合論》: v50, pp. 1206⁰⁸⁻¹⁰

(4)欲度有情故發菩提心

(III)一切智之所作難行

卷 437〈無摽幟品 41〉：

「世尊！諸菩薩摩訶薩得大精進勇猛勢力，為如虛空諸有情類速脫生死發趣無上正等菩提。世尊！諸菩薩摩訶薩得不思議無等神力，為如虛空諸法性海擐功德鎧發趣無上正等菩提。世尊！諸菩薩摩訶薩最極勇健，為如虛空所求無上正等菩提擐功德鎧發勤精進。

「世尊！諸菩薩摩訶薩為如虛空諸有情類成熟解脫獲大利樂，勤修苦行欲證無上正等菩提，甚為希有。

何以故？

世尊！假使三千大千世界滿中如來、應、正等覺如竹、麻、葦、甘蔗等林，若經一劫或一劫餘，為諸有情常說正法，各度無量無邊有情令入涅槃畢竟安樂，而有情界不增不減。所以者何？以諸有情皆無所有性遠離故。世尊！假使十方一切世界滿中如來、應、正等覺如竹、麻、葦、甘蔗等林，若經一劫或一劫餘，為諸有情常說正法，各度無量無邊有情令入涅槃畢竟安樂，而有情界不增不減。所以者何？以諸有情皆無所有性

遠離故。*7

「世尊！由此因緣我作是說：諸菩薩摩訶薩為如虛空諸有情類成熟解脫獲
大利樂，勤修苦行欲證無上正等菩提，甚為希有。」

(CBETA, T07, no. 220, p. 198, b$^{3-25}$)

sher phyin: v.027, pp. 467^{05}–468^{14} 《合論》: v50, pp. 1206^{11}–1207^{13}

3.所行既成不假外護

28.3 就作用

(1)雖非有法而道果非無

(28.3.1)如三種所化根性而令得果故許為有果加行

卷 437〈無摽幟品 41〉：「時，眾會中有一苾芻竊作是念：

「我應敬禮甚深般若波羅蜜多。此中雖無諸法生滅，而有戒蘊、定蘊、慧
蘊、解脫蘊、解脫智見蘊施設可得，亦有預流‧ 來‧不還‧阿羅漢果‧
獨覺菩提施設可得，亦有菩薩摩訶薩行施設可得，亦有無上正等菩提施
設可得，亦有菩薩摩訶薩眾及諸如來、應、正等覺施設可得，亦有佛寶、
法寶、僧寶施設可得，亦有諸佛轉妙法輪令諸有情利益安樂施設可得。」

佛知其念，告言：

「苾芻！如是！如是！如汝所念。甚深般若波羅蜜多微妙難測，雖非有
法，而亦非無。」 (CBETA, T07, no. 220, p. 198, b^{25}–c^{7})

sher phyin: v.027, pp. 468^{15}–469^{06} 《合論》: v50, pp. 1207^{14}–1208^{05}

(2)應如虛空勤學般若

卷 437〈無摽幟品 41〉：時，天帝釋問善現言：

「大德！若菩薩摩訶薩欲學般若波羅蜜多，當如何學？」

善現答言：「憍尸迦！若菩薩摩訶薩欲學般若波羅蜜多，當如虛空精勤修
學。」

(3)如所說行，即為真守護

(28.3.2)由勝利門救護等事不依仗他加行

①云何守護

時，天帝釋復白佛言：

「世尊！若善男子、善女人等於此般若波羅蜜多，至心聽聞、受持、讀
誦、精勤修學、如理思惟、書寫、解說、廣令流布，我當云何守護於
彼？」

②無法可護

爾時,善現告帝釋言:「憍尸迦!汝見有法可守護不?」

天帝釋言:「不也!大德!我不見法可守護者。」

(若見有法可護,則不名般若為畢竟空;若不見,則何守護?)

③安住般若即是守護

善現告曰:

「憍尸迦!若善男子、善女人等,如佛所說安住般若波羅蜜多即為守護。若善男子、善女人等,安住般若波羅蜜多常不遠離,當知一切人非人等伺求其便欲為損害終不能得。(安住即是如般若波羅蜜多所說而行,常不遠離。)*8

❶虛空及夢幻喻

「憍尸迦!若欲守護安住般若波羅蜜多諸善男子、善女人等,不異有人發意精進守護虛空。憍尸迦!若欲守護修行般若波羅蜜多諸善男子、善女人等,唐設劬勞都無所益。

(風吹、日曬、雨淋、刀杖皆不能壞虛空,守護虛空唐捐無益。守護般若亦如是。)

「憍尸迦!於意云何?有能守護幻、夢、響、像、光影、陽焰及變化事、尋香城不?」

天帝釋言:「不也!大德!」

善現告曰:

「憍尸迦!若欲守護修行般若波羅蜜多諸善男子、善女人等亦復如是,唐設劬勞都無所益。

❷佛所化事喻

「憍尸迦!於意云何?有能守護一切如來、應、正等覺及佛所作變化事不?」

天帝釋言:「不也!大德!」

善現告曰:

「憍尸迦!若欲守護修行般若波羅蜜多諸善男子、善女人等亦復如是,唐設劬勞都無所益。

❸無為法喻

「憍尸迦!於意云何?有能守護法界、法性、真如、實際、不思議界、虛空界不?」

天帝釋言:「不也!大德!」

善現告曰:

「憍尸迦!若欲守護修行般若波羅蜜多諸善男子、善女人等亦復如是,唐設劬勞都無所益。」

（行般若者得供養利時不喜，破壞失時不憂，如於無為法，無能守護者，亦無所
　利益。）

(CBETA, T07, no. 220, p. 198, c^8–p. 199, a^9)

sher phyin: v.027, pp. 469^{06}–471^{10} 《合論》: v50, pp. 1208^{06}–1210^{09}

4.明正觀相

28.4 就證知譬喻

(1)無自性加行之譬喻

　卷 437〈無摽幟品 41〉：時，天帝釋問善現言：

「大德！云何菩薩摩訶薩修行般若波羅蜜多時，雖知諸法如幻、如夢、如
　響、如像、如光影、如陽焰、如變化事、如尋香城，而是菩薩摩訶薩不
　執是幻、是夢、是響、是像、是光影、是陽焰、是變化事、是尋香城，
　亦復不執出幻乃至出尋香城，亦復不執屬幻乃至屬尋香城，亦復不執依
　幻乃至依尋香城？」*9　(CBETA, T07, no. 220, p. 199, a$^{9-16}$)

　sher phyin: v.027, pp. 471$^{11-19}$ 《合論》: v50, pp. 1210^{10}–1211^{02}

[戊二]加行自性　　【第 29 義】：菩薩加行四平等性

此處所說之加行有四平等性，謂於色等自性、青等相、差別、
有境，無實執著之加行有四種故。

(2)加行平等性

　卷 437〈無摽幟品 41〉：善現答言：

「憍尸迦！

①若菩薩摩訶薩修行般若波羅蜜多時，不執是色，是受、想、行、識；亦
　不執由色，由受、想、行、識；亦不執屬色，屬受、想、行、識；亦不
　執依色，依受、想、行、識。如是乃至不執是一切智，是道相智、一切
　相智；亦不執由一切智，由道相智、一切相智；亦不執屬一切智，屬道
　相智、一切相智；亦不執依一切智，依道相智、一切相智。

②是菩薩摩訶薩修行般若波羅蜜多時，雖知諸法如幻乃至如尋香城，而能
　不執是幻乃至是尋香城，亦復不執由幻乃至由尋香城，亦復不執屬幻乃
　至屬尋香城，亦復不執依幻乃至依尋香城。」*10

(CBETA, T07, no. 220, p. 199, a$^{16-27}$)

sher phyin: v.027, pp. 471^{20}–474^{07} 《合論》: v50, pp. 1211^{03}–1212^{16}

[丁三]修加行之果

【第 30 義】：一切智品大乘見道

〔義相〕：此一切智品所說現證離戲論大乘諦現觀，即此一切智品所說大乘見道之相。

〔界限〕：唯在大乘見道。

[戊一]略標剎那　　30.1

[苦等諸聖諦，法智及類智，忍智剎那性，一切智見道。](頌3-11)

緣苦等四諦所生〔法智忍、法智、類智忍、類智〕等，謂無間道所攝之八忍，解脫道所攝之八智。此十六剎那體性，即一切智品所說之大乘見道也。

[戊二]廣釋行相　　30.2

[色非常無常，出二邊清淨，無生無滅等。如虛空離貪，](頌3-12)
[脫離諸攝持，自性不可說。由宣說此義，不能惠施他。](頌3-13)
[皆悉不可得，畢竟淨無病。斷除諸惡趣，證果無分別，](頌3-14)
[不繫屬諸相，於義名二種，其識無有生。一切智剎那。](頌3-15)

(30.2.1)苦諦諸相

　　(1)色等無常相者，謂勝義中離常、無常，故非常非無常。(以無自性故)

　　(2)苦相者，謂勝義中離苦、非苦，故出常斷二邊。

　　(3)空相者，謂勝義中離空、不空，故名清淨。

　　(4)無我相者，謂勝義中非我、無我性，故無生無滅，等取非染非淨。

　　是苦諦諸相。

(30.2.2)集諦諸相

　　(1)有漏業及愛取，謂苦因、非因，勝義非有，故如虛空。

　　(2)又彼於勝義中，非集、非無集，故離貪等一切煩惱。

　　(3)又彼於勝義，生苦、不生苦皆不繫屬，故脫離諸攝持。

　　(4)又彼脫離，是苦緣、非苦緣，故自性不可說。

　　此是集諦諸相。

(30.2.3)滅諦諸相

(1)滅諦離煩惱義，於勝義中若滅無滅皆不繫屬，故宣說此滅諸義，於勝義中不可惠施於他。

(2)又彼於勝義中無苦靜不靜，故皆不可得。

(3)又彼於勝義中離妙非妙，故遠離常斷二邊畢竟清淨。

(4)又彼於勝義中無離不離，故具足不生一切疾病之勝利。

此是滅諦諸相。

(30.2.4)道諦諸相

(1)道諦現證真空之智，由勝義中離道非道，故斷除地獄等惡趣。

(2)又彼於勝義中，是理、非理不相雜亂，故於證預流果等之方便，無諸分別。

(3)又後於勝義中脫離，是行、非行，故與諸法實有相不相繫屬。

(4)又彼於勝義中，無出、不出生涅槃，故於所詮所知義與能詮聲，皆不生有能所取二相之識。

此是道諦諸相。

如是行相之一切智剎那，即是菩薩之見道也。

(諸聲聞相對於彼，觀修無常等諸行相，於一切智是為見道。聲聞道為菩薩所要完善了知，而非所證，故不宣說修道。)

[丙二]總結三智　　30.3

[如是此及此，又此三段文，當知即顯示，此三品圓滿。](頌3-16)

如是廣說三智已：

1《經》云：

「善現！於一切法非有自在等」，此段經文，總結一切智。

2.又云：「善現！如是境非捨三界等」，此段經文，總結道相智。

3.又云：「善現！如是般若波羅蜜多，從佛法乃至獨覺法不取不捨等」，此段經文，總結一切相智。

當知此三段文，即是《般若經》中顯示以三智為所詮三品之圓滿總結文也。

[丁三]修加行之果　【第 30 義】：一切智品大乘見道

1.十方三世諸佛同說般若應信受

30.1 略標剎那　(十六剎那體性)
30.2 廣釋行相

卷 437〈無摽幟品 41〉：

「爾時，如來威神力故，於此三千大千世界所有四大王眾天乃至淨居天，各以天花檀沈香末遙散佛上，來詣佛所頂禮雙足却住一面。

時，諸天等佛神力故，遙見東方千佛世界，各有如來、應、正等覺宣說般若波羅蜜多，義品名字皆同於此，請說般若波羅蜜多苾芻上首皆名善現，問難般若波羅蜜多天眾上首皆名帝釋，南西北方四維上下亦復如是。(十方諸佛)

爾時，佛告具壽善現言：「慈氏菩薩摩訶薩當證無上正等覺時，亦於此處宣說般若波羅蜜多，此賢劫中當來諸佛，亦於此處宣說般若波羅蜜多。」(三世諸佛)

(CBETA, T07, no. 220, p. 199, a^{28}–b^{10})

sher phyin:　v.027, pp. 474^{07}–475^{17} 《合論》：v50, pp. 1212^{17}–1214^{07}

(**此一科判在《現觀莊嚴論》略科分表是說明四諦的十六行相，但在《合論》中所列的是見道十六剎那的八忍八智。)

(1)宣說般若之行相 (以何相説般若？)

(30.2.1)苦諦諸相 (苦忍智)

①以何法行相狀宣說般若？　　　　(善現初問)

(I)無常相：非常非無常 (苦法智忍)

卷 437〈無摽幟品 41〉：時，具壽善現白佛言：

「世尊！慈氏菩薩摩訶薩當證無上正等覺時，當以何法諸行、相、狀，宣說般若波羅蜜多？」

佛告善現：

「慈氏菩薩摩訶薩當得無上正等覺時，

❶諸法非常非無常

當以色非常非無常宣說般若波羅蜜多，當以受、想、行、識非常非無常宣說般若波羅蜜多；如是乃至當以一切智非常非無常宣說般若

波羅蜜多，當以道相智、一切相智非常非無常宣說般若波羅蜜多。

❷諸法非樂非苦

當以色非樂非苦宣說般若波羅蜜多，當以受、想、行、識非樂非苦宣說般若波羅蜜多；如是乃至當以一切智非樂非苦宣說般若波羅蜜多，當以道相智、一切相智非樂非苦宣說般若波羅蜜多。

❸諸法非我非無我

當以色非我非無我宣說般若波羅蜜多，當以受、想、行、識非我非無我宣說般若波羅蜜多；如是乃至當以一切智非我非無我宣說般若波羅蜜多，當以道相智、一切相智非我非無我宣說般若波羅蜜多。

❹諸法非淨非不淨

當以色非淨非不淨宣說般若波羅蜜多，當以受、想、行、識非淨非不淨宣說般若波羅蜜多；如是乃至當以一切智非淨非不淨宣說般若波羅蜜多，當以道相智、一切相智非淨非不淨宣說般若波羅蜜多。

❺諸法非縛非脫

當以色非縛非脫宣說般若波羅蜜多，當以受、想、行、識非縛非脫宣說般若波羅蜜多；如是乃至當以一切智非縛非脫宣說般若波羅蜜多，當以道相智、一切相智非縛非脫宣說般若波羅蜜多。

❻諸法非三世

當以色非過去非未來非現在宣說般若波羅蜜多，當以受、想、行、識非過去非未來非現在宣說般若波羅蜜多；如是乃至當以一切智非過去非未來非現在宣說般若波羅蜜多，當以道相智、一切相智非過去非未來非現在宣說般若波羅蜜多。」

(CBETA, T07, no. 220, p. 199, b[10]–c[12])

sher phyin: v.027, pp. 475[18]–479[20] 《合論》: v50, pp. 1214[08]–1216[01]

②何以證？何所說？ (善現二問)

(II)苦相：出常斷二邊 (苦法智)

卷437〈無摽幟品41〉：「具壽善現復白佛言：

「世尊！慈氏菩薩摩訶薩當得無上正等覺時，當證何法？當說何法？」

佛告善現：

「慈氏菩薩摩訶薩當得無上正等覺時，證色畢竟淨，說色畢竟淨；證受、想、行、識畢竟淨，說受、想、行、識畢竟淨。如是乃至證一切智畢竟淨，說一切智畢竟淨；證道相智、一切相智畢竟淨，說道相智、一切相智畢竟淨。」

(CBETA, T07, no. 220, p. 199, c$^{12-19}$)

sher phyin: v.027, pp. 479^{20}–481^{01} 《合論》: v50, pp. 1216$^{02-20}$

(2)何緣般若清淨？（以何因說般若清淨？）

(III)空相：離空、不空，故名清淨 (苦類智忍)

卷 437〈無摽幟品 41〉：具壽善現復白佛言：

「世尊！如是般若波羅蜜多何緣清淨？」

佛告善現：

「色清淨故，般若波羅蜜多清淨；受、想、行、識清淨故，般若波羅蜜多清淨。如是乃至一切智清淨故，般若波羅蜜多清淨；道相智、一切相智清淨故，般若波羅蜜多清淨。」(CBETA, T07, no. 220, p. 199, c$^{20-25}$)

sher phyin: v.027, pp. 481$^{01-21}$ 《合論》: v50, pp. 1216^{21}–1217^{16}

(3)云何般若清淨？（以何義說般若清淨？）

①五蘊等法無生滅染淨，故般若清淨

❶法說

(IV)無我相：無生無滅等取非染非淨 (苦類智)

卷 437〈無摽幟品 41〉：具壽善現即白佛言：

「云何色清淨故，般若波羅蜜多清淨？受、想、行、識清淨故，般若波羅蜜多清淨？如是乃至云何一切智清淨故，般若波羅蜜多清淨？道相智、一切相智清淨故，般若波羅蜜多清淨？」

佛告善現：

「色無生無滅、無染無淨故清淨，色清淨故，般若波羅蜜多清淨；受、想、行、識無生、無滅、無染無淨故清淨，受、想、行、識清淨故，般若波羅蜜多清淨。如是乃至一切智無生無滅、無染無淨故清淨，一切智清淨故，般若波羅蜜多清淨；道相智、一切相智無生無滅、無染無淨故清淨，道相智、一切相智清淨故，般若波羅蜜多清淨。」
*11

(CBETA, T07, no. 220, p. 199, c^{25}–p. 200, a^{8})

sher phyin: v.027, pp. 481^{21}–484^{07} 《合論》: v50, pp. 1217^{17}–1219^{10}

(30.2.2)集諦諸相 (集忍智)

❷虛空喻

(I)因：苦因、非因，勝義非有，故如虛空 (集法智忍)

卷 437〈無摽幟品 41〉：復次，善現！虛空清淨故，般若波羅蜜多清淨。

「世尊！云何虛空清淨故，般若波羅蜜多清淨？」

「善現！虛空無生無滅、無染無淨故清淨，虛空清淨故，般若波羅蜜多清淨。」(CBETA, T07, no. 220, p. 200, a$^{8-11}$)

sher phyin: v.027, pp. 484$^{07-14}$ 《合論》：v50, pp. 1219$^{11-18}$

②五蘊等法如虛空不可取不可染汙，故般若清淨

(II)集：非集、非無集，故離貪等一切煩惱 (集法智)

(III)生：生苦、不生苦皆不繫屬，故脫離諸攝持 (集類智忍)

❶法說

卷 437〈無摽幟品 41〉：

「復次，善現！色無染污故，般若波羅蜜多清淨；受、想、行、識無染污故，般若波羅蜜多清淨。如是乃至一切智無染污故，般若波羅蜜多清淨；道相智、一切相智無染污故，般若波羅蜜多清淨。」*11

❷虛空喻

具壽善現即白佛言：

「世尊！云何色無染污故，般若波羅蜜多清淨；受、想、行、識無染污故，般若波羅蜜多清淨？如是乃至云何一切智無染污故，般若波羅蜜多清淨；道相智、一切相智無染污故，般若波羅蜜多清淨？」

佛告善現：

「色不可取故無染污，色無染污故，般若波羅蜜多清淨；受、想、行、識不可取故無染污，受、想、行、識無染污故，般若波羅蜜多清淨。如是乃至一切智不可取故無染污，一切智無染污故，般若波羅蜜多清淨；道相智、一切相智不可取故無染污，道相智、一切相智無染污故，般若波羅蜜多清淨。」*11

「復次善現，虛空無染污故般若波羅蜜多清淨。世尊！云何虛空無染污故，般若波羅蜜多清淨？」

「善現！虛空不可取故無染污，虛空無染污故，般若波羅蜜多清淨。」(CBETA, T07, no. 220, p. 200, a^{12}-b^2)

sher phyin: v.027, pp. 484$^{14-18}$ 《合論》：v50, pp. 1219^{19}-1220^{12}

③虛空可說故般若清淨

(IV)緣：脫離，是苦緣、非苦緣，故自性不可說
(集類忍)

卷 437〈無摽幟品 41〉：「復次，善現！虛空唯假說故，般若波羅蜜多清
淨。」

「世尊！云何虛空唯假說故，般若波羅蜜多清淨？」

「善現！如依虛空二響聲現唯有假說，唯假說故，般若波羅蜜多清淨。」
*12

(CBETA, T07, no. 220, p. 200, b$^{2-6}$)

sher phyin:　v.027, pp. 484^{18}–485^{03}　《合論》：v50, pp. 1220$^{13-20}$

(30.2.3)滅諦諸相 (滅忍智)

④虛空不可說故般若清淨

(I)滅：滅諦離煩惱義，若滅無滅皆不繫屬，故
宣說此滅諸義，不可惠施於他 (滅法智忍)

卷 437〈無摽幟品 41〉：「復次，善現！虛空不可說故，般若波羅蜜多清
淨。」

「世尊！云何虛空不可說故，般若波羅蜜多清淨？」

「善現！虛空無可說事故不可說，由此般若波羅蜜多清淨。」*12

(CBETA, T07, no. 220, p. 200, b$^{6-9}$)

sher phyin:　v.027, pp. 485$^{03-09}$　《合論》：v50, pp. 1221$^{01-08}$

⑤虛空不可得故般若清淨

(II)靜：無苦靜不靜，故皆不可得 (滅法智)

卷 437〈無摽幟品 41〉：

「復次，善現！虛空不可得故，般若波羅蜜多清淨。」

「世尊！云何虛空不可得故，般若波羅蜜多清淨？」

「善現！虛空無可得事故不可得，由此般若波羅蜜多清淨。」*13

(CBETA, T07, no. 220, p. 200, b$^{9-13}$)

sher phyin:　v.027, pp. 485$^{09-15}$　《合論》：v50, pp. 1221$^{09-15}$

⑥一切法畢竟淨，無生滅染淨，故般若清淨

(III)妙：離妙非妙，故遠離常斷二邊畢竟清淨
(滅類智忍)

卷 437〈無摽幟品 41〉：

「復次，善現！一切法無生無滅、無染無淨故，般若波羅蜜多清淨。」

「世尊！云何一切法無生無滅、無染無淨故，般若波羅蜜多清淨？」

「善現！以一切法畢竟淨故無生無滅、無染無淨，由此般若波羅蜜多清淨。」

*14

(CBETA, T07, no. 220, p. 200, b¹³⁻¹⁷)

sher phyin: v.027, pp. 485¹⁵–486⁰² 《合論》：v50, pp. 1221¹⁶–1222⁰³

2.信受般若離眾病患，諸天隨護

(IV)離：無離不離，故具足不生一切疾病之勝利
(滅類智)

卷437〈無摽幟品41〉：爾時，具壽善現白佛言：

「世尊！若善男子、善女人等於此般若波羅蜜多，至心聽聞、受持、讀誦、精勤修學、如理思惟、書寫、解說、廣令流布，是善男子、善女人等眼、耳、鼻、舌皆無所患，身支無缺不甚衰耄亦不橫死，常為無量百千天神恭敬圍繞隨逐衛護。

3.為他說般若功德無量

(1)得無量功德

是善男子、善女人等於黑白月各第八日、第十四日、第十五日*15，讀誦、宣說如是般若波羅蜜多，是時四大王眾天乃至淨居天，皆來集會此法師所*16，聽受般若波羅蜜多。是善男子、善女人等由於無量大集會中，讀誦、宣說甚深般若波羅蜜多，便獲無量無數無邊不可思議不可稱量殊勝功德。」

佛告善現：

「如是！如是，如汝所說。若善男子、善女人等於此般若波羅蜜多，至心聽聞、受持、讀誦、精進修學、如理思惟、書寫、解說、廣令流布，是善男子、善女人等眼、耳、鼻、舌皆無所患身支無缺，不甚衰耄亦無橫死，常為無量百千天神恭敬圍遶隨逐衛護。是善男子、善女人等於六齋日讀誦、宣說如是般若波羅蜜多，是時四大王眾天乃至淨居天，皆來集會此法師所，聽受般若波羅蜜多。是善男子、善女人等由於無量大集會中讀誦、宣說甚深般若波羅蜜多，便獲無量無數無邊不可思議不可稱量殊勝功德。

(30.2.4)道諦諸相 (道忍智)

(2)得功德之因緣

(I)道：離道非道，故斷除地獄等惡趣 (道法智忍)

何以故？善現！如是般若波羅蜜多是大珍寶，」

(CBETA, T07, no. 220, p. 200, b^{17}–c^{13})

sher phyin: v.027, pp. 486^{02}–487^{06} 《合論》: v50, pp. 1222^{04}–1223^{07}

①般若是大珍寶，令他離苦得樂

❶令離苦

卷 437〈無摽幟品 41〉:

「由此般若波羅蜜多大珍寶故，無量無數無邊有情解脫地獄、傍生、鬼界，及令無量無數無邊天、龍、藥叉、人非人等，解脫種種貧窮苦患。

❷令得樂

能施無量無數無邊諸有情類，剎帝利大族、婆羅門大族、長者大族、居士大族富貴安樂；能施無量無數無邊諸有情類，四大王眾天乃至非想非非想處天富貴安樂；能施無量無數無邊諸有情類，預流、一來、不還、阿羅漢果、獨覺菩提及與無上正等菩提自在安樂。

何以故？

善現！如是般若波羅蜜多甚深經中，廣說開示十善業道，四靜慮、四無量、四無色定，四念住乃至八聖道支，布施波羅蜜多乃至般若波羅蜜多，內空乃至無性自性空，如來十力乃至十八佛不共法，一切智、道相智、一切相智。

如是無量功德珍寶，無量無數無邊有情於中修學，得生剎帝利大族、婆羅門大族、長者大族、居士大族；無量無數無邊有情於中修學，得生四大王眾天乃至非想非非想處天；無量無數無邊有情於中修學，得預流果、一來、不還、阿羅漢果；無量無數無邊有情於中修學，得獨覺菩提；無量無數無邊有情於中修學，得入菩薩正性離生，證得無上正等菩提。

善現！由此因緣，如是般若波羅蜜多名大寶藏，世出世間功德珍寶皆依如是甚深般若波羅蜜多而出現故。」

(CBETA, T07, no. 220, p. 200, c^{13}–p. 201, a^9)

sher phyin: v.027, pp. 487^{06}–490^{04} 《合論》: v50, pp. 1223^{08}–1226^{03}

②般若是無所得珍寶

(II)理：理、非理不相雜亂，於證果等之方便，無諸分別 (道法智)

卷 437〈無摽幟品 41〉:

「善現！如是般若波羅蜜多大寶藏中，不說少法有生有滅、有染有淨、

有取有捨。何以故？善現！以無少法可生可滅、可染可淨、可取捨故。善現！如是般若波羅蜜多大寶藏中，不說有法是善是非善、是有記是無記、是世間是出世間、是有漏是無漏、是有為是無為。善現！由此因緣，如是般若波羅蜜多名無所得大法寶藏。」

(CBETA, T07, no. 220, p. 201, a$^{9-16}$)

sher phyin: v.027, pp. 490$^{04-13}$ 《合論》：v50, pp. 1226$^{04-16}$

③般若是無染珍寶

(III)行：脫離是行、非行，與諸法實有相不相繫屬(道類智忍)

卷 437〈無摽幟品 41〉：

「善現！如是般若波羅蜜多大寶藏中，不說少法是能染污。何以故？以無少法可染污故，亦無少法能染如是甚深般若波羅蜜多大法寶藏。何以故？能染污法不可得故。善現！由此因緣，如是般若波羅蜜多名無染污大法寶藏。」(CBETA, T07, no. 220, p. 201, a$^{16-22}$)

sher phyin: v.027, pp. 490$^{13-17}$ 《合論》：v50, pp. 1226$^{17-21}$

(3)如般若而行能斷戲論、嚴土熟生、疾證菩提

(IV)出：無出、不出生涅槃，於所詮所知義與能詮聲，皆不生能所取二相之識 (道類智)

卷 437〈無摽幟品 41〉：

「復次，善現！若菩薩摩訶薩修行般若波羅蜜多時，無如是想、如是分別、如是有得、如是戲論：『我能修行甚深般若波羅蜜多。』是菩薩摩訶薩能如實修行甚深般若波羅蜜多，亦能親近禮事諸佛，從一佛國至一佛國，供養恭敬、尊重讚歎諸佛世尊，遊諸佛國善取其相，嚴淨佛土、成熟有情，修諸菩薩摩訶薩行，疾證無上正等菩提。」

(CBETA, T07, no. 220, p. 201, a$^{22-29}$)

sher phyin: v.027, pp. 490^{17}-491^{06} 《合論》：v50, pp. 1227$^{01-12}$

30.3 總結三智

如是廣說三智已：《經》云：「善現！於一切法非有自在等」，此段經文，總結一切智。又云：「善現！如是境非捨三界等」，此段經文，總結道相智。又云：「善現！如是般若波羅蜜多，從佛法乃至獨覺法不取不捨等」，此段經文，總結一切相智。當知此三段文，即是《般若經》

中顯示以三智為所詮三品之圓滿總結文也。

(30.3.1)就一切智說圓滿

卷 437〈無摽幟品 41〉：

「善現！如是般若波羅蜜多於一切法，非有自在，非無自在，不取不捨、不生不滅、不垢不淨、不增不減。」*17　(CBETA, T07, no. 220, p. 201, a^{29}-b^{2})

sher phyin:　v.027, pp. 491$^{06-11}$《合論》：v050, pp. 1227^{13}–1228^{02}

(30.3.2)就道相智說圓滿

卷 437〈無摽幟品 41〉：

「善現！如是般若波羅蜜多，非過去、非未來、非現在，不趣欲界、不捨欲界、不住欲界，不趣色界、不捨色界、不住色界，不趣無色界、不捨無色界、不住無色界。

「善現！如是般若波羅蜜多，於布施波羅蜜多乃至般若波羅蜜多不與不捨；於內空乃至無性自性空亦不與、不捨；於四念住乃至八聖道支亦不與不捨；於如來十力乃至十八佛不共法亦不與不捨；於預流果乃至獨覺菩提亦不與不捨；於諸菩薩正性離生乃至無上正等菩提亦不與不捨；於一切智、道相智、一切相智亦不與不捨。(CBETA, T07, no. 220, p. 201, b$^{2-13}$)

sher phyin:　v.027, pp. 491^{11}-492^{15}《合論》：v050, pp. 1228^{03}–1229^{16}

(30.3.3)就一切相智說圓滿

卷 437〈無摽幟品 41〉：

「善現！如是般若波羅蜜多，於異生法不與不捨；於預流法乃至阿羅漢法不與不捨；於獨覺法不與不捨；於菩薩法不與不捨；於諸佛法不與不捨。善現！如是般若波羅蜜多，不與聲聞法、不捨異生法，不與獨覺法、不捨聲聞法，不與諸佛法、不捨獨覺法，不與無為法、不捨有為法。何以故？善現！如來出世若不出世，如是諸法常無變易，法性、法界、法定、法住無謬失故。」*17

註解：

*1 取心執著

(1)取心相

分別慳心、施心；捨慳心、取施心。

(2)執著

知布施物貴賤，知修集布施能一切與，是布施波羅蜜。以諸波羅蜜乃至隨喜福德，取相諸善法，雖為是妙，以內著我，外著法，墮執著法中，如食香美，過噉則病。

*2 微細執著

麁相執說我是與者，彼是受者。微細執但說取相。

取相憶念(1)諸如來；(2)諸如來功德；(3)諸佛弟子及有情所修善法，即是此中微細執著。

般若波羅蜜是無相相，佛從般若中出，亦是無相相。若諸善根著心取相迴向，是世間果報有盡，雜毒故，不能得無上菩提。

*3 諸法一性離一切執著

(1)諸法一性：即無性，所謂畢竟空。

(2)非二性：能證所證不可得，不分別畢竟、不畢竟。

(3)畢竟空不應著、不應取相。所以者何？從因緣和合生故。

*4 有境(具境)

(1)性相

①具自境之法(境有多種：顯現境、所取境、趣入境、執取境、耽著境等)。或

②能趣入自境之法(有境是能趣入，境是所趣入。)

(2)種類

①識(覺知)

若是識，則定是有境。

一切無錯亂根現量各是趣入其自境的法；而相應錯亂因所染壞的根識也各是趣入其自境的法。

一切分別心也各是趣入其自境的法(以瞭解聲無常的分別心為例，也有趣入其自境聲無常和聲無常的總義)。

一切分別顛倒識也各是趣入其自境的法(以執兔角的分別心為例，也有趣入其自境兔角和兔角的總義)。

總之，若是識即是具境，沒有無境的識，即便是錯亂識也有趣入其境。

②作為不相應行法之有境：補特伽羅

補特伽羅是有境，因為凡是補特伽羅皆具有心識，其心一定會趣入境，因此即說此補特伽羅亦趣入境，是有境。

③作為色法的有境：能詮聲。

其事例如：經論以及說「聲無常」，…等之聲。

經和論應是有境，因為有各自皆是趣入其所詮之法。

表示「聲無常」之聲也應是有境，因為它是趣入其自境「聲無常」的法，此又因一切能詮

　　　聲皆是於自境作遮遣趣入。眼識、耳識等離分別識是直接趣入，分別識和語言則是遮遣趣
　　　入，並未直接趣入境。

*5 不行諸法、不得諸法，是名行般若波羅蜜多

　　不行一切法、不得一切法，是名行般若波羅蜜多。

　　此中一切法指色乃至一切相智，是菩薩行法。無智人行諸法常等，智人行諸法無常等。而般若
　　波羅蜜示諸法畢竟實相故，不說諸法常、無常。

　　　無常等雖能破常等顛倒，但般若中不受是法，以能生著心故。思惟籌量，求常無常相(此為有
　　　得)，不可得定實。

　　菩薩行般若波羅蜜多時，尚不見諸法，況見諸法常無常等。

*6 不行圓滿不圓滿是行般若波羅蜜多

　　有三說：

　　(1)憶想分別諸法常無常，是名圓滿。以無常等破常無常等，是名不圓滿。於諸法中不行圓滿、
　　　不圓滿，是為行般若波羅蜜多。

　　(2)補處菩薩能實觀諸法，名圓滿。餘者是不圓滿。

　　(3)色等不圓滿則非色，菩薩不行色等不圓滿者，即是行圓滿般若波羅蜜多。若出眾生於常中，
　　　而著無所有中，如是實清淨亦不行，是為行般若波羅蜜多。

　　菩薩行般若波羅蜜多時，尚不見、不得諸法，況見況得諸法圓滿不圓滿。

*7 有情界不增不減

　　十方一切世界諸佛以神通力為有情無量劫說法，令有情入涅槃畢竟安樂，而有情界不增不減。
　　若實有有情，實有減少者，諸佛應有減罪生罪。若有情實空，和合因緣有假名眾生故，無有定
　　相，是故佛度有情實無減少，不度亦不增，故諸佛無減眾生咎。

*8 不須守護因緣

　　有二因緣不須守護，若人若非人不得便：

　　(1)厭離身乃至一切諸法，無我無我所皆無所著。

　　(2)得上妙法故，為十方諸佛菩薩及諸天所守護。

*9 幻夢喻

　　人著五蘊等諸法，但不著幻夢等事。

　　欲令人離著事，故以不著事為喻，欲令觀五蘊等如幻夢。

　　凡夫雖知諸法如幻夢，但亦復於幻夢生著。

　　(1)著　夢：凡夫以夢喻五蘊，但復著夢，謂「定有夢法眠睡時生」。

　　(2)著是夢：如是分別好夢惡夢，令心高心愁。

　　(3)著夢用：用此夢喻，念我得如夢實智慧。

　　(4)著我夢：著我因此夢得知諸法如夢。

　　故此帝釋問：「如幻夢，亦不著是幻夢？」

*10 加行自性

　　(1)加行之平等性相

　　　①於諸法自性；　　　　　　②於諸法相；

③於諸法差別；　　　　　④於諸法有境；

不執為實有。

(2)正觀相

行般若時，	行般若時，知諸法如幻(乃至尋香城)
不執是色(乃至一切相智)	不執是幻(乃至尋香城)
不執由色(乃至一切相智)	不執由幻(乃至尋香城)
不執屬色(乃至一切相智)	不執屬幻(乃至尋香城)
不執依色(乃至一切相智)	不執依幻(乃至尋香城)

①是色、由色、屬色、依色

❶是色：人色、非人色、樹色、山色，是四大、若四大所造色等。

❷由色：色若常、若無常等，不以色故心生憍慢。

❸屬色、依色：色是我所、非我所，入無我門，直至諸法實相中。

②不執

若人能个執幻夢、个執是幻夢等，用是幻夢等喻破著五蘊等，以破著故，於幻夢中亦不錯，若不能破著，是人於五蘊等法錯，於幻夢亦錯。

③於五蘊乃至一切相智亦如是。

於幻、夢、響、像、影、陽焰、變化、尋香城亦如是。

諸菩薩知諸法如幻夢，而於幻夢亦不著。

*11 無生滅染淨，不可取不可染汙故清淨

(1)色等法無生無滅無染無淨，故般若清淨。

①無生無滅：色等法不失業因緣故，不得諸法生相定實故。

②無染無淨：諸法相常不汙染故。

如虛空，塵水不著，性清淨故，般若波羅蜜多亦如是，不生不滅故常清淨。

(2)色等法不可取、不可染汙故般若清淨。

般若波羅蜜多，雖有邪見戲論不能染汙，刀杖惡事不能壞，無色無形故不可取，不可取故不可染汙。如虛空不可染。

*12 如虛空可說、如虛空不可說

(1)如虛空可說

諸法從般若生。諸菩薩住辯才樂說無礙智中，為眾生說十二部經、八萬四千法聚，此等皆是般若波羅蜜事而分別說，故說「般若波羅蜜可說，故清淨如虛空。」

依虛空及山谷而有響，人以此為虛。有人聲從口中出，人以此為實，而此二聲皆虛誑不實。

般若亦如是，一切法皆畢竟空，如幻如夢，而人以凡夫法為虛以聖法為實，此凡夫法聖法皆應是虛誑。

①凡夫法：有情無始來著此身，聲從身出以為實；有說凡夫法自然有，如聲自然出，非是故作，故為虛。

②聖人法：有深樂善法故以為實；有說聖法因持戒禪定智慧，修集功德所成，故為實。

(2)如虛空不可說

如虛空中無音聲語言相故無所說,是語言音聲皆是作法,虛空是無作法。般若波羅蜜亦如是,第一深義畢竟空,無有言說,一切語言道斷故。

*13 如虛空不可得

般若如虛空之<u>無所得相</u>,不可得有亦不可得無。

若有無相,則破虛空相。　　　　　(無虛空相可得,非有。)

若無無相,則虛空能造無量事。　(虛空造無量事(舉下、來往、屈伸、出入等),非無。)

般若波羅蜜亦如是,有無相皆不可得,故清淨。

(1)虛空無自相

①諸法各各有相,相有故知有法,如地堅相、水濕相、火熱相、風動相、識識相、慧解相、世間生滅相、涅槃永滅相。

②虛空非可見法,遠視故,眼光轉見縹色。如小兒仰視青天,謂有實色,有人飛上極遠而無所見,以遠視故,謂為青色。諸法亦如是空無所有,人遠無漏實智慧故,棄實相,見彼我、男女、屋舍、城郭等,種種雜物心著。

③虛空無自相,待色無而假說。

若無自相,則說虛空無所有而含受一切物。

❶受相即是無色相,色不到處假名為虛空。

❷若實有虛空,未有色時或已有色皆應有虛空。

<u>1</u>.若未有色時已有虛空,虛空則無相,以因色而知有虛空故。

<u>2</u>.若先有色後有虛空,則虛空是作法,作法不應是常。

若是無相法,則是不可得,以是故虛空不可得。

(2)虛空寂滅如涅槃

①若虛空法實有,則應有住處。然虛空不住孔穴中(虛空在虛空中住),不在實中住(是實非空,無所受故不得住)。以無住處故,無虛空。

②若虛空先有相,相無所相;若先無相,相亦無所住。若離相無相已,相無住處,則所相處亦無,所相處無,相亦無。而離相及相處,更無有法。

以是故,虛空不名為相、所相,不名為法、非法,不名為有、無,斷諸語言,寂滅如無餘涅槃。

諸法如虛空,亦但有假名而無實。

*14 諸法無生滅染淨

般若波羅蜜多因諸法正憶念而生。正憶念者,即是畢竟空清淨,故一切法不生不滅、不垢不淨。

*15 六齋日、黑白月

古印度太陰曆分白月及黑月。白月自新月至滿月十五日,黑月自滿月隔日至新月前一日。

六齋日 posadha,指六個布薩日增(長淨),此等日諸天眾會,受八關齋戒,不非時食。於六齋日,四天王稱量世間,伺人善惡,以為擁護或嫌毀。

每月六齋日	八日／二十三日	十四日／二十九日	十五日／三十日
伺察者	遣使(鬼神部眾等)	遣天王太子	天王自下

(若為小月,只有二十九天,則二十九日／三十日改為二十八日／二十九日。)

又有長齋月為每年正月、五月及九月。

*16 諸天來會

(1)閻浮提人以三因緣勝諸天及北俱盧洲人：

  1.能斷淫欲；2.強識念力；3.能精勤勇猛。

閻浮提人能精勤書持受學、正憶念般若波羅蜜，而諸天著欲樂及定樂則不能如是。以是故，諸天來禮拜或欲聞說般若經卷。

① 《長阿含經》20

閻浮提有三事勝欝單曰。…

❶勇猛強記，能造業行；　❷勇猛強記，能修梵行；　❸勇猛強記，佛出其土。…

亦以上三事勝忉利天、焰摩天、兜率天、化自在天、他化自在天。

② 《大毗婆沙論》172

契經說：「人有三事勝於諸天，1.勇猛；2.憶念；3.梵行。」

❶勇猛者，謂不見當果而能修諸苦行。

❷憶念者，謂能憶念久時所作，所說等事分明了了。

❸梵行者，謂能初種順解脫分、順決擇分等殊勝善根，及能受持別解脫戒。

(有傳聞(非佛說)忉利天、兜率天上有經卷，而色界諸天，常樂宴寂受禪定味，不應有經。)

(2)諸天遠來供養經卷，除自增益福德，亦欲令眾生益加信敬，故諸天來。

(3)於六齋日，諸天來觀人心，而於十五日、三十日，上白諸天。

若於是日受八戒、持齋、布施、聽法，是時諸天歡喜，小鬼不得其便，利益行者。是日法師高座說法。

如是等種種因緣故，諸天皆來。

*17 非有自在、非無自在等

(1)般若波羅蜜畢竟清淨，非自在非無自在。如虛空雖無有法，而因虛空得有所作。

無有一法定相可著故非有自在。得諸法實相，於諸善法無礙，乃至降魔成佛，非無自在。不取(受)不捨(與)、不生不滅、不垢不淨、不增不減亦如是。

(2)此中因緣：如來出世若不出世，如是諸法常無變易。

法性者即諸法實相，即是般若波羅蜜多。若以常無常等求諸法實相，是皆為錯。若人入法性中求，則無謬失，以法性常住故不失。

第四事

第31義

[甲三]廣釋四加行
　[乙一]自在因果
　　[丙一]一切相加行　(自在因)　　　**圓滿一切相現觀品第五**

【第四事】一切相加行　(菩薩智)

〔義相〕：總修三智行相慧所攝持之菩薩瑜伽,即一切相加行之相。
〔界限〕：從大乘資糧道乃至十地最後心。

[丁一]加行總建立
　[戊一]加行自性
　　　1.智相差別　　　31

　　　　【第31義】：菩薩能治品之智相
　　　　〔義相〕：修三智隨一行相慧所攝持之菩薩瑜伽,即菩薩
　　　　　　　　　能治品智相之相。
　　　　〔界限〕：從大乘資糧道乃至十地最後心。

[一切智差別,行相為能相,由三種智故,許行相為三。](頌4-1)

　了知四諦上無常等十六行相一切智之諸差別,由善現起對治執五蘊常
　等所治品之能治行相,而摧伏彼執等之菩薩瑜伽,為此所說能修對治
　之能相。

　此能對治之行相,許有三種,由三智決定故。(以觀緣諸智差別當成能治行相,
　此有三種。)

(1)一切智相　　　31.1

[始從無邊相，乃至無動相，三諦各有四，道中說十五。](頌4-2)

從《經》云：「如是般若波羅蜜多是無邊波羅蜜多」，說苦諦無常相，

至云：「如是般若波羅蜜多是無動波羅蜜多」，說道諦無動相。

此諸經文，於前三諦各說四相，於道諦上說十五相，共說一切智二十七種相。

前三諦各有四相者，謂：

(31.1.1)苦諦

(1)苦無常；

(2)勝義無生；

(3)遠離異體我；

(4)自我分別不能屈伏；　(不能害)

如其次第，即苦諦無常、苦、空、無我四相。

(31.1.2)集諦

(1)生苦之愛因，勝義無住；

(2)集，勝義如虛空；

(3)尋伺，勝義不可說；

(4)感後有之受愛緣，勝義無名；

如其次第，即集諦因、集、生、緣四相。

(31.1.3)滅諦

(1)滅勝義無行；

(2)靜緣不可奪；

(3)妙解脫無盡；

(4)離垢之滅無生；

如其次第，即滅諦滅、靜、妙、離四相。

(31.1.4)道諦

道諦說十五者，分為三種：屬煩惱障無漏對治；屬所取分別所知障有漏對治，及彼無漏對治。

(1)道諦

煩惱障無漏對治有四相，謂：

1.現證無作者補特伽羅我之菩薩見道，是道諦相；

2.如是現證無知者補特羅我；

3.無移轉者補特伽羅我；

4.無調伏煩惱補特伽羅我之菩薩見道；

如其次第，即道諦上道、理、行、出四相。

(2)後得智

所知障有漏對治有五相，謂：

5.外境無自性如夢；

6.外境勝義無生如響；

7.外境無滅如影像；(光影、鏡像)

8.外境本來寂靜如陽焰；

9.外境自性涅槃如幻事。

此是大乘修道五後得智。

(3)根本智

所知障無漏對治有六相，謂：

10.現證所執外境無染；

11.外境無淨；

12.無習氣熏染；

13.無差別戲論；

14.無味著智德之慢；

15.已得不退之無動轉相。

此是菩薩見道現證無所取之六根本智。

(2)道相智相　31.2

[於因道及苦，滅中如次第，說彼有八七，五及十六相。](頌4-3)

道相智有三十六相，謂如其次第，緣集諦因之道相智有八相，緣道諦有七，緣苦諦有五，緣滅諦有十六，是《經》中所說故。(集與道諦為因，苦與滅諦為果。)

(31.2.1)緣集諦 (能治所治門)

初，緣集諦有八者，謂：

(1)大乘見道身中，現證無我之智，遠離染著欲塵之欲；(離欲)

(2)於彼不執著而住；(不住)

(3)寂滅樂後有愛相；(止息)

如其次第，即集諦之「因相」上，愛境界欲、愛不離貪、樂後有愛之對治。

(4)又如是智，現證無貪著境；

(5)無瞋恚境；

(6)無愚癡境；

即「集相」上貪、瞋、癡之對治。

(7)又如是智，現證無非理作意(虛妄分別)之煩惱境；

即「生相」上，執著常、樂、我、淨等之對治。

(8)又如是智，現證無自在有情相；

即「緣相」上，執著自在有情之對治。

(31.2.2)緣道諦　(能立所立門)

第二，緣道諦有七者，謂：

(1)於無量有情，啟開解脫道之道智相；

(2)啟開之理，須不繫生死、涅槃二邊之道智相；

此二是「道相」。

(3)了知法界無離壞之道智相；(不相異)

(4)了知之理，須現證無取著聲聞、獨覺道，永離戲論之道智相；

此二是「理相」。(如相)

(5)不分別實有之道智相；

(6)此須現證無限量法性之道智相；

此二是「行相」。

(7)無實滯礙之道智相——即是「出相」。

(31.2.3)緣苦諦　(自相共相門)

第三，緣苦諦有五者，謂：

(1)五取蘊剎那壞，故是「無常相」；

(2)行苦性，故是「苦相」；

(3)遠離異體之作者，故是「空相」；

(4)無補特伽羅之我性，故是「無我相」；

(5)實體空，故是「無相相」。(無性相)

(31.2.4)緣滅諦　(勝利門)　(十六空，經文為十八空)

第四，緣滅諦有十六者，謂：

(1)-(3)離煩惱之「滅相」，有內空、外空、內外空三相。(息滅內、外、內外諸事物。)

(4)-(11)「靜相」中，有空空、大空、勝義空、有為空、無為空、畢竟空、無際空、無散空八相。(斷除耽著：假立之我空、器世間、勝義、

有為法、無為法、常斷邊、輪迴無始末、證法無散失。)

(12)「妙相」即本性空相。(斷除妄執之作者)

(13)-(15)「出離相」中，有一切法空、自相空、不可得空三相。

(滅除於境錯亂之本體施設、性相、於時錯亂等。)

(16)「唯出離相」者，謂無性自性空一相。(滅除自性)

此就十六種有法，而明十六種離垢法性之滅諦。

如是道相智三十六種相：

(1)集諦相，是就能治所治門中說；

(2)道諦相，就所立與能立門中說；

(3)苦諦相，就自相共相門中說；

(4)滅諦相，是就勝利門中說。

(3)一切相智相　31.3

[始從四念住，究竟諸佛相，道諦隨順中，由三智分別，](頌4-4)
[弟子及菩薩，諸佛如次第，許為三十七，卅四三十九。](頌4-5)

從念住相，乃至佛相，分為三聚：

謂隨順聲聞弟子所有者三十七；隨順菩薩所有者三十四；唯佛所有者三十九。

如是分為三智之理，謂隨順三類補特伽羅身中之道諦，分為三智故。

宣說一切相智之相時，何故宣說共聲聞、獨覺、菩薩之相耶？

由一切相智攝盡一切聖人之智德種類，故無過失。

此中分三：隨順聲聞弟子所有一切智相、隨順菩薩所有道相智相、一切相智不共相。

(31.3.1)<u>隨順聲聞</u>

初者，謂：

(1)四念住

以慧觀察有漏身不淨，受是苦，心無常，法無我之別相，及觀察無常、苦、空、無我皆真實空之共相，安住正念，即四念住。其自性謂緣身、受、心、法四事，各修別共二相，念、慧隨一之入道現觀，為入四諦之取捨而修也。

(2)四正斷

不善已生令斷，未生令不生，善已生令增長，未生令生之四

正斷。自性謂於能治、所治，勇悍取捨之精進入道現觀，為斷已生不善等而修也。

(3)四神足

依止欲三摩地，依止精進，依止心三摩地，依止簡擇諸法之觀三摩地，觸證心一境性之四神足。自性謂對治五過失，修八斷行所得三摩地入道之現觀。五過失者，謂懈怠、忘教授、沈掉、不作行、作行。八斷行者謂懈怠對治之信、欲、勤、安，忘教授對治之正念，沈掉對治之正知，不作行對治之作行，作行對治之不作行。此為變化種種相而修也。

(4)五根

深忍諦理之信，勇悍取捨之精進，不忘所緣行相之念，心一境性之三摩地，簡擇實性之慧根，是為五根。自性謂於引生自果聖道能自在轉，加行道煖位(及頂加行)以上之信等五法。為速證聖諦及速圓滿加行道而修。

(5)五力

深信四諦之信，趣證四諦之精進，不忘所緣行相之念，心一境性之三摩地，簡擇四諦相之慧力，是為五力。自性謂加行道忍位 以上之信等五法。所為與根同。

(6)七菩提分

專緣四諦，不散亂支謂念，自體支謂擇法，出離支謂精進，饒益身心勝利支謂喜，無染汙支謂輕安，安住支謂定，自性支謂捨，是七菩提分。自性謂見道所得之念等七法，為斷見所斷及速圓滿滅、道而修。

(7)八聖道分

見道以上根本智見，在後得時以觀察慧簡擇諸法，名為正見。欲為他說發起言語之尋，名正思惟。語業清淨之智，名正語。身業清淨之智，名正業。身語二業清淨之智，名正命。斷修所斷勇 悍精進，名正精進。任持不忘奢摩他所緣之念，名正念。於念所取境專注之三摩地，名正定。是為八聖道支。自性謂發生自果聖道之因，聖者身中之智。見道未生令生，已生為令圓滿而修。

如是七聚三十七法，諸聲聞弟子亦有，菩薩亦修，由一切智道相而說也。

此七聚法界限,若如《俱舍》,初聚立於資糧道,次四聚立於煖等四加行位,聖道支立為見道,菩提分立為修道。

若依《集論》,初三聚如其次第在下中上三資糧道,中二聚在加行,後二聚如其次第在見道修道。

(31.3.2)隨順菩薩

第二,隨順菩薩所有道智之相,此有六類:

(1)對治道類

謂對治我見:空解脫門(空、無我行相之本質)。對治彼相續非理作意(虛妄分別):無相解脫門(滅道諦之本質)。對治願求三界為勝義應得:無願解脫門(無常、苦及集諦行相之本質)。

(2)變化道類

變化障礙之對治有二:謂修瑜伽師由內住有色想(不摧毀色想)觀外色解脫,即有色觀色解脫。又瑜伽師由內住無色想(摧毀色想)觀外色解脫,即無色觀色解脫。

勝解一切色相同一淨味解脫,以變化妙色不妙色對治喜不喜煩惱染汙,即淨解脫,此為以身證而圓滿安住之解脫。

(3)現法樂住道類

謂四無色定(等至)各從自定障解脫,即四無色解脫,又滅粗受想而解脫,即滅解脫(安住寂滅之道自性)。

前三解脫名變化道者,以成就種種變化作用故。後五解脫名現法樂住道者,謂即於現法成就三摩地安樂住之作用故。

(4)出世間道類

差別有九,謂出世間道性之四靜慮、四無色等至及滅盡等至。此九由前前漸次而得後後,故名九次第定。

(5)能斷道類

謂苦法忍、集法忍、滅法忍、道法忍,此是見道無間道所攝之四。(四諦所攝,不具煩惱染汙)

(6)成佛道類十度

謂從布施波羅蜜多乃至般若波羅蜜多之六,更加方便波羅蜜多、願波羅蜜多、力波羅蜜多、智波羅蜜多為十。

此是隨順菩薩所有道相智道三十四相。

(31.3.3)一切相智不共相

第三,唯佛所有一切相智之相,有三十九:

(1)十力

　①謂知從布施感大資財是為處，感貧乏是非處之智力；

　②知微細業異熟智力；

　③知種種勝解智力，謂樂善趣，樂三乘。

　④知世間界之自性住種及修所成種非一智力；

　⑤知信等根上中下三勝非勝智力；

　⑥知往增上生及決定勝一切道及彼相違，無礙著智力；

　⑦知染淨智力；

　⑧隨念自他往昔一切生智力；

　⑨知一切眾生死生智力；

　⑩知聲聞、獨覺盡煩惱障，諸佛盡一切垢漏盡智力。

(2)四無畏

　①自云「我成正覺」，無能如法攻難，謂智無所畏。

　②為利他故宣說煩惱障所知障障礙解脫與一切智，無能如法攻難，謂說障礙法無所畏。

　③宣說一切智等道定能出生三菩提，無能如法攻難，謂說出離道無所畏。

　④云「我已盡一切漏」，無能如法攻難，謂說自斷德圓滿無所畏。

(3)四無礙解

　①謂無障礙了知諸法異名，謂法無礙解。

　②能無障礙了知諸法自相共相，謂義無礙解。

　③能無障礙了知諸有情語，謂詞無礙解。

　④能無障礙了知諸法自性及行相差別，謂辯無礙解。

(4)十八不共佛法

　謂六不共行、六不共證、三不共事業、三不共智。

　六不共行：

　①如來〔不為醉象等所害〕，身行無失；

　②不在稠林發無義狂叫，語行無失；

　③不忘失所作及遲誤時等，念無失；

　④無時不住空定；

　⑤生死涅槃無勝義取捨異想；

　⑥於可化所化時至、未至，無不觀察放捨，〔意行無失〕。

六不共證：

① 希求利有情之欲；　　　② 樂往利所化處之精進；

③ 不忘調伏有情方便之念；　④ 於此專一之定；

⑤ 簡擇一切法之慧：　　　　⑥ 永斷諸障之解脫；

　　皆無退失。

三不共事業：① 四威儀中調伏有情之身業；

　　　　　　② 宣說具法具義之語業；　③ 大慈大悲等意業；

　　皆智為先，與智俱行，智隨行轉。

三不共智：謂於 ① 過去、② 未來、③ 現在智無障礙轉。

(5)如來相者，謂佛身如所有智，於離一切垢真如常不起定。

(6)自然相者，謂佛身盡所有智，於一切盡所有法，心自在轉。

(7)正等覺相者，謂具前二分，於如所有、盡所有一切相，現正
　　等覺者。

隨順三類補特伽羅身中之道諦之三智中：

　　隨順聲聞弟子一切智三十七相者，謂諸聲聞以斷煩惱障為主，
　　名無煩惱漏。

　　隨順菩薩道相智三十四相者，謂諸菩薩不以斷煩惱障為主，假
　　名有漏。

　　一切相智不共三十九相者，謂諸佛盡斷二障，故唯是無漏。

(此一切相智相合為一百一十相，若加上前説一切智二十七相及道相智三十六相，總
結諸行相有一百七十三種。)

[戊一]加行自性

1.智相差別 【第 31 義】：菩薩能治品之智相

了知四諦上無常等十六行相一切智之諸差別，由善現起對治
執五蘊常等所治品之能治行相，而摧伏彼執等之菩薩瑜伽，
為此所說能修對治之能相。此能對治之行相，許有三種，由
三智決定故。

1.佛示轉法輪義

卷 437〈無摽幟品 41〉：

(1)法輪非第一轉非第二轉

①般若無轉無還故

爾時，無量百千天子住虛空中歡喜踊躍，以天所有嗢鉢羅花、鉢特摩花、
拘某陀花、奔荼利花、微妙音花及諸香末而散佛上，更相慶慰同聲唱言：
「我等今者於贍部洲，見佛第二轉妙法輪。」*1此中無量百千天子聞說
般若波羅蜜多，同時證得無生法忍。

爾時，世尊告善現曰：

「如是法輪非第一轉，亦非第二。何以故？善現！如是般若波羅蜜多於
一切法不為轉故、不為還故出現世間，但以無性自性空故。」*2

②無性自性空故，般若無轉無還

具壽善現白佛言：

「世尊！以何等法無性自性空故？如是般若波羅蜜多於一切法不為轉
故、不為還故出現世間。」

佛告善現：

「以般若波羅蜜多般若波羅蜜多性空故，乃至布施波羅蜜多布施波羅蜜
多性空故；以內空內空性空故，乃至無性自性空無性自性空性空故；
以四念住四念住性空故，乃至八聖道支八聖道支性空故；以如來十力
如來十力性空故，乃至十八佛不共法十八佛不共法性空故；一切智一
切智性空故，道相智、一切相智道相智、一切相智性空故；異生性異
生性性空故，預流果預流果性空故，乃至阿羅漢果阿羅漢果性空故，
獨覺菩提獨覺菩提性空故；一切菩薩摩訶薩行一切菩薩摩訶薩行性空
故，諸佛無上正等菩提諸佛無上正等菩提性空故。善現！以如是等法
無性自性空故，如是般若波羅蜜多於一切法不為轉故、不為還故出現

世間。」*3

(2)以二諦說般若

①雖證菩提而無所證，雖轉法輪而無所轉

爾時，具壽善現復白佛言：

「世尊！諸菩薩摩訶薩如是般若波羅蜜多，是大波羅蜜多達一切法自性空故。

雖達一切法自性皆空，而諸菩薩摩訶薩依此般若波羅蜜多證得無上正等菩提，轉妙法輪度無量眾。

雖證菩提而無所證，證、不證法不可得故；雖轉法輪而無所轉，轉法、還法不可得故；雖度有情而無所度，見、不見法不可得故。世尊！於此大般若波羅蜜多中，轉法輪事都不可得，以一切法永不生故，能轉、所轉不可得故。

所以者何？

非空、無相、無願法中，可有能轉及能還法，轉還性法不可得故。*4

②以二諦善說般若

世尊！於此般若波羅蜜多，若能如是宣說開示分別顯了令易悟入，是名善淨宣說般若波羅蜜多。此中都無說者、受者、所說受法，既無說者、受者及法，諸能證者亦不可得，無證者故，亦無有能得涅槃者，於此般若波羅蜜多善說法中亦無福田，施受、施物皆性空故，福田無故福亦性空，標幟名言皆不可得，是故名大波羅蜜多。」

(CBETA, T07, no. 220, p. 201, b²²-p.202, a¹¹)

sher phyin: v.027, pp. 492¹⁶-496⁰⁶《合論》: v050, pp. 1229¹⁷–1234⁰¹

31.1 一切智相

於前三諦各說四相，於道諦上說十五相，共說一切智二十七種相。

前三諦各有四相者，即苦諦無常、苦、空、無我四相，集諦因、集、生、緣四相，滅諦滅、靜、妙、離四相。

道諦說十五者，分為三種：屬煩惱障無漏對治；屬所取分別所知障有漏對治，及彼無漏對治。

初有四相，即道諦上道、理、行、出四相。

所知障有漏對治有五相，此是大乘修道五後得智。

所知障無漏對治有六相，此是菩薩見道現證無所取之

六根本智。

第二分不可得品第四十二

2.廣說一切智相　　1~27　　(×27)
　(1)法說　　1~16

(31.1.1)苦諦四相　　(×4)

1.爾時,具壽善現復白佛言:「世尊!如是般若波羅蜜多是<u>無邊</u>波羅蜜多。」
　佛言:「如是!譬如虛空無邊際故。」*5　　(無常相)

2.「世尊!如是般若波羅蜜多是<u>平等</u>波羅蜜多。」
　佛言:「如是!以一切法性平等故。」　　(苦相)
　　　　(得法忍,觀一切法皆平等故。)

3.「世尊!如是般若波羅蜜多是<u>遠離</u>波羅蜜多。」
　佛言:「如是!畢竟空故。」　　(空相)
　　　　(以畢竟空心離諸煩惱,亦離諸法。)

4.「世尊!如是般若波羅蜜多是<u>難屈伏</u>波羅蜜多。」
　佛言:「如是!一切法性不可得故。」*6　　(無我相)

(31.1.2)集諦四相　　(×4)

5.「世尊!如是般若波羅蜜多是<u>無彼岸</u>波羅蜜多。」
　佛言:「如是!無名體故。」*7　　(因相)

6.「世尊!如是般若波羅蜜多是<u>虛空</u>波羅蜜多。」
　佛言:「如是!入息、出息不可得故。」*8　　(集相)

7.「世尊!如是般若波羅蜜多是<u>不可說</u>波羅蜜多。」
　佛言:「如是!此中尋伺不可得故。」*9　　(生相)

8.「世尊!如是般若波羅蜜多是<u>無名</u>波羅蜜多。」
　佛言:「如是!受、想、思、觸及作意等不可得故。」*10　　(緣相)

(31.1.3)滅諦四相　　(×4)

9.「世尊!如是般若波羅蜜多是<u>無行</u>波羅蜜多。」
　佛言:「如是!以一切法無來去故。」　　(滅相)

10.「世尊!如是般若波羅蜜多是<u>不可奪</u>波羅蜜多。」
　佛言:「如是!以一切法不可伏故。」　　(靜相)
　　　　(般若波羅蜜多是諸佛法藏,以三法印印,無天無人能破。)

11.「世尊!如是般若波羅蜜多是<u>無盡</u>波羅蜜多。」

佛言：「如是！以一切法是畢竟盡不可盡故。」　（妙相）

(有為法念念盡滅無有住時，三世盡(滅)不可得故，名為畢竟盡。)

12.「世尊！如是般若波羅蜜多是無生滅波羅蜜多。」

佛言：「如是！以一切法無生滅故。」　（離相）

(一切法三世中生不可得故無生，不滅亦如是。)

(31.1.4)道諦十五相　(x15)

(I)道諦四相

13.「世尊！如是般若波羅蜜多是無作波羅蜜多。」*11

佛言：「如是！以諸作者不可得故。」　（道相）

14.「世尊！如是般若波羅蜜多是無知波羅蜜多。」

佛言：「如是！以一切法性皆鈍故。」　（理相）

15.「世尊！如是般若波羅蜜多是無移轉波羅蜜多。」*12

佛言：「如是！由死生者不可得故。」　（行相）

16.「世尊！如是般若波羅蜜多是無失壞波羅蜜多。」*13

佛言：「如是！以一切法無失壞故。」　（出相）

(2)譬喻門　17~21

(II)五後得智相

17.「世尊！如是般若波羅蜜多是如夢波羅蜜多。」

佛言：「如是！以一切法如夢所見不可得故。」

18.「世尊！如是般若波羅蜜多是如響波羅蜜多。」

佛言：「如是！能所聞說不可得故。」

19.「世尊！如是般若波羅蜜多是如影像波羅蜜多。」

佛言：「如是！諸法皆如光鏡所現不可得故。」

20.「世尊！如是般若波羅蜜多是如焰幻波羅蜜多。」

佛言：「如是！以一切法如流變相不可得故。」

21.「世尊！如是般若波羅蜜多是如變化事波羅蜜多。」

佛言：「如是！以一切法如所變化不可得故。」

「世尊！如是般若波羅蜜多是如尋香城波羅蜜多。」

佛言：「如是！以一切法如尋香城不可得故。」*14

(3)對治離過門　22~27

(III)六根本智相

22/23.「世尊！如是般若波羅蜜多是無染淨波羅蜜多。」

佛言：「如是！諸染淨因不可得故。」

　　　　(般若無垢能斷滅一切垢，但諸煩惱從本以來常無，今何所斷？)

24.「世尊！如是般若波羅蜜多是無所得、不可塗染波羅蜜多。」

　　佛言：「如是！諸所依法不可得故。」

　　　　(是般若波羅蜜，一切垢法所不汙，以六情及一切法，諸煩惱緣處、住處皆
　　　　不可得。)

25.「世尊！如是般若波羅蜜多是無戲論波羅蜜多。」

　　佛言：「如是！破壞一切戲論事故。」

　　　　(得是般若波羅蜜多一切戲論憶想分別滅。)

26.「世尊！如是般若波羅蜜多是無慢執波羅蜜多。」

　　佛言：「如是！破壞一切慢執事故。」

　　　　(一切法畢竟空故，無憶無念想。)

27.「世尊！如是般若波羅蜜多是無動轉波羅蜜多。」*15

　　佛言：「如是！住法界故。」(CBETA, T07, no. 220, p. 202, a^{12}-p. 202, c^4)

　　sher phyin:　v.027, pp. 496^{07}–500^{02}　《合論》：v050, pp. 1234^{02}–1238^{02}

31.2 道相智相

3.廣說道相智相　　　28~65　　(經×38，論×36)

道相智有三十六相，謂如其次第，緣集諦因之道相智有
八相，緣道諦有七，緣苦諦有五，緣滅諦有十六，是《經》
中所說故。

初，緣集諦有八者：集諦之「因相」上，愛境界欲、愛
不離貪、樂後有愛之對治，「集相」上貪、瞋、癡之對
治，「生相」上，執著常、樂、我、淨等之對治，「緣相」
上，執著自在有情之對治。

第二，緣道諦有七者：二是「道相」，二是「理相」，二
是「行相」，無實滯礙之道智相是「出相」。

第三，緣苦諦有五者：謂「無常相」、「苦相」、「空相」、
「無我相」、「無相相」。

第四，緣滅諦有十六者：離煩惱之「滅相」三相、「靜
相」八相、「妙相」一相、「出離相」三相、「唯出離相」

一相。此就十六種有法，而明十六種離垢法性之滅諦。

如是道相智三十六種相：集諦相，是就能治所治門中說；道諦相，就所立與能立門中說；苦諦相，就自相共相門中說；滅諦相，是就勝利門中說。

(1)對治離過門　　28~42

(31.2.1)緣集諦　(×8)

(I)因相上之對治

28.卷437〈不可得品42〉:「世尊！如是般若波羅蜜多是離染濁波羅蜜多。」

佛言：「如是！覺一切法不虛妄故。」

(一切有所得觀解皆是妄解，不能染。)

29.「世尊！如是般若波羅蜜多是無等起波羅蜜多。」

佛言：「如是！於一切法無分別故。」

(憶想分別是一切結使根本，有結使能起後身業。知憶想分別虛妄，則一切後世生業更不復起。)

30.「世尊！如是般若波羅蜜多是寂靜波羅蜜多。」

佛言：「如是！於諸法相無所得故。」

(非但三毒相寂滅，一切法相不可得故。)

(II)集相上之對治

31.「世尊！如是般若波羅蜜多是無貪欲波羅蜜多。」

佛言：「如是！諸貪欲事不可得故。」

(般若波羅蜜多，善法尚不貪，何況餘欲。貪欲虛誑，從本以來自性不可得故。)

32.「世尊！如是般若波羅蜜多是無瞋恚波羅蜜多。」

佛言：「如是！破壞一切瞋恚事故。」

(瞋恚性畢竟無所有。)

33.「世尊！如是般若波羅蜜多是無愚癡波羅蜜多。」

佛言：「如是！滅諸無知黑闇事故。」

(一切法中，無明黑闇破故。)

(III)生相上之對治

34.「世尊！如是般若波羅蜜多是無煩惱波羅蜜多。」

佛言：「如是！離分別故。」

(憶想分別是煩惱根本，菩薩得無生法忍故，一切煩惱滅。)

(IV)緣相上之對治

35.「世尊！如是般若波羅蜜多是<u>離有情</u>波羅蜜多。」

佛言：「如是！達諸有情無所有故。」

(眾生從本以來不生、無所有，故名無眾生。)

(CBETA, T07, no. 220, p. 202, c⁰⁴⁻¹⁸)

sher phyin: v.027, pp. 500⁰²–501⁰⁴《合論》: v050, pp. 1238⁰³–1239⁰⁷

(31.2.2)緣道諦 (×7)

(I)道相

36.「世尊！如是般若波羅蜜多是<u>無斷壞</u>波羅蜜多。」*16

佛言：「如是！此能等起一切法故。」

37.「世尊！如是般若波羅蜜多是<u>無二邊</u>波羅蜜多。」*17

佛言：「如是！離二邊故。」

(II)理相

38.「世尊！如是般若波羅蜜多是<u>無雜壞</u>波羅蜜多。」*18

佛言：「如是！知一切法不相屬故。」

39.「世尊！如是般若波羅蜜多是<u>無取著</u>波羅蜜多。」

佛言：「如是！超過聲聞、獨覺地故。」

(般若不取著一切法乃至二乘出世間清淨法。)

(III)行相

40.「世尊！如是般若波羅蜜多是<u>無分別</u>波羅蜜多。」

佛言：「如是！一切分別不可得故。」

(般若波羅蜜是實相故，無妄想分別(取相生心)。)

41.「世尊！如是般若波羅蜜多是<u>無限量</u>波羅蜜多。」*19

佛言：「如是！諸法分齊不可得故。」

(IV)出相

42.「世尊！如是般若波羅蜜多是<u>如虛空</u>波羅蜜多。」

佛言：「如是！達一切法無滯礙故。」

(般若如虛空無色無形，無所能作。)

(CBETA, T07, no. 220, p. 202, c¹⁸- p. 203, a¹)

sher phyin: v.027, pp. 501⁰⁴–502⁰³《合論》: v050, pp. 1239⁰⁷–1240⁰⁹

(2)圓滿證成門 (行無不成) 43~65

(31.2.3)緣苦諦 (×5)

①**無常等觀**　　43~47

43.「世尊！如是般若波羅蜜多是<u>無常</u>波羅蜜多。」*20
　　佛言：「如是！能永滅壞一切法故。」

44.「世尊！如是般若波羅蜜多是<u>苦</u>波羅蜜多。」
　　佛言：「如是！能永驅遣一切法故。」

45.「世尊！如是般若波羅蜜多是<u>無我</u>波羅蜜多。」
　　佛言：「如是！於一切法無執著故。」

46.「世尊！如是般若波羅蜜多是<u>空</u>波羅蜜多。」
　　佛言：「如是！於一切法無所得故。」

47.「世尊！如是般若波羅蜜多是<u>無刹那</u>波羅蜜多。」
　　佛言：「如是！於一切法無動轉故。」(CBETA, T07, no. 220, p. 203, a[01-10])

sher phyin:　v.027, pp. 502[03-17]《合論》：v050, pp. 1240[09]–1241[03]

(31.2.4)緣滅諦　(×18)

②**十八空觀**　　48~65　(經十八空，論十六空)

(I)滅相

48.「世尊！如是般若波羅蜜多是<u>內空</u>波羅蜜多。」
　　佛言：「如是！了達內法不可得故。」

49.「世尊！如是般若波羅蜜多是<u>外空</u>波羅蜜多。」
　　佛言：「如是！了達外法不可得故。」

50.「世尊！如是般若波羅蜜多是<u>內外空</u>波羅蜜多。」
　　佛言：「如是！知內外法不可得故。」

(II)靜相

51.「世尊！如是般若波羅蜜多是<u>空空</u>波羅蜜多。」
　　佛言：「如是！了空空法不可得故。」

52.「世尊！如是般若波羅蜜多是<u>大空</u>波羅蜜多。」
　　佛言：「如是！了一切法不可得故。」

53.「世尊！如是般若波羅蜜多是<u>勝義空</u>波羅蜜多。」
　　佛言：「如是！寂滅涅槃不可得故。」

54.「世尊！如是般若波羅蜜多是<u>有為空</u>波羅蜜多。」
　　佛言：「如是！諸有為法不可得故。」

55.「世尊！如是般若波羅蜜多是<u>無為空</u>波羅蜜多。」
　　佛言：「如是！諸無為法不可得故。」

56.「世尊！如是般若波羅蜜多是畢竟空波羅蜜多。」
佛言：「如是！畢竟空法不可得故。」

57.「世尊！如是般若波羅蜜多是無際空波羅蜜多。」
佛言：「如是！無際空法不可得故。」

58.「世尊！如是般若波羅蜜多是散無散空波羅蜜多。」
佛言：「如是！散無散空法不可得故。」

(III)妙相

59.「世尊！如是般若波羅蜜多是本性空波羅蜜多。」
佛言：「如是！有為、無為法不可得故。」

(IV)出離相

60.「世尊！如是般若波羅蜜多是自共相空波羅蜜多。」
佛言：「如是！達法遠離自共相故。」

61.「世尊！如是般若波羅蜜多是一切法空波羅蜜多。」
佛言：「如是！知內外法不可得故。」

62.「世尊！如是般若波羅蜜多是不可得空波羅蜜多。」
佛言：「如是！一切法性不可得故。」

(V)唯出離相

(63)「世尊！如是般若波羅蜜多是無性空波羅蜜多。」
佛言：「如是！無性空法不可得故。」

(64)「世尊！如是般若波羅蜜多是自性空波羅蜜多。」
佛言：「如是！自性空法不可得故。」

(65)「世尊！如是般若波羅蜜多是無性自性空波羅蜜多。」
佛言：「如是！無性自性空法不可得故。」(CBETA, T07, no. 220, p. 203, a^{10}-b^{14})

sher phyin:　v.027, pp. 502^{17}–505^{07}《合論》：v050, pp. 1241^{04}–1243^{14}

31.3 一切相智相

從念住相，乃至佛相，分為三聚：謂隨順聲聞弟子所有者三十七；隨順菩薩所有者三十四；唯佛所有者三十九。

如是分為三智之理，謂隨順三類補特伽羅身中之道諦，分為三智故。一切相智攝盡一切聖人之智德種類，此中分三：隨順聲聞弟子所有一切智相、隨順菩薩所有道相智相、一切相智不共相。

初者，謂四念住、四正斷、四神足、五根、五力、七菩提分、八聖道支。如是七聚三十七法，諸聲聞弟子亦有，菩薩亦修，由一切智道相而說也。

第二，隨順菩薩所有道智之相，此有六類：第一對治道類，第二變化道類，第三現法樂住道類，第四出世間道類，差別有九，第五能斷道類，第六成佛道類十度。此是隨順菩薩所有道相智道三十四相。

第三，唯佛所有一切相智之相，有三十九：(1)初十力、(2)四無畏、(3)四無礙解、(4)十八不共佛法、(5)如來相、(6)自然相、(7)正等覺相。

如是三智中：一切智三十七相者，謂諸聲聞以斷煩惱障為主，名無煩惱漏。道相智三十四相者，謂諸菩薩不以斷煩惱障為主，假名有漏。一切相智不共三十九相者，謂諸佛盡斷二障，故唯是無漏。

4.廣說一切相智相　　　66~91　　（經×106，論×110）

(31.3.1)隨順聲聞　(×37)

(1)行無不成　　66~83

　①菩提分行　　66~72

66.「世尊！如是般若波羅蜜多是<u>四念住</u>波羅蜜多。」
　佛言：「如是！身受心法不可得故。」
　　　　　（此四種法緣處從本以來皆不可得。四念處是四諦初門，四諦是四沙門果初門。）

67.「世尊！如是般若波羅蜜多是<u>四正斷</u>波羅蜜多。」
　佛言：「如是！善不善法不可得故。」

68.「世尊！如是般若波羅蜜多是<u>四神足</u>波羅蜜多。」
　佛言：「如是！四神足性不可得故。」

69.「世尊！如是般若波羅蜜多是<u>五根</u>波羅蜜多。」
　佛言：「如是！五根自性不可得故。」

70.「世尊！如是般若波羅蜜多是<u>五力</u>波羅蜜多。」
　佛言：「如是！五力自性不可得故。」

71.「世尊！如是般若波羅蜜多是七等覺支波羅蜜多。」

佛言：「如是！七等覺支性不可得故。」

72.「世尊！如是般若波羅蜜多是八聖道支波羅蜜多。」

佛言：「如是！八聖道支性不可得故。」(CBETA, T07, no. 220, p. 203, b$^{14\text{-}26}$)

sher phyin: v.027, pp.505^{07}–506^{06} 《合論》：v050, pp.1243^{14}–1244^{16}

(31.3.2)隨順菩薩 (經×26，論×30)
(I)對治道類

②三三昧 73~75

73.「世尊！如是般若波羅蜜多是空解脫門波羅蜜多。」

佛言：「如是！空離行相不可得故。」

74.「世尊！如是般若波羅蜜多是無相解脫門波羅蜜多。」

佛言：「如是！寂靜行相不可得故。」

75.「世尊！如是般若波羅蜜多是無願波羅蜜多。」

佛言：「如是！無願行相不可得故。」

(II)變化道類
(III)現法樂住道類

③出世禪 76~77

76.「世尊！如是般若波羅蜜多是八解脫波羅蜜多。」

佛言：「如是！八解脫性不可得故。」

(IV)出世間道類

77.「世尊！如是般若波羅蜜多是九次第定波羅蜜多。」

佛言：「如是！九次第定自性不可得故。」

(V)能斷道類
(VI)成佛道類

④六度行 78~83 (經六度，論十度)

78.「世尊！如是般若波羅蜜多是布施波羅蜜多。」

佛言：「如是！此中慳貪不可得故。」

79.「世尊！如是般若波羅蜜多是淨戒波羅蜜多。」

佛言：「如是！此中破戒不可得故。」

80.「世尊！如是般若波羅蜜多是安忍波羅蜜多。」

佛言：「如是！此中瞋恚不可得故。」

81.「世尊！如是般若波羅蜜多是精進波羅蜜多。」

佛言：「如是！此中懈怠不可得故。」

82.「世尊！如是般若波羅蜜多是靜慮波羅蜜多。」

佛言：「如是！此中亂心不可得故。」

83.「世尊！如是般若波羅蜜多是般若波羅蜜多。」*21

佛言：「如是！此中惡慧不可得故。」(CBETA, T07, no. 220, p. 203, b²⁷-c¹⁷)

sher phyin: v.027, pp.506⁰⁶–507¹⁷ 《合論》：v050, pp.1244¹⁶–1247⁰²

(31.3.3)一切相智不共相　(x43)

(2)果無不滿　84~91

卷437〈不可得品42〉：

84.「世尊！如是般若波羅蜜多是佛十力波羅蜜多。」　(x10)

佛言：「如是！達一切法難屈伏故。」

> (行者初得菩薩十力，後得佛十力。為度眾佛說十力不可破不可伏，一切法
> 實相亦不可破不可伏。)

85.「世尊！如是般若波羅蜜多是四無所畏波羅蜜多。」　(x4)

佛言：「如是！得道相智無退沒故。」

> (般若波羅蜜常寂滅相不可說，菩薩以道相智引導眾生，由道相智增益不沒，
> 無所畏，不自憍慢。)

86.「世尊！如是般若波羅蜜多是四無礙解波羅蜜多。」　(x4)

佛言：「如是！得一切智、一切相智無罣礙故。」

> (非但四無礙解，一切法入如、法性、實際故，皆是無礙相。)

87.「世尊！如是般若波羅蜜多是大慈、悲、喜、捨波羅蜜多。」　(x4)

佛言：「如是！於諸有情不棄捨故。」

88.「世尊！如是般若波羅蜜多是十八佛不共法波羅蜜多。」　(x18)

佛言：「如是！超諸聲聞、獨覺法故。」(佛法過聲聞獨覺法、過一切法最勝。)

89.「世尊！如是！般若波羅蜜多是如來波羅蜜多。」

佛言：「如是！能如實說一切法故。」

> (過去佛行六波羅蜜，得諸法如相；今佛亦如是行六波羅蜜，得佛道。非但
> 佛說名如實說，一切言說皆是如實，故名如來(如實說)波羅蜜多。
>
> 如來(tathāgata)：如法相解，如法相說，如諸佛安隱道來，佛亦如是來，更
> 不去後有中，故名如來。[大智度論]2)

90.「世尊！如是般若波羅蜜多是自然波羅蜜多。」

佛言：「如是！於一切法自在轉故。」

> (1.般若波羅蜜多具足，後身自然作佛。佛言名自然波羅蜜多。

2.般若波羅蜜多實相，自然不由他作。佛於一切法中得自在力，故名自然波羅蜜多。）

91.「世尊！如是般若波羅蜜多是<u>正等覺</u>波羅蜜多。」*22

佛言：「如是！於一切法一切行相能現覺故。」

(CBETA, T07, no. 220, p. 203, c^{17}–p. 204, a^{3})

sher phyin: v.027, pp. 507^{17}–508^{18} 《合論》：v050, pp.1247^{03} –1248^{06}

註解：

*1 第二轉法輪

佛陀初於鹿野苑說「轉法輪經」，憍陳如證須陀洹果，跋提等四比丘也陸續證得。說「轉法輪經」後第五日，說「無我相經」，五比丘證悟阿羅漢果，為世間第一批漏盡比丘。其間也有諸多天人聽法，得無生法忍。

此中所說，於會中見有無量百千天子聞說般若波羅蜜多，同時證得無生法忍，得道者多，故諸天子稱歎此為「第二妙轉法輪」。

*2 法輪非第一轉，亦非第二轉

法輪即是般若波羅蜜多，是般若波羅蜜多畢竟空，無造無作相，故無轉無還。

無轉無還故非第一轉，亦非第二轉。

(1)世間生法，名為轉；世間滅法，名為還。般若波羅蜜多中無此二事，故說無轉無還。

(2)畢竟空故無轉無還。

如十二因緣中，無明畢竟空故，不能實生諸行等；無明虛妄顛倒、無有實定故，無法可滅。

(3)以諸法無性自性空故說無轉無還。

無轉是無性空(有法空)，無還是自性空(無法空)故。

(無性空，勝義諦上無有少法可得；自性空，世俗諦上和合所成諸法自性亦不可得。)

(無性自性謂無能和合者、有所和合自性，此二都不可得，非常非壞，由本性爾故。)

*3 諸法自性空故，般若無轉無還

(1)以無性自性空破「非有非無」

諸法或說有、或說無、或說亦有亦無、或說非有非無。不著此四相即是正行正道。

此中初學者雖以前三之有無相破「非有非無」，但於前三相中還生邪見。

故佛說「無性自性空」破「非有非無」，是故說般若無轉無還。

(2)佛以涅槃實相破「非有非無」

般若波羅蜜多中無般若波羅蜜多性，以一切法無性故，如是乃至布施波羅蜜多、內空乃至一切相智、異生性乃至諸佛無上正等菩提性空亦如是。

*4 雖證菩提而無所證，雖轉法輪而無所轉

一切法雖自性空，而依般若波羅蜜多能證無上菩提，轉妙法輪度無量眾。

(1)一切法自性空故，雖證菩提而無所證。

以諸法畢竟空故無所礙，而能行諸善法，得無上菩提，此為世俗諦說。

(2)一切法畢竟不生故，雖轉法輪亦無轉還。

諸佛雖說法，令他得道破煩惱，從此至彼，名為「轉」。

今我等諸煩惱虛誑顛倒、妄語、無有定相；若無定相，為何所斷？若無所斷，亦無轉無還，是故說「雖轉法輪而無轉還」。何以故？是般若波羅蜜中，無有法是五眼所能見若轉若還，一切法從本以來畢竟不生故。

(3)入三解脫門，雖轉法輪，亦無轉還。

①空解脫門

是自性空、畢竟空、十八空等無量諸空，非轉相非還相：

畏墮常故不轉，畏墮滅故不還；

畏墮有故不轉，畏墮無故不還；

畏墮世間故不轉，畏墮涅槃故不還。

②無相、無願亦如是。

入是三解脫門，捨我我所心，是名得解脫。

*5 無邊

(1)如虛空

物盡處名邊，虛空無色無形故無邊。

般若波羅蜜多清淨故無有邊、無有盡、無取處、無受處，故說如虛空無邊際故，般若波羅蜜

亦無邊。

(2)離邪見邊

常是一邊、無常是一邊，我、無我，有、無，世間有邊、無邊，眾生有邊、無邊，如是等法，

名為邪見邊。得般若波羅蜜多，則無是諸邊，故言無邊。

*6 難屈伏

菩薩以般若波羅蜜多，求諸法總相、別相，而無定相可得，以不得故，於一切法心不著。

若有邪見戲論人以邪見著心，欲破壞(屈伏)是菩薩，而菩薩以無所著故，不可破壞、不可屈伏。

*7 無彼岸

此岸是生死，彼岸是涅槃，中有煩惱大河，行者欲捨此岸而貪著彼岸。

彼岸是涅槃，無名無體(身)。般若波羅蜜多無(不著)彼岸，故名「無彼岸波羅蜜」。(不著涅槃名，

不著涅槃體。)

*8 虛空

有虛空則有出入息，出入息皆從虛誑業因緣生，出者非入，入者非出，念念生滅，不可得實相；

息不可得故，一切法亦不可得；不可得故名「虛空波羅蜜多」。

*9 不可說

一切法空寂相故不須尋伺，無尋伺故無言說，無言說故般若波羅蜜多斷語言道，是故名「不可

說波羅蜜多」。

*10 無名

名、色攝一切法。

分別諸法者說：「般若波羅蜜多是智慧相，是故名所攝」。

今實不離色是名、不離名是色，是般若波羅蜜多無知相，故說：「受、想、思、觸及作意等不可

得」。

*11 無作

作有二種：眾生作、法作。

(1)眾生作：布施、淨戒等，眾生空故無作者。

(2)法　作：火燒、水爛，心識所知。一切法鈍，不起作相故，法亦不作。

是二無作，故名「無作波羅蜜多」。

*12 無移轉

天眼見有生死。

用空慧眼見，生死不可得，生死不可得故，今世眾生死，無到後世者，但有五蘊先業因緣相續生。

*13 無失壞

般若波羅蜜不失諸法實相，亦能令一切法不失實相，離般若波羅蜜一切法皆失。

觀一切法實相，得般若波羅蜜，是故名「無失壞波羅蜜多」。

*14 喻為空

人心以聲為實，以響為虛；影以人面鏡為實，像為虛；焰以風、塵、日光為實，水為虛；幻以(巫)祝術為實，祝術所作為虛。

善現讚般若，以喻為空。

佛說喻、本事皆空；本事皆空故，是喻亦空。

*15 無動轉

法性常住故，一切論議者所不能勝，一切結使邪見所不能覆，一切法無常破壞，心不生憂，故名不動轉。

*16 無斷壞波羅蜜多

(1)在〈大般若波羅蜜經〉中，

①〈第三會讚德品〉卷 507，與此中所說第二會文相同。

「是為無斷壞波羅蜜多。佛言：如是！此能等起一切法故。」

②〈第四會讚歎品〉卷 545，與〈第五會清淨品〉卷 559 文相同。

「是無斷波羅蜜多。以一切法無等起故。」(諸法不起不生、無所作。)

(2)〈摩訶般若波羅蜜經〉遍歎品 44

「無斷波羅蜜是般若波羅蜜。佛言：諸法不起故。」

*17 無二邊

般若波羅蜜多中無是二邊：我無我，斷無斷，可斷法無斷法，常滅，有無等。

諸邊從本以來無，但以虛誑顛倒故著。菩薩求實事故，離是顛倒邊。

*18 無離(雜)壞

般若波羅蜜一相，所謂無相(空)故，不可離壞。

如同果不離因，因不離果；有為法不離無為法，無為法不離有為法；般若波羅蜜不離一切法，一切法不離般若波羅蜜。

*19 無限量

一切法量不可得。

(1)般若波羅蜜多出四無量，故名無量。

(2)畢竟空，為得涅槃無量法，故名無量。

(3)智慧所不能到邊，是名無量。

法空、無相、無生滅等六情所不能量。

何以故？物多而量器小故。

(4)色等一切法不可得，故皆無量。

*20 無常

　般若波羅蜜有無常聖行。非但般若中有無常，亦觀一切法無常。

　(1)有為般若：以般若觀諸法從因緣和合生，是有為法，故無常。

　(2)無為般若：般若所緣處是如、法性、實際，是無為法，故常。

　一切法名十二處，內外皆是作法，作法故必歸破壞相。離有為法，無無為法，亦更無有法相。

　因有為法相，而說無為法不生不滅。

*21 般若

　有二種般若。

　(1)常住般若。常住般若波羅蜜多，惡慧不可得。

　(2)與五波羅蜜共行之般若，此般若能破無明黑闇、能與真智慧。

*22 正等覺(佛)波羅蜜

　具足十地、十力、四無所畏、四無礙解、轉法輪度無量眾，故名佛波羅蜜。

　(1)正知一切法

　　知五蘊·︱二入·︱八界等；知外道法·凡夫法·聲聞法·獨覺法·菩薩法·佛法。

　(2)正知一切相

　　略說為總相、別相；分別相、畢竟空相。

　　廣說則一切相，一切無量無邊法門。

　　以是事故，名為佛波羅蜜，不以佛身故名佛波羅蜜，但以一切相智故名。

第四事

第32義

2.明勝加行

【第 32 義】：正說一切相加行

〔義相〕：此處一切相加行品所說緣空性止觀雙運慧所攝持之菩薩瑜伽，即此處所說之加行相。

〔界限〕：從大乘加行道煖位乃至十地最後心。

(1)積善根之身　(加行者)　32.1

[昔承事諸佛，佛所種善根，善知識攝受，是聞此法器，](頌4-6)
[親近佛問答，及行施戒等，諸勝者許此，是受持等器。](頌4-7)

(32.1.1)若於往昔承事諸佛，並於佛所供飲食等種諸善根，具足大乘善知識之資糧道菩薩，乃是聽聞此教、道、果般若之器。

(32.1.2)又彼資糧道菩薩，親近無數諸佛，請問疑惑之文義，於所問義如理修布施、持戒等，諸佛勝者許為受持文義等之法器。

(2)正明加行　32.2

[不住色等故，遮彼加行故，彼真如深故，此等難測故，](頌4-8)
[此等無量故，劬勞久證故，授記不退轉，出離及無間，](頌4-9)
[近菩提速疾，利他無增減，不見法非法，色等不思議，](頌4-10)
[色等諸行相，自性無分別，能與珍寶果，清淨及結界。](頌4-11)

1.約加行自體分

(32.2.1)大乘加行道根本智,於所緣境破除實執,名於勝義不住色等。

(32.2.2)於能緣心破實執,名於色等勝義不加行而於真實義加行。

(32.2.3)色等實空之真如甚深。

(32.2.4)諸道之法性難測度。

(32.2.5)諸行相之法性無量。

通達此五之加行是就加行自體而分。

2.約補特伽羅分

(32.2.6)又資糧道鈍根菩薩智,於真空性多起驚恐,由是初業菩薩之加行故,須大劬勞,要經長時乃能成佛,名劬勞長久之加行。

(32.2.7)大乘加行道煖位,由於空性成就無畏,名得授記之加行。

(32.2.8)大乘加行道頂位,勝出於煖,聽聞、受持般若等故,名不退轉加行。

(32.2.9)大乘加行道忍位,由遠離二乘作意等障礙法故,名出離加行。

(32.2.10)大乘加行道世第一法,為見道正因常修法故,名無間加行。

(32.2.11)大乘見道是大乘道無漏法所依故,名近大菩提加行。

(32.2.12)從二地至七地智,速能成辦法身果故,名速疾證大菩提加行。

(32.2.13)第八地智,是普於三種種姓轉法輪之淨地智故,名利他加行。

此八加行是就補特伽羅而分。

3.約圓滿加行之方便分

(32.2.14)又八地智是於勝義不見增、減之淨地智故,名無增減加行。

(32.2.15)又彼智是於勝義不見法、非法等之加行。

(32.2.16)又彼智是破色等不思議相之加行。

(32.2.17)又彼智是於所相事色等、彼行相變礙等、所相自性不分別之加行。(不分別色等實有法)

此四加行是就圓滿加行之方便而分。

4.約果與時分

(32.2.18)第九地智,是於預流等果能安立他之淨地智,名能與寶果之加行。

(32.2.19)第十地智,是從色乃至一切相智修習清淨之淨地智故,名清淨加行。

(32.2.20)速修般若之菩薩瑜伽,是分日月、年時,勤修般若,精進不捨之菩薩瑜伽,名結界加行。(指時限、界限)

此三是就果與時間而分。

共為大乘二十種加行。

2.明勝加行 【第 32 義】：正說一切相加行

1.加行者

32.1 積善根之身　(加行者)

(1)信受般若者

　　①聽聞般若之器

(32.1.1)往昔供佛具足資糧乃聽聞般若之器

卷 438〈東北方品 43〉：「第二分東北方品第四十三之一

時，天帝釋作是念言：

「若善男子、善女人等得聞般若波羅蜜多甚深經典法門名字，一經耳
者，是善男子、善女人等已於過去無量如來、應、正等覺親近供養、
發弘誓願、種諸善根，多善知識之所攝受，況能書寫、受持、讀誦、
如理思惟、為他演說，或能隨力如說修行！當知是人定於過去無量佛
所親近承事、供養恭敬、尊重讚歎、殖眾德本，曾聞般若波羅蜜多，
聞已受持、思惟、讀誦、為他演說、如教修行，或於此經能問能答，
由斯福力今辦是事。」

(CBETA, T07, no. 220, p. 204, a[11-21])

sher phyin:　v.027, pp. 508[19]–509[12]　《合論》：v050, pp.1248[07]–1249[01]

　　②受持般若之器

(32.1.2)已親近多佛問義如理修施等乃受持般若之器

卷 438〈東北方品 43〉：

「若善男子、善女人等，已曾供養無量如來、應、正等覺，功德純淨，
聞是般若波羅蜜多，其心不驚不恐不怖，聞已信樂如說修行，當知是
人曾於過去多百千劫，修習布施乃至般若波羅蜜多故，於今生能成此
事。」

(於過去無量劫行六波羅蜜等諸功德，雖未得不退轉，但於深法中不疑不悔。)

(CBETA, T07, no. 220, p. 204, a[21-26])

sher phyin:　v.027, p. 509[12-17]　《合論》：v050, p.1249[01-12]

(2)不信受般若者　(非法器相)

(32.1.3)非法器相

　　①舍利子言

卷 438〈東北方品 43〉：爾時，舍利子白佛言：

「世尊！若善男子、善女人等聞此般若波羅蜜多甚深經中所有義趣，不驚不怖亦不生疑，聞已受持、思惟、讀誦、書寫、解說、如教修行，當知是人已於無上正等菩提得不退轉。何以故？世尊！如是般若波羅蜜多義趣甚深極難信解，若於先世不久修習布施、淨戒、安忍、精進、靜慮、般若波羅蜜多，豈暫得聞即能信解！

世尊！若善男子、善女人等，聞說如是甚深般若波羅蜜多毀呰誹謗，當知是人已於先世由貪、瞋、癡覆蔽心故，於此般若波羅蜜多甚深經典亦曾毀謗。何以故？世尊！如是癡人聞說般若波羅蜜多甚深義趣，由串習力不信不樂，心不清淨。所以者何？如是癡人於過去世，未曾親近諸佛菩薩及弟子眾，未曾請問：云何應行布施波羅蜜多乃至般若波羅蜜多？云何應住內空乃至無性自性空？云何應修四念住乃至八聖道支？云何應學佛十力乃至十八佛不共法？故今聞說甚深般若波羅蜜多，毀呰誹謗不信不樂，心不清淨。」

(先世雖曾毀呰誹謗，但以積業未厚，或言呰誹般若應墮地獄，但為次後身罪，故今世仍得聞般若。)

(CBETA, T07, no. 220, p. 204, a^{27}–b^{17})

sher phyin: v.027, pp. 509^{17}–511^{09} 《合論》：v050, pp.1249^{12} –1251^{11}

②帝釋言

卷 438〈東北方品 43〉：爾時，天帝釋白佛言：

「世尊！如是般若波羅蜜多義趣甚深極難信解，若善男子、善女人等未久信樂、修行布施波羅蜜多乃至般若波羅蜜多，未久信樂、安住內空乃至無性自性空，未久信樂、修習四念住乃至八聖道支，未久信樂、修習八解脫、九次第定、五神通，未久信樂、修學如來十力、四無所畏、四無礙解、大慈、大悲、大喜、大捨、十八佛不共法及餘無量無邊佛法，是善男子、善女人等聞此般若波羅蜜多甚深義趣，不能信解或生毀謗，未為希有。

世尊！我今敬禮甚深般若波羅蜜多。世尊！我若敬禮甚深般若波羅蜜多，即為敬禮一切相智。」(即是敬禮三世十方諸佛。)

(CBETA, T07, no. 220, p. 204, b^{18}–c^{01})

sher phyin: v.027, pp. 511^{09}–512^{09} 《合論》：v050, pp.1251^{11} –1252^{12}

(3)當學般若波羅蜜多

爾時，佛告天帝釋言：

「如是！如是！如汝所說。敬禮般若波羅蜜多，即為敬禮一切相智。何
　以故？憍尸迦！一切如來、應、正等覺，若一切智、若道相智、若一
　切相智，皆從般若波羅蜜多而出生故。憍尸迦！若善男子、善女人等
　欲住如來一切相智，當住般若波羅蜜多；欲生如來一切智、道相智及
　餘功德，當學般若波羅蜜多；欲得永斷一切煩惱習氣相續，當學般若
　波羅蜜多；欲證無上正等菩提，轉妙法輪度有情類，當學般若波羅蜜
　多。憍尸迦！若善男子、善女人等欲得預流、一來、不還、阿羅漢果、
　獨覺菩提，當學般若波羅蜜多。憍尸迦！若善男子、善女人等欲善安
　立聲聞種姓諸有情類於聲聞乘，當學般若波羅蜜多；欲善安立獨覺種
　姓諸有情類於獨覺乘，當學般若波羅蜜多；欲善安立大乘種姓諸有情
　類於無上乘，令疾證得所求無上正等菩提，當學般若波羅蜜多。憍尸
　迦！若善男子、善女人等欲得三界最勝功德，當學般若波羅蜜多；欲
　伏一切黑闇朋黨，當學般若波羅蜜多；欲善攝受諸苾芻眾，當學般若
　波羅蜜多。」

(CBETA, T07, no. 220, p. 204, c[01-21])

sher phyin:　v.027, pp. 512[09]–513[12]　《合論》: v050, pp.1252[12]–1253[12]

2.二十種加行

32.2 正明加行　(大乘二十種加行)

(1)加行自體

①云何住、云何習行？

(32.2.1)於所緣境破除實執名於勝義<u>不住色等</u>

卷438〈東北方品43〉：

爾時，天帝釋白佛言：

「世尊！諸菩薩摩訶薩修行般若波羅蜜多時，云何住色？云何住受、
　想、行、識？云何住眼乃至意？云何住色乃至法？云何住眼識乃至意
　識？云何住般若波羅蜜多乃至布施波羅蜜多？云何住內空乃至無性
　自性空？云何住四念住乃至八聖道支？云何住佛十力乃至十八佛不
　共法？世尊！諸菩薩摩訶薩修行般若波羅蜜多時，云何習色？云何習
　受、想、行、識？乃至云何習佛十力乃至習十八佛不共法？」

(CBETA, T07, no. 220, p. 204, c[22] - p. 205, a[02])

sher phyin:　v.027, pp. 513[12]–514[14]　《合論》: v050, pp.1253[12]–1254[13]

爾時，佛告天帝釋言：

「憍尸迦！善哉！善哉！汝於今者承佛神力，能問如來如是深義。諦聽！諦聽！善思念之！吾當為汝分別解說。

❶不住不習蘊處界是住習行般若

「憍尸迦！諸菩薩摩訶薩修行般若波羅蜜多時，若於色不住不習，是為住習色；若於受、想、行、識不住不習，是為住習受、想、行、識；若於眼乃至意不住不習，是為住習眼乃至意；若於色乃至法不住不習，是為住習色乃至法；若於眼識乃至意識不住不習，是為住習眼識乃至意識；

❷不住不習諸道法是為各自住習其行諸道法

若於般若波羅蜜多乃至布施波羅蜜多不住不習，是為住習般若波羅蜜多乃至布施波羅蜜多；若於內空乃至無性自性空不住不習，是為住習內空乃至無性自性空；若於四念住乃至八聖道支不住不習，是為住習四念住乃至八聖道支；若於佛十力乃至十八佛不共法不住不習，是為住習佛十力乃至十八佛不共法。

何以故？

憍尸迦！諸菩薩摩訶薩修行般若波羅蜜多時，於色不得可住可習，於受、想、行、識不得可住可習，乃至於佛十力不得可住、可習，乃至於十八佛不共法不得可住可習故。」*1

(CBETA, T07, no. 220, p. 204, c^{22}- p. 205, a^{23})

sher phyin: v.027, pp. 513^{12}–518^{20} 《合論》: v050, pp. 1253^{12}–1257^{18}

❸不習一切法是名習一切法

(32.2.2)於能緣心破實執名於色等勝義不加行而於真實義加行

卷 438〈東北方品 43〉：

「復次，憍尸迦！諸菩薩摩訶薩修行般若波羅蜜多時，若於色非住非不住、非習非不習，是為住習色；若於受、想、行、識非住非不住、非習非不習，是為住習受、想、行、識；若於眼乃至意非住非不住、非習非不習，是為住習眼乃至意；若於色乃至法非住非不住、非習非不習，是為住習色乃至法；若於眼識乃至意識非住非不住、非習非不習，是為住習眼識乃至意識；若於般若波羅蜜多乃至布施波羅蜜多非住非不住、非習非不習，是為住習般若波羅蜜多乃至布施波羅蜜多；若於內空乃至無性自性空非住非不住、非習非不習，是為

住習內空乃至無性自性空；若於四念住乃至八聖道支非住非不住、非習非不習，是為住習四念住乃至八聖道支；若於佛十力乃至十八佛不共法非住非不住、非習非不習，是為住習佛十力乃至十八佛不共法。何以故？憍尸迦！諸菩薩摩訶薩修行般若波羅蜜多時，觀色前際不可得、後際不可得、中際不可得，觀受、想、行、識前際不可得、後際不可得、中際不可得，乃至觀佛十力前際不可得、後際不可得、中際不可得，乃至觀十八佛不共法前際不可得、後際不可得、中際不可得故。」*2

(CBETA, T07, no. 220, p. 205, a^{23}–b^{17})

sher phyin:　v.027, pp. 518^{20}–521^{13}　《合論》: v050, pp. 1257^{19}–1259^{14}

②般若法與般若行

❶甚深

1.般若甚深

(32.2.3)色等實空之真如甚深

(I)甚深之加行

卷 438〈東北方品 43〉：爾時，舍利子白佛言：

「世尊！如是般若波羅蜜多最為甚深。」

佛言：

「如是，舍利子！色真如甚深故，般若波羅蜜多最為甚深；受、想、行、識真如甚深故，般若波羅蜜多最為甚深；如是乃至十八佛不共法真如甚深故，般若波羅蜜多最為甚深。」(色真如：以般若波羅蜜分別色，入如實。)

(CBETA, T07, no. 220, p. 205, b$^{18–23}$)

sher phyin:　v.027, pp. 521^{14}–522^{12}　《合論》: v050, pp.1259^{15}–1260^{11}

2.不行色甚深，是行般若波羅蜜多

(II)另類之加行

卷 438〈東北方品 43〉：

「舍利子！若菩薩摩訶薩修行般若波羅蜜多時，不行色甚深性，是行般若波羅蜜多，不行受、想、行、識甚深性，是行般若波羅蜜多；不行眼甚深性，是行般若波羅蜜多，乃至不行意甚深性，是行般若波羅蜜多；不行色甚深性，是行般若波羅蜜多，乃至不行法甚深性，是行般若波羅蜜多；不行眼識甚深性，是行般若波羅蜜多，乃至不行意識甚深性，是行般若波羅蜜多；不行般若波羅

蜜多甚深性，是行般若波羅蜜多，乃至不行布施波羅蜜多甚深性，是行般若波羅蜜多；不行內空甚深性，是行般若波羅蜜多，乃至不行無性自性空甚深性，是行般若波羅蜜多；不行四念住甚深性，是行般若波羅蜜多，乃至不行八聖道支甚深性，是行般若波羅蜜多；不行佛十力甚深性，是行般若波羅蜜多，乃至不行十八佛不共法甚深性，是行般若波羅蜜多。何以故？舍利子！色甚深性即非色，受、想、行、識甚深性即非受、想、行、識，乃至十八佛不共法甚深性即非十八佛不共法故。」*3

(CBETA, T07, no. 220, p. 205, c$^{4-24}$)

sher phyin: v.027, pp. 524^{10}–526^{11} 《合論》: v.050, pp. 1262^{04}–1263^{03}

❷難測量

L般若難測量

(32.2.4)諸道之法性難測度
(I)難以測量之加行

卷 438〈東北方品 43〉：時，舍利子復白佛言：

「世尊！如是般若波羅蜜多難可測量。」

佛言：

「如是，舍利子！色真如難測量故，般若波羅蜜多難可測量；受、想、行、識真如難測量故，般若波羅蜜多難可測量；乃至十八佛不共法真如難測量故，般若波羅蜜多難可測量。」

(CBETA, T07, no. 220, p. 205, b$^{23-28}$)

sher phyin: v.027, pp. 522^{12}–523^{12} 《合論》: v050, pp.1260^{12}–1261^{08}

2.不行色難測量，是行般若波羅蜜多

(II)另類之加行

卷 438〈東北方品 43〉：

「復次，舍利子！若菩薩摩訶薩修行般若波羅蜜多時，不行色難測量性，是行般若波羅蜜多，不行受、想、行、識難測量性，是行般若波羅蜜多；不行眼難測量性，是行般若波羅蜜多，乃至不行意難測量性，是行般若波羅蜜多；不行色難測量性，是行般若波羅蜜多，乃至不行法難測量性，是行般若波羅蜜多；不行眼識難測量性，是行般若波羅蜜多，乃至不行意識難測量性，是行般若波羅蜜多；不行般若波羅蜜多難測量性，是行般若波羅蜜多，乃至不行布施波羅蜜多難測量性，是行般若波羅蜜多；不行內空難

測量性，是行般若波羅蜜多，乃至不行無性自性空難測量性，是
行般若波羅蜜多；不行四念住難測量性，是行般若波羅蜜多，乃
至不行八聖道支難測量性，是行般若波羅蜜多；不行佛十力難測
量性，是行般若波羅蜜多，乃至不行十八佛不共法難測量性，是
行般若波羅蜜多。何以故？舍利子！色難測量性即非色，受、想、
行、識難測量性即非受、想、行、識，乃至十八佛不共法難測量
性即非十八佛不共法故。」

(CBETA, T07, no. 220, p. 205, c^{24}–p. 206, a^{15})

sher phyin: 　v.027, pp. 526.^{11}–527.^{16} 　《合論》：v.050, pp. 1263.$^{04-20}$

❸無量

1.般若無量

(32.2.5)諸行相之**法性無量**

卷 438〈東北方品 43〉：時，舍利子復白佛言：

「世尊！如是般若波羅蜜多最為無量。」

佛言：

「如是，舍利子！色真如無量故，般若波羅蜜多亦無量；受、想、
行、識真如無量故，般若波羅蜜多亦無量；乃至十八佛不共法真
如無量故，般若波羅蜜多亦無量。」

(CBETA, T07, no. 220, p. 205, b^{28}–c^4)

sher phyin: 　v.027, pp. 523^{12}–524^{10} 　《合論》：v050, pp1261^{09}–1262^{03}

2.不行色無量，是行般若波羅蜜多

卷 438〈東北方品 43〉：

「復次，舍利子！若菩薩摩訶薩修行般若波羅蜜多時，不行色無量
性，是行般若波羅蜜多，不行受、想、行、識無量性，是行般若
波羅蜜多；不行眼無量性，是行般若波羅蜜多，乃至不行意無量
性，是行般若波羅蜜多；不行色無量性，是行般若波羅蜜多，乃
至不行法無量性，是行般若波羅蜜多；不行眼識無量性，是行般
若波羅蜜多，乃至不行意識無量性，是行般若波羅蜜多；不行般
若波羅蜜多無量性，是行般若波羅蜜多，乃至不行布施波羅蜜多
無量性，是行般若波羅蜜多；不行內空無量性，是行般若波羅蜜
多，乃至不行無性自性空無量性，是行般若波羅蜜多；不行四念
住無量性，是行般若波羅蜜多，乃至不行八聖道支無量性，是行
般若波羅蜜多；不行佛十力無量性，是行般若波羅蜜多，乃至不

行十八佛不共法無量性，是行般若波羅蜜多。何以故？舍利子！色無量性即非色，受、想、行、識無量性即非受、想、行、識，乃至十八佛不共法無量性即非十八佛不共法故。」

(2)補特伽羅

①初業菩薩

(32.2.6)鈍根怖空須經長時成佛名劬勞長久之加行

❶應說、不應說般若

爾時，舍利子白佛言：

「世尊！如是般若波羅蜜多既最甚深，難測無量難可信解，不應在彼新學大乘菩薩前說。忽彼聞此甚深般若波羅蜜多，其心驚惶、恐怖、猶豫，不能信解。但應在彼不退轉位菩薩前說，彼聞如是甚深般若波羅蜜多，心不驚惶、不恐、不怖亦不猶豫，聞已信解、受持、讀誦、如理思惟、為他演說。」(譬如不應令小兒渡深水，可使大人渡。)

❷為新學者說之過失

爾時，天帝釋問舍利子言：

「大德！若有在彼新學大乘菩薩前說如是般若波羅蜜多有何過失？」

舍利子言：

「憍尸迦！若有在彼新學大乘菩薩前說如是般若波羅蜜多，彼聞驚惶、恐怖、猶豫，不能信解或生毀謗，由斯造作增長能感墮惡趣業，沒三惡趣久處生死，難證無上正等菩提，是故智者不應在彼新學大乘菩薩前說如是般若波羅蜜多。」

(CBETA, T07, no. 220, p. 206, a^{16}–b^{21})

sher phyin:　v.027, pp. 527^{16}–530^{06}　《合論》: v050, pp. 1264^{01}–1265^{20}

②當受記之煖位行者

(32.2.7)煖位由空性成就無畏名得授記之加行

卷 438〈東北方品 43〉：時，天帝釋復問具壽舍利子言：

「大德！頗有菩薩未受無上大菩提記，聞說如是甚深般若波羅蜜多，心不驚惶、不恐、不怖、不猶豫不？」

舍利子言：

「有！憍尸迦！是菩薩摩訶薩不久當受大菩提記。憍尸迦！若菩薩摩訶薩聞說如是甚深般若波羅蜜多，心不驚惶、不恐、不怖亦不猶豫，當知是菩薩摩訶薩已受無上大菩提記。設未受者，不過一佛或二佛所，定當得受大菩提記。若不爾者，聞說如是甚深般若波羅蜜多，心定驚

惶、恐怖、猶豫。」

爾時，佛告舍利子言：

「如是！如是！如汝所說。舍利子！若菩薩摩訶薩久學大乘，久發大
願，久修六種波羅蜜多及餘無量無邊佛法，久於無量無邊如來、應、
正等覺供養恭敬、尊重讚歎，久事無量無邊善友。由此因緣，聞說如
是甚深般若波羅蜜多，心不驚惶、不恐、不怖亦不猶豫，聞已信解、
受持、讀誦、如理思惟、為他演說，或能書寫、如說修行。」

[夢行喻、過險路喻、近海喻、春樹喻、懷孕喻]

爾時，舍利子白佛言：

「世尊！我今樂說諸菩薩摩訶薩少分譬喻，唯願世尊哀愍聽許。」

佛告舍利子：「所樂說者，隨汝意說。」

舍利子言：

「世尊！如住菩薩乘諸善男子、善女人等，夢中修行般若、靜慮、精進、
安忍、淨戒、布施波羅蜜多，安住內空乃至無性自性空，修行四念住
乃至八聖道支，修行佛十力乃至十八佛不共法，修行一切智、道相智、
一切相智，趣菩提樹乃至安坐妙菩提座。當知是善男子、善女人等尚
近無上正等菩提，況有菩薩摩訶薩為求無上正等菩提，覺時修行般
若、靜慮、精進、安忍、淨戒、布施波羅蜜多，安住內空乃至無性自
性空，修行四念住乃至八聖道支，修行佛十力乃至十八佛不共法，修
行一切智、道相智、一切相智，而不速證所求無上正等菩提！世尊當
知！是菩薩摩訶薩不久當趣菩提樹下，不久當坐妙菩提座，證得無上
正等菩提，轉妙法輪利樂一切。」

(深信樂般若波羅蜜，不久住於生死。如吞鉤之魚，雖復游戲池中，當知出在不久。)

(CBETA, T07, no. 220, p. 206, b^{21}–c^{28})

sher phyin: v.027, pp. 530^{06}–531^{13} 《合論》：v050, pp. 1266^{01}–1267^{17}

③不退轉之頂位行者 (夢行喻，煖頂位)

(32.2.8)頂位聽聞、受持般若等故，名**不退轉加行**

卷 438〈東北方品 43〉：

「世尊！若善男子、善女人等得聞如是甚深般若波羅蜜多，受持、讀誦、
精勤修學、如理思惟，當知是善男子、善女人等久學大乘善根成熟，
供養諸佛，多事善友，殖眾德本，能成是事。

「世尊！若善男子、善女人等得聞如是甚深般若波羅蜜多，信解、受持、

讀誦、修習、如理思惟、為他演說，是善男子、善女人等或已得受大
菩提記，或近當受大菩提記。世尊！是善男子、善女人等如住不退位
菩薩摩訶薩，疾得無上正等菩提，由此得聞甚深般若波羅蜜多，能深
信解、受持、讀誦、如理思惟、隨教修行、為他演說。」

(CBETA, T07, no. 220, p. 206, c^{28}–p. 207, a^{10})

sher phyin: v.027, pp. 531^{13}–532^{12} 《合論》：v050, pp.1267^{18}–1268^{14}

④不墮二乘之忍位行者 （過險路喻）

(32.2.9)忍位遠離二乘作意等障礙法故名<u>出離加行</u>

卷438〈東北方品43〉：

「世尊！譬如有人遊涉曠野，經過險路百踰繕那，或二、或三、或四、
五百，見諸城邑王都前相，謂放牧人園林田等，見諸相已便作是念：
『城邑王都去此非遠。』作是念已身意泰然，不畏惡獸、惡賊、飢渴。
世尊！諸菩薩摩訶薩亦復如是，若得聞此甚深般若波羅蜜多，受持、
讀誦、如理思惟、深生信解，應知不久當得受記或已得受，速證無上
正等菩提，是菩薩摩訶薩無墮聲聞、獨覺地畏。何以故？世尊！是菩
薩摩訶薩已得見聞、恭敬供養甚深般若波羅蜜多無上菩提之前相故。」
爾時，佛告舍利子言：「如是！如是！如汝所說。」

(CBETA, T07, no. 220, p. 207, a$^{10-22}$)

sher phyin: v.027, pp. 532^{12}–533^{18} 《合論》：v050, pp.1268^{15}–1270^{01}

⑤未遠見道之世第一法行者 （近海喻）

(32.2.10)大乘加行道世第一法為見道正因常修法故 名<u>無間加行</u>

卷438〈東北方品43〉：「汝承佛力，當復說之。」

時，舍利子復白佛言：

「世尊！譬如有人欲觀大海，漸次往趣經於多時不見山林，便作是念：
『今覩此相大海非遠。所以者何？夫近海岸，地必漸下，定無山林。』
彼人爾時雖未見海，而見近相歡喜踊躍：『我速定當得見大海。』世
尊！諸菩薩摩訶薩亦復如是，若得聞此甚深般若波羅蜜多，受持、讀
誦、如理思惟、深生信解，是菩薩摩訶薩雖未得佛現前授記：『汝於
來世經爾許劫，若經百劫、若經千劫、若經百千劫，乃至若經百千俱
胝那庾多劫，當得無上正等菩提。』而應自知受記非遠。何以故？世
尊！是菩薩摩訶薩已得見聞、恭敬供養、受持、讀誦、如理思惟甚深
般若波羅蜜多無上菩提之前相故。」

(CBETA, T07, no. 220, p. 207, a²²–b⁷)

sher phyin:　v.027, pp. 533¹⁸–535⁰⁴《合論》: v050, pp. 1270⁰²–1271¹⁶

⑥近大菩提之大乘見道者　（春樹喻）

(32.2.11)大乘見道是大乘道無漏法所依故名近大菩提加行

卷438〈東北方品43〉：

「世尊！譬如春時花果樹等，陳葉已落枝條滋潤，眾人見已咸作是言：
『新花果葉當出不久。所以者何？此諸樹等新花果葉先相現故。』贍
部洲人男女大小，見此相已歡喜踊躍，皆作是言：『我等不久當得見
此花果茂盛。』世尊！諸菩薩摩訶薩亦復如是，若得聞此甚深般若波
羅蜜多，受持、讀誦、如理思惟、深生信解、恭敬供養，當知宿世善
根成熟，多供養佛，多事善友，不久當受無上正等大菩提記。世尊！
是菩薩摩訶薩應作是念：『我先定有勝善根力，能引無上正等菩提故，
今見聞、恭敬供養甚深般若波羅蜜多，受持、讀誦、深生信解、如理
思惟、隨力修習。』

「世尊！今此會中有諸天子見過去佛說是法者，皆生歡喜咸共議言：『昔
諸菩薩聞說如是甚深般若波羅蜜多便得受記，今諸菩薩既聞說此甚深
般若波羅蜜多，不久定當受菩提記。』」(CBETA, T07, no. 220, p. 207, b⁷⁻²³)

sher phyin:　v.027, pp. 535⁰⁴–536¹⁰《合論》: v050, pp. 1271¹⁷–1273⁰²

⑦速能疾證無上菩提之二地至七地行者　（懷孕喻）

(32.2.12)從二地至七地智速能成辦法身果故名速疾證大菩提加行

卷438〈東北方品43〉：

「世尊！譬如女人懷孕漸久，其身轉重動止不安，飲食睡眠悉皆減少，
不憙多語厭常所作，受苦痛故眾事頓息。有異母人見是相已，即知此
女不久產生。世尊！諸菩薩摩訶薩亦復如是，宿種善根，多供養佛，
久事善友，善根熟故，今得聞此甚深般若波羅蜜多，受持、讀誦、如
理思惟、深生信解、隨力修習。世尊當知！是菩薩摩訶薩由此因緣，
不久得受無上正等大菩提記。」

爾時，佛讚舍利子言：

「善哉！善哉！汝善能說得聞如是甚深般若波羅蜜多，受持、讀誦、如
理思惟、深生信解菩薩譬喻，當知皆是佛威神力，今汝引發如是辯才。」

(CBETA, T07, no. 220, p. 207, b²³–c⁶)

sher phyin: v.027, pp. 536^{10}–537^{08} 《合論》: v050, pp. 1273^{03}–1274^{04}

⑧轉法輪普攝三乘有情之八地者 (廣行利他)

(32.2.13)八地智是普於三種種姓轉法輪故名利他加 行

卷 438〈東北方品 43〉: 爾時,具壽善現白佛言:

「世尊!甚奇!如來、應、正等覺善能攝受諸菩薩摩訶薩,善能付囑諸
菩薩摩訶薩。」

佛告善現:

「如是!如是!如汝所說。何以故?善現!諸菩薩摩訶薩求趣無上正等
菩提,為多有情得利樂故,憐愍饒益諸天人故。

❶是諸菩薩摩訶薩眾精勤修學菩薩行時,為欲饒益無量百千諸有情
故,為欲攝受無量百千諸菩薩故,以四攝事而攝受之。何等為四?
一者、布施。二者、愛語。三者、利行。四者、同事。

❷是菩薩摩訶薩自正安住十善業道,亦安立他令勤修學十善業道;自
入初靜慮乃至非想非非想處,亦教他入初靜慮乃至非想非非想處;
自行布施,亦教他行布施;自行淨戒,亦教他行淨戒;自行安忍,
亦教他行安忍;自行精進,亦教他行精進;自行靜慮,亦教他行靜
慮;自行般若,亦教他行般若。

❸是菩薩摩訶薩依止般若波羅蜜多方便善巧,雖教有情證預流果,而
不自證;雖教有情證一來果,而不自證;雖教有情證不還果,而不
自證;雖教有情證阿羅漢果,而不自證;雖教有情證獨覺菩提,而
不自證。

(以般若故令有情得證二乘果,以般若方便力而不自證。)

❹是菩薩摩訶薩自修布施波羅蜜多乃至般若波羅蜜多,亦勸無量百千
菩薩修行布施波羅蜜多乃至般若波羅蜜多;自住菩薩不退轉地,亦
勸無量百千菩薩令住菩薩不退轉地;自勤精進嚴淨佛土,亦勸無量
百千菩薩令勤精進嚴淨佛土;自勤精進成熟有情,亦勸無量百千菩
薩令勤精進成熟有情;自勤發起菩薩神通,亦勸無量百千菩薩令勤
發起菩薩神通;自勤嚴淨陀羅尼門,亦勸無量百千菩薩令勤嚴淨陀
羅尼門;自勤嚴淨三摩地門,亦勸無量百千菩薩令勤嚴淨三摩地
門;自能證得圓滿辯才,亦勸無量百千菩薩令其證得圓滿辯才;自
能攝受圓滿色身,亦勸無量百千菩薩令能攝受圓滿色身;自能攝受
圓滿相好,亦勸無量百千菩薩令能攝受圓滿相好;自能攝受圓滿童

真地，亦勸無量百千菩薩令能攝受圓滿童真地。

❺是菩薩摩訶薩自修四念住乃至八聖道支，亦勸彼修四念住乃至八聖
　道支；自住內空乃至無性自性空，亦勸彼住內空乃至無性自性空；
　自修佛十力乃至十八佛不共法，亦勸彼修佛十力乃至十八佛不共
　法；自修一切智、道相智、一切相智，亦勸彼修一切智、道相智、
　一切相智；自斷一切煩惱習氣相續，亦勸彼斷一切煩惱習氣相續；
　自證無上正等菩提轉妙法輪利樂一切，亦勸彼證所求無上正等菩提
　作斯事業。」

(CBETA, T07, no. 220, p. 207, c⁶–p. 208, a²⁵)

sher phyin:　v.027, pp. 537⁰⁸–540¹⁵　《合論》：v050, pp. 1274⁰⁵–1277¹²

(3)八地行者圓滿加行之方便

①無增減加行

(32.2.14)八地智是於勝義不見增減之淨地智故名無增減加行

卷 438〈東北方品 43〉：具壽善現復白佛言：

「甚奇！世尊！希有！善逝！是菩薩摩訶薩成就如是大功德聚，為欲饒
　益一切有情，修行如是甚深般若波羅蜜多，求證無上正等菩提，轉妙
　法輪利樂一切。世尊！云何菩薩摩訶薩修行般若波羅蜜多令速圓
　滿？」

佛告善現：

「若菩薩摩訶薩修行般若波羅蜜多時，

　不見色若增若減，不見受、想、行、識若增若減；不見眼處若增若減，
　不見耳、鼻、舌、身、意處若增若減；不見色處若增若減，不見聲、
　香、味、觸、法處若增若減；不見眼界若增若減，不見耳、鼻、舌、
　身、意界若增若減；不見色界若增若減，不見聲、香、味、觸、法界
　若增若減；不見眼識界若增若減，不見耳、鼻、舌、身、意識界若增
　若減；不見眼觸若增若減，不見耳、鼻、舌、身、意觸若增若減；不
　見眼觸為緣所生諸受若增若減，不見耳、鼻、舌、身、意觸為緣所生
　諸受若增若減；不見布施波羅蜜多若增若減，不見淨戒、安忍、精進、
　靜慮、般若波羅蜜多若增若減；不見內空若增若減，不見外空、內外
　空、空空、大空、勝義空、有為空、無為空、畢竟空、無際空、散無
　散空、本性空、自共相空、一切法空、不可得空、無性空、自性空、
　無性自性空若增若減；不見四念住若增若減，不見四正斷、四神足、

五根、五力、七等覺支、八聖道支若增若減；乃至不見佛十力若增若減，不見四無所畏、四無礙解、大慈、大悲、大喜、大捨、十八佛不共法若增若減；不見一切陀羅尼門若增若減，不見一切三摩地門若增若減；不見一切智若增若減，不見道相智、一切相智若增若減，是菩薩摩訶薩修行般若波羅蜜多速得圓滿。」*4

(CBETA, T07, no. 220, p. 208, a²⁵–b²⁶)

sher phyin: v.027, pp. 540¹⁵–543¹⁹ 《合論》：v050, pp. 1277¹³–1279¹⁸

②不見法非法等之加行

(32.2.15)八地智是於勝義不見法非法等之加行

卷438〈東北方品43〉：

「復次，善現！若菩薩摩訶薩修行般若波羅蜜多時，

不見是法、不見是非法，不見是過去、不見是未來、不見是現在，不見是善、不見是非善，不見是有記、不見是無記，不見是有為、不見是無為，不見是欲界、不見是色界、不見是無色界，不見是布施波羅蜜多乃至不見是般若波羅蜜多，不見是內空乃至不見是無性自性空，不見是四念住乃至不見是八聖道支，如是乃至不見是如來十力乃至不見是十八佛不共法，不見是一切陀羅尼門、不見是一切三摩地門，不見是一切智、不見是道相智、一切相智，是菩薩摩訶薩修行般若波羅蜜多速得圓滿。

何以故？

善現！以一切法無性相故，無作用故，不可轉故，虛妄、誑詐、不堅實、不自在故，無覺受故，離我、有情、命者、生者廣說乃至知、見者故。」*4

(CBETA, T07, no. 220, p. 208, b²⁶–c¹³)

sher phyin: v.027, pp. 543¹⁹–544¹⁸ 《合論》：v050, pp. 1279¹⁹–1280²¹

③不思議相之加行

(32.2.16)八地智是破色等不思議相之加行

卷438〈東北方品43〉：爾時，具壽善現復白佛言：

「世尊！如來所說不可思議。」

佛告善現：

「如是！如是！如汝所說。如來所說不可思議。

善現！色不可思議故，如來所說不可思議，受、想、行、識不可思議故，如來所說不可思議；眼處不可思議故，如來所說不可思議，耳、

鼻、舌、身、意處不可思議故，如來所說不可思議；色處不可思議故，如來所說不可思議，聲、香、味、觸、法處不可思議故，如來所說不可思議；眼界不可思議故，如來所說不可思議，耳、鼻、舌、身、意界不可思議故，如來所說不可思議；色界不可思議故，如來所說不可思議，聲、香、味、觸、法界不可思議故，如來所說不可思議；眼識界不可思議故，如來所說不可思議，耳、鼻、舌、身、意識界不可思議故，如來所說不可思議；眼觸不可思議故，如來所說不可思議，耳、鼻、舌、身、意觸不可思議故，如來所說不可思議；眼觸為緣所生諸受不可思議故，如來所說不可思議，耳、鼻、舌、身、意觸為緣所生諸受不可思議故，如來所說不可思議；布施波羅蜜多不可思議故，如來所說不可思議，乃至般若波羅蜜多不可思議故，如來所說不可思議；內空不可思議故，如來所說不可思議，乃至無性自性空不可思議故，如來所說不可思議；四念住不可思議故，如來所說不可思議，乃至八聖道支不可思議故，如來所說不可思議；如是乃至佛十力不可思議故，如來所說不可思議，乃至十八佛不共法不可思議故，如來所說不可思議；一切陀羅尼門不可思議故，如來所說不可思議，一切三摩地門不可思議故，如來所說不可思議；一切智不可思議故，如來所說不可思議，道相智、一切相智不可思議故，如來所說不可思議。

善現！若菩薩摩訶薩修行般若波羅蜜多時，如實了知色是不可思議，受、想、行、識是不可思議，乃至一切智是不可思議，道相智、一切相智是不可思議，是菩薩摩訶薩修行般若波羅蜜多速得圓滿。*5

「復次，善現！若菩薩摩訶薩修行般若波羅蜜多時，

於色不起若可思議若不可思議想，於受、想、行、識不起若可思議若不可思議想；於眼處不起若可思議若不可思議想，於耳、鼻、舌、身、意處不起若可思議若不可思議想；於色處不起若可思議若不可思議想，於聲、香、味、觸、法處不起若可思議若不可思議想；於眼界不起若可思議若不可思議想，於耳、鼻、舌、身、意界不起若可思議若不可思議想；於色界不起若可思議若不可思議想，於聲、香、味、觸、法界不起若可思議若不可思議想；於眼識界不起若可思議若不可思議想，於耳、鼻、舌、身、意識界不起若可思議若不可思議想；於眼觸不起若可思議若不可思議想，於耳、鼻、舌、身、意觸不起若可思議若不可思議想；於眼觸為緣所生諸受不起若可思議若不可思議想，於耳、鼻、舌、身、意觸為緣所生諸受不起若可思議若不可思議想；於

布施波羅蜜多不起若可思議若不可思議想，乃至於般若波羅蜜多不起若可思議若不可思議想；於內空不起若可思議若不可思議想，乃至於無性自性空不起若可思議若不可思議想；於四念住不起若可思議若不可思議想，乃至於八聖道支不起若可思議若不可思議想；如是乃至於佛十力不起若可思議若不可思議想，乃至於十八佛不共法不起若可思議若不可思議想；於一切陀羅尼門不起若可思議若不可思議想，於一切三摩地門不起若可思議若不可思議想；於一切智不起若可思議若不可思議想，於道相智、一切相智不起若可思議若不可思議想，

是菩薩摩訶薩修行般若波羅蜜多速得圓滿。」*5

(CBETA, T07, no. 220, p. 208, c^{14}–p. 209, b^{24})

sher phyin: v.027, pp. 544^{18}–547^{06} 《合論》: v050, pp. 1281^{01}–1282^{16}

④不分別所相之加行

(32.2.17)八地智是於所相事色等彼行相變礙等所相自性不分別之加行

卷 439〈東北方品 43〉：第二分東北方品第四十三之二

❶般若甚深不可思議，誰能信解？

爾時，具壽善現白佛言：「世尊！如是般若波羅蜜多義趣甚深，誰能信解？」

佛告善現：

「若菩薩摩訶薩 1.久已修行布施、淨戒、安忍、精進、靜慮、般若波羅蜜多，2.久植善根，3.多供養佛，4.事多善友，是菩薩摩訶薩能信解此甚深般若波羅蜜多。」

❷信解般若相：不分別一切法

具壽善現復白佛言：

「世尊！齊何應知是菩薩摩訶薩久已修行布施、淨戒、安忍、精進、靜慮、般若波羅蜜多，久殖善根，多供養佛，事多善友？」

佛告善現：

「若菩薩摩訶薩修行般若波羅蜜多時，

於色不起分別、無異分別，於受、想、行、識不起分別、無異分別；於色相不起分別、無異分別，於受、想、行、識相不起分別、無異分別；於色自性不起分別、無異分別，於受、想、行、識自性不起分別、無異分別。於眼處不起分別、無異分別，於耳、鼻、舌、身、意處不起分別、無異分別；於眼處相不起分別、無異分別，於耳、

鼻、舌、身、意處相不起分別、無異分別；於眼處自性不起分別、無異分別，於耳、鼻、舌、身、意處自性不起分別、無異分別。於色處不起分別、無異分別，於聲、香、味、觸、法處不起分別、無異分別；於色處相不起分別、無異分別，於聲、香、味、觸、法處相不起分別、無異分別；於色處自性不起分別、無異分別，於聲、香、味、觸、法處自性不起分別、無異分別。於眼界不起分別、無異分別，於耳、鼻、舌、身、意界不起分別、無異分別；於眼界相不起分別、無異分別，於耳、鼻、舌、身、意界相不起分別、無異分別；於眼界自性不起分別、無異分別，於耳、鼻、舌、身、意界自性不起分別、無異分別。於色界不起分別、無異分別，於聲、香、味、觸、法界不起分別、無異分別；於色界相不起分別、無異分別，於聲、香、味、觸、法界相不起分別、無異分別；於色界自性不起分別、無異分別，於聲、香、味、觸、法界自性不起分別、無異分別。於眼識界不起分別、無異分別，於耳、鼻、舌、身、意識界不起分別、無異分別；於眼識界相不起分別、無異分別，於耳、鼻、舌、身、意識界相不起分別、無異分別；於眼識界自性不起分別、無異分別，於耳、鼻、舌、身、意識界自性不起分別、無異分別。於眼觸不起分別、無異分別，於耳、鼻、舌、身、意觸不起分別、無異分別；於眼觸相不起分別、無異分別，於耳、鼻、舌、身、意觸相不起分別、無異分別；於眼觸自性不起分別、無異分別，於耳、鼻、舌、身、意觸自性不起分別、無異分別。於眼觸為緣所生諸受不起分別、無異分別，於耳、鼻、舌、身、意觸為緣所生諸受不起分別、無異分別；於眼觸為緣所生諸受相不起分別、無異分別，於耳、鼻、舌、身、意觸為緣所生諸受相不起分別、無異分別；於眼觸為緣所生諸受自性不起分別、無異分別，於耳、鼻、舌、身、意觸為緣所生諸受自性不起分別、無異分別。於欲界不起分別、無異分別，於色、無色界不起分別、無異分別；於欲界相不起分別、無異分別，於色、無色界相不起分別、無異分別；於欲界自性不起分別、無異分別，於色、無色界自性不起分別、無異分別。於布施波羅蜜多不起分別、無異分別，乃至於般若波羅蜜多不起分別、無異分別；於布施波羅蜜多相不起分別、無異分別，乃至於般若波羅蜜多相不起分別、無異分別；於布施波羅蜜多自性不起分別、無異分別，乃至於般若波羅蜜多自性不起分別、無異分別。於內空不起分

別、無異分別，乃至於無性自性空不起分別、無異分別；於內空相不起分別、無異分別，乃至於無性自性空相不起分別、無異分別；於內空自性不起分別、無異分別，乃至於無性自性空自性不起分別、無異分別。於四念住不起分別、無異分別，乃至於八聖道支不起分別、無異分別；於四念住相不起分別、無異分別，乃至於八聖道支相不起分別、無異分別；於四念住自性不起分別、無異分別，乃至於八聖道支自性不起分別、無異分別。如是乃至於佛十力不起分別、無異分別，乃至於十八佛不共法不起分別、無異分別；於佛十力相不起分別、無異分別，乃至於十八佛不共法相不起分別、無異分別；於佛十力自性不起分別、無異分別，乃至於十八佛不共法自性不起分別、無異分別。於一切智不起分別、無異分別，於道相智、一切相智不起分別、無異分別；於一切智相不起分別、無異分別，於道相智、一切相智相不起分別、無異分別；於一切智自性不起分別、無異分別，於道相智、一切相智自性不起分別、無異分別。何以故？

善現！以色不可思議，受、想、行、識不可思議，如是乃至一切智不可思議，道相智、一切相智不可思議故。

善現！齊此應知是菩薩摩訶薩久已修行布施、淨戒、安忍、精進、靜慮、般若波羅蜜多，久殖善根，多供養佛，事多善友。」*6

❸諸法甚深故般若甚深

爾時，具壽善現復白佛言：「世尊！如是般若波羅蜜多極為甚深。」

佛言：

「如是，善現！色甚深故，般若波羅蜜多極為甚深，受、想、行、識甚深故，般若波羅蜜多極為甚深；眼處甚深故，般若波羅蜜多極為甚深，耳、鼻、舌、身、意處甚深故，般若波羅蜜多極為甚深；色處甚深故，般若波羅蜜多極為甚深，聲、香、味、觸、法處甚深故，般若波羅蜜多極為甚深；眼界甚深故，般若波羅蜜多極為甚深，耳、鼻、舌、身、意界甚深故，般若波羅蜜多極為甚深；色界甚深故，般若波羅蜜多極為甚深，聲、香、味、觸、法界甚深故，般若波羅蜜多極為甚深；眼識界甚深故，般若波羅蜜多極為甚深，耳、鼻、舌、身、意識界甚深故，般若波羅蜜多極為甚深；眼觸甚深故，般若波羅蜜多極為甚深，耳、鼻、舌、身、意觸甚深故，般若波羅蜜多極為甚深；眼觸為緣所生諸受甚深故，般若波羅蜜多極為甚深，

耳、鼻、舌、身、意觸為緣所生諸受甚深故，般若波羅蜜多極為甚深；布施波羅蜜多甚深故，般若波羅蜜多極為甚深，淨戒、安忍、精進、靜慮波羅蜜多甚深故，般若波羅蜜多極為甚深；內空甚深故，般若波羅蜜多極為甚深，乃至無性自性空甚深故，般若波羅蜜多極為甚深；四念住甚深故，般若波羅蜜多極為甚深，乃至八聖道支甚深故，般若波羅蜜多極為甚深；如是乃至佛十力甚深故，般若波羅蜜多極為甚深，乃至十八佛不共法甚深故，般若波羅蜜多極為甚深；一切智甚深故，般若波羅蜜多極為甚深，道相智、一切相智甚深故，般若波羅蜜多極為甚深。」

(CBETA, T07, no. 220, p. 209, c⁶–p. 211, a⁹)

sher phyin: v.027, pp. 547⁰⁶–551¹⁶ 《合論》: v050, pp.1282¹⁷–1286⁰³

(4)加行果與時

①能與寶果之九地加行

(32.2.18)九地智是於預流等果能安立他名<u>能與寶果之加行</u>

卷 439〈東北方品 43〉：爾時，尊者善現復白佛言：

「世尊！如是般若波羅蜜多是大寶聚。」

佛言：

「如是！能與有情功德寶故。善現！如是般若波羅蜜多大珍寶聚，能與有情十善業道、四靜慮、四無量、四無色定、五神通大珍寶故，能與有情布施、淨戒、安忍、精進、靜慮、般若波羅蜜多大珍寶故，能與有情內空、外空、內外空、空空、大空、勝義空、有為空、無為空、畢竟空、無際空、散無散空、本性空、自共相空、一切法空、不可得空、無性空、自性空、無性自性空大珍寶故，能與有情四念住、四正斷、四神足、五根、五力、七等覺支、八聖道支大珍寶故，能與有情空、無相、無願解脫門大珍寶故，能與有情八解脫、八勝處、九次第定、十遍處大珍寶故，能與有情真如、法界、法性、實際、不思議界大珍寶故，能與有情苦、集、滅、道四種聖諦大珍寶故，能與有情菩薩十地、陀羅尼門、三摩地門大珍寶故，能與有情五眼、六神通大珍寶故，能與有情如來十力、四無所畏、四無礙解、大慈、大悲、大喜、大捨、十八佛不共法大珍寶故，能與有情無忘失法、恒住捨性大珍寶故，能與有情一切智、道相智、一切相智大珍寶故，能與有情預流果、一來果、不還果、阿羅漢果、獨覺菩提大珍寶故，能與有情一切菩薩

摩訶薩行、諸佛無上正等菩提、轉正法輪大珍寶故。」*7

(CBETA, T07, no. 220, p. 211, a^{10}–b^{5})

sher phyin: v.027, pp. 551^{16}–552^{11} 《合論》：v050, pp. 1286^{04-10}

②清淨加行之十地加行

(32.2.19)十地智是從色乃至一切相智修習清淨名清淨加行

卷 439〈東北方品 43〉：爾時，具壽善現復白佛言：

「世尊！如是般若波羅蜜多是清淨聚。」

佛言：

「如是！善現！色清淨故，般若波羅蜜多是清淨聚，受、想、行、識清淨故，般若波羅蜜多是清淨聚；眼處清淨故，般若波羅蜜多是清淨聚，耳、鼻、舌、身、意處清淨故，般若波羅蜜多是清淨聚；色處清淨故，般若波羅蜜多是清淨聚，聲、香、味、觸、法處清淨故，般若波羅蜜多是清淨聚；眼界清淨故，般若波羅蜜多是清淨聚，耳、鼻、舌、身、意界清淨故，般若波羅蜜多是清淨聚；色界清淨故，般若波羅蜜多是清淨聚，聲、香、味、觸、法界清淨故，般若波羅蜜多是清淨聚；眼識界清淨故，般若波羅蜜多是清淨聚，耳、鼻、舌、身、意識界清淨故，般若波羅蜜多是清淨聚；眼觸清淨故，般若波羅蜜多是清淨聚，耳、鼻、舌、身、意觸清淨故，般若波羅蜜多是清淨聚；眼觸為緣所生諸受清淨故，般若波羅蜜多是清淨聚，耳、鼻、舌、身、意觸為緣所生諸受清淨故，般若波羅蜜多是清淨聚；布施波羅蜜多清淨故，般若波羅蜜多是清淨聚，淨戒、安忍、精進、靜慮波羅蜜多清淨故，般若波羅蜜多是清淨聚；內空清淨故，般若波羅蜜多是清淨聚，乃至無性自性空清淨故，般若波羅蜜多是清淨聚；四念住清淨故，般若波羅蜜多是清淨聚，乃至八聖道支清淨故，般若波羅蜜多是清淨聚；如是乃至如來十力清淨故，般若波羅蜜多是清淨聚，乃至十八佛不共法清淨故，般若波羅蜜多是清淨聚；一切智清淨故，般若波羅蜜多是清淨聚，道相智、一切相智清淨故，般若波羅蜜多是清淨聚。」*8

(CBETA, T07, no. 220, p. 211, b^{5}–c^{5})

sher phyin: v.027, pp. 552^{11}–553^{05} 《合論》：v050, pp. 1286^{11}–1287^{05}

③勤修般若之結界加行

(32.2.20)速修般若菩薩是分日月年時勤修精進名<u>結界加行</u>

卷439〈東北方品43〉:「爾時,善現復白佛言:

「甚奇!世尊!希有!善逝!如是般若波羅蜜多,以極甚深多諸留難,而今廣說留難不生。」

佛言:

「善現!如是!如是!如汝所說。甚深般若波羅蜜多多諸留難,佛神力故,今雖廣說留難不生。是故大乘諸善男子、善女人等愛樂法故,於此般若波羅蜜多甚深經典,若欲書寫應疾書寫,若欲讀誦應疾讀誦,若欲受持應疾受持,若欲修習應疾修習,若欲思惟應疾思惟,若欲宣說應疾宣說。何以故?善現!甚深般若波羅蜜多多諸留難,勿令書寫、讀誦、受持、修習、思惟、為他說者留難事起不究竟故。

「善現!是善男子、善女人等,若欲一月,或二、或三、或四、或五、或六、或七乃至一年,書寫如是甚深般若波羅蜜多能究竟者,應勤精進繫念書寫,經爾許時令得究竟。善現!是善男子、善女人等,若欲一月,或二、或三、或四、或五、或六、或七乃至一年,受持、讀誦、修習、思惟、為他宣說如是般若波羅蜜多甚深經典能究竟者,應勤精進繫念受持乃至宣說,經爾許時令得究竟。何以故?善現!甚深般若波羅蜜多無價珍寶多留難故。」

具壽善現復白佛言:

「甚奇!世尊!希有!善逝!甚深般若波羅蜜多無價珍寶多諸留難,而有書寫、讀誦、受持、思惟、修習、為他說者,惡魔於彼欲作留難,令不書寫乃至演說。」

佛告善現:

「惡魔於此甚深般若波羅蜜多雖欲留難,令不書寫、讀誦、受持、思惟、修習、為他演說,而彼無力可能留難是菩薩摩訶薩書寫、讀誦、受持等事,令不究竟。」*9 (CBETA, T07, no. 220, p. 211, c[6]–p. 212, a[5])

sher phyin: v.027, pp. 553[05]–554[10] 《合論》: v050, pp. 1287[06]–1288[19]

註解：

*1 不住

(1)不住蘊處界為習行般若

菩薩見色無常、苦等過患，故不住色；若不住色，即是能習行般若波羅蜜。

凡夫見色著色故，起顛倒煩惱，失是般若波羅蜜道。

以是故，不住者，能習行般若波羅蜜。

五蘊、十二入、十八界亦如是。

(2)不住諸道法為各自習其行

六波羅蜜等皆是善法行法，以是故說不住六度等各習其行。

若於是法中不著，則斷愛著；斷愛著故，色等諸法中清淨習。

(3)不住因緣

以不得色等法之住處，不得色等法之習處，故說不住。

*2 不習一切法是名習一切法

(1)習　色：取色相，若常若無常等。

不習色：菩薩見色過，故不住色中，不住故不習。

(2)習　色：菩薩常行善法(正語、正業等)，積習純厚，故名習色。

不習色：今菩薩欲行般若波羅蜜故，散壞是色，故不習色。

所以者何？

過去色已滅、未來色未有，故不可習；

現在色生時即滅故不住，若住一念尚無習，何況念念滅。

是故此中不習一切色，以三世色不可得故。

乃至十八佛不共法亦如是。

(3)若能如是觀諸法散壞，不取相，是名能習色等諸法實相。

*3 般若波羅蜜多甚深

(1)般若波羅蜜甚深

若但以眼見色，不名甚深，若以般若波羅蜜分別色，入色如實相，則為甚深。

如雨渧不名甚深，和合眾流入於大海，乃名甚深。

(2)不行色甚深是行般若波羅蜜多

菩薩若行色等甚深者，則為失般若波羅蜜多，若不行色甚深，是為得般若波羅蜜多。

①色甚深相為非色

以怖畏、心沒、疑悔故，以色為甚深，色相則無深。

②深淺之分別

如水深淺無定，於小兒為深，長者為淺；大海於人為深，於羅睺阿修羅王則淺。

如是，於凡夫、新發意、懈怠者為深，於久積德不退轉者為淺。

以是故知，為有情及時節、利鈍、初久、懈怠精進故，分別說深淺

*4 不見法若增若減，不見是法是非法等

此等為修般若具足相。

(1)不見法若增若減

以諸法畢竟空，故說諸法如夢如幻、不增不減。

不見色增相，不見色減相。

(2)不見是法、是非法

不分別是法、是非法，以諸法一味故。

如大海納百川，皆合一味。

(3)諸法無相

菩薩入法空中，不見法有三世、善不善等，不見六波羅蜜乃至一切相智。爾時，修般若波羅蜜具足。

「諸法無相」是實相，若分別諸法，皆是邪見相。

①諸法無性相，無作用，不可轉：如十八空所言。

②虛妄、誑詐：諸法和合因緣生而以為有，諸緣離則破壞。

③不堅實：諸有為法中無常無實故。

④離我乃至見者：眾生空故。

⑤不自在、無覺受：以眾生空故，無作者、無受者。

若觀諸法空(人空、法空)，則具足修般若波羅蜜多。

*5 不思議相

(1)色等諸法不可思議，此中不可思議即是畢竟空，諸法實相常清淨故。

(2)色等諸法不可思議，故如來所說般若波羅蜜不可思議，以其因果相似故。

若菩薩知色等法不可思議，而住是不可思議中，則不具足般若波羅蜜，以取不可思議相故。

若於色等法不起可思議、不可思議想，則行般若波羅蜜速得圓滿。

*6 信解般若，不分別一切法

(1)若菩薩摩訶薩了知般若波羅蜜相，不分別一切法。

①不分別色：不分別四大、四大所造色。

②不分別色相：不分別色是可見、聲是可聞；色是好是醜、是長是短、是常是無常、是苦是樂等。

③不分別色性：不分別色常法，所謂地堅性、水濕性等。

(2)又，色實性名法性，畢竟空。是菩薩不分別法性，法性不壞相故。

乃至不分別一切相智亦如是。

*7 般若是珍寶聚

二乘果乃至無上菩提為諸果，是依諸禪乃至一切相智為因。此中因果合說，名珍寶聚。般若波羅蜜是珍寶聚，能滿一切有情願，所謂今世樂、後世樂、涅槃樂、無上菩提樂等。

*8 般若是清淨聚

色等法中正行不邪(取)名清淨，乃至畢竟空不著，不可思議亦不著，故名清淨聚。般若波羅蜜畢竟清淨聚，如如意寶、虛空清淨，無可破壞。

*9 勤修般若之結界加行

(1)甚深般若波羅蜜多多諸留難。此中留難主要是指魔事等障礙破壞般若波羅蜜多之因緣。(疾

病、飢餓等都可留難，但以魔事大故專說。)

(2)勸速修持

善男子善女人若欲書寫(讀誦、受持、修習、思惟、為他宣說等)，應疾書寫等，以般若波羅蜜多多諸留難故，勿令諸難起而破壞(起不究竟)故。

(3)應勤修成就

若一月或二月乃至一年能成就書寫(讀誦、受持、修習、思惟、為他宣說等)，應勤精進繫念書寫等，令於一月乃至一年成就，莫有中廢，畏有留難故。(此中隨人根利鈍，得有遲疾。)

何以故？

般若波羅蜜多無價珍寶、惡魔等多留難故。

(4)諸多留難

①令不得書寫般若

以魔、魔民、惡鬼作惡因緣，入人身中嬈亂人身心，破書般若，或令書人疲倦，或令國土事起，或書人不得供養等。

②令不得讀誦

讀誦時，師徒不和合。

③令人不得說般若

於大眾中說法時，

❶或有人說法師過罪；　　　　　　　　　　❷或言「不能如說行，何足聽受？」；

❸或言「雖能持戒，而復鈍根不解深義，聽其所說了無所益。」

❹或說「般若波羅蜜空無所有，滅一切法，無可行處，譬如裸人謂我著天衣。」

如是等留難，令不得說。

④令不得正思惟

魔或作善知識身，或作沙門形，而說「般若波羅蜜空無所有，雖有罪福名而無道理。」，或說「般若波羅蜜空，可即取涅槃。」

如是等，破修佛道正思惟事。

(5)佛神力故留難不生

新發心菩薩聞是事，心大驚怖：「我等生死身，魔是欲界主，威勢甚大，我等云何行般若波羅蜜，得無上道？」

佛說：「惡魔雖欲留難，而彼無力可能留難。」

何以故？

大能破小故。如離欲人常勝貪欲者，慈悲人常勝瞋恚者，智人常勝無智者。般若波羅蜜是真智慧，其力甚大，而魔事虛誑。是菩薩雖未得具足般若波羅蜜，得其氣分故，魔不能壞。

第四事

第33義

[戊二]修加行之德失

【第 33 義】：加行功德　33

〔義相〕：由修大乘加行力所得之勝利，是大乘加行功德相。

〔界限〕：從大乘資糧道乃至佛地。

1.加行功德

[摧伏魔力等，十四種功德。](頌4-12ab)

修一切相加行有十四種功德，謂：

33.1.修無倒加行獲得喜悅之菩薩，於未來世摧伏魔力之功德。

33.2.諸佛護念之功德。

33.3.由依止諸佛加行勝進(佛眼現見)之功德。

33.4.接近菩提之功德。

33.5.轉趣利他大異熟果之功德。

33.6.生有甚深般若國土，請問、持誦等功德。(詳查地域)

33.7.圓滿一切無漏功德(菩薩行)之功德。

33.8.一切生中，為能宣說甚深般若丈夫之功德。

33.9.魔等不能破壞菩提之功德。

33.10.引生不共二乘善根之功德。

33.11.誓行利他如實而行之功德。

33.12.攝受廣大善果之功德。

33.13.引發有情義利之功德。

33.14.轉生亦定得甚深般若之功德。

[戊二]修加行之德失

1.加行功德 【第 33 義】：加行功德 （十四種）

1.惡魔不能留難
(1)諸佛神力護念故魔難不成

33.1 修無倒加行獲得喜悅之菩薩於未來世摧伏魔力之功德

卷 439〈東北方品 43〉：爾時，舍利子白佛言：

「世尊！是誰神力令彼惡魔不能留難諸菩薩摩訶薩書寫、受持、讀誦、修習、思惟、廣說如是般若波羅蜜多甚深經典？」

佛告舍利子：

「是佛神力令彼惡魔不能留難諸菩薩摩訶薩書寫、受持、讀誦、修習、思惟、廣說如是般若波羅蜜多甚深經典。

又，舍利子！亦是十方一切世界諸佛神力，令彼惡魔不能留難諸菩薩摩訶薩書寫、受持、讀誦、修習、思惟、廣說如是般若波羅蜜多甚深經典。又，舍利子！一切如來、應、正等覺皆共護念修行般若波羅蜜多諸菩薩故，令彼惡魔不能留難住菩薩乘諸善男子、善女人等，令不書寫、受持、讀誦、修習、思惟、廣為他說如是般若波羅蜜多甚深經典。何以故？舍利子！一切如來、應、正等覺皆共護念修行般若波羅蜜多諸菩薩眾所作善業，令彼惡魔不能留難。*1

(2)行持般若法爾應為諸佛護念

「舍利子！若菩薩摩訶薩能於般若波羅蜜多甚深經典書寫、受持、讀誦、修習、思惟、廣說，法爾應為十方世界無量無數無邊如來、應、正等覺安隱住持現說法者之所護念，若蒙諸佛所護念者，法爾惡魔不能留難。」

(CBETA, T07, no. 220, p. 212, a⁶⁻²⁶)

sher phyin: v.027, pp. 554¹¹–555²⁰ 《合論》：v050, pp. 1288²⁰–1290⁰⁵

2.若有能書持般若者皆是諸佛所護念

33.2 諸佛護念之功德

卷 439〈東北方品 43〉：

「舍利子！若善男子、善女人等能於般若波羅蜜多甚深經典書寫、受持、讀誦、修習、思惟、廣說，應作是念：『我今書寫、受持、讀誦、修習、思惟、廣為他說如是般若波羅蜜多甚深經典，皆是十方無量無數無邊如來、

應、正等覺安隱住持現說法者神力護念，令我所作如是善業，不為惡魔之所留難。』」

時，舍利子復白佛言：

「若善男子、善女人等能於般若波羅蜜多甚深經典書寫、受持、讀誦、修習、思惟、演說，一切皆是十方世界諸佛世尊神力護念，令彼所作殊勝善業一切惡魔不能留難。」

爾時，佛告舍利子言：

「如是！如是！如汝所說。若善男子、善女人等能於般若波羅蜜多甚深經典書寫、受持、讀誦、修習、思惟、演說，當知皆是一切如來、應、正等覺神力護念。」*2 (CBETA, T07, no. 220, p. 212, a²⁶–b¹¹)

sher phyin: v.027, pp. 555²⁰–556¹⁵ 《合論》: v050, pp. 1290⁰⁶–1291⁰⁴

3.諸佛皆以佛眼觀見、識知、護念善持般若者

33.3 由依止諸佛加行勝進之功德

卷 439〈東北方品 43〉：時，舍利子復白佛言：

「若善男子、善女人等能於般若波羅蜜多甚深經典書寫、受持、讀誦、修習、思惟、演說，十方世界無量無數無邊如來、應、正等覺安隱住持現說法者，皆共識知是善男子、善女人等書寫、受持、讀誦、修習、思惟、演說甚深般若波羅蜜多，由是因緣歡喜護念。世尊！若善男子、善女人等能於般若波羅蜜多甚深經典書寫、受持、讀誦、修習、思惟、演說，是善男子、善女人等恒為十方無量無數無邊世界一切如來、應、正等覺安隱住持現說法者佛眼觀見，由此因緣慈悲護念，所作善事無不皆成。」

爾時，佛告舍利子言：

「如是！如是！如汝所說。若善男子、善女人等書寫、受持、讀誦、修習、思惟、演說如是般若波羅蜜多甚深經典，是善男子、善女人等恒為十方無量無數無邊世界一切如來、應、正等覺安隱住持現說法者，佛眼觀見識知護念，令諸惡魔不能嬈惱，所作善業速得成辦。」*3

(CBETA, T07, no. 220, p. 212, b¹¹⁻²⁹)

sher phyin: v.027, pp. 556¹⁵–557¹⁰ 《合論》: v050, pp. 1291⁰⁵–1292⁰⁶

4.已接近無上菩提

33.4 接近菩提之功德

卷 439〈東北方品 43〉：

「舍利子！住菩薩乘諸善男子、善女人等若能於此甚深般若波羅蜜多書寫、受持、讀誦、修習、思惟、演說，當知是輩已近無上正等菩提，諸惡魔軍不能留難。」

(CBETA, T07, no. 220, p. 212, b^{29}–c^{3})

sher phyin: v.027, pp. 557$^{12-17}$ 《合論》：v050, pp. 1292$^{07-10}$

5.信解供養般若得大果報

33.5 轉趣利他大異熟果之功德

卷 439〈東北方品 43〉：

「又，舍利子！住菩薩乘諸善男子、善女人等，若能書寫如是般若波羅蜜多甚深經典種種莊嚴，受持、讀誦，當知是輩於此般若波羅蜜多深生信解，能以種種上妙花鬘、塗散等香、衣服、瓔珞、寶幢、幡蓋、伎樂、燈明，供養恭敬、尊重讚歎如是般若波羅蜜多甚深經典。是善男子、善女人等常為如來、應、正等覺佛眼觀見識知護念，由是因緣定當獲得大財、大勝利、大果、大異熟。

(1)不墮惡道不離諸佛

「又，舍利子！是善男子、善女人等以能書寫、受持、讀誦、供養恭敬、尊重讚歎甚深般若波羅蜜多善根力故，乃至獲得不退轉地，於其中間常不離佛，恒聞正法不墮惡趣。

(2)不離六波羅蜜等觀行

舍利子！是善男子、善女人等，由此善根乃至無上正等菩提，常不遠離布施、淨戒、安忍、精進、靜慮、般若波羅蜜多，常不遠離內空乃至無性自性空，常不遠離四念住乃至八聖道支，如是乃至常不遠離如來十力乃至十八佛不共法，常不遠離一切智、道相智、一切相智，常不遠離諸餘無量無邊佛法，由此速證所求無上正等菩提。舍利子！由此因緣住菩薩乘諸善男子、善女人等，於此般若波羅蜜多甚深經典，應勤書寫、受持、讀誦、修習、思惟、為他解說、恭敬供養、尊重讚歎，無得暫捨。」

(CBETA, T07, no. 220, p. 212, c$^{4-27}$)

sher phyin: v.027, pp. 552^{17}–559^{04} 《合論》：v050, pp. 1292^{11}–1294^{05}

6.利益諸方世界有情

33.6 生有甚深般若國土請問持誦等功德

(1)東南方*4

卷 439〈東北方品 43〉：

「復次，舍利子！如是般若波羅蜜多甚深經典，我涅槃後，至東南方漸當
興盛。

①修習般若

彼方多有住菩薩乘諸苾芻、苾芻尼、鄔波索迦、鄔波斯迦，能於如是甚
深般若波羅蜜多深生信樂，書寫、受持、讀誦、修習、思惟、演說，復
以種種上妙花鬘、塗散等香、衣服、瓔珞、寶幢、幡蓋、伎樂、燈明，
供養恭敬、尊重讚歎如是般若波羅蜜多甚深經典。

②得世間出世間利益

彼由如是勝善根故，畢竟不墮諸險惡趣，或生天上或生人中富貴受樂，
由斯勢力，布施、淨戒、安忍、精進、靜慮、般若波羅蜜多展轉增益速
得圓滿，依此復能供養恭敬、尊重讚歎諸佛世尊，後隨所應依三乘法，
漸次修習而趣出離。或有證得聲聞涅槃，或有證得獨覺涅槃，或有證得
無上涅槃究竟安樂。

(2)南方

「舍利子！如是般若波羅蜜多甚深經典，我涅槃後，從東南方轉至南方漸
當興盛。*4 彼方多有住菩薩乘諸苾芻、苾芻尼、鄔波索迦、鄔波斯迦，
能於如是甚深般若波羅蜜多深生信樂，書寫、受持、讀誦、修習、思惟、
演說，復以種種上妙花鬘、塗散等香、衣服、瓔珞、寶幢、幡蓋、伎樂、
燈明，供養恭敬、尊重讚歎如是般若波羅蜜多甚深經典。彼由如是勝善
根故，畢竟不墮諸險惡趣，或生天上或生人中富貴受樂，由斯勢力，布
施、淨戒、安忍、精進、靜慮、般若波羅蜜多展轉增益速得圓滿，依此
復能供養恭敬、尊重讚歎諸佛世尊，後隨所應依三乘法，漸次修習而趣
出離。或有證得聲聞涅槃，或有證得獨覺涅槃，或有證得無上涅槃究竟
安樂。

(3)西南方

「舍利子！如是般若波羅蜜多甚深經典，我涅槃後，復從南方至西南方漸
當興盛。彼方多有住菩薩乘諸苾芻、苾芻尼、鄔波索迦、鄔波斯迦，能
於如是甚深般若波羅蜜多深生信樂，書寫、受持、讀誦、修習、思惟、
演說，復以種種上妙花鬘、塗散等香、衣服、瓔珞、寶幢、幡蓋、伎樂、
燈明，供養恭敬、尊重讚歎如是般若波羅蜜多甚深經典。彼由如是勝善

根故，畢竟不墮諸險惡趣，或生天上或生人中富貴受樂，由斯勢力，布施、淨戒、安忍、精進、靜慮、般若波羅蜜多展轉增益速得圓滿，依此復能供養恭敬、尊重讚歎諸佛世尊，後隨所應依三乘法，漸次修習而趣出離。或有證得聲聞涅槃，或有證得獨覺涅槃，或有證得無上涅槃究竟安樂。

(4)西北方

「舍利子！如是般若波羅蜜多甚深經典，我涅槃後，從西南方至西北方漸當興盛。彼方多有住菩薩乘諸苾芻、苾芻尼、鄔波索迦、鄔波斯迦，能於如是甚深般若波羅蜜多深生信樂，書寫、受持、讀誦、修習、思惟、演說，復以種種上妙花鬘、塗散等香、衣服、瓔珞、寶幢、幡蓋、伎樂、燈明，供養恭敬、尊重讚歎如是般若波羅蜜多甚深經典。彼由如是勝善根故，畢竟不墮諸險惡趣，或生天上或生人中富貴受樂，由斯勢力，布施、淨戒、安忍、精進、靜慮、般若波羅蜜多展轉增益速得圓滿，依此復能供養恭敬、尊重讚歎諸佛世尊，後隨所應依三乘法，漸次修習而趣出離。或有證得聲聞涅槃，或有證得獨覺涅槃，或有證得無上涅槃究竟安樂。

(5)北方

「舍利子！如是般若波羅蜜多甚深經典，我涅槃後，從西北方轉至北方漸當興盛。彼方多有住菩薩乘諸苾芻、苾芻尼、鄔波索迦、鄔波斯迦，能於如是甚深般若波羅蜜多深生信樂，書寫、受持、讀誦、修習、思惟、演說，復以種種上妙花鬘、塗散等香、衣服、瓔珞、寶幢、幡蓋、伎樂、燈明，供養恭敬、尊重讚歎如是般若波羅蜜多甚深經典。彼由如是勝善根故，畢竟不墮諸險惡趣，或生天上或生人中富貴受樂，由斯勢力，布施、淨戒、安忍、精進、靜慮、般若波羅蜜多展轉增益速得圓滿，依此復能供養恭敬、尊重讚歎諸佛世尊，後隨所應依三乘法，漸次修習而趣出離。或有證得聲聞涅槃，或有證得獨覺涅槃，或有證得無上涅槃究竟安樂。

(6)東北方

「舍利子！如是般若波羅蜜多甚深經典，我涅槃後，復從北方至東北方漸當興盛。彼方多有住菩薩乘諸苾芻、苾芻尼、鄔波索迦、鄔波斯迦，能於如是甚深般若波羅蜜多深生信樂，書寫、受持、讀誦、修習、思惟、演說，復以種種上妙花鬘、塗散等香、衣服、瓔珞、寶幢、幡蓋、伎樂、燈明，供養恭敬、尊重讚歎如是般若波羅蜜多甚深經典。彼由如是勝善

根故，畢竟不墮諸險惡趣，或生天上或生人中富貴受樂，由斯勢力，布施、淨戒、安忍、精進、靜慮、般若波羅蜜多展轉增益速得圓滿，依此復能供養恭敬、尊重讚歎諸佛世尊，後隨所應依三乘法，漸次修習而趣出離。或有證得聲聞涅槃，或有證得獨覺涅槃，或有證得無上涅槃究竟安樂。

(7)涅槃後五百歲於東北方大作佛事

①諸佛護念般若，無有滅沒相

「復次，舍利子！我涅槃後，後時、後分、後五百歲，如是般若波羅蜜多甚深經典於東北方大作佛事。

何以故？

舍利子！一切如來、應、正等覺所尊重法，即是般若波羅蜜多甚深經典。如是般若波羅蜜多甚深經典，一切如來、應、正等覺共所護念。舍利子！非佛所得法、毘奈耶無上正法有滅沒相，諸佛所得法、毘奈耶無上正法即是般若波羅蜜多甚深經典。舍利子！彼東北方諸善男子、善女人等，有能於此甚深般若波羅蜜多，信樂、受持、讀誦、修習、思惟、演說，我常護念是善男子、善女人等令無惱害。

②十方諸佛見知稱歎得世出世間利益

「舍利子！彼東北方諸善男子、善女人等，有能書寫如是般若波羅蜜多甚深經典，復以種種上妙花鬘、塗散等香、衣服、瓔珞、寶幢、幡蓋、伎樂、燈明，供養恭敬、尊重讚歎如是般若波羅蜜多甚深經典，我定說彼諸善男子、善女人等，由此善根畢竟不墮諸險惡趣，生天人中常受妙樂，由斯勢力增益六種波羅蜜多，依此復能供養恭敬、尊重讚歎諸佛世尊，後隨所應依三乘法，漸次修學得般涅槃。

何以故？

舍利子！我以佛眼觀見、證知、稱譽、讚歎是善男子、善女人等所獲功德。東西南北四維上下無量無數無邊世界一切如來、應、正等覺安隱住持現說法者，亦以佛眼觀見、證知、稱譽、讚歎是善男子、善女人等所獲功德。」

③般若廣作流布

時，舍利子白佛言：

「世尊！如是般若波羅蜜多甚深經典，佛涅槃後，後時、後分、後五百歲，於東北方廣流布耶？」

佛言：

「舍利子！如是！如是！如是般若波羅蜜多甚深經典，我涅槃後，後時、後分、後五百歲，於東北方當廣流布。舍利子！我涅槃後，後時、後分、後五百歲，彼東北方諸善男子、善女人等，若得聞此甚深般若波羅蜜多深生信樂，書寫、受持、讀誦、修習、如理思惟、為他演說，當知彼善男子、善女人等久發無上正等覺心，久修菩薩摩訶薩行，供養多佛，事多善友，久已修習身戒心慧，所種善根皆已成熟，由斯福力得聞如是甚深般若波羅蜜多深生信樂，復能書寫、受持、讀誦、修習、思惟、為他演說。」

④涅槃後五百歲，法欲滅時　(求道者多，信樂不怖者少)

時，舍利子復白佛言：

「佛涅槃後，後時、後分、後五百歲，法欲滅時，於東北方當有幾許住菩薩乘諸善男子、善女人等，得聞如是甚深般若波羅蜜多深生信樂，其心不驚、不恐、不怖亦無憂悔，復能書寫、受持、讀誦、修習、思惟、為他演說？」

佛言：

「舍利子！我涅槃後，後時、後分、後五百歲，法欲滅時，於東北方雖有無量住菩薩乘諸善男子、善女人等，而少得聞甚深般若波羅蜜多深生信樂，其心不驚、不恐、不怖亦無憂悔，復能書寫、受持、讀誦、修習、思惟、為他演說。」*5　(CBETA, T07, no. 220, p. 212, c[28]–p. 214, b[16])

sher phyin:　v.027, pp. 559[04]–564[04]　《合論》：v050, pp. 1294[06]–1298[18]

7.圓滿具足萬行、求趣無上菩提

33.7 圓滿一切無漏功德之功德

卷 439〈東北方品 43〉：

「舍利子！彼善男子、善女人等聞此般若波羅蜜多甚深經典，其心不驚、不恐、不怖亦無憂悔，深生信樂，書寫、受持、讀誦、修習、思惟、演說，甚為希有。何以故？舍利子！是善男子、善女人等已曾親近供養恭敬、尊重讚歎無量如來、應、正等覺及諸菩薩摩訶薩眾，請問如是甚深般若波羅蜜多相應義趣。

「舍利子！是善男子、善女人等不久定當圓滿布施波羅蜜多乃至般若波羅蜜多，不久定當圓滿內空乃至無性自性空，不久定當圓滿四念住乃至八聖道支，不久定當圓滿佛十力乃至十八佛不共法，不久定當圓滿一切智、道相智、一切相智。

(功德果報雖未成，已圓滿具足萬行。)

舍利子！彼善男子、善女人等一切如來、應、正等覺所護念故，無量善友所攝受故，殊勝善根所任持故，為欲利樂多眾生故，求趣無上正等菩提。」

(CBETA, T07, no. 220, p. 214, b^{17}–c^3)

sher phyin:　v.027, pp. 564^{05}–565^{16}　《合論》：v050, pp. 1298^{19}–1300^{14}

8.一切生中不失菩提心，亦能教化他人

33.8 一切生中為能宣說甚深般若丈夫之功德

卷 439〈東北方品 43〉：

「何以故？舍利子！我常為彼諸善男子、善女人等說一切相智相應之法，過去如來、應、正等覺亦常為彼諸善男子、善女人等，說一切相智相應之法。由此因緣，彼善男子、善女人等後生復能求趣無上正等菩提，亦能為他如應說法，令趣無上正等菩提。」

(從佛陀及過去諸佛聞一切相智相應之法，於後生亦不失其心，如然一燈，展轉皆然。)

(CBETA, T07, no. 220, p. 214, c$^{3-9}$)

sher phyin:　v.027, pp. 565^{16}–566^{04}　《合論》：v050, pp. 1300^{15}–1301^{04}

9.魔及眷屬不壞發菩提心者

33.9 魔等不能破壞菩提之功德

卷 439〈東北方品 43〉：

「舍利子！彼善男子、善女人等身心安定，諸惡魔王及彼眷屬尚不能壞求趣無上正等覺心，何況其餘樂行惡者毀謗般若波羅蜜多，能阻其心令不精進求趣無上正等菩提！」(身心安定指煩惱薄，常一心和合安定者。)

(CBETA, T07, no. 220, p. 214, c$^{9-13}$)

sher phyin:　v.027, pp. 566$^{04-08}$　《合論》：v050, pp. 1301$^{05-09}$

10.自得勝善法，安立眾生令趣無上菩提

33.10 引生不共二乘善根之功德

卷 440〈東北方品 43〉：第二分東北方品第四十三之三

「舍利子！如是大乘諸善男子、善女人等，聞我說此甚深般若波羅蜜多，心得廣大妙法喜樂，亦能安立無量眾生於勝善法，令趣無上正等菩提。」

(CBETA, T07, no. 220, p. 214, c$^{21-25}$)

sher phyin: v.027, pp. 566.$^{08-12}$ 《合論》: v050, pp.1301.$^{10-15}$

11.隨喜誓願有情發心修行得菩提

33.11 誓行利他如實而行之功德

卷 440〈東北方品 43〉:

「舍利子!是善男子、善女人等今於我前發弘誓願:『我當安立無量百千諸有情類,令發無上正等覺心,修諸菩薩摩訶薩行,示現勸導讚勵慶喜,令於無上正等菩提乃至得受不退轉記安住菩薩不退轉地。』舍利子!我於彼願深生隨喜。何以故?舍利子!我觀如是住菩薩乘諸善男子、善女人等所發弘願心語相應,彼善男子、善女人等於當來世定能安立無量百千諸有情類,令發無上正等覺心,修諸菩薩摩訶薩行,示現勸導讚勵慶喜,令於無上正等菩提乃至得受不退轉記安住菩薩不退轉地。

「舍利子!是善男子、善女人等亦於過去無量佛前發弘誓願:『我當安立無量百千諸有情類,令發無上正等覺心,修諸菩薩摩訶薩行,示現勸導讚勵慶喜,令於無上正等菩提乃至得受不退轉記安住菩薩不退轉地。』舍利子!過去諸佛亦於彼願深生隨喜。何以故?舍利子!過去諸佛亦觀如是住菩薩乘諸善男子、善女人等所發弘願心語相應,彼善男子、善女人等於當來世定能安立無量百千諸有情類,令發無上正等覺心,修諸菩薩摩訶薩行,示現勸導讚勵慶喜,令於無上正等菩提乃至得受不退轉記安住菩薩不退轉地。」

(CBETA, T07, no. 220, p. 214, c^{25}–p. 215, a^{19})

sher phyin: v.027, pp. 566^{13}–567^{18} 《合論》: v050, pp. 1301^{16}–1303^{07}

12.攝受廣大善果專為利樂有情

33.12 攝受廣大善果之功德

卷 440〈東北方品 43〉:

「舍利子!是善男子、善女人等信解廣大,能依妙色、聲、香、味、觸修廣大施,修此施已復能種植廣大善根,因此善根復能攝受廣大果報,攝受如是廣大果報,專為利樂一切有情,」(CBETA, T07, no. 220, p. 215, a$^{19-23}$)

sher phyin: v.027, pp. 567^{18}–568^{05} 《合論》: v050, pp. 1303$^{08-14}$

13.引發有情義利,能捨一切內外所有之功德

(1)願生他方宣說般若安立有情

33.13 引發有情義利之功德

卷 440〈東北方品 43〉：

「於諸有情能捨一切內外所有。彼迴如是所種善根，願生他方諸佛國土
現有如來、應、正等覺，宣說如是甚深般若波羅蜜多無上法處。彼聞
如是甚深般若波羅蜜多無上法已，復能安立彼佛土中無量百千諸有情
類，令發無上正等覺心，修諸菩薩摩訶薩行，示現勸導讚勵慶喜，令
於無上正等菩提得不退轉，由斯圓滿所發大願，速證無上正等菩提。」

(2)歎佛於法、法如、有情心行無事不知

時，舍利子復白佛言：

「甚奇！如來、應、正等覺能於過去未來現在所有諸法無不證知，於一
切法真如、法界、法性、實際、虛空界等無不證知，於諸法教種種差
別無不證知，於諸有情心行差別無不證知，於過去世諸菩薩摩訶薩無
不證知，於過去世一切如來、應、正等覺無不證知，於過去世諸佛弟
子及諸佛土無不證知，於未來世諸菩薩摩訶薩無不證知，於未來世一
切如來、應、正等覺無不證知，於未來世諸佛弟子及諸佛土無不證知，
於現在世諸菩薩摩訶薩住十方界修行差別無不證知，於現在世安住十
方無量、無數、無邊世界一切如來、應、正等覺安隱住持現說法者無
不證知，於現在世諸佛弟子及諸佛土無不證知。」

(CBETA, T07, no. 220, p. 215, a^{23}–b^{17})

sher phyin: v.027, pp. 568^{05}–569^{16} 《合論》: v050, pp. 1303^{15}–1305^{01}

14.一切時常得甚深般若

33.14 轉生亦定得甚深般若之功德

卷 440〈東北方品 43〉：

「世尊！若菩薩摩訶薩於六波羅蜜多，勇猛精進常求不息，彼於此六波羅
蜜多，為有得時、不得時不？」

佛言：

「舍利子！彼善男子、善女人等常於此六波羅蜜多，勇猛精進欣求不息，
一切時得無得時。何以故？舍利子！彼善男子、善女人等常於此六波
羅蜜多，勇猛精進欣求不息，諸佛菩薩常護念故。」

舍利子言：

「世尊！彼善男子、善女人等若不得六波羅蜜多相應經時，如何可說彼得
此六波羅蜜多？」

佛言：

「舍利子！彼善男子、善女人等常於此六波羅蜜多，勇猛信求不顧身命，
有時不得此相應經無有是處。何以故？舍利子！彼善男子、善女人等為
求無上正等菩提，示現勸導讚勵慶喜諸有情類，令於此六波羅蜜多相應
經典受持、讀誦、思惟、修學，由此善根隨所生處，常得此六波羅蜜多
相應契經，受持、讀誦，勇猛精進如教修行，成熟有情、嚴淨佛土，未
證無上正等菩提於其中間未曾暫廢。」*6

(CBETA, T07, no. 220, p. 215, b^{17}–c^6)

sher phyin:　v.027, pp. 569^{16}–570^{21}　《合論》: v050, pp. 1305^{02}–1306^{14}

註解：

*1 諸佛神力故惡魔留難不成

(1)般若波羅蜜多是諸佛母，人欲留難，不得不護。

(2)惡人中魔為大，善人中佛為大；縛人中魔為大，解人中佛為大；留難人中魔為大，通達人中佛為大。

(3)初指佛陀，後說十方一切世界諸佛。諸佛神力故，令彼諸魔不能留難。

*2 行持般若，諸佛護念

於般若經典書寫、受持、讀誦、修習、思惟、廣說，法爾應為諸佛之所護念。

若人能書寫乃至廣說般若應作是念：「我為諸佛所護念，惡魔不得留難。」

若能如是行持般若，當知皆是一切如來應正等覺神力所護念。

*3 十方諸佛皆以佛眼觀見、識知、護念般若行者

書、持般若等善男子善女人雖未有功德，未能破魔網，而能為十方諸佛佛眼觀見、識知，而為護念，令不為惡魔所留難。

(1)五眼

　　　1.肉眼：肉身所有，所見不遍；

　　　2.天眼：色界天人所有，或修禪可得，遠近內外晝夜皆得見；

　　　3.慧眼：二乘人照見諸法實相(真空無相)；

　　　4.法眼：菩薩為度有情照見一切法(世、出世間法)；

　　　5.佛眼：佛陀之眼，兼俱前四種眼。

　　①慧眼為空諦一切智，法眼為假諦道相智，佛眼為中諦一切相智。

　　此三眼雖勝，非見有情法，欲見有情，唯以肉眼及天眼。　[大智度論]7

　　②天眼有二：佛眼所不攝者，但見現在有情，有限有量；佛眼所攝者，見三世有情，無限無量。

　　法眼入佛眼中，但見諸法，不見有情；慧眼入佛眼中，不見法，但見畢竟空。

(2)佛以佛眼所攝天眼見有情。於勝義涅槃說有情是虛妄，但世俗諦上並非於世間所見有情是虛妄。

　　慧眼常以空無相無作共相應。五蘊和合假名有情，而慧眼「無相」利故，不以慧眼見有情。

*4 佛涅槃後般若經典展轉傳宏

如佛無著心故不定一處，般若波羅蜜亦如是，不定住一處。

佛出東方，於中說般若波羅蜜，破魔及魔民、外道，度無量有情。

佛滅度後，般若波羅蜜，從東方展轉傳宏至南方。如同日月星宿，常從東方至南方，從南方至西方，從西方至北方，圍繞須彌山。

*5 佛涅槃後五百歲，於東北方大作佛事

(1)佛在時，能斷眾疑，佛法興盛，不畏法滅；佛滅後，過五百歲，正法漸滅，是時佛事轉難。

是時，利根者，讀誦、正憶念、香華供養般若波羅蜜多；鈍根者書寫、香花供養般若波羅蜜多，久皆當得度。供養受持般若波羅蜜多之人皆得佛眼見、知、稱歎。

(2)般若於東北方廣流布

(東)北地冷，有藥草殺諸毒，所食米穀，令人柔軟不發三毒，信等善根得力故，多行般若波羅蜜。

是人①久發無上正等覺心；②久修菩薩行；③供養多佛；④事多善友；⑤久修身戒心慧；⑥所種善根成熟，故能於惡世書持信受乃至如說修行般若波羅蜜多。

(3)法欲滅時求道者多，信樂者少

後五百歲，於東北方雖有無量住菩薩乘者，而少得聞般若深生信樂，其心不驚不怖者。

*6 一切時常得甚深般若

(1)若為無上道故，為眾生說法，示現勸導讚勵慶喜諸有情類，令住六波羅蜜，由此業果報(善根)故，轉身易得六波羅蜜相應契經，若得，能疾受持乃至如所說修行，精進不捨，世世常不相離，用六波羅蜜果報故，淨佛世界、成就眾生，乃至無上道。

若恪惜法，則常生邊地無佛法處。

(2)能得之因緣

內一心求六波羅蜜，不惜身命，外有諸佛菩薩諸天護念。

第四事

第34義

2.加行過失

【第 34 義】：加行過失　34

〔義相〕：若於加行生住圓滿隨一留難之魔事，是加行過失相。

〔界限〕：從未入道乃至第七地。

[當知諸過失，有四十六種。](頌4-12cd)

修加行之過失有四十六種魔事：

1.依自違緣

依自違緣有二十種，謂：

(1)依辯才生

34.1.修加行時，長時勤勞乃能得知，由此疲厭；(費力而得)

34.2.又修加行時，速得辯才，由此憍逸；

此二是依辯才而生。

(2)由粗重生

34.3.又修加行時，頻申欠呿、無端戲笑等，由身粗重令心散亂；

34.4.又修加行時，由心粗重，令心散亂；

34.5.又修加行時，非理發起持誦等事；

此三是由粗重而生。

(3)退失大乘因

34.6.又修加行時，執取退轉般若之因；

34.7.又修加行時，於得一切相智之因甚深般若等，退失信心；

34.8.又修加行時，棄捨甚深般若，趣小乘道，退失妙味；

34.9.又修加行時，於小乘法尋求一切相智，退失攝持大乘；

34.10.又修加行時，棄捨所得般若，而於小乘法尋求一切相智，退失所為；

34.11.又修加行時，唯修小乘法便欲得一切相智，退失隨順因果；

34.12.又修加行時，執大乘法同小乘法，退失無上三身之因；

此七是退失大乘之因。

(4)散失大乘因

34.13.又修加行時，於色聲等眾多欲塵，起下劣尋伺辯才；

34.14.又修加行時，棄捨義理，唯著書寫為般若波羅蜜多；

34.15.又修加行時，執著無性為真實義；

34.16.又修加行時，執著文字為般若波羅蜜多；

34.17.又修加行時，執無文字為般若波羅蜜多；

34.18.又修加行時，貪著境界，作意國土等；

34.19.又修加行時，味著利養、恭敬、稱譽；

34.20.又修加行時，棄捨佛道，於魔法中尋求善巧方便；

此八是散失大乘之因。

2.缺自他順緣

依自他隨一缺乏順緣有二十三種，謂：

(1)依說者過失

34.21.修加行時，聞者欲樂增上，說者懶惰增上，不能和合，退失法行；

34.22.又聞者欲於此方聽聞，說者欲往他方講說；

34.23.又聞者少欲，說者大欲；

34.24.又聞者具足杜多功德，說者不具杜多功德；

34.25.又聞者勤修善業，說者勤作不善業；

34.26.又聞者廣大好施，說者上品慳吝；

34.27.又聞者欲施，說者不受；

34.28.又聞者略說便領，說者廣演乃知；

34.29.又聞者欲知三藏十二分教，說者不知；

34.30.又聞者成就六度，說者不具六度；

34.31.又聞者於大乘法有方便善巧，說者無方便善巧；

34.32.又聞者已得陀羅尼，說者未得陀羅尼；

34.33.又聞者欲得書寫，說者不欲書寫；

34.34.又聞者遠離五蓋，說者未離五蓋，不能和合退失法行；

此十四種是依說者過失。

(2)依自過失

34.35.又聞毀說地獄等諸苦，深生怖畏，背棄利他而不往惡趣；

34.36.又聞讚說天趣等安樂，貪愛善趣，退失大乘；

此二依自過失。

(3)依自他過失

34.37.又修加行時，說者欲獨處遠離，聞者好領徒眾，不能和合退失法行；

34.38.又聞者欲隨行，說者不許；

34.39.又說者為名利故而為說法，聞者不施；

34.40.又說者欲往有命難處，聞者不欲隨往；

34.41.又說者欲往饑饉難處，聞者不欲隨往；

34.42.又說者欲往多諸盜賊、兵亂等處，聞者不欲隨往；

34.43.又說者數數顧施主家，歡喜散亂，聞者不樂，兩不和合退失法行；

此七是俱依自他過失。

3.依餘違緣

依餘違緣有三種，謂：

34.44.修加行時，有諸惡魔作比丘形，離間人、法，方便破壞；

34.45.又魔說偽假般若波羅蜜多；(虛假修持)

34.46.又有諸惡魔作佛形像，亂菩薩心，令於非實(境)發生愛樂。

此上共為四十六種魔事。

又彼二十三種缺乏順緣中，有二十一種屬於師資觀待成過，或反上說，如弟子懶惰，師長欲樂增上等，亦成過失。

2.加行過失 【第 34 義】：加行過失 （四十六種）

1.辨諸魔事

34.1 修加行時長時勤勞乃能得知由此疲厭

卷 440〈魔事品 44〉：第二分魔事品第四十四

爾時，具壽善現白佛言：

「世尊！佛已讚說發趣無上正等菩提，勇猛修行布施、淨戒、安忍、精進、
靜慮般若波羅蜜多，成熟有情、嚴淨佛土諸善男子、善女人等所成功德。
世尊！是善男子、善女人等，發趣無上正等菩提修諸行時，云何應知留難
魔事？」*1

(1)依說法時辨魔事

①樂說辯不速生

佛言：

「善現！若菩薩摩訶薩樂為有情宣說法要，應時言辯不速現前，當知是
為菩薩魔事。」

具壽善現白言：

「世尊！何緣菩薩摩訶薩樂為有情宣說法要，應時言辯不速現前，說為
魔事？」

佛言：

「善現！諸菩薩摩訶薩修行般若波羅蜜多時，由是因緣所修般若波羅蜜
多乃至布施波羅蜜多難得圓滿故，說菩薩摩訶薩樂為有情宣說法要，
應時言辯不速現前，以為魔事。」*2　(CBETA, T07, no. 220, p. 215, c7–21)
sher phyin: v.027, pp. 571^02–572^01 《合論》：v050, pp. 1306^15–1307^17

②樂說辯卒生

34.2 又修加行時速得辯才由此憍逸

卷 440〈魔事品 44〉：

「復次，善現！若菩薩摩訶薩樂修勝行，辯乃卒生，當知是為菩薩魔事。」

具壽善現白言：「世尊！何緣菩薩摩訶薩樂修勝行，辯乃卒生，說為魔
事？」

佛言：

「善現！諸菩薩摩訶薩修行布施波羅蜜多乃至般若波羅蜜多，無方便善

巧故，辯乃卒生，廢修彼行，故說菩薩摩訶薩樂修勝行，辯乃卒生，以為魔事。」*3　(CBETA, T07, no. 220, p. 215, c²¹⁻²⁸)

sher phyin:　v.027, pp. 572⁰¹⁻¹³　《合論》: v050, pp. 1307¹⁸⁻1308⁰⁹

(2)依書寫時辨魔事

34.3 修加行時頻申欠呿無端戲笑等由<u>身粗重</u>令心散亂
34.4 修加行時由<u>心粗重</u>令心散亂

卷 440〈魔事品 44〉：

「復次，善現！住菩薩乘諸善男子、善女人等，書寫般若波羅蜜多甚深經時，頻申欠呿、無端戲笑、互相輕凌、身心躁擾、文句倒錯、迷惑義理、不得滋味、橫事欻起，書寫不終，當知是為菩薩魔事。*4

(3)依受持讀誦等時辨魔事

「復次，善現！住菩薩乘諸善男子、善女人等受持、讀誦、思惟、修習、說聽般若波羅蜜多甚深經時，頻申欠呿、無端戲笑、互相輕凌、身心躁擾、文句倒錯、迷惑義理、不得滋味、橫事欻起，所作不成，當知是為菩薩魔事。」*4

(CBETA, T07, no. 220, p. 215, c²⁸–p. 216, a⁸)

sher phyin:　v.027, pp.572¹³⁻¹⁹　《合論》: v050, pp.1308¹⁰⁻¹⁸

sher phyin:　v.027, pp. 572¹⁹⁻573⁰³　《合論》: v050, pp. 1308¹⁹⁻1309⁰⁸

(4)不得滋味厭捨般若是為魔事

34.5 修加行時非理發起持誦等事

①厭捨因緣

❶未得受記

卷 440〈魔事品 44〉：

「復次，善現！住菩薩乘諸善男子、善女人等，聞說般若波羅蜜多甚深經時，若作是念：『我於無上正等菩提不得受記，何用聽受如是經為？』彼由此緣，心不清淨不得滋味，便從坐起厭捨而去，當知是為菩薩魔事。」

時，具壽善現白佛言：

「世尊！何因緣故，於此般若波羅蜜多甚深經中，不授如是諸善男子、善女人等無上正等大菩提記，令其不忍厭捨而去？」

佛言：

「善現！菩薩未入正性離生，不應授彼大菩提記，若授彼記增彼憍逸，有損無益故不為記。

❷不說菩薩名

「復次，善現！住菩薩乘諸善男子、善女人等，聞說般若波羅蜜多甚深經時，若作是念：『此中不說我等名字，何用聽為？』心不清淨不得滋味，便從坐起厭捨而去，當知是為菩薩魔事。」

時，具壽善現白佛言：

「世尊！何因緣故，於此般若波羅蜜多甚深經中，不記說彼菩薩名字？」

佛言：「善現！菩薩未受大菩提記，法爾不應記說名字。

❸不說菩薩住處

「復次，善現！住菩薩乘諸善男子、善女人等，聞說般若波羅蜜多甚深經時，若作是念：『此中不說我等生處城邑聚落，何用聽為？』心不清淨不得滋味，便從坐起厭捨而去，當知是為菩薩魔事。」

時，具壽善現白佛言：

「世尊！何因緣故，於此般若波羅蜜多甚深經中，不記說彼菩薩生處城邑聚落？」

佛言：「善現！若未記彼菩薩名字，不應說其生處差別。

②厭捨般若之過失

「復次，善現！若菩薩摩訶薩聞說般若波羅蜜多甚深經時，心不清淨不得滋味而捨去者，隨彼所起不清淨心，厭捨此經舉步多少，便減爾所劫數功德，獲爾所劫障菩提罪，受彼罪已更爾所時，發勤精進求趣無上正等菩提，修諸菩薩難行苦行方可復本。是故菩薩若欲速證無上菩提，不應厭捨甚深般若波羅蜜多。」*5　(CBETA, T07, no. 220, p. 216, a17–b20)

sher phyin:　v.027, pp. 57303–19　《合論》：v050, pp. 130909–131010

③退轉般若之因

34.6 修加行時執取退轉般若之因

卷 440〈魔事品 44〉：時，具壽善現白佛言：

「世尊！何因緣故，有菩薩乘諸善男子、善女人等，聞說般若波羅蜜多甚深經時，忽作是念：『我於此經不得滋味，何用勤苦聽此經為？』作是念已即便捨去？受持、讀誦、思惟、修習、書寫、解說亦復如是？」

佛言：

「善現！是善男子、善女人等，於過去世未久修行般若、靜慮、精進、

安忍、淨戒、布施波羅蜜多,是故於此甚深般若波羅蜜多聽受等時不得滋味,情不忍可即便捨去。」*5 (CBETA, T07, no. 220, p. 216, a⁸⁻¹⁶)

sher phyin: v.027, pp. 573¹⁹–575⁰⁸ 《合論》: v050, pp. 1310¹¹–1312⁰⁵

(5)捨般若學二乘是為魔事

①捨根攀枝葉喻

34.7 修加行時於得一切相智之因甚深般若等退失信心

卷 440〈魔事品 44〉:

「復次,善現!住菩薩乘諸善男子、善女人等,棄捨般若波羅蜜多甚深經典,求學餘經,當知是為菩薩魔事。何以故?善現!是善男子、善女人等,棄捨一切相智根本甚深般若波羅蜜多,而攀枝葉諸餘經典,終不能得大菩提故。」

時,具壽善現白佛言:「世尊!何等餘經猶如枝葉,不能引發一切相智?」

佛言:

「善現!若說聲聞及獨覺地相應之法,謂四念住、四正斷、四神足、五根、五力、七等覺支、八聖道支及空、無相、無願解脫門等所有諸經,若善男子、善女人等於中修學,得預流果、得一來果、得不還果、得阿羅漢果、得獨覺菩提,不得無上正等菩提,是名餘經猶如枝葉,不能引發一切相智。甚深般若波羅蜜多定能引發一切相智,有大勢用猶如樹根。是善男子、善女人等,棄捨般若波羅蜜多甚深經典求學餘經,定不能得一切相智。何以故?善現!如是般若波羅蜜多甚深經典,出生菩薩摩訶薩眾世、出世間功德法故。是故,善現!若菩薩摩訶薩修學般若波羅蜜多甚深經典,則為修學一切菩薩摩訶薩眾世、出世間功德善法。」*6 (CBETA, T07, no. 220, p. 216, b²⁰–c¹²)

sher phyin: v.027, pp. 575⁰⁸–576¹³ 《合論》: v050, pp. 1312⁰⁶–1313¹²

②狗捨主從奴求食喻

34.8 修加行時棄捨甚深般若趣小乘道退失妙味

卷 440〈魔事品 44〉:

「復次,善現!譬如餓狗棄大家食,反從僕使而求覓之,於當來世有菩薩乘諸善男子、善女人等,棄捨一切佛法根本甚深般若波羅蜜多,求學二乘相應經典亦復如是,當知是為菩薩魔事。」*6

(CBETA, T07, no. 220, p. 216, c¹²⁻¹⁶)

sher phyin: v.027, pp. 576¹³–577⁰⁵ 《合論》：v050, pp. 1313¹³–1314⁰⁶

③捨象反觀其跡喻

34.9 修加行時於小乘法尋求一切相智退失攝持大乘

卷 440〈魔事品 44〉：

「復次，善現！譬如有人欲求香象，得此象已捨而求跡。於汝意云何？是人為黠不？」

善現對曰：「是人非黠。」

佛言：

「善現！於當來世，有菩薩乘諸善男子、善女人等，棄捨一切佛法根本甚深般若波羅蜜多，求學二乘相應經典亦復如是，當知是為菩薩魔事。」*6

(CBETA, T07, no. 220, p. 216, c¹⁶⁻²²)

sher phyin: v.027, pp. 577⁰⁵⁻¹⁴ 《合論》：v050, pp. 1314⁰⁷⁻²⁰

④捨海求牛跡水喻

34.10 又修加行時棄捨所得般若而於小乘法尋求一切相智退失所為

卷 440〈魔事品 44〉：

「復次，善現！譬如有人欲見大海，既覩大海反觀牛跡，作是念言：『大海中水其量深廣豈及此耶？』於汝意云何？是人為黠不？」

善現對曰：「是人非黠。」

佛言：

「善現！於當來世有菩薩乘諸善男子、善女人等，棄捨一切佛法根本甚深般若波羅蜜多，求學二乘相應經典亦復如是，當知是為菩薩魔事。」*6

(CBETA, T07, no. 220, p. 216, c²²⁻²⁸)

sher phyin: v.027, pp. 577¹⁴⁻578⁰⁵ 《合論》：v050, pp. 1315⁰¹⁻¹⁵

⑤欲作帝釋殿而度量日月宮殿喻

34.11 修加行時唯修小乘法便欲得一切相智退失隨順因果

卷 440〈魔事品 44〉：

「復次，善現！如有工匠或彼弟子，欲造大殿如天帝釋殊勝殿量，見彼

殿已而反揆模日月宮殿。於意云何？如是工匠或彼弟子，能造大殿量如帝釋殊勝殿不？」

善現對曰：「不也！世尊！不也！善逝！」

佛言：「善現！於汝意云何？是人為黠不？」

善現對曰：「是人非黠，是愚癡類。」

佛言：

「善現！於當來世有菩薩乘諸善男子、善女人等，欲求無上正等菩提，棄捨如是甚深般若波羅蜜多，求學二乘相應經典亦復如是。彼必不得所求無上正等菩提，當知是為菩薩魔事。」*6

(CBETA, T07, no. 220, p. 216, c²⁸–p. 217, a⁹)

sher phyin: v.027, pp. 578⁰⁵–579⁰⁵ 《合論》: v050, pp. 1315¹⁶–1316¹⁴

⑥不識聖王而取小王喻

34.12 修加行時執大乘法同小乘法退失無上三身之因

卷 440〈魔事品 44〉：

「復次，善現！如人求見轉輪聖王，見已不能善取形相捨至餘處，見凡小王取其形相作如是念：『轉輪聖王形相威德與此何異？』於汝意云何？是人為黠不？」

善現對曰：「是人非黠。」

佛言：

「善現！於當來世有菩薩乘諸善男子、善女人等亦復如是，欲求無上正等菩提，棄捨如是甚深般若波羅蜜多，求學二乘相應經典，言：『此經典與彼無異，何用彼為？』是善男子、善女人等，必定不得所求無上正等菩提，當知是為菩薩魔事。*6

⑦捨百味食而求粺飯喻

「復次，善現！如有飢人得百味食，棄而求噉稊、粺等飯，於汝意云何？是人為黠不？」

善現對曰：「是人非黠。」

佛言：

「善現！於當來世，有菩薩乘諸善男子、善女人等，棄大般若波羅蜜多甚深經典，求學二乘相應經典，於中欲求一切相智亦復如是。彼善男子、善女人等徒設劬勞，定不能得一切相智，當知是為菩薩魔事。*6

⑧棄無價寶而取水精珠喻

「復次,善現!如有貧人得無價寶,棄而翻取迦遮末尼。於汝意云何?
　　是人為黠不?」

善現對曰:「是人非黠。」

佛言:

「善現!於當來世有菩薩乘諸善男子、善女人等,棄大般若波羅蜜多甚
　深經典,求學二乘相應經典,於中欲求一切相智亦復如是。彼善男子、
　善女人等徒設劬勞,定不能得一切相智,當知是為菩薩魔事。」*6

(CBETA, T07, no. 220, p. 217, a^{10}–b^4)

sher phyin:　v.027, pp. 579^{05}–581^{11}　《合論》: v050, pp. 1316^{15}–1317^{12}

(6)書寫般若時起諸下劣尋伺是為魔事

34.13　修加行時於色聲等眾多欲塵起下劣尋伺辯才

卷 440〈魔事品 44〉:

「復次,善現!住菩薩乘諸善男子、善女人等,書大般若波羅蜜多甚深經
　時,欻然發起下劣尋伺,由此尋伺令所書寫甚深般若波羅蜜多不得究
　竟。何等名為下劣尋伺?謂色尋伺,或聲、香、味、觸、法尋伺,或起
　布施、淨戒、安忍、精進、靜慮、般若尋伺,乃至或起無上正等菩提尋
　伺,令所書寫甚深般若波羅蜜多,不得究竟,當知是為菩薩魔事。何以
　故?善現!甚深般若波羅蜜多無尋伺故、難思議故、無思慮故、無生滅
　故、無染淨故、無定亂故、離名言故、不可說故、不可得故。所以者何?
　善現!甚深般若波羅蜜多中,如前所說法,皆無所有,都不可得。住菩
　薩乘諸善男子、善女人等,書寫般若波羅蜜多甚深經時,如是諸法擾亂
　其心,令不究竟,是故說為菩薩魔事。」*7

(CBETA, T07, no. 220, p. 217, b^{4–19})

sher phyin:　v.027, pp. 581^{11}–583^{04}　《合論》: v050, pp. 1317^{13}–1319^{13}

(7)於般若執著無所有是為魔事

①顯般若自性無所有故不可書

34.14　修加行時棄捨義理唯著書寫為般若波羅蜜多

卷 440〈魔事品 44〉:爾時,具壽善現白佛言:

「世尊!甚深般若波羅蜜多可書寫不?」

佛言:

「善現！甚深般若波羅蜜多不可書寫。何以故？善現！般若波羅蜜多自性無所有不可得，靜慮、精進、安忍、淨戒、布施波羅蜜多自性亦無所有不可得；內空自性無所有不可得，乃至無性自性空自性亦無所有不可得；四念住自性無所有不可得，廣說乃至十八佛不共法自性亦無所有不可得；一切智自性無所有不可得，道相智、一切相智自性亦無所有不可得。善現！諸法自性皆無所有不可得故即是無性，如是無性即是般若波羅蜜多。非無性法能書無性，是故般若波羅蜜多不可書寫。」*8 (CBETA, T07, no. 220, p. 217, b20–c3)

sher phyin: v.027, pp. 583[04]–584[04] 《合論》：v050, pp. 1319[14]–1320[14]

②取著無性想(自性無所有)是為魔事

34.15 修加行時執著無性為真實義

卷440〈魔事品44〉：「善現！住菩薩乘諸善男子、善女人等，若於如是甚深般若波羅蜜多起無性想，當知是為菩薩魔事。」*8

(CBETA, T07, no. 220, p. 217, c3–5)

sher phyin: v.027, pp. 584[04–07] 《合論》：v050, pp. 1320[15–18]

(8)執著依文字、無文字是般若，皆是魔事

①執著以文字書寫般若是為魔事

34.16 修加行時執著文字為般若波羅蜜多

卷440〈魔事品44〉：時，具壽善現復白佛言：

「世尊！住菩薩乘諸善男子、善女人等，書寫如是甚深般若波羅蜜多，若作是念：『我以文字書寫如是甚深般若波羅蜜多。』彼依文字執著般若波羅蜜多，當知是為菩薩魔事。」*9

佛言：「善現！如是！如是！如汝所說。」(CBETA, T07, no. 220, p. 217, c5–10)

sher phyin: v.027, pp. 584[07–11] 《合論》：v050, pp. 1320[19]–1321[06]

「何以故？善現！於此般若波羅蜜多甚深經中，色無文字，受、想、行、識亦無文字；眼處無文字，耳、鼻、舌、身、意處亦無文字；色處無文字，聲、香、味、觸、法處亦無文字；眼界無文字，耳、鼻、舌、身、意界亦無文字；色界無文字，聲、香、味、觸、法界亦無文字；眼識界無文字，耳、鼻、舌、身、意識界亦無文字；眼觸無文字，耳、鼻、舌、身、意觸亦無文字；眼觸為緣所生諸受無文字，耳、鼻、舌、身、意觸為緣所生諸受亦無文字；般若波羅蜜多無文字，靜慮、精進、安忍、淨戒、布施波羅蜜多亦無文字；內空無文字，外空、內外空、

空空、大空、勝義空、有為空、無為空、畢竟空、無際空、散無散空、本性空、自共相空、一切法空、不可得空、無性空、自性空、無性自性空亦無文字；四念住無文字，廣說乃至十八佛不共法亦無文字；一切智無文字，道相智、一切相智亦無文字。是故不應執有文字能書般若波羅蜜多。

②執無文字是般若波羅蜜是為魔事

34.17 修加行時執無文字為般若波羅蜜多

「善現！住菩薩乘諸善男子、善女人等若作是執：『於此般若波羅蜜多甚深經中，無文字是色，無文字是受、想、行、識；如是乃至無文字是一切智，無文字是道相智、一切相智。』當知是為菩薩魔事。」*9

(CBETA, T07, no. 220, p. 217, c^{11}–p. 218, a^3)

sher phyin: v.027, pp. 584^{11}–586^{15} 《合論》：v050, pp. 1321^{07}–1323^{07}

(9)書寫乃至修行般若時，起國土等種種作意是為魔事

34.18 修加行時貪著境界作意國土等

卷 440〈魔事品 44〉：

「復次，善現！住菩薩乘諸善男子、善女人等書寫、受持、讀誦、修習、思惟、演說如是般若波羅蜜多甚深經時，若起國土作意，若起城邑作意，若起王都作意，若起方處作意，若起親教軌範作意，若起同學、善友作意，若起父母、妻子作意，若起兄弟、姊妹作意，若起親戚、朋侶作意，若起國王、大臣作意，若起盜賊、惡人作意，若起猛獸、惡鬼作意，若起眾聚遊戲作意，若起婬女歡娛作意，若起酬怨、報恩作意，若起諸餘種種作意，若於作意復起作意，皆是惡魔之所引發，為障般若波羅蜜多所引無邊殊勝善法，當知是為菩薩魔事。」*10

(CBETA, T07, no. 220, p. 218, a$^{4-15}$)

sher phyin: v.027, pp. 586^{17}–587^{10} 《合論》：v050, pp. 1323^{08}–1324^{06}

(10)愛著名聞利養是為魔事

34.19 修加行時味著利養恭敬譽

卷 440〈魔事品 44〉：

「復次，善現！住菩薩乘諸善男子、善女人等，書寫、受持、讀誦、修習、思惟、演說如是般若波羅蜜多甚深經時，得大名聞恭敬供養，所謂衣服、飲食、臥具、病緣醫藥及餘資財，是善男子、善女人等愛著此事，退失般若波羅蜜多所引無邊殊勝善業，當知是為菩薩魔事。」

*11

(CBETA, T07, no. 220, p. 218, a$^{15-21}$)

sher phyin:　v.027, pp. 587$^{10-20}$　《合論》：v050, pp. 1324$^{07-18}$

(11)捨般若，著魔所與世俗二乘經是為魔事

34.20 修加行時棄捨佛道於魔法中尋求善巧方便

卷 440〈魔事品 44〉：

「復次，善現！住菩薩乘諸善男子、善女人等，書寫、受持、讀誦、修習、思惟、演說如是般若波羅蜜多甚深經時，有諸惡魔執持種種世俗書論，或復二乘相應經典，詐現親友授與菩薩，此中廣說世俗勝事，或復廣說諸蘊、界、處、諦實、緣起、三十七種菩提分法、三解脫門、四靜慮等，言是經典義味深奧，應勤修學捨所習經。是菩薩乘諸善男子、善女人等方便善巧，不應受著惡魔所與世俗書論，或復二乘相應經典。所以者何？世俗書論、二乘經典不能引發一切相智，非趣無上正等菩提無倒方便，乃於無上正等菩提翻為障礙。善現！我此般若波羅蜜多甚深經中，廣說菩薩摩訶薩道善巧方便。若菩薩摩訶薩於此中求善巧方便，精勤修學諸菩薩行，速證無上正等菩提。善現！若菩薩乘諸善男子、善女人等，棄捨般若波羅蜜多甚深經典所說菩薩摩訶薩道善巧方便，受學惡魔世俗書論，或復二乘相應經典，當知是為菩薩魔事。」*11

(CBETA, T07, no. 220, p. 218, a^{21}–b^{11})

sher phyin:　v.027, pp. 587^{21}–588^{20}　《合論》：v050, pp. 1324^{19}–1325^{16}

(12)明師弟不和合是為魔事*12

　①約懈怠說

34.21 修加行時聞者欲樂增上說者懶惰增上不能和合退失法行

卷 440〈不和合品 45〉：第二分不和合品第四十五之一

「復次，善現！能學法者愛樂聽聞、書寫、受持、讀誦、修習甚深般若波羅蜜多；能持法者著樂懈怠不肯為說，不欲施與甚深般若波羅蜜多：當知是為菩薩魔事。

「復次，善現！能持法者心不著樂亦不懈怠，樂說、樂施甚深般若波羅蜜多，方便勸勵書寫、受持、讀誦、修習；能學法者懈怠著樂不欲聽受：當知是為菩薩魔事。」*13　(CBETA, T07, no. 220, p. 218, b$^{12-20}$)

sher phyin: v.027, pp. 589$^{01-04}$ 《合論》: v050, pp. 1325^{17}–1326^{01}

②約欲不欲相離辨

34.22 聞者欲於此方聽聞說者欲往他方講說

卷 440〈不和合品 45〉:

「復次,善現!能學法者愛樂聽問、書寫、受持、讀誦、修習甚深般若波羅蜜多;能持法者欲往他方不獲教授甚深般若波羅蜜多:當知是為菩薩魔事。」

「復次,善現!能持法者樂說、樂施甚深般若波羅蜜多,方便勸勵書寫、受持、讀誦、修習;能學法者欲往他方不獲聽受甚深般若波羅蜜多:當知是為菩薩魔事。」(欲往他方因緣:不宜水土、四大不和、土地荒亂、水旱不適等。)

(CBETA, T07, no. 220, p. 218, b$^{20-26}$)

sher phyin: v.027, pp. 589$^{04-11}$ 《合論》: v050, pp. 1326$^{02-11}$

③約多欲少欲辨

34.23 聞者少欲說者大欲

卷 440〈不和合品 45〉:

「復次,善現!能持法者具大惡欲,愛重名利、衣服、飲食、臥具、醫藥及餘資財、供養恭敬心無厭足;能學法者少欲喜足修遠離行,勇猛正勤具念定慧,厭怖利養恭敬名譽。兩不和合,不獲教授、聽受、書持、讀誦、修習甚深般若波羅蜜多,當知是為菩薩魔事。」

「復次,善現!能持法者少欲喜足修遠離行,勇猛正勤具念定慧,厭怖利養恭敬名譽;能學法者具大惡欲,愛重名利、衣服、飲食、臥具、醫藥及餘資財,供養恭敬心無厭足。兩不和合,不獲教授、聽受、書持、讀誦、修習甚深般若波羅蜜多,當知是為菩薩魔事。」

(CBETA, T07, no. 220, p. 218, b^{26}–c^9)

sher phyin: v.027, pp. 589^{12}–590^{07} 《合論》: v050, pp. 1326^{12}–1327^{13}

④約行不行杜多辨

34.24 聞者具足杜多功德說者不具杜多功德

卷 440〈不和合品 45〉:

「復次,善現!能持法者具足十二杜多功德*14,謂住阿練若處、常乞食、糞掃衣、一受食、一坐食、隨得食、塚間住、露地住、樹下住、常坐不臥、隨得敷具、但畜三衣;能學法者不受十二杜多功德,謂

不住阿練若處乃至不但畜三衣。兩不和合,不獲教授、聽受、書持、讀誦、修習甚深般若波羅蜜多,當知是為菩薩魔事。

「復次,善現!能學法者具足十二杜多功德,謂住阿練若處乃至但畜三衣;能持法者不受十二杜多功德,謂不住阿練若處乃至不但畜三衣。兩不和合,不獲教授、聽受、書持、讀誦、修習甚深般若波羅蜜多,當知是為菩薩魔事。」(CBETA, T07, no. 220, p. 218, c⁹⁻²¹)

sher phyin: v.027, pp. 590⁰⁸–591⁰³ 《合論》:v050, pp. 1327¹⁴–1328¹²

⑤約信戒(善業)辨

34.25 聞者勤修善業說者勤作不善業

卷440〈不和合品45〉:

「復次,善現!能持法者有信、有善法(有戒),欲為他說甚深般若波羅蜜多,方便勸勵書寫、受持、讀誦、修習;能學法者無信、無善法,不樂聽受。兩不和合,不獲教授、聽受、書持、讀誦、修習甚深般若波羅蜜多,當知是為菩薩魔事。

「復次,善現!能學法者有信、有善法,求欲聽聞、書寫、受持、讀誦、修習甚深般若波羅蜜多;能持法者無信、無善法,不欲教授。兩不和合,不獲教授、聽受、書持、讀誦、修習甚深般若波羅蜜多,當知是為菩薩魔事。」*15 (CBETA, T07, no. 220, p. 218, c²¹–p. 219, a¹)

sher phyin: v.027, pp. 591⁰³⁻¹⁷ 《合論》:v050, pp. 1328¹³–1329⁰⁶

⑥約施慳辨

34.26 聞者廣大好施說者上品慳吝

卷440〈不和合品45〉:

「復次,善現!能持法者心無慳悋一切能捨,能學法者心有慳悋不能捨施。兩不和合,不獲教授、聽受、書持、讀誦、修習甚深般若波羅蜜多,當知是為菩薩魔事。

「復次,善現!能學法者心無慳悋一切能捨,能持法者心有慳悋不能捨施。兩不和合,不獲教授、聽受、書持、讀誦、修習甚深般若波羅蜜多,當知是為菩薩魔事。」(CBETA, T07, no. 220, p. 219, a¹⁻⁸)

sher phyin: v.027, pp. 591¹⁷–592⁰⁷ 《合論》:v050, pp. 1329⁰⁷–1330⁰¹

⑦約受不受供辨

34.27 聞者欲施說者不受

卷440〈不和合品45〉:

「復次，善現！能學法者欲求供養能持法者衣服、飲食、臥具、醫藥及餘資財，能持法者不樂受用。兩不和合，不獲教授、聽受、書持、讀誦、修習甚深般若波羅蜜多，當知是為菩薩魔事。

「復次，善現！能持法者欲求供給能學法者衣服、飲食、臥具、醫藥及餘資財，能學法者不樂受用。兩不和合，不獲教授、聽受、書持、讀誦、修習甚深般若波羅蜜多，當知是為菩薩魔事。」

(CBETA, T07, no. 220, p. 219, a$^{8-16}$)

sher phyin: v.027, pp. 592$^{07-12}$ 《合論》: v050, pp. 1330$^{02-14}$

⑧約利鈍根辨

34.28 聞者略說便領說者廣演乃知

卷 440〈不和合品 45〉：

「復次，善現！能持法者成就開智(利根悟性)不樂廣說，能學法者成就演智(闇鈍)不樂略說。兩不和合，不獲教授、聽受、書持、讀誦、修習甚深般若波羅蜜多，當知是為菩薩魔事。(說法者略說便悟；學法者闇鈍廣說乃悟。)

「復次，善現！能學法者成就開智唯樂略說，能持法者成就演智唯樂廣說。兩不和合，不獲教授、聽受、書持、讀誦、修習甚深般若波羅蜜多，當知是為菩薩魔事。」(學法者易悟略說即悟，說法者闇鈍唯樂廣說。闇鈍之說法者為誦經師，非解義師。)

(CBETA, T07, no. 220, p. 219, a$^{16-23}$)

sher phyin: v.027, pp. 592^{13}–593^{01} 《合論》: v050, pp. 1330^{15}–1331^{07}

⑨約知不知十二分教辨

34.29 聞者欲知三藏十二分教說者不知

卷 440〈不和合品 45〉：

「復次，善現！能持法者專樂廣知十二分教次第法義，所謂契經、應頌、記別、諷頌、自說、因緣、本事、本生、方廣、希法、譬喻、論議；能學法者不樂廣知十二分教次第法義，所謂契經乃至論議。兩不和合，不獲教授、聽受、書持、讀誦、修習甚深般若波羅蜜多，當知是為菩薩魔事。

「復次，善現！能學法者專樂廣知十二分教次第法義，所謂契經乃至論議；能持法者不樂廣知十二分教次第法義，所謂契經乃至論議。兩不和合，不獲教授、聽受、書持、讀誦、修習甚深般若波羅蜜多，

當知是為菩薩魔事。」

(CBETA, T07, no. 220, p. 219, a²⁴–b⁶)

sher phyin: v.027, pp. 593⁰¹⁻²⁰ 《合論》: v050, pp. 1331⁰⁸–1332⁰⁹

⑩約具不具六波羅蜜辨

34.30 聞者成就六度說者不具六度

卷 440〈不和合品 45〉:

「復次,善現!能持法者成就布施、淨戒、安忍、精進、靜慮、般若波羅蜜多,能聽法者不成就布施乃至般若波羅蜜多。兩不和合,不獲教授、聽受、書持、讀誦、修習甚深般若波羅蜜多,當知是為菩薩魔事。

「復次,善現!能學法者成就布施乃至般若波羅蜜多,能持法者不成就布施乃至般若波羅蜜多。兩不和合,不獲教授、聽受、書持、讀誦、修習甚深般若波羅蜜多,當知是為菩薩魔事。」

(CBETA, T07, no. 220, p. 219, b⁶⁻¹⁴)

sher phyin: v.027, pp. 593²⁰–594⁰⁸ 《合論》: v050, pp. 1332¹⁰–1333⁰²

⑪約有無方便善巧辨

34.31 聞者於大乘法有方便善巧說者無方便善巧

卷 440〈不和合品 45〉:

「復次,善現!能持法者於六波羅蜜多有方便善巧*16,能學法者於六波羅蜜多無方便善巧。兩不和合,不獲教授、聽受、書持、讀誦、修習甚深般若波羅蜜多,當知是為菩薩魔事。

「復次,善現!能學法者於六波羅蜜多有方便善巧,能持法者於六波羅蜜多無方便善巧。兩不和合,不獲教授、聽受、書持、讀誦、修習甚深般若波羅蜜多,當知是為菩薩魔事。」

(CBETA, T07, no. 220, p. 219, b¹⁴⁻²²)

sher phyin: v.027, pp. 594⁰⁸⁻¹⁸ 《合論》: v050, pp. 1333⁰³⁻¹⁵

⑫約得不得陀羅尼辨

34.32 聞者已得陀羅尼說者未得陀羅尼

卷 440〈不和合品 45〉:

「復次,善現!能持法者已得陀羅尼,能學法者未得陀羅尼。兩不和合,不獲教授、聽受、書持、讀誦、修習甚深般若波羅蜜多,當知是為菩薩魔事。

「復次,善現!能學法者已得陀羅尼,能持法者未得陀羅尼。兩不和合,不獲教授、聽受、書持、讀誦、修習甚深般若波羅蜜多,當知是為菩薩魔事。」*17

(CBETA, T07, no. 220, p. 219, b²²⁻²⁸)

sher phyin: v.027, pp. 594¹⁸–595⁰⁶ 《合論》: v050, pp. 1333¹⁶–1334⁰⁸

⑬約欲不欲書持般若辨

34.33 聞者欲得書寫說者不欲書寫

卷 440〈不和合品 45〉:

「復次,善現!能持法者欲令恭敬書寫、受持、讀誦、修習甚深般若波羅蜜多,能學法者不欲恭敬書寫、受持、讀誦、修習甚深般若波羅蜜多。兩不和合,不獲教授、聽受、書持、讀誦、修習甚深般若波羅蜜多,當知是為菩薩魔事。(師欲與,弟子不受;1.見師有過,不欲受法;2.邪見諸惡因緣,故不受。)

「復次,善現!能學法者欲得恭敬書寫、受持、讀誦、修習甚深般若波羅蜜多,能持法者不欲恭敬書寫、受持、讀誦、修習甚深般若波羅蜜多。兩不和合,不獲教授、聽受、書持、讀誦、修習甚深般若波羅蜜多,當知是為菩薩魔事。」(弟子欲受,師不與。)

(CBETA, T07, no. 220, p. 219, b²⁸⁻c⁹)

sher phyin: v.027, pp. 595⁰⁶⁻¹⁸ 《合論》: v050, pp. 1334⁰⁹–1335⁰²

⑭約離不離五蓋辨

34.34 聞者遠離五蓋說者未離五蓋不能和合退失法行

卷 440〈不和合品 45〉:

「復次,善現!能持法者已離慳垢,已離貪欲、瞋恚、惛沈睡眠、掉舉惡作、疑蓋,能學法者,未離慳垢,未離貪欲乃至疑蓋。兩不和合,不獲教授、聽受、書持、讀誦、修習甚深般若波羅蜜多,當知是為菩薩魔事。

「復次,善現!能學法者已離慳垢,已離貪欲乃至疑蓋,能持法者未離慳垢,未離貪欲乃至疑蓋。兩不和合,不獲教授、聽受、書持、讀誦、修習甚深般若波羅蜜多,當知是為菩薩魔事。」

(CBETA, T07, no. 220, p. 219, c⁹⁻¹⁸)

sher phyin: v.027, pp. 595¹⁸–596¹² 《合論》: v050, pp. 1335⁰³⁻¹⁹

⑮約壞大乘心辨

❶說三惡道苦，勸速入涅槃

34.35 聞毀說地獄等諸苦深生怖畏背棄利他而不往惡趣

卷 440〈不和合品 45〉：

「復次，善現！有菩薩乘諸善男子、善女人等，書寫、受持、讀誦、修習、思惟、演說如是般若波羅蜜多甚深經時，若有人來為說地獄、傍生、鬼界種種苦事，因而告曰：『汝於是身應勤精進，速盡苦際取般涅槃，何用稽留生死大海，受百千種難忍苦事，求趣無上正等菩提？』此善男子、善女人等若由彼言，於所書寫、受持、讀誦、修習、思惟、演說般若波羅蜜多甚深經事不得究竟，當知是為菩薩魔事。」

(CBETA, T07, no. 220, p. 219, c^{18–27})

sher phyin: v.027, pp. 596^{12}–597^{04} 《合論》：v050, pp. 1336^{01–10}

❷讚說天趣安樂或讚歎二乘果

34.36 聞讚說天趣等安樂貪愛善趣退失大乘

卷 441〈不和合品 45〉：「第二分不和合品第四十五之二

「復次，善現！有菩薩乘諸善男子、善女人等，書寫、受持、讀誦、修習、思惟、演說如是般若波羅蜜多甚深經時，若有人來讚說人趣種種勝事，讚說四大王眾天乃至他化自在天諸勝妙事，讚說梵眾天乃至色究竟天諸勝妙事，讚說空無邊處天乃至非想非非想處天諸勝妙事，因而告曰：『雖於欲界受諸欲樂，於色界中受諸靜慮無量快樂，於無色界受諸寂靜等至妙樂，而彼一切皆是有為、無常、苦、空、非我、不淨、變壞之法，盡法、謝法、離法、滅法，汝於此身何不精進取預流果，若一來果、若不還果、若阿羅漢果、若獨覺菩提入般涅槃究竟安樂，何用久處生死輪迴，無事為他受諸勤苦，求趣無上正等菩提？』此善男子、善女人等由彼所說，於所書寫、受持、讀誦、修習、思惟、演說般若波羅蜜多甚深經事不得究竟，當知是為菩薩魔事。」(CBETA, T07, no. 220, p. 221, a^{6–23})

sher phyin: v.027, pp. 597^{04}–598^{02} 《合論》：v050, pp. 1336^{11}–1337^{06}

34.37 修加行時說者欲獨處遠離聞者好領徒眾不能和合退失法行

⑯約好不好領徒眾辨

卷 441〈不和合品 45〉：

「復次，善現！能持法者一身無繫，專修己事不憂他業；能學法者好領徒眾，樂營他事不憂自業。兩不和合，不獲教授、聽受、書持、讀誦、修習甚深般若波羅蜜多，當知是為菩薩魔事。

「復次，善現！能學法者一身無繫，專修己事不憂他業；能持法者好領徒眾，樂營他事不憂自業。兩不和合，不獲教授、聽受、書持、讀誦、修習甚深般若波羅蜜多，當知是為菩薩魔事。」

(CBETA, T07, no. 220, p. 221, a^{23}–b^{2})

sher phyin: v.027, pp. 598$^{02-21}$ 《合論》：v050, pp. 1337$^{07-18}$

⑰約樂不樂趣喧雜辨

卷 441〈不和合品 45〉：

「復次，善現！能持法者不樂喧雜，能學法者樂處喧雜。兩不和合，不獲教授、聽受、書持、讀誦、修習甚深般若波羅蜜多，當知是為菩薩魔事。

「復次，善現！能學法者不樂喧雜，能持法者樂處喧雜。兩不和合，不獲教授、聽受、書持、讀誦、修習甚深般若波羅蜜多，當知是為菩薩魔事。」

(CBETA, T07, no. 220, p. 221, b$^{2-8}$)

sher phyin: v.027, pp. 599^{10}–600^{03} 《合論》：v050, pp. 1338^{15}–1339^{09}

⑱約隨不隨師意辨

34.38 聞者欲隨行說者不許
34.39 說者為名利故而為說法聞者不施

卷 441〈不和合品 45〉：

「復次，善現！能持法者欲令學者於我所為悉皆隨助，能學法者不隨其欲。兩不和合，不獲教授、聽受、書持、讀誦、修習甚深般若波羅蜜多，當知是為菩薩魔事。

「復次，善現！能學法者於持法者諸有所為悉樂隨助，能持法者不隨其欲。兩不和合，不獲教授、聽受、書持、讀誦、修習甚深般若波

羅蜜多，當知是為菩薩魔事。」*18　(CBETA, T07, no. 220, p. 221, b$^{8-15}$)

sher phyin:　v.027, pp. 598^{21}–599^{10}　《合論》：v050, pp. 1337^{19}–1338^{14}

34.40 說者欲往有命難處聞者不欲隨往
34.41 說者欲往饑饉難處聞者不欲隨往
34.42 說者欲往多諸盜賊兵亂等處聞者不欲隨往

⑲約惜不惜身命辨

卷 441〈不和合品 45〉：

「復次，善現！能持法者欲往他方危身命處，能學法者恐失身命不欲隨往。兩不和合，不獲教授、聽受、書持、讀誦、修習甚深般若波羅蜜多，當知是為菩薩魔事。

「復次，善現！能學法者欲往他方危身命處，能持法者恐失身命不欲共往。兩不和合，不獲教授、聽受、書持、讀誦、修習甚深般若波羅蜜多，當知是為菩薩魔事。」(CBETA, T07, no. 220, p. 221, b^{24}–c^2)

sher phyin:　v.027, pp. 600$^{03-13}$　《合論》：v050, pp. 1339^{10}–1340^{02}

⑳約堪不堪忍苦辨

卷 441〈不和合品 45〉：

「復次，善現！能持法者欲往他方多賊、疾疫、飢渴國土，能學法者慮彼艱辛不肯隨往。兩不和合，不獲教授、聽受、書持、讀誦、修習甚深般若波羅蜜多，當知是為菩薩魔事。

「復次，善現！能學法者欲往他方多賊、疾疫、飢渴國土，能持法者慮彼艱辛不肯共往。兩不和合，不獲教授、聽受、書持、讀誦、修習甚深般若波羅蜜多，當知是為菩薩魔事。」

(CBETA, T07, no. 220, p. 221, c$^{2-10}$)

sher phyin:　v.027, pp. 600^{13}–601^{12}　《合論》：v050, pp. 1340^{03}–1341^{01}

㉑隨師去不去諸豐樂處辨

卷 441〈不和合品 45〉：

「復次，善現！能持法者欲往他方安隱、豐樂、無難之處，能學法者欲隨其去，能持法者方便試言：『汝雖為利欲隨我往，而汝至彼豈必遂心，宜審思惟勿後憂悔。』時，學法者聞已念言：『是彼不欲令我去相，設固隨往豈必聞法？』由此因緣不隨其去。兩不和合，不獲教授、聽受、書持、讀誦、修習甚深般若波羅蜜多，當知是為菩薩魔事。*19

㉒隨師所去道路險阻，約去不去辨

「復次，善現！能持法者欲往他方，所經道路曠野險阻，多諸賊難及
旃荼羅、惡獸、獵師、毒蛇等怖，能學法者欲隨其去，能持法者方
便試言：『汝今何故無事隨我欲經如是諸險難處，宜審思惟勿後憂
悔。』能學法者聞已念言：『彼應不欲令我隨往，設固隨往何必聞法？』
由此因緣不隨其去。兩不和合，不獲教授、聽受、書持、讀誦、修
習甚深般若波羅蜜多，當知是為菩薩魔事。」*19

(CBETA, T07, no. 220, p. 221, c[10–25])

sher phyin: v.027, pp. 601[12]–602[09] 《合論》：v050, pp. 1341[02]–1342[03]

㉓隨師去不去施主處辨

34.43 說者數數顧施主家歡喜散亂聞者不樂兩不和合退失法行

卷 441〈不和合品 45〉：

「復次，善現！能持法者多有施主數相追隨，學法者來請說般若波羅
蜜多，或請書寫、受持、讀誦、如說修行，彼多緣礙無暇教授，能
學法者起嫌恨心，後雖教授而不聽受。兩不和合，不獲教授、聽受、
書持、讀誦、修習甚深般若波羅蜜多，當知是為菩薩魔事。」

(CBETA, T07, no. 220, p. 221, c[25]–p. 222, a[2])

sher phyin: v.027, pp. 602[09–18] 《合論》：v050, pp. 1342[04–13]

(13)惡魔化形現前

①魔化比丘形破壞般若

34.44 修加行時有諸惡魔作比丘形離間人法方便破壞

卷 441〈不和合品 45〉：

「復次，善現！有諸惡魔作苾芻像，至菩薩所方便破壞，令於般若波
羅蜜多不得書寫、受持、讀誦、修習、思惟、為他演說。」

時，具壽善現白佛言：

「世尊！云何惡魔作苾芻像至菩薩所方便破壞，令於般若波羅蜜多不
得書寫、受持、讀誦、修習、思惟、為他演說？」

❶魔詆呵行者所習非真般若波羅蜜

佛言：

「善現！有諸惡魔作苾芻像，至菩薩所方便破壞，令其毀厭甚深般
若波羅蜜多，不得書寫、受持、讀誦、修習、思惟、為他演說，

謂作是言：『汝所習誦無相經典非真般若波羅蜜多，我所習誦有相經典是真般若波羅蜜多。』

作是語時，有諸菩薩未得受記，便於般若波羅蜜多而生疑惑，由疑惑故便於般若波羅蜜多而生毀厭，由毀厭故遂不書寫、受持、讀誦、修習、思惟、為他演說甚深般若波羅蜜多，當知是為菩薩魔事。*20

❷魔勸證二乘果，令捨離般若

「復次，善現！有諸惡魔作芻芻像，至菩薩所語菩薩言：『若諸菩薩行此般若波羅蜜多，唯證實際得預流果，若一來果、若不還果、若阿羅漢果、若獨覺菩提，終不能證無上佛果，何緣於此唐設劬勞？』菩薩既聞，便不書寫、受持、讀誦、修習、思惟、為他演說甚深般若波羅蜜多，當知是為菩薩魔事。」(菩薩聞是語，或信或疑，離般若波羅蜜多。)

(CBETA, T07, no. 220, p. 222, a^{2–23})

sher phyin:　v.027, pp. 602^{18}–604^{09}　《合論》：v050, pp. 1342^{14}–1344^{11}

❸有相似六度等，菩薩應覺察遠離

34.45 魔說偽假般若波羅蜜多

卷 441〈不和合品 45〉：

「復次，善現！書寫、受持、讀誦、修習、思惟、演說如是般若波羅蜜多甚深經時，多有惡魔作留難事，障礙菩薩所求無上正等菩提，諸菩薩摩訶薩應諦覺察而遠離之。」

時，具壽善現白佛言：

「世尊！何等名為魔事留難，令諸菩薩覺察遠離？」

佛言：

「善現！住菩薩乘諸善男子、善女人等，書寫、受持、讀誦、修習、思惟、演說如是般若波羅蜜多甚深經時，多有相似般若、靜慮、精進、安忍、淨戒、布施波羅蜜多魔事留難，菩薩於中應諦覺察而遠離之。

「復次，善現！住菩薩乘諸善男子、善女人等，書寫、受持、讀誦、修習、思惟、演說如是般若波羅蜜多甚深經時，多有相似內空、外空、內外空、空空、大空、勝義空、有為空、無為空、畢竟空、無際空、散無散空、本性空、自共相空、一切法空、不可得空、無性空、自性空、無性自性空魔事留難，菩薩於中應諦覺察而遠

離之。

「復次,善現!住菩薩乘諸善男子、善女人等,書寫、受持、讀誦、修習、思惟、演說如是般若波羅蜜多甚深經時,多有相似真如、法界、法性、實際、不思議界及餘無量無邊佛法魔事留難,菩薩於中應諦覺察而遠離之。(若著心行六波羅蜜等,名為相似,非真行聖道。)

❹有勸持二乘經,宣說二乘法教,當知是為魔事

「復次,善現!住菩薩乘諸善男子、善女人等,書寫、受持、讀誦、修習、思惟、演說如是般若波羅蜜多甚深經時,有持二乘相應經典,至菩薩所作如是言:『此是如來真實所說,學此法者速證無上正等菩提。』如是亦名魔事留難,菩薩於中應諦覺察而遠離之。

「復次,善現!有諸惡魔作苾芻像,至菩薩所宣說二乘所學所行內外空等,或四念住、四正斷、四神足、五根、五力、七等覺支、八聖道支,或三解脫門等,說是法已謂菩薩言:『大士當知!且依此法精勤修學,取預流果、若一來果、若不還果、若阿羅漢果、若獨覺菩提,遠離一切生老病死,何用無上正等菩提?』由此因緣,令是菩薩不得書寫、受持、讀誦、修習、思惟、為他演說甚深般若波羅蜜多,當知是為菩薩魔事。」

(二乘所學雖是好事,無有慈悲,破菩薩道,故名魔事。)

(CBETA, T07, no. 220, p. 222, a²⁴–c¹)

sher phyin: v.027, pp. 604⁰⁹–605¹⁸ 《合論》: v050, pp. 1344¹²–1346⁰²

②魔化佛身等破壞般若

❶魔以化身令他生愛著,破壞書持般若

34.46 有諸惡魔作佛形像亂菩薩心令於非實發生愛樂

(34.46.1)

1.魔化作莊嚴比丘身,令生愛著

卷441〈不和合品45〉:

「復次,善現!有諸惡魔作苾芻像,威儀庠序形貌端嚴,至菩薩所,菩薩見之深生愛著,由斯退減一切相智,不獲聽聞、書寫、受持、讀誦、修習、思惟、演說甚深般若波羅蜜多,當知是為菩薩魔事。

2.魔化作佛金色身,令生愛著

「復次,善現!有諸惡魔作佛形像,身真金色,常光一尋,具三

十二大丈夫相，八十隨好圓滿莊嚴，至菩薩所，菩薩見之深生愛著，由斯退減一切相智，不獲聽聞、書寫、受持、讀誦、修習、思惟、演說甚深般若波羅蜜多，當知是為菩薩魔事。(取諸相好生著，皆為魔事。)

3.魔化作佛身攝化眾比丘僧，令生愛著

「復次，善現！有諸惡魔化作佛像，芻圍繞宣說法要，至菩薩所，菩薩見之深生愛著，便作是念：『願我未來當成如來、應、正等覺，芻圍繞宣說法要，與今所見平等平等。』由斯退減一切相智，不獲聽聞、書寫、受持、讀誦、修習、思惟、演說甚深般若波羅蜜多，當知是為菩薩魔事。

4.魔化作菩薩身，令生愛著

「復次，善現！有諸惡魔化作菩薩摩訶薩像，若百若千乃至無數，具無礙辯相好莊嚴，自變其身作佛形像，為化菩薩摩訶薩眾宣說法要，教修布施波羅蜜多乃至般若波羅蜜多，現如是相至菩薩所，菩薩見之深生愛著，由斯退減一切相智，不獲聽聞、書寫、受持、讀誦、修習、思惟、演說甚深般若波羅蜜多，當知是為菩薩魔事。

❷一切法自性空故，佛、菩薩、二乘乃至無上菩提皆不可得

「所以者何？善現！如是般若波羅蜜多甚深法中，色無所有不可得，受、想、行、識亦無所有不可得；眼處無所有不可得，耳、鼻、舌、身、意處亦無所有不可得；色處無所有不可得，聲、香、味、觸、法處亦無所有不可得；眼界無所有不可得，耳、鼻、舌、身、意界亦無所有不可得；色界無所有不可得，聲、香、味、觸、法界亦無所有不可得；眼識界無所有不可得，耳、鼻、舌、身、意識界亦無所有不可得；眼觸無所有不可得，耳、鼻、舌、身、意觸亦無所有不可得；眼觸為緣所生諸受無所有不可得，耳、鼻、舌、身、意觸為緣所生諸受亦無所有不可得；地界無所有不可得，水、火、風、空、識界亦無所有不可得；無明無所有不可得，行、識、名色、六處、觸、受、愛、取、有、生、老死愁歎苦憂惱亦無所有不可得；欲界無所有不可得，色、無色界亦無所有不可得；過去無所有不可得，未來、現在亦無所有不可得；有漏法無所有不可得，無漏法亦無所有不可得；有為法無所有不可得，無為法亦無所有不可得；世間法無所有不可得，出世間法亦無所有不可

得；布施波羅蜜多無所有不可得，淨戒、安忍、精進、靜慮、般若波羅蜜多亦無所有不可得；內空無所有不可得，外空、內外空、空空、大空、勝義空、有為空、無為空、畢竟空、無際空、散無散空、本性空、自共相空、一切法空、不可得空、無性空、自性空、無性自性空亦無所有不可得；真如無所有不可得，法界、法性、不虛妄性、不變異性、平等性、離生性、法定、法住、實際、虛空界、不思議界亦無所有不可得；苦聖諦無所有不可得，集、滅、道聖諦亦無所有不可得；四靜慮無所有不可得，四無量、四無色定亦無所有不可得；八解脫無所有不可得，八勝處、九次第定、十遍處亦無所有不可得；四念住無所有不可得，四正斷、四神足、五根、五力、七等覺支、八聖道支亦無所有不可得。空解脫門無所有不可得，無相、無願解脫門亦無所有不可得；淨觀地無所有不可得，種姓地、第八地、具見地、薄地、離欲地、已辦地、獨覺地、菩薩地、如來地亦無所有不可得；極喜地無所有不可得，離垢地、發光地、焰慧地、極難勝地、現前地、遠行地、不動地、善慧地、法雲地亦無所有不可得；五眼無所有不可得，六神通亦無所有不可得；如來十力無所有不可得，四無所畏、四無礙解、大慈、大悲、大喜、大捨、十八佛不共法亦無所有不可得；三十二大士相無所有不可得，八十隨好亦無所有不可得；無忘失法無所有不可得，恒住捨性亦無所有不可得；一切智無所有不可得，道相智、一切相智亦無所有不可得；成熟有情無所有不可得，嚴淨佛土亦無所有不可得；菩薩大願無所有不可得，菩薩神通亦無所有不可得；一切陀羅尼門無所有不可得，一切三摩地門亦無所有不可得；預流果無所有不可得，一來、不還、阿羅漢果、獨覺菩提亦無所有不可得；一切菩薩摩訶薩行無所有不可得，諸佛無上正等菩提亦無所有不可得。

「善現！若於是處，色無所有不可得，受、想、行、識亦無所有不可得，如是乃至一切菩薩摩訶薩行無所有不可得，諸佛無上正等菩提亦無所有不可得。則於是處，一切如來、應、正等覺及諸菩薩摩訶薩眾、獨覺、聲聞、諸異生類亦無所有不可得。何以故？善現！以一切法自性空故。」

(CBETA, T07, no. 220, p. 222, c[1]–p. 223, b[27])

sher phyin: v.027, pp. 605[18]–609[01] 《合論》: v050, pp. 1346[03]–1349[04]

2.佛等護故，諸魔留難事不成
(34.46.2)
(1)習行般若時多起魔事
①珍寶多賊多留難喻

卷 441〈不和合品 45〉：

「復次，善現！住菩薩乘諸善男子、善女人等，書寫、受持、讀誦、修習、思惟、演說如是般若波羅蜜多甚深經時，多有留難違害事起，令薄福者事不成就。如贍部洲有諸珍寶，謂吠琉璃、螺貝、璧玉、珊瑚、石藏、末尼、真珠、帝青、大青、金剛、虎珀、金銀等寶，多有盜賊違害留難，諸薄福人求不能得。甚深般若波羅蜜多無價寶珠亦復如是，住菩薩乘諸善男子、善女人等，書寫、受持、讀誦、修習、思惟、演說如是般若波羅蜜多甚深經時，有薄福者多諸障礙，有諸惡魔為作留難。」

(般若能令諸有情入涅槃為佛法中之妙寶。懈怠鈍根者不解，故多呰毀，諸魔為作留難。)

②留難破壞書持修習般若

具壽善現即白佛言：

「如是！世尊！如是！善逝！誠如聖教，甚深般若波羅蜜多如贍部洲吠琉璃等種種珍寶多有留難，諸薄福人雖設方便而不能得。住菩薩乘諸善男子、善女人等，書寫、受持、讀誦、修習、思惟、演說如是般若波羅蜜多甚深經時，有薄福者多諸留難，雖有欲樂而不能成。所以者何？有愚癡者為魔所使，住菩薩乘諸善男子、善女人等，書寫、受持、讀誦、修習、思惟、演說如是般若波羅蜜多甚深經時，為作留難。世尊！彼愚癡者覺慧微昧，不能思議廣大佛法，自於般若波羅蜜多甚深經典不能書寫、受持、讀誦、修習、思惟、為他演說，復樂障他書寫、受持、讀誦、修習、思惟、演說甚深般若波羅蜜多。」

佛言：

「善現！如是！如是！如汝所說，有愚癡人為魔所使，住菩薩乘諸善男子、善女人等，書寫、受持、讀誦、修習、思惟、演說如是般若波羅蜜多甚深經時，為作留難。善現！彼愚癡者覺慧微昧，不能思議廣大佛法，未種善根，未於佛所發弘誓願，為惡知識之所攝受，薄福德故，自於般若波羅蜜多甚深經典不能書寫、受持、讀誦、修習、思惟、為

他演說；新學大乘諸善男子、善女人等，書寫、受持、讀誦、修習、思惟、演說如是般若波羅蜜多甚深經時，為作留難。善現！於當來世有善男子、善女人等，覺慧微昧善根薄少，為惡知識之所攝受，於諸如來、應、正等覺廣大功德不能信樂，自於般若波羅蜜多甚深經典不能書寫、受持、讀誦、修習、思惟、為他演說，復樂障他諸善男子、善女人等書寫、受持、讀誦、修習、思惟、演說甚深般若波羅蜜多，當知是人獲無量罪。(愚癡人為魔所使不得自在，以少智故不能通達佛意。是人無有大心，不知清淨法味，但知三毒相，與般若波羅蜜常生留難。)

③諸功德不得圓滿

「復次，善現！住菩薩乘諸善男子、善女人等，書寫、受持、讀誦、修習、思惟、演說如是般若波羅蜜多甚深經時，多諸魔事為作留難，令所書寫、受持、讀誦、修習、思惟、為他演說甚深般若波羅蜜多事不成就，不能圓滿般若、靜慮、精進、安忍、淨戒、布施波羅蜜多，不能圓滿內空、外空、內外空、空空、大空、勝義空、有為空、無為空、畢竟空、無際空、散無散空、本性空、自共相空、一切法空、不可得空、無性空、自性空、無性自性空，不能圓滿真如、法界、法性、不虛妄性、不變異性、平等性、離生性、法定、法住、實際、虛空界、不思議界，不能圓滿苦、集、滅、道聖諦，不能圓滿四靜慮、四無量、四無色定，不能圓滿八解脫、八勝處、九次第定、十遍處，不能圓滿四念住、四正斷、四神足、五根、五力、七等覺支、八聖道支，不能圓滿空、無相、無願解脫門，不能圓滿菩薩十地，不能圓滿五眼、六神通，不能圓滿如來十力、四無所畏、四無礙解、大慈、大悲、大喜、大捨、十八佛不共法，不能圓滿三十二大士相、八十隨好，不能圓滿無忘失法、恒住捨性，不能圓滿成熟有情、嚴淨佛土，不能圓滿一切陀羅尼門、三摩地門，不能圓滿一切菩薩摩訶薩行、諸佛無上正等菩提，不能圓滿一切智、道相智、一切相智。不能圓滿此等功德，皆由惡魔為作留難。

(2)諸佛菩薩護念，令魔難不成

「善現！住菩薩乘諸善男子、善女人等，書寫、受持、讀誦、修習、思惟、演說如是般若波羅蜜多甚深經時，若無惡魔為作留難；復能圓滿般若、靜慮、精進、安忍、淨戒、布施波羅蜜多，乃至圓滿一切智、道相智、一切相智，當知皆是如來神力加護如是住菩薩乘諸善男子、善女人等。今於如是甚深般若波羅蜜多書寫、受持、讀誦、修習、思惟、演說皆無

障礙，亦令圓滿般若、靜慮、精進、安忍、淨戒、布施波羅蜜多，乃至圓滿一切智、道相智、一切相智。

「復次，善現！現在十方無量無數無邊世界一切如來、應、正等覺，安隱住持說正法者，亦以神力加護如是住菩薩乘諸善男子、善女人等。令於如是甚深般若波羅蜜多書寫、受持、讀誦、修習、思惟、演說皆無障礙，亦令圓滿般若、靜慮、精進、安忍、淨戒、布施波羅蜜多，乃至圓滿一切智、道相智、一切相智。

「復次，善現！現在十方殑伽沙等諸佛世界，不退轉地一切菩薩摩訶薩眾，亦以神力加護如是住菩薩乘諸善男子、善女人等。令於如是甚深般若波羅蜜多書寫、受持、讀誦、修習、思惟、演說皆無障礙，亦令圓滿般若、靜慮、精進、安忍、淨戒、布施波羅蜜多，乃至圓滿一切智、道相智、一切相智。」*21

(3)般若能作恩故諸佛菩薩護念

①諸子知恩守護母身喻

第二分佛母品第四十六之一

「復次，善現！如有女人生育諸子，若五、若十、二十、三十、四十、五十、或百、或千，其母遇病，諸子各別勤求醫療，皆作是念：『我母云何當得病愈，長壽安樂、身無眾苦、心離愁憂？』諸子爾時競設方便，求安樂具覆護母身，勿為蚊虻、蛇蝎、風熱、飢渴等觸之所侵惱，又以種種上妙樂具，供養恭敬而作是言：『我母慈悲，生育我等，教示種種世間事業，我等豈得不報母恩！』」

②般若為諸佛母，諸佛知恩以佛眼觀護般若

「善現！如來、應、正等覺亦復如是，常以佛眼觀察護念甚深般若波羅蜜多。

❶般若是諸佛母

何以故？善現！甚深般若波羅蜜多能生我等一切佛法，能與我等一切相智，能示世間諸法實相。十方世界無量無數無邊如來、應、正等覺安隱住持現說法者，亦以佛眼常觀護念甚深般若波羅蜜多。何以故？善現！甚深般若波羅蜜多，能生十方無量無數無邊世界一切如來、應、正等覺所有佛法，又能與彼一切相智，能示世間諸法實相。由此因緣我等諸佛常以佛眼觀察護念甚深般若波羅蜜多，為報其恩不應暫捨。

❷諸賢聖及賢聖法皆從般若中生故

「何以故？善現！一切如來、應、正等覺所有靜慮波羅蜜多乃至布施
波羅蜜多，皆由如是甚深般若波羅蜜多而得生故；所有內空乃至無
性自性空，皆由如是甚深般若波羅蜜多而得現故；所有真如乃至不
思議界，皆由如是甚深般若波羅蜜多而得現故；所有苦、集、滅、
道聖諦，皆由如是甚深般若波羅蜜多而得現故；所有四靜慮、四無
量、四無色定，皆由如是甚深般若波羅蜜多而得生故；所有八解脫、
八勝處、九次第定、十遍處，皆由如是甚深般若波羅蜜多而得生故；
所有四念住乃至八聖道支，皆由如是甚深般若波羅蜜多而得生故；
所有空、無相、無願解脫門，皆由如是甚深般若波羅蜜多而得生故；
所有五眼、六神通，皆由如是甚深般若波羅蜜多而得生故；所有如
來十力乃至十八佛不共法，皆由如是甚深般若波羅蜜多而得生故；
所有三十二大士相、八十隨好微妙色身，皆由如是甚深般若波羅蜜
多而得生故；所有無忘失法、恒住捨性，皆由如是甚深般若波羅蜜
多而得生故；所有一切陀羅尼門、三摩地門，皆由如是甚深般若波
羅蜜多而得生故；所有一切智、道相智、一切相智，皆由如是甚深
般若波羅蜜多而得生故；所有預流、一來、不還、阿羅漢果、獨覺
菩提，皆由如是甚深般若波羅蜜多而得生故；所有菩薩摩訶薩行諸
佛無上正等菩提，皆由如是甚深般若波羅蜜多而得生故；所有預
流、一來、不還、阿羅漢、獨覺、菩薩摩訶薩、諸佛世尊，皆由如
是甚深般若波羅蜜多而得有故。

「善現！一切如來、應、正等覺，已得無上正等菩提，今得無上正等
菩提，當得無上正等菩提，皆因如是甚深般若波羅蜜多。由此因緣，
甚深般若波羅蜜多於諸如來有大恩德，是故諸佛常以佛眼觀察護念
甚深般若波羅蜜多。

③諸佛守護行者令所行增勝

「善現！住菩薩乘諸善男子、善女人等，若能於此甚深般若波羅蜜多
書寫、受持、讀誦、修習、思惟、演說，一切如來、應、正等覺常
以佛眼觀察護念，令其身心恒得安樂，所修善業皆無留難。善現！
住菩薩乘諸善男子、善女人等，若能於此甚深般若波羅蜜多書寫、
受持、讀誦、修習、思惟、演說，十方世界一切如來、應、正等覺
皆共護念，令於無上正等菩提永不退轉。」

(諸佛雖行寂滅相，但為憐愍眾生故、知恩分故，用慈悲心常念、用佛眼常見，
守護行般若者，令得增益不失佛道。) (CBETA, T07, no. 220, p. 223, b²⁸–p. 225, b⁵)

sher phyin: v.027, pp. 609^{02}–616^{21} 《合論》: v050, pp. 1349^{05}–1356^{09}

註解：

*1 留難魔事

前讚說功德，未說怨賊相，今善現請，故佛廣說留難事。

菩薩身是有為法，能作留難(阻留刁難)。(有為法各有增上，彼此相違即成怨賊。)

(1)菩薩之怨賊

①非眾生類：如疾病、飢渴、寒熱等。

②眾生類：

內有憂愁、邪見、疑悔等。

外有魔及魔民、惡鬼、邪見人、斷善根者、定有所得者、實定分別諸法者，深著世間樂者、

怨賊、官事、獅子狼虎毒蟲等。

如是諸難事，總名為魔。

(2)四種魔

①煩惱魔：百八煩惱(十纏、九十八結使)、八萬四千煩惱等。

②五蘊魔：煩惱業和合因緣，得是身。

❶色蘊(四大四大所造色，眼根等)；　　　　　　　　❷受蘊(百八煩惱等諸受和合)；

❸想蘊(大想、小想、無量想、無所有想，分別和合)；

❹行蘊(好醜心發，起貪瞋等心相應，不相應法)；

❺識蘊(六根、六塵和合生六識，和合無量無邊心)。

③死　魔：無常因緣破相續五蘊壽命，盡離三法(識、煖、壽)故名死魔。

④天子魔：欲界主，著世間樂，以有所得生邪見，憎嫉涅槃道法。

(3)佛雖於一切眾生、一切法心平等，但為菩薩能大利益世間，故為說好醜相、利害相、是道非

道、留難事。佛說留難事，不令行者毀害留難者，但令覺知，不隨其事。

*2 說法時不說

(1)菩薩高座說法時不說，

①聽者欲聽而法師不說

聽者作是念：法師或因怖畏、或因不知、或因自念罪過深重、或因不得供養、或因輕賤聽

法者等故不說。

②說者雖欲說而口不能言

由魔所蔽而矇矇不悟故。

(2)不說因緣

由不具足(圓滿)六波羅蜜故。

①先世因緣故，鈍根又懈怠，魔能得其便。

②不一心勤行六波羅蜜故。

*3 著樂說法而廢修彼行

法師愛法、著法、求名聲故，自恣樂說，無有義理。修行六波羅蜜無有方便善巧。

*4 書持般若時之魔事

(1)在書寫般若經時，(2)在受持、讀誦、思惟、修習、說聽般若經時，

　　有六種魔事：

　　　①不得(般若)滋味：觀看時品品皆空，無可樂處。(般若實為諸樂根本)

　　　②頻申欠呿(困頓、打呵欠)；　③無端戲笑；　④(師徒)互相輕凌；⑤身心躁擾(散亂)；

　　　⑥文句倒錯，迷惑義理。

　　以及橫事忽起等，所以不成，當知即是菩薩魔事。

*5 不得經中滋味即捨去

　(1)厭捨般若因緣

　　　①未得受記：未入正性離生故，不應受大菩提記。

　　　②不說菩薩名：未受大菩提記，故不記說名字。

　　　③不說菩薩生處：未記說名字，故不說其生處。

　　　是人先世不久行六波羅蜜，五善根薄弱故，不信空無相無願、無依止法(無餘涅槃)，嬈亂心

　　　起，不得經中滋味，便捨去。

　(2)厭捨般若之過失

　　　厭捨此經，舉步多少，便減<u>爾所劫</u>數功德，獲<u>爾所劫</u>障菩提罪。(隨念多少，念念退一劫功德，

　　　得一劫菩提障)

　　　受彼罪已，要經<u>爾所劫</u>時，發勤精進求趣無上菩提，修難行苦行方得復本。

　(3)退轉般若之因

　　　是人於過去世未久修行六波羅蜜多，故聽受般若時不得滋味，情不認可即便捨去。

*6 捨般若學二乘

　　棄捨般若(為一切相智之根本)而求餘二乘經典(此為枝葉)，終不得大菩提。

　　般若波羅蜜經定能引發一切相智，能出生菩薩眾世、出世間功德法，二乘經則不能。

　(1)捨般若之因緣

　　　①初於聲聞法中受戒學法，不聞(或時有聞)般若，深著先所學法，捨般若，於先所學法求一

　　　　切相智。

　　　②或有聲聞弟子先得般若波羅蜜，不知義趣，不得滋味，以聲聞經行菩薩道。

　　　③或有聲聞弟子，欲信受般若經，餘聲聞人沮壞其心，令不信受。

　　　④或言聲聞法中已有六波羅蜜：六足阿毘曇及其論義分別諸法相(般若)；八十部律(淨戒)；阿

　　　　毘曇中分別諸禪、解脫、諸三昧等(禪)；三藏本生中讚歎解脫，布施、忍辱、精進(三波羅

　　　　蜜)。

　　　以是因緣，捨般若經，於聲聞經中求一切相智。

　(2)捨根攀枝葉喻

　　　如人欲得堅實好木，捨其根而取枝葉，雖是木名而不得大用。

　　　般若波羅蜜是三藏根本，為度眾生說餘事，是為枝葉。

　　　聲聞經中雖說諸法實相，而不了了；般若波羅蜜經中，分別顯現，易見易得。

　　　如人攀緣枝葉則墮落，若捉莖幹則堅固。若執聲聞經，則墮小乘中，若持般若波羅蜜，易得

　　　無上道。

　(3)辨餘經

般若經及聲聞經皆有三十七道品，三解脫門等，但大乘法與畢竟空合，心無所著，以不捨大菩提心、大悲心，為一切眾生故說。聲聞經則不爾，但為小乘證故。

(4)學般若經能得一切相智

菩薩行般若波羅蜜故，能成就世間、出世間法，是故菩薩若求佛，當學般若波羅蜜。

(5)狗喻、象喻、大海喻、帝釋殿喻、轉輪聖王喻、百味食喻、無價寶喻亦如是。

*7 起下劣尋伺是為魔事

諸佛菩薩以大悲心為眾生說法，不著語言尋伺；用無所得法，示眾生畢竟空相般若波羅蜜。

此般若波羅蜜無尋伺、難思議、無思慮、無生滅、無染淨、無定亂、離名言、不可說、不可得。

若書寫般若經時，以染著心取六塵相、六度相、乃至無上菩提，則是下劣尋伺(不如般若波羅蜜)，令所書寫般若波羅蜜不得究竟，是為魔事。

*8 於般若起無性想是為魔事

(1)般若無自性故不可書

諸法無自性，此無性(畢竟空)即是般若波羅蜜多。

非無性法能書其無性，故般若波羅蜜多不可書寫(讀誦等)。(不可著心書寫等)

(2)取著無性想而書是為魔事

若謂般若波羅蜜多是無所有，執此無性為真實義是為魔事。(畢竟空無所有亦非般若波羅蜜相，不應執此無性想。)

*9 唯著文字而棄捨義理，是為魔事；而著無文字般若波羅蜜多，乃至著無文字一切相智，亦是菩薩魔事。

*10 國土作意等

書般若波羅蜜多乃至修行時，由內煩惱魔、外天子魔等種種因緣，引發種種作意，破壞書持讀誦、修習思惟、如說修行，是為菩薩魔事。

(1)國土、城邑、王都、方處作意：或言不安穩或言豐樂等。

(2)親教軌範、同學、善友作意：或聞謗毀其師等，作意助其除惡名。

(3)父母、妻子、兄弟、姐妹、親戚、朋侶作意亦如是。

(4)國王、大臣、盜賊、惡人、猛獸、惡鬼作意：或發瞋恚等，或發心往詣他處。(惡人指旃陀羅等賤民)

(5)眾聚遊戲、婬女歡娛作意：或起婬欲心等。

(6)酬怨、報恩、諸餘種種作意。

如是等作意，能障般若所引殊勝善法。

*11 鈍根、利根人之魔事

(1)鈍根人愛著因書持般若所得名聞恭敬供養。

(2)利根人不著世間樂，一心受般若波羅蜜，故魔欲以聲聞等餘經令菩薩行者轉心，捨般若波羅蜜而成就阿羅漢。

(3)佛言：「不應受著惡魔所與世俗論書，或復二乘相應經典。」

以其不能引發一切相智，非趣無上菩提之方便，乃至能障得無上菩提。譬如燒熱金丸，色

　　雖妙好，不可捉。

　　菩薩若無善巧方便，得是二乘經典，歡喜：「是空、無相、無願，盡苦本，何復過是！」便捨般若波羅蜜多，此亦是魔事。

(4)佛言：「以般若波羅蜜經中，廣說菩薩道善巧方便，所謂觀聲聞、獨覺道而不證，以大悲心行三解脫門。」

　　譬如以酥和毒，毒勢則歇，不能害人。般若亦如是，菩薩於般若中求無上道易得，於餘經則難，如但服毒。

*12 一切有為法，因緣和合故生，眾緣離則無。書持乃至修習般若波羅蜜多，要由內外因緣和合生，所謂師、弟子同心同事故，乃得成就，此為順緣。若師弟不和合，缺少順緣，則為魔事。

*13 有無懈怠辨

　　或學法者信等五善根發，欲書持般若；說法者五蓋覆心，著世間樂，不欲說。

　　或說法者悲心發，欲令書持般若；學法者五善根鈍不發故、著世間樂故，不欲受書持般若。

　　若二人善心共同，能得般若波羅蜜，若不同則不能得，是名魔事。

　　內煩惱發、外天子魔作因緣，捨離是般若，菩薩應覺此是魔事，防令不起。

*14 十二杜多功德 dhūta

　　參考[論]第九義，9.6 四地對治，P.153。(記要)註釋*9，P.9-166。

　　此處經文多了「隨得食」，少了「氈毛衣」。

(1)住阿練若處

　　行者以居家多惱亂故，捨父母、妻子、眷屬、出家行道；而師徒、同學還相結著，心復嬈亂。是故受阿練若法，令身遠離憒鬧，住於空閑(遠離者，最近三里)，能遠益善；得是身遠離已，亦當令心遠離五欲、五蓋。

(2)常乞食

　　①若受請而食，得者作是念：「我是福德好人故得。」；不得者則嫌恨請者：「彼為無所別識，不應請者請，應請者不請。」或自鄙薄，懊悔自責而生憂苦。是貪、憂法，能遮道。

　　②若是眾僧食，入眾中常隨眾法：斷事、擯人、料理僧事、處分、作使，心則散亂，妨廢行道。

　　有如是等惱亂事，故受常乞食法。行著不著於味，不輕眾生，等心憐愍故，次第乞食，不擇貧富故，受次第乞食法。

(3)糞掃衣

　　好衣因緣故，若四方追逐，墮邪命中。若受人好衣則生親著，若不親著，檀越則恨。若僧中得衣，如上說眾中之過，又好衣是令未得道者生貪著之處。好衣因緣，招致賊難，或至奪命。有如是等患，故受弊納衣法。

(4)一坐食、一受食、隨得食

　　①行者作是念：「求一食尚多有所妨，何況有小食(朝食)、中食(午食)、後食(午後食)。若不自損(克制)，則失半日之功，不能一心行道。佛法為行道故，不為益身(如養馬、養豬)。」是故斷數數食，受一食法。(一坐食，一受食)

　　②有人雖一食，而貪心極噉，腹脹氣塞，妨廢行道，是故受節量食法。節量者，略說隨所能

食，三分留一分，則身輕安穩，易消無患，於身無損，則行道無廢。(隨得食)

　　③有人雖節量食，過中飲漿則心樂著，求種種漿(果漿、蜜漿等)，求欲無厭，不能一心修習善法，(如馬不著彎勒，左右噉草，不肯進路。)故受中後不飲漿。

(5)塚間住

　　無常、空觀是入佛法門，能厭離三界。塚間常有悲啼哭聲，死屍狼籍，眼見無常，後或火燒，鳥獸所食，不久滅盡；因是屍觀，一切法中易得無常相、空相。又塚間住，若見死屍臭爛不淨，易得九想觀，是離欲初門。

(6)樹下住

　　能作不淨、無常等觀己，得道事辦，捨至樹下；或未得道者，心則不大厭，取是相，樹下思惟。

　　如佛生時、成道時、轉法輪時、般涅槃時，皆在樹下；行者隨諸佛法、常處樹下。

(7)露地住

　　行者或觀樹下如半舍無異，蔭覆涼樂，又生愛著：「我所住者好，彼樹不如。」如是等生漏故，至露地住，作是思惟：「樹下有二種過，一者雨漏濕冷，二者鳥屎汙身，毒蟲所住，有如是等過，空地則無此患。」

　　露地住，則著衣、脫衣，隨意快樂；月光遍照，空中明淨，心易入空三昧。

(8)常坐不臥

　　身四儀中，坐為第一，食易消化，氣息調和。

　　求道者大事未辦，諸煩惱賊常伺其便，不宜安臥；若行、若立，則心動難攝，亦不可久，故受常坐法。若欲睡時，脅不著席。

(9)隨得敷具

　　隨宜而坐。

(10)但畜三衣

　　　行者少欲知足，衣僅蓋形，不多不少故，但受三衣法。白衣求樂故，多畜種種衣；或有外道苦行故，裸形無恥。是故佛弟子捨二邊、處中道行。

　　佛意欲令弟子隨道行、捨世樂故，讚十二杜多功德。十二杜多不名為戒，能行則戒莊嚴，不能行不犯戒。

*15 約信戒(善業)辨

(1)學者無信無善法

　　①學者雖書持般若，不能行而犯戒。

　　②或因不信而不受法。

(2)說者無信無善法

　　此中無信指不深心信樂，非全不信。

*16 有善巧方便

　　不著法故，有時讚歎六度，有時斷人執著六度。

*17 得不得陀羅尼

(1)學者未得陀羅尼者，

第四事

第35義

[戊三]加行之性相

【第 35 義】：道般若波羅蜜多　35

〔義相〕：能得果般若波羅蜜多之方便止觀雙運菩薩瑜伽，是道般若波羅蜜多之相。

〔界限〕：從大乘資糧道乃至十地最後心。

[由何相當知，即性相分三，謂智勝作用，自性亦所相。](頌4-13)

由何能相而相加行自性，當知即是加行之性相。

此說性相有三種，謂：

　　1.能相三智加行之「智相」；　　(48種)

　　2.能相勝出聲聞、獨覺加行之「勝相」；　　(16種)

　　3.能相具足殊勝利他作用加行之「作用相」。　　(11種)

　　所有十六種加行自性，亦能相加行故，亦名「自性相」。　　(16種)

又性相之梵語為「盧札」，通於能作及作業而有四種：

　　前三種性相，是就能作而立，以能表相菩薩三智加行故。

　　後一性相，是就作業而立，以彼十六自性是所相事故。

1.諸智相

(1)一切智加行相　　35.1

[知如來出現，世界無壞性，有情諸心行，心略及外散，](頌4-14)

[知無盡行相，有貪等及無，廣大無量心，識無見無對，](頌4-15)

[及心不可見，了知心出等，除此等所餘，知真如行相，](頌4-16)

[能仁證真如，復為他開示，是攝一切智，品中諸智相。](頌4-17)

一切智加行有十六相，謂：

(35.1.1)由修一切智加行為依，知如來出現世間。

(35.1.2)通達世間勝義無壞慧所攝智。

(35.1.3)了知眾生無量心行。

(35.1.4)於補特伽羅無我知心攝略。

(35.1.5)於彼知心外散。

(35.1.6)猶如虛空知心無盡相。

(35.1.7)又知心有貪等，等取有瞋有癡。

(35.1.8)又知無貪無瞋無癡等。

(35.1.9)又知心行廣大。

(35.1.10)又知於名言中大心。

(35.1.11)又知於勝義無量心。

(35.1.12)知心於眼識等無見無對。

(35.1.13)知以五眼心不可見。

(35.1.14)又知心出等，皆依蘊起，皆是補特伽羅無我。(等取沒、屈、申)

　　(1)十四不可記見

　　　　出、沒、屈、申四心，即十四種不可記見，十四見者：

　　　　(35.1.14)

　　　　　　①依前際有四，謂執我及世間，是常、是無常、二俱、二非。

　　　　　　②依後際有四，謂執我及世間，有邊、無邊、二俱、二非。

　　　　　　③依涅槃有四，謂執如來死後，有、非有、二俱、二非。

　　　　　　④依身命有二，謂執命者即身、命者異身。

　　　　　　其中：

　　　　　　❶執我及世間是常、是無邊，如來死後有者，名出心，以此執著是於境轉趣相故，如數論外道之見。

　　　　　　❷其執我及世間無常、有邊，如來死後非有者，名沒心，以此執著是於境遮止相故，如斷見外道之見。

　　　　　　❸其執我及世間亦常亦無常，亦有邊亦無邊，如來死後亦有亦無者，名申心，以此執著於進退二相平等轉故，如無慚外道之見。

　　　　　　❹其執我及世間非常非無常，非有邊非無邊，如來死

後非有非非有者，名屈心，以彼執著，於進退二相俱遮止故，如犢子部見。

❺其執命者即身，如勝論師；執命者異身，如數論師，亦是出心，以彼執著是於境進趣相故。

(2)出沒二心攝

彼十四見皆可收為出沒二心：

①於境轉趣者即出心；②退縮者即沒心故。

(35.1.15)又知除此人無我相而知其餘出沒心等真實空之真如相。

(35.1.16)又知能仁自證彼真如復為他開示建立。

如是十六種菩薩智，當知皆攝為一切智品中之智相。

(2)道相智加行相　　35.2

[空牲及無相，並捨棄諸願，無生無滅等，法性無破壞，](頌4-18)
[無作無分別，差別無性相，道相智品中，許為諸智相。](頌4-19)

此加行相有十六種，謂：

(35.2.1)依道相智加行般若波羅蜜多，了知空性。

(35.2.2)了知無相。

(35.2.3)了知無願。

(35.2.4)了知勝義無生。

(35.2.5)了知勝義無滅。

(35.2.6)了知勝義無染。(無貪等煩惱染汙)

(35.2.7)了知勝義無淨。(無信等清淨)

(35.2.8)了知勝義無所取性。(無所斷之實有性)

(35.2.9)了知勝義無自體性。(無諦空自性)

(35.2.10)了知勝義無所依。(無存在之所依)

(35.2.11)了知勝義如虛空相。(真如自性為虛空相)

(4~11為菩薩八相之智)

(35.2.12)又依彼加行，了知法性勝義無破壞相。(法性無錯亂)

(35.2.13)了知於勝義中以覺為先無造作性。(知先前心無作)

(35.2.14)了知勝義無分別。

(35.2.15)了知能相所相等差別勝義非有。

(35.2.16)又依道相智加行般若波羅蜜多，了知於勝義中無性相。

許此即是道相智品中諸智相故。

(3)一切相智加行相　　35.3

[依真如法住，恭敬善知識，尊重及承事，供養無作用，](頌4-20)
[及了知遍行，能示現無見，世間真空相，說知及現見，](頌4-21)
[不思議寂靜，世間滅想滅，一切相智中，是說諸智相。](頌4-22)

此相亦有十六種，謂：

(35.3.1)由依止一切相智加行，了知如來依真如法現法樂住。

(35.3.2)了知恭敬善知識。

(35.3.3)了知尊重善知識不違師教。(依師)

(35.3.4)了知承事善知識令師歡喜。

(35.3.5)了知以香花等供養善知識。

(35.3.6)了知勝義無作用。

(35.3.7)了知遍行一切所知。

(35.3.8)了知於勝義中示現真實義全無所見。

(35.3.9)了知世間空相。

(35.3.10)了知宣說世間空性。

(35.3.11)了知證知世間空性。

(35.3.12)了知現見世間空性。

(35.3.13)了知顯示諸法法性無分別心不可思議。

(35.3.14)了知顯示於勝義中戲論寂靜。

(35.3.15)了知世間滅真實有。

(35.3.16)又依彼加行，了知滅除此世他世取捨異想。

當知即是一切相智品中諸智相故。

2.殊勝相　　35.4

[由難思等別，勝進諦行境，十六剎那心，說名殊勝相。](頌4-23)

由四諦等法性不思議等差別，勝出聲聞、獨覺所有加行，以如是勝進四諦為行境之見道忍智十六剎那最超勝故說名殊勝相。

此說見道者僅是一例，若就通達不思議等十六種勝法而論，則從資糧道通最後心。

[不思議無等，超越諸量數，攝聖智者了，證知諸不共，](頌4-24)
[通疾無增減，修行及正行，所緣與所依，一切並攝受，](頌4-25)
[及無味當知，十六殊勝性，由此勝餘道，故名殊勝道。](頌4-26)

(35.4.1)外增上緣由諸佛菩薩攝受智慧力故，了知苦等法性不可思議。

(35.4.2)無事能喻，名為無等。

(35.4.3)超過諸名言量所能稱量。

(35.4.4)知彼法性超出(計)數量。

(以上為苦諦)

(35.4.5)總攝一切聖者功德。

(35.4.6)了知智者之覺了，謂如所有性及盡所有性。

(35.4.7)了知甚深廣大諸不共法非聲聞等所行境界。

(35.4.8)大乘神通最為速疾。

(以上為集諦)

(35.4.9)通達勝義、世俗二諦，一切諸法於勝義中性無增減。

(35.4.10)於勝義中，能施、所施、施物等三輪清淨，而修行布施等六波羅蜜多。

(35.4.11)由殷重、無間加行，經無量劫修集福智。

(35.4.12)方便所攝緣一切法之無分別智。

(以上為滅諦)

(35.4.13)法界體性為菩薩道之所依止。

(35.4.14)成就大願等十種波羅蜜多，圓滿一切資糧。

(35.4.15)為宣說圓滿道大乘善知識之所攝受。

(35.4.16)於生死涅槃一切法皆無味著。

(以上為道諦)

當知此即十六種殊勝相，由此菩薩道勝出所餘聲聞、獨覺加行，故名勝道。

3.作用相　　35.5

[作利樂濟拔，諸人歸依處，宅舍示究竟，洲渚及導師，](頌4-27)

[並任運所作，不證三乘果，最後作所依，此即作用相。](頌4-28)

此作用相有十一種：

(35.5.1)安立所化於解脫樂是作未來之利益。

(35.5.2)為諸所化息滅憂苦等安立現法樂。

(35.5.3)於生死苦濟拔有情成辦無苦法性。(成就無苦之非異熟法性之事業)

此三表示菩薩身中成就殊勝作用之<u>一切智加行</u>。

(35.5.4)諸人者，謂諸所化，安立於畢竟安樂之涅槃，名作歸依處。

(35.5.5)安立所化令滅除苦因。名作宅舍。(安住)

(35.5.6)安立所化令知生死涅槃平等，名作示究竟。

(35.5.7)令諸所化離貪愛水安立解脫成自他利之所依止，名作洲渚。

(35.5.8)成辦所化現時究竟二種義利，名作導師。

(35.5.9)令諸所化於利他事任運而轉。

(35.5.10)雖為所化說三乘果，不令非時現證實際。(不現證三乘之出離果)

此七表示菩薩身中成就殊勝作用之<u>道相智加行</u>。

(35.5.11)由修一切相智加行而為世間作所依處。

此一表示菩薩身中成就殊勝作用之<u>一切相智加行</u>。

如是十一種作用相所攝之菩薩三智加行，具足利他之作用，故名作用相。

4.自性相　　35.6

[離煩惱狀貌，障品及對治，難性與決定，所為無所得，](頌4-29)
[破一切執著，及名有所緣，不順無障礙，無跡無去生，](頌4-30)
[真如不可得，此十六自性，由如所相事，許為第四相。](頌4-31)

此自性相有十六種，謂：

(35.6.1)遠離貪等煩惱加行自性。

(35.6.2)遠離煩惱狀身粗重等加行自性。

(35.6.3)遠離煩惱貌非理作意等加行自性。

(35.6.4)了知貪等所治品及無貪等能治品，取捨真實皆空。

此慧所攝持之菩薩四種加行，即菩薩一切智加行自性。

(35.6.5)勝義無有情，而於名言(上卻無量無邊)須披甲令般涅槃，是難行

加行自性。

(35.6.6)不墮餘乘決定趣一佛乘之加行自性。

(35.6.7)長時修習三種所為之加行自性。(經長時成就最上之所為，為成辦三智之加行)

(35.6.8)通達能修所修法皆勝義無所得之加行自性。

(35.6.9)破除一切執著實事之加行自性；

此五是菩薩<u>道相智</u>加行自性。

(35.6.10)一切智及道相智所緣境中所攝之事與道，緣此之加行自性。

(35.6.11)破除執著有性世間實有與無性出世實有等，通達生死、涅槃平等性，故名不(隨)順(世間)愚夫之加行自性。

(35.6.12)了知色等無障礙加行自性。

(35.6.13)能知所知皆於勝義無跡(無根源)可得之加行自性。

(35.6.14)通達空性真如於勝義中全無所去(無所行)之加行自性。

(35.6.15)通達色等由勝義無性故無有生之加行自性。

(35.6.16)通達有性無性二俱之本性真如於勝義中無所得之加行自性；

此七是菩薩<u>一切相智</u>加行自性。

如是三智十六種加行自性，由能表顯所相事故許為第四相。

此上諸加行相總義，謂：

(1)遠離煩惱狀貌等四種自性相，表示大乘一切智加行，以了知如來出現等通達補特伽羅無我之十六智為體，是具足作利益、安樂等三種作用之加行故。

(2)難行及決定等五種自性相，表示道相智加行，以了知空性及無相等道真實十六智為體，是具足作皈依等七種作用之加行故。

(3)不順、無障礙等七種自性相，表示一切相智加行，以了知如來依真如現法樂住等果位智相真實十六種智為體，是具足作世間依止處一種作用之加行故。

(4)道相智與一切相智之加行，表示勝出二乘加行，以是通達不可思議等法無我所顯之加行故。(殊勝相)

(如是，一般若總攝有九十一種性相：諸智相有四十八，殊勝相十六，作用相十一，自性相十六)

[戊三]**加行之性相** 【第 35 義】：道般若波羅蜜多
　　　1.諸智相
　　　　(1)一切智加行相（十六相）　　35.1

1.般若能生諸佛、能示世間相
　　經卷 441〈佛母品 46〉：爾時，具壽善現白佛言：

「世尊！如佛所說甚深般若波羅蜜多能生如來、應、正等覺一切佛法，能與
　如來、應、正等覺一切相智，能示世間諸法實相。世尊！云何如是甚深般
　若波羅蜜多能生如來、應、正等覺一切佛法，能與如來、應、正等覺一切
　相智，能示世間諸法實相？云何如來、應、正等覺從甚深般若波羅蜜多生？
　云何諸佛說世間相？」

(1)般若能生諸佛 (知如來出現世間)

(35.1.1)知如來出現世間

　　佛言：

「善現！甚深般若波羅蜜多能生如來、應、正等覺所有十力、四無所畏、
　四無礙解、大慈、大悲、大喜、大捨、十八佛不共法，廣說乃至一切相
　智。善現！如是等無量無邊如來功德，皆從如是甚深般若波羅蜜多而得
　生長，由得如是諸佛功德故名為佛。甚深般若波羅蜜多，能生、能與一
　切如來、應、正等覺如是佛法一切相智，是故我說甚深般若波羅蜜多能
　生如來、應、正等覺一切佛法，能與如來、應、正等覺一切相智，亦說
　如來、應、正等覺從彼而生。」

(2)般若能示世間相 (通達世間智)

　　①般若能示世間五蘊實相
　　　善現！甚深般若波羅蜜多能示世間諸法實相者，謂能示世間五蘊實相，
　　　❶佛說五蘊相是世間相
　　　　一切如來、應、正等覺亦說世間五蘊實相。」
　　　　(CBETA, T07, no. 220, p. 225, b$^{5-25}$)
　　　　sher phyin:　v.027, pp. 616^{21}–617^{16}　《合論》：v050, pp. 1356^{10}–1357^{07}
　　　❷說示五蘊相之因緣

(35.1.2)通達世間勝義無壞慧所攝智

　　　卷 441〈佛母品 46〉：時，具壽善現白佛言：

「世尊！云何如來、應、正等覺甚深般若波羅蜜多說示世間五蘊實

相？」

❸五蘊實相：不成不壞、不生不滅，乃至無三世，非三界繫

佛言：

「善現！一切如來、應、正等覺甚深般若波羅蜜多，俱不說示五蘊有
成有壞、有生有滅、有續有斷、有染有淨、有增有減、有入有出，
俱不說示五蘊有過去有未來有現在、有善有不善有無記、有欲界繫
有色界繫有無色界繫。*1

所以者何？

善現！非空、無相、無願之法有成有壞、有生有滅、有續有斷、有
染有淨、有增有減、有入有出、有過去有未來有現在、有善有不善
有無記、有欲界繫有色界繫有無色界繫。

善現！非無生、無滅、無造、無作、無性之法，有成有壞、有生有
滅、有續有斷、有染有淨、有增有減、有入有出、有過去有未來有
現在、有善有不善有無記、有欲界繫有色界繫有無色界繫。善現！
一切如來、應、正等覺甚深般若波羅蜜多，如是說示五蘊實相，此
五蘊相即是世間，是故世間亦無成無壞、無生無滅、無續無斷、無
染無淨、無增無減、無入無出、無過去無未來無現在、無善無不善
無無記、無欲界繫無色界繫無無色界繫、及無餘相。」

(CBETA, T07, no. 220, p. 225, b^{26}–c^{17})

sher phyin:　v.027, pp. 617^{16}–618^{14}　《合論》：v050, pp. 1357^{08}–1358^{04}

②依般若說示世間實相

❶了知有情心行差別

(35.1.3)了知眾生無量心行

卷 441〈佛母品 46〉：

「復次，善現！一切如來、應、正等覺，皆依如是甚深般若波羅蜜多，
普能證知無量無數無邊有情心行差別。

❷了知諸法無所有，亦無諸法名

然此般若波羅蜜多甚深義中，無有情亦無有情施設可得；無色亦無
色施設可得，無受、想、行、識亦無受、想、行、識施設可得；無
眼處亦無眼處施設可得，無耳、鼻、舌、身、意處亦無耳、鼻、舌、
身、意處施設可得；無色處亦無色處施設可得，無聲、香、味、觸、
法處亦無聲、香、味、觸、法處施設可得；無眼界亦無眼界施設可
得，無耳、鼻、舌、身、意界亦無耳、鼻、舌、身、意界施設可得；

無色界亦無色界施設可得，無聲、香、味、觸、法界亦無聲、香、味、觸、法界施設可得；無眼識界亦無眼識界施設可得，無耳、鼻、舌、身、意識界亦無耳、鼻、舌、身、意識界施設可得；無眼觸亦無眼觸施設可得，無耳、鼻、舌、身、意觸亦無耳、鼻、舌、身、意觸施設可得；無眼觸為緣所生諸受亦無眼觸為緣所生諸受施設可得，無耳、鼻、舌、身、意觸為緣所生諸受亦無耳、鼻、舌、身、意觸為緣所生諸受施設可得；無地界亦無地界施設可得，無水、火、風、空、識界亦無水、火、風、空、識界施設可得；無無明亦無無明施設可得，乃至無老死亦無老死施設可得；無布施波羅蜜多亦無布施波羅蜜多施設可得，乃至無般若波羅蜜多亦無般若波羅蜜多施設可得；無內空亦無內空施設可得，乃至無無性自性空亦無無性自性空施設可得；無四念住亦無四念住施設可得，乃至無八聖道支亦無八聖道支施設可得；如是乃至無如來十力亦無如來十力施設可得，乃至無十八佛不共法亦無十八佛不共法施設可得；無一切智亦無一切智施設可得，無道相智、一切相智亦無道相智、一切相智施設可得。善現！一切如來、應、正等覺甚深般若波羅蜜多，如是說示世間實相。」*2 (CBETA, T07, no. 220, p. 225, c^18–p. 226, a^23)

❸了知般若尚不可得，況有諸法可得示現

卷 442〈佛母品 46〉：第二分佛母品第四十六之二

「復次，善現！甚深般若波羅蜜多，不示現色，不示現受、想、行、識；不示現眼處，不示現耳、鼻、舌、身、意處；不示現色處，不示現聲、香、味、觸、法處；不示現眼界，不示現耳、鼻、舌、身、意界；不示現色界，不示現聲、香、味、觸、法界；不示現眼識界，不示現耳、鼻、舌、身、意識界；不示現眼觸，不示現耳、鼻、舌、身、意觸；不示現眼觸為緣所生諸受，不示現耳、鼻、舌、身、意觸為緣所生諸受；不示現地界，不示現水、火、風、空、識界；不示現無明，不示現行、識、名色、六處、觸、受、愛、取、有、生、老死；不示現布施波羅蜜多，不示現淨戒、安忍、精進、靜慮、般若波羅蜜多；不示現內空，不示現外空、內外空、空空、大空、勝義空、有為空、無為空、畢竟空、無際空、散無散空、本性空、自共相空、一切法空、不可得空、無性空、自性空、無性自性空；不示現真如，不示現法界、法性、不虛妄性、不變異性、平等性、離生性、法定、法住、實際、虛空界、不思議界；不示現苦聖諦，不

示現集、滅、道聖諦；不示現四靜慮，不示現四無量、四無色定；不示現八解脫，不示現八勝處、九次第定、十遍處；不示現四念住，不示現四正斷、四神足、五根、五力、七等覺支、八聖道支；不示現空解脫門，不示現無相、無願解脫門；不示現淨觀地，不示現種性地、第八地、具見地、薄地、離欲地、已辦地、獨覺地、菩薩地、如來地；不示現極喜地，不示現離垢地、發光地、焰慧地、極難勝地、現前地、遠行地、不動地、善慧地、法雲地；不示現五眼，不示現六神通；不示現如來十力，不示現四無所畏、四無礙解、大慈、大悲、大喜、大捨、十八佛不共法；不示現三十二大士相，不示現八十隨好；不示現無忘失法，不示現恒住捨性；不示現預流果，不示現一來、不還、阿羅漢果、獨覺菩提；不示現一切菩薩摩訶薩行，不示現諸佛無上正等菩提；不示現轉妙法輪，不示現度有情類；不示現嚴淨佛土，不示現成熟有情；不示現一切陀羅尼門，不示現一切三摩地門；不示現一切智，不示現道相智、一切相智。何以故？善現！如是般若波羅蜜多甚深義中，甚深般若波羅蜜多尚無所有不可得，況有色、受、想、行、識，乃至一切智、道相智、一切相智可得示現！」*2 (CBETA, T07, no. 220, p. 226, b⁶–c¹⁸)

sher phyin: v.027, pp. 618¹⁴–620¹² 《合論》: v050, pp. 1358⁰⁵–1359¹⁴

2.廣明眾生心行
(1)別辨八心
①攝略心／②外散心 (以七相知)

> **(35.1.4)於補特伽羅無我知心攝略**
> **(35.1.5)於彼知心外散**

卷 442〈佛母品 46〉：

「復次，善現！一切有情三界五趣施設言說，若有色、若無色，若有想、若無想、若非有想非無想，若此世界、若餘十方無量無數無邊世界，是諸有情，若略心、若散心，或善、或不善、或無記，一切如來、應、正等覺依深般若波羅蜜多，皆如實知。善現！云何如來、應、正等覺於諸有情略心、散心，或善、或不善、或無記，依深般若波羅蜜多皆如實知？

❶以法性知

善現！一切如來、應、正等覺依深般若波羅蜜多，由法性故，能如實

知諸有情類略心、散心，或善、或不善、或無記。」

時，具壽善現白佛言：

「世尊！云何如來、應、正等覺依深般若波羅蜜多，由法性故，能如實知諸有情類略心、散心，或善、或不善、或無記？」

佛言：

「善現！一切如來、應、正等覺依深般若波羅蜜多，如實知法性中法性尚無所有不可得，況有有情略心、散心，善、不善、無記而可得！善現！如是如來、應、正等覺依深般若波羅蜜多，由法性故，能如實知諸有情類略心、散心，或善、或不善、或無記。」

(CBETA, T07, no. 220, p. 226, c^{19}–p. 227, a^{8})

sher phyin:　v.027, pp. 620^{12}–621^{07}　《合論》：v050, pp. 1359^{15}–1360^{13}

❷以餘六相知 (盡、離染、滅、斷、寂靜、遠離)

(35.1.6)猶如虛空知心無盡相

卷 442〈佛母品 46〉：

「復次，善現！一切如來、應、正等覺依深般若波羅蜜多，能如實知諸有情類若略心、若散心，或善、或不善、或無記。善現！云何如來、應、正等覺依深般若波羅蜜多，能如實知諸有情類略心、散心，或善、或不善、或無記？善現！一切如來、應、正等覺依深般若波羅蜜多，由盡故、離染故、滅故、斷故、寂靜故、遠離故，能如實知諸有情類略心、散心，或善、或不善、或無記。」

時，具壽善現白佛言：

「世尊！云何如來、應、正等覺依深般若波羅蜜多，由盡故、離染故、滅故、斷故、寂靜故、遠離故，能如實知諸有情類略心、散心，或善、或不善、或無記？」

佛言：

「善現！一切如來、應、正等覺依深般若波羅蜜多，如實知盡、離染、滅、斷、寂靜、遠離中，盡等性尚無所有不可得，況有有情略心、散心，善、不善、無記可得！

「善現！如是如來、應、正等覺依深般若波羅蜜多，由盡、離染、滅、斷、寂靜、遠離故，能如實知諸有情類略心、散心，或善、或不善、或無記。」*3

(CBETA, T07, no. 220, p. 227, a$^{8-26}$)

sher phyin:　v.027, pp. 621^{07}–622^{04}　《合論》：v050, pp. 1360^{14}–1361^{04}

③貪瞋痴心／④無貪無瞋無痴心 (以如實性知)

(35.1.7)又知心有貪瞋癡
(35.1.8)又知無貪無瞋無癡等

卷 442〈佛母品 46〉：

「復次，善現！一切如來、應、正等覺依深般若波羅蜜多，能如實知諸有情類有貪心、離貪心，有瞋心、離瞋心，有癡心、離癡心。」

時，具壽善現白佛言：

「世尊！云何如來、應、正等覺依深般若波羅蜜多，能如實知諸有情類有貪心、離貪心，有瞋心、離瞋心，有癡心、離癡心？」

❶如實性中心心所法不可得故

佛言：

1.「善現！一切如來、應、正等覺依深般若波羅蜜多，能如實知彼諸有情有貪心如實性，非有貪心、非離貪心。何以故？如實性中，心、心所法尚無所有不可得，況有有貪心、離貪心可得！亦如實知彼諸有情有瞋心如實性，非有瞋心，非離瞋心。何以故？如實性中，心、心所法尚無所有不可得，況有有瞋心、離瞋心可得！亦如實知彼諸有情有癡心如實性，非有癡心、非離癡心。何以故？如實性中，心、心所法尚無所有不可得，況有有癡心、離癡心可得！

「善現！如是如來、應、正等覺依深般若波羅蜜多，能如實知彼諸有情有貪心、有瞋心、有癡心。

2.「善現！一切如來、應、正等覺依深般若波羅蜜多，能如實知彼諸有情離貪心如實性，非離貪心、非有貪心。何以故？如實性中，心、心所法尚無所有不可得，況有離貪心、有貪心可得！亦如實知彼諸有情離瞋心如實性，非離瞋心，非有瞋心。何以故？如實性中，心、心所法尚無所有不可得，況有離瞋心、有瞋心可得！亦如實知彼諸有情離癡心如實性，非離癡心、非有癡心。何以故？如實性中，心、心所法尚無所有不可得，況有離癡心、有癡心可得！

「善現！如是如來、應、正等覺依深般若波羅蜜多，能如實知彼諸有情離貪心、離瞋心、離癡心。

❷二心不和合故

「復次，善現！一切如來、應、正等覺依深般若波羅蜜多，能如實知

彼諸有情有貪、瞋、癡心，非有貪、瞋、癡心，非離貪、瞋、癡心。
何以故？如是二心不和合故。

「善現！一切如來、應、正等覺依深般若波羅蜜多，能如實知彼諸有
情離貪、瞋、癡心，非離貪、瞋、癡心，非有貪、瞋、癡心。何以
故？如是二心不和合故。

善現！如是如來、應、正等覺依深般若波羅蜜多，能如實知彼諸有
情有貪心、離貪心，有瞋心、離瞋心，有癡心、離癡心。」*4

(CBETA, T07, no. 220, p. 227, a²⁷–c⁷)

sher phyin: v.027, pp. 622⁰⁴–625⁰² 《合論》：v050, pp. 1361⁰⁵–1363¹²

⑤廣心 (以無自性知)

(35.1.9)知心行廣大

卷 442〈佛母品 46〉：

「復次，善現！一切如來、應、正等覺依深般若波羅蜜多，能如實知諸
有情類所有廣心。」

時，具壽善現白佛言：

「世尊！云何如來、應、正等覺依深般若波羅蜜多，能如實知彼諸有情
所有廣心？」

佛言：

「善現！一切如來、應、正等覺依深般若波羅蜜多，能如實知彼諸有情
所有廣心，無廣無狹、無增無減、無去無來。所以者何？心之自性畢
竟離故，非廣非狹、非增非減、非去非來。何以故？心之自性都無所
有竟不可得，何廣、何狹？何增、何減？何去、何來？善現！如是如
來、應、正等覺依深般若波羅蜜多，能如實知彼諸有情所有廣心。」
*5

(CBETA, T07, no. 220, p. 227, c⁸⁻¹⁹)

sher phyin: v.027, pp. 625⁰³–626⁰² 《合論》：v050, pp. 1363¹³–1364⁰⁸

⑥大心 (以無自性知)

(35.1.10)知於名言中大心

卷 442〈佛母品 46〉：

「復次，善現！一切如來、應、正等覺依深般若波羅蜜多，能如實知諸
有情類所有大心。」

時，具壽善現白佛言：

「世尊！云何如來、應、正等覺依深般若波羅蜜多，能如實知彼諸有情

所有大心？」

佛言：

「善現！一切如來、應、正等覺依深般若波羅蜜多，能如實知彼諸有情
所有大心，無大無小、無去無來、無生無滅、無住無異、無染無淨。
所以者何？心之自性畢竟離故，佛不見彼有大有小、有去有來、有生
有滅、有住有異、有染有淨。何以故？心之自性都無所有竟不可得，
何大、何小？何去、何來？何生、何滅？何住、何異？何染、何淨？
善現！如是如來、應、正等覺依深般若波羅蜜多，能如實知彼諸有情
所有大心。」*5

(CBETA, T07, no. 220, p. 227, c^{19}–p. 228, a^4)

sher phyin:　v.027, pp. 626$^{02-21}$　《合論》：v050, pp. 1364^{09}–1365^{05}

⑦無量心 (以無所依止知)

(35.1.11)知於勝義無量心

卷 442〈佛母品 46〉：

「復次，善現！一切如來、應、正等覺依深般若波羅蜜多，能如實知諸
有情類所有無量心。」

時，具壽善現白佛言：

「世尊！云何如來、應、正等覺依深般若波羅蜜多，能如實知彼諸有情
所有無量心？」

佛言：

「善現！一切如來、應、正等覺依深般若波羅蜜多，能如實知彼諸有情
所有無量心，非有量非無量、非住非不住、非去非不去。所以者何？
心之自性畢竟離故。佛不見彼有量有無量、有住有不住、有去有不去。
何以故？無量心性無所依止，如何可說有量有無量、有住有不住、有
去有不去？此心自性既無所依亦無所有竟不可得，何有量、何無量？
何住、何不住？何去、何不去？善現！如是如來、應、正等覺依深般
若波羅蜜多，能如實知彼諸有情所有無量心。」*6

(CBETA, T07, no. 220, p. 228, a$^{4-18}$)

sher phyin:　v.027, pp. 626^{21}–627^{18}　《合論》：v050, pp. 1365$^{06-21}$

⑧不可見心

❶無見無對心 (以自相空知)

(35.1.12)知心於眼識等無見無對

卷 442〈佛母品 46〉：

「復次，善現！一切如來、應、正等覺依深般若波羅蜜多，能如實知諸有情類所有無見、無對心。」

時，具壽善現白佛言：

「世尊！云何如來、應、正等覺依深般若波羅蜜多，能如實知彼諸有情所有無見、無對心？」

佛言：

「善現！一切如來、應、正等覺依深般若波羅蜜多，能如實知彼諸有情所有無見、無對心皆無心相。何以故？以一切心自相空故。善現！如是如來、應、正等覺依深般若波羅蜜多，能如實知彼諸有情所有無見、無對心。」

(CBETA, T07, no. 220, p. 228, a$^{18-28}$)

sher phyin: v.027, pp. 627^{18}–628^{12} 《合論》: v050, pp. 1366$^{01-16}$

❷無色不可見心 (以自性空知)

(35.1.13)知以五眼心不可見

卷 442〈佛母品 46〉：

「復次，善現！一切如來、應、正等覺依深般若波羅蜜多，能如實知諸有情類所有無色不可見心。」

時，具壽善現白佛言：

「世尊！云何如來、應、正等覺依深般若波羅蜜多，能如實知彼諸有情所有無色不可見心？」

佛言：

「善現！一切如來、應、正等覺依深般若波羅蜜多，能如實知彼諸有情所有無色不可見心，諸佛五眼皆不能見。何以故？以一切心自性空故。善現！如是如來、應、正等覺依深般若波羅蜜多，能如實知彼諸有情所有無色不可見心。」*7 (CBETA, T07, no. 220, p. 228, a^{28}–b^{9})

sher phyin: v.027, pp. 628^{13}–629^{05} 《合論》: v050, pp. 1366^{17}–1367^{09}

(2)別辨四心皆依五蘊生 (人無我相)

(35.1.14)知心出等(等取沒屈申)皆依蘊起皆是補特伽羅無我

又出、沒、屈、申四心，即十四種不可記見，十四見者：(1)依前際有四，謂執我及世間，是常、是無常、二俱、二非。(2)依後際有四，謂執我及世間，有邊、

無邊、二俱、二非。(3)依涅槃有四,謂執如來死後,有、非有、二俱、二非。(4)依身命有二,謂執命者即身、命者異身。

其中:(1)執我及世間是常、是無邊,如來死後有者,名出心,以此執著是於境轉趣相故,如數論外道之見。(2)其執我及世間無常、有邊,如來死後非有者,名沒心,以此執著是於境遮止相故,如斷見外道之見。(3)其執我及世間亦常亦無常,亦有邊亦無邊,如來死後亦有亦無者,名申心,以此執著於進退二相平等轉故,如無慚外道之見。(4)其執我及世間非常非無常,非有邊非無邊,如來死後非有非非有者,名屈心,以彼執著,於進退二相俱遮止故,如犢子部見。(5)其執命者即身,如勝論師;執命者異身,如數論師,亦是出心,以彼執著是於境進趣相故。

又彼十四見皆可收為出沒二心:於境轉趣者即出心;退縮者即沒心故。

卷 442〈佛母品 46〉:
「復次,善現!一切如來、應、正等覺依深般若波羅蜜多,能如實知諸有情類心、心所法,若出若沒、若屈若伸。」*8
時,具壽善現白佛言:
「世尊!云何如來、應、正等覺依深般若波羅蜜多,能如實知彼諸有情心、心所法,若出若沒、若屈若伸。」
佛言:
「善現!一切如來、應、正等覺依深般若波羅蜜多,能如實知彼諸有情出沒屈伸心、心所法,皆依色、受、想、行、識生。

①執我及世間常(出心)、無常(沒心)、二俱(申心)、二非(屈心)

(I)執我及世間,是常、是無常、二俱、二非 (依前際)

善現!如是如來、應、正等覺依深般若波羅蜜多,能如實知彼諸有情心、心所法,若出若沒、若屈若伸:謂諸如來、應、正等覺依深般若波羅蜜多,能如實知彼諸有情出沒屈伸心、心所法,
❶依色執

或依色執我及世間常，此是諦實，餘皆愚妄。或依色執我及世間無常，此是諦實，餘皆愚妄。或依色執我及世間亦常、亦無常，此是諦實，餘皆愚妄。或依色執我及世間非常、非無常，此是諦實，餘皆愚妄。

❷依受執

或依受執我及世間常，此是諦實，餘皆愚妄。或依受執我及世間無常，此是諦實，餘皆愚妄。或依受執我及世間亦常、亦無常，此是諦實，餘皆愚妄。或依受執我及世間非常、非無常，此是諦實，餘皆愚妄。

❸依想執

或依想執我及世間常，此是諦實，餘皆愚妄。或依想執我及世間無常，此是諦實，餘皆愚妄。或依想執我及世間亦常、亦無常，此是諦實，餘皆愚妄。或依想執我及世間非常、非無常，此是諦實，餘皆愚妄。

❹依行執

或依行執我及世間常，此是諦實，餘皆愚妄；或依行執我及世間無常，此是諦實，餘皆愚妄。或依行執我及世間亦常、亦無常，此是諦實，餘皆愚妄。或依行執我及世間非常、非無常，此是諦實，餘皆愚妄。

❺依識執

或依識執我及世間常，此是諦實，餘皆愚妄。或依識執我及世間無常，此是諦實，餘皆愚妄。或依識執我及世間亦常、亦無常，此是諦實，餘皆愚妄。或依識執我及世間非常、非無常，此是諦實，餘皆愚妄。」

*9

(CBETA, T07, no. 220, p. 228, b^{10}–c^{15})

sher phyin:　v.027, pp. 629^{06}–630^{18}《合論》: v050, pp. 1367^{10}–1368^{06}, 1368^{15}-1369^{04}

②執我及世間有邊(沒心)、無邊(出心)、二俱(申心)、二非(屈心)

(II)執我及世間，有邊、無邊、二俱、二非 (依後際)

卷 442〈佛母品 46〉:「

❶依色執

或依色執我及世間有邊，此是諦實，餘皆愚妄。或依色執我及世間無邊，此是諦實，餘皆愚妄。或依色執我及世間亦有邊、亦無邊，此是諦實，餘皆愚妄。或依色執我及世間非有邊、非無邊，此是諦實，餘皆愚妄。

❷依受執

或依受執我及世間有邊，此是諦實，餘皆愚妄。或依受執我及世間無邊，此是諦實，餘皆愚妄。或依受執我及世間亦有邊亦無邊，此是諦實，餘皆愚妄。或依受執我及世間非有邊非無邊，此是諦實，餘皆愚妄。

❸依想執

或依想執我及世間有邊，此是諦實，餘皆愚妄。或依想執我及世間無邊，此是諦實，餘皆愚妄。或依想執我及世間亦有邊亦無邊，此是諦實，餘皆愚妄。或依想執我及世間非有邊非無邊，此是諦實，餘皆愚妄。

❹依行執

或依行執我及世間有邊，此是諦實，餘皆愚妄。或依行執我及世間無邊，此是諦實，餘皆愚妄。或依行執我及世間亦有邊亦無邊，此是諦實，餘皆愚妄。或依行執我及世間非有邊非無邊，此是諦實，餘皆愚妄。

❺依識執

或依識執我及世間有邊，此是諦實，餘皆愚妄。或依識執我及世間無邊，此是諦實，餘皆愚妄。或依識執我及世間亦有邊亦無邊，此是諦實，餘皆愚妄。或依識執我及世間非有邊非無邊，此是諦實，餘皆愚妄。」*10

(CBETA, T07, no. 220, p. 228, c^{15}–p. 229, a^{9})

sher phyin:　v.027, pp. 630^{18}–631^{10}　《合論》: v050, pp. 1369^{05}–1370^{01}

③執如來死後有(出心)、非有(沒心)、二俱(申心)、二非(屈心)

(III)執如來死後，有、非有、二俱、二非 (依涅槃)

卷 442〈佛母品 46〉:

❶依色執

或依色執如來死後有，此是諦實，餘皆愚妄。或依色執如來死後非有，此是諦實，餘皆愚妄。或依色執如來死後亦有亦非有，此是諦實，餘皆愚妄。或依色執如來死後非有非非有，此是諦實，餘皆愚妄。

❷依受執

或依受執如來死後有，此是諦實，餘皆愚妄。或依受執如來死後非有，此是諦實，餘皆愚妄。或依受執如來死後亦有亦非有，此是諦實，餘

皆愚妄。或依受執如來死後非有非非有，此是諦實，餘皆愚妄。

❸依想執

或依想執如來死後有，此是諦實，餘皆愚妄。或依想執如來死後非有，此是諦實，餘皆愚妄。或依想執如來死後亦有亦非有，此是諦實，餘皆愚妄。或依想執如來死後非有非非有，此是諦實，餘皆愚妄。

❹依行執

或依行執如來死後有，此是諦實，餘皆愚妄。或依行執如來死後非有，此是諦實，餘皆愚妄。或依行執如來死後亦有亦非有，此是諦實，餘皆愚妄。或依行執如來死後非有非非有，此是諦實，餘皆愚妄。

❺依識執

或依識執如來死後有，此是諦實，餘皆愚妄。或依識執如來死後非有，此是諦實，餘皆愚妄。或依識執如來死後亦有亦非有，此是諦實，餘皆愚妄。或依識執如來死後非有非非有，此是諦實，餘皆愚妄。*11

善現！如是如來、應、正等覺依深般若波羅蜜多，能如實知彼諸有情心、心所法，若出若沒、若屈若伸。」*12(CBETA, T07, no. 220, p. 229, a¹⁹–b¹⁴)

sher phyin: v.027, pp. 631¹⁸–632⁰⁷ 《合論》: v050, pp. 1368⁰⁶–1368¹⁵

④執我與身一、異(出心)

(IV)執命者即身、命者異身 (依身命)

卷 442〈佛母品 46〉：

❶依色執

或依色執命者即身，此是諦實，餘皆愚妄。或依色執命者異身，此是諦實，餘皆愚妄。

❷依受執

或依受執命者即身，此是諦實，餘皆愚妄。或依受執命者異身，此是諦實，餘皆愚妄。

❸依想執

或依想執命者即身，此是諦實，餘皆愚妄。或依想執命者異身，此是諦實，餘皆愚妄。

❹依行執

或依行執命者即身，此是諦實，餘皆愚妄。或依行執命者異身，此是諦實，餘皆愚妄。

❺依識執

或依識執命者即身，此是諦實，餘皆愚妄。或依識執命者異身，此是諦實，餘皆愚妄。」*13

(CBETA, T07, no. 220, p. 229, a$^{9-19}$)

sher phyin: v.027, pp. 631^{10}–632^{07} 《合論》: v050, pp. 1370$^{01-10}$

3.示諸法如無二無別
(1)依五蘊辨真如

(35.1.15)知除此人無我相而知其餘出沒心等真實空之真如相

卷 442〈佛母品 46〉：

「復次，善現！一切如來、應、正等覺於深般若波羅蜜多，如實知色，亦如實知受、想、行、識。」

時，具壽善現白佛言：

「世尊！云何如來、應、正等覺依深般若波羅蜜多，如實知色，亦如實知受、想、行、識？」

佛言：

「善現！一切如來、應、正等覺依深般若波羅蜜多，如實知色如真如無變異、無分別、無相狀、無作用、無戲論、無所得，亦如實知受、想、行、識如真如無變異、無分別、無相狀、無作用、無戲論、無所得。善現！如是如來、應、正等覺依深般若波羅蜜多，如實知色，亦如實知受、想、行、識。」*14

(CBETA, T07, no. 220, p. 229, b$^{15-25}$)

sher phyin: v.027, pp. 632$^{07-21}$ 《合論》: v050, pp. 1370^{11}–1371^{06}

(2)依一切法辨真如

(35.1.16)知能仁自證彼真如復為他開示建立

卷 442〈佛母品 46〉：

「復次，善現！五蘊真如即有情真如，有情真如即出沒屈申真如，出沒屈申真如即五蘊真如，五蘊真如即十二處真如，十二處真如即十八界真如，十八界真如即一切法真如，一切法真如即六波羅蜜多真如，六波羅蜜多真如即三十七菩提分法真如，三十七菩提分法真如即十八空真如，十八空真如即八解脫真如，八解脫真如即八勝處真如，八勝處真如即九次第定真如，九次第定真如即如來十力真如，如來十力真如即四無所畏真如，四無所畏真如即四無礙解真如，四無礙解真如即大慈、大悲、大

喜、大捨真如，大慈、大悲、大喜、大捨真如即十八佛不共法真如，十八佛不共法真如即一切智真如，一切智真如即道相智真如，道相智真如即一切相智真如，一切相智真如即善法真如，善法真如即不善法真如，不善法真如即無記法真如，無記法真如即世間法真如，世間法真如即出世間法真如，出世間法真如即有漏法真如，有漏法真如即無漏法真如，無漏法真如即有為法真如，有為法真如即無為法真如，無為法真如即過去法真如，過去法真如即未來法真如，未來法真如即現在法真如，現在法真如即預流果真如，預流果真如即一來果真如，一來果真如即不還果真如，不還果真如即阿羅漢果真如，阿羅漢果真如即獨覺菩提真如，獨覺菩提真如即一切菩薩摩訶薩行真如，一切菩薩摩訶薩行真如即諸佛無上正等菩提真如，諸佛無上正等菩提真如即一切如來、應、正等覺真如，一切如來、應、正等覺真如即一切有情真如。*14

(3)佛依般若證諸法真如無二無別

「善現！若一切如來、應、正等覺真如，若一切有情真如，若一切法真如，無二無二處，是一真如，如是真如無別異故，無壞、無盡，不可分別。善現！一切如來、應、正等覺依深般若波羅蜜多，證一切法真如究竟，乃得無上正等菩提，由此故說甚深般若波羅蜜多能生諸佛，是諸佛母，能示諸佛世間實相。善現！如是如來、應、正等覺依深般若波羅蜜多，能如實覺知一切法真如不虛妄性、不變異性。由如實覺真如相，故說名如來、應、正等覺。」*14

(4)真如無盡故甚深 (佛自證真如又為他開示)

時，具壽善現白佛言：

「世尊！甚深般若波羅蜜多所證一切法真如不虛妄性、不變異性，極為甚深難見難覺。世尊！一切如來、應、正等覺皆用一切法真如不虛妄性、不變異性，顯示分別諸佛無上正等菩提。世尊！一切法真如甚深誰能信解？唯有不退位菩薩摩訶薩，及具正見漏盡阿羅漢，聞佛說此甚深真如能生信解，如來為彼依自所證真如之相顯示分別。」

佛言：

「善現！如是！如是！如汝所說。所以者何？善現！真如無盡是故甚深，唯有如來現等正覺無盡真如。」

時，具壽善現白佛言：「世尊！佛由誰證無盡真如？」

佛言：「善現！佛由真如能證如是無盡真如。」

時，具壽善現復白佛言：「世尊！如來證誰無盡真如？」

佛言：

「善現！證一切法無盡真如。善現！一切如來、應、正等覺證得一切法無
盡真如故，獲得無上正等菩提，為諸有情分別顯示一切法真如相，由此
故名真實說者。」*15 （CBETA, T07, no. 220, p. 229, b²⁵–p. 230, a²⁵）

sher phyin: v.027, pp. 632²¹–637⁰² 《合論》: v050, pp. 1371⁰⁷–1375¹⁰

(2)道相智加行相（十六相）　35.2

4.如來解說般若相
(1)正說般若諸相

(35.2.1)依道相智加行般若波羅蜜多了知空性

(35.2.2)了知無相

(35.2.3)了知無願

卷 442〈示相品 47〉：「第二分示相品第四十七之一

爾時，三千大千世界所有欲界、色界諸天，各以種種天妙花香遙散世尊而
為供養，來詣佛所頂禮雙足，却住一面俱白佛言：

「世尊所說甚深般若波羅蜜多以何為相？」

爾時，佛告諸天眾言：

「1.甚深般若波羅蜜多以空為相；2.甚深般若波羅蜜多以無相為相；3.甚深
般若波羅蜜多以無願為相。」（CBETA, T07, no. 220, p. 230, a²⁶–b³）

sher phyin: v.027, pp. 637⁰³⁻¹³ 《合論》: v.050, pp. 1375¹¹–1376⁰⁴

(35.2.4~35.2.11 為菩薩八相之智)

(35.2.4)了知勝義無生

(35.2.5)了知勝義無滅

(35.2.6)了知勝義無染

(35.2.7)了知勝義無淨

(35.2.8)了知勝義無所取性　（無相）

(35.2.9)了知勝義無自體性　（無性）

(35.2.10)了知勝義無所依

(35.2.11)了知勝義如虛空相

卷 442〈示相品 47〉：

「4.甚深般若波羅蜜多以無造無作為相，5.甚深般若波羅蜜多以無生無滅
為相，

6.甚深般若波羅蜜多以無染無淨為相，7.甚深般若波羅蜜多以無性無相
為相，

8.甚深般若波羅蜜多以無依無住為相，9.甚深般若波羅蜜多以非斷非常
為相，

10.甚深般若波羅蜜多以非一非異為相，11.甚深般若波羅蜜多以無來無去
為相，

12.甚深般若波羅蜜多以虛空為相，

甚深般若波羅蜜多有如是等無量諸相。*16

(2)依世諦說，不依勝義

「諸天當知！如是諸相，一切如來、應、正等覺為欲饒益世間天、人、阿
素洛等，依世俗諦以想等想施設言說，不依勝義。」*17

(CBETA, T07, no. 220, p. 230, b⁴⁻¹⁵)

sher phyin:　v.027, pp. 637¹⁵–638¹⁰　《合論》：v.050, pp. 1376⁰⁵⁻¹⁵

(3)般若諸相，世間無能壞者

(35.2.12)了知法性勝義無破壞相

①世間天人等皆有相故

卷 442〈示相品 47〉：

「諸天當知！甚深般若波羅蜜多如是諸相，世間天、人、阿素洛等皆不
能壞。何以故？世間天、人、阿素洛等皆有相故。

②相不能破相等

❶相不能破相

諸天當知！諸相不能破壞諸相，

❷相不能知相

諸相不能了知諸相，

❸相不能知無相

諸相不能破壞無相，諸相不能了知無相，

❹無相不能知相

無相不能破壞諸相，無相不能了知諸相，無相不能破壞無相，無相不
能了知無相。

❺相、無相、相無相皆不可得

何以故？若相、若無相、若相無相皆無所有，能破、能知、所破、所
知、破者、知者不可得故。」*18　(CBETA, T07, no. 220, p. 230, b¹⁵⁻²⁴)

sher phyin:　v.027, pp. 638¹¹⁻¹⁹　《合論》：v.050, pp. 1376¹⁶–1377⁰²

(4)如實知諸法實相

①般若諸相非諸法所作

(35.2.13)了知於勝義中以覺為先無造作性
(知先(之)前心無作)

卷 442〈示相品 47〉：

「諸天當知！如是諸相非色所作，非受、想、行、識所作；非眼處所作，非耳、鼻、舌、身、意處所作；非色處所作，非聲、香、味、觸、法處所作；非眼界所作，非耳、鼻、舌、身、意界所作；非色界所作，非聲、香、味、觸、法界所作；非眼識界所作，非耳、鼻、舌、身、意識界所作；非眼觸所作，非耳、鼻、舌、身、意觸所作；非眼觸為緣所生諸受所作，非耳、鼻、舌、身、意觸為緣所生諸受所作；非布施波羅蜜多所作，非淨戒、安忍、精進、靜慮、般若波羅蜜多所作；非內空所作，非外空、內外空、空空、大空、勝義空、有為空、無為空、畢竟空、無際空、散無散空、本性空、自共相空、一切法空、不可得空、無性空、自性空、無性自性空所作；非真如所作，非法界、法性、不虛妄性、不變異性、平等性、離生性、法定、法住、實際、虛空界、不思議界所作；非苦聖諦所作，非集、滅、道聖諦所作；非四靜慮所作，非四無量、四無色定所作；非八解脫所作，非八勝處、九次第定、十遍處所作；非四念住所作，非四正斷、四神足、五根、五力、七等覺支、八聖道支所作；非空解脫門所作，非無相、無願解脫門所作；非淨觀地所作，非種性地、第八地、具見地、薄地、離欲地、已辦地、獨覺地、菩薩地、如來地所作；非極喜地所作，非離垢地、發光地、焰慧地、極難勝地、現前地、遠行地、不動地、善慧地、法雲地所作；非五眼所作，非六神通所作；非如來十力所作，非四無所畏、四無礙解、大慈、大悲、大喜、大捨、十八佛不共法所作；非三十二大士相所作，非八十隨好所作；非無忘失法所作，非恒住捨性所作；非一切陀羅尼門所作，非一切三摩地門所作；非一切智所作，非道相智、一切相智所作。」*19　(CBETA, T07, no. 220, p. 230, b²⁴–c²⁶)

sher phyin:　v.027, pp. 638¹⁹–639¹⁵　《合論》: v.050, pp. 1377⁰³–1378⁰³

②般若諸相非天、人、非人所作

(35.2.14)了知勝義無分別

卷 442〈示相品 47〉：

「諸天當知！如是諸相非天所作、非非天所作、非人所作非非人所作，

非天所有非非天所有、非人所有非非人所有，非有漏非無漏，非世間非出世間，非有為非無為，無所繫屬不可宣說。

「諸天當知！甚深般若波羅蜜多遠離眾相，不應問言甚深般若波羅蜜多以何為相。汝諸天等於意云何？設有問言虛空何相，如是發問為正問不？」

諸天答言：

「不也！世尊！不也！善逝！何以故？虛空無體、無相、無為，不應問故。」

(CBETA, T07, no. 220, p. 230, c²⁶–p. 231, a⁶)

sher phyin: v.027, pp. 639¹⁵–640⁰² 《合論》: v.050, pp. 1378⁰⁴⁻¹³

③如實知諸法相，名為如來

卷442〈示相品47〉:「世尊告曰：

「甚深般若波羅蜜多亦復如是，不應為問。然諸法相有佛無佛，法界法住，佛於此相如實覺知，故名如來、應、正等覺。」*19

5.諸天解佛所說義

(1)諸天所解

(35.2.15)了知能相所相等差別勝義非有

①佛得無相故，成就無礙智

時，諸天眾俱白佛言：

「如來所覺如是諸相，極為甚深，難見難覺。如來現覺如是相故，於一切法無礙智轉。一切如來、應、正等覺住如是相，分別開示甚深般若波羅蜜多，為諸有情集諸法相，方便開示，令於般若波羅蜜多得無礙智。

②住諸法實相中，分別開示諸法別相

「希有！世尊！甚深般若波羅蜜多是諸如來、應、正等覺常所行處，去、來、今世一切如來、應、正等覺行是處故，證得無上正等菩提，為諸有情分別開示一切法相。謂分別開示色相，分別開示受、想、行、識相；分別開示眼處相，分別開示耳、鼻、舌、身、意處相；分別開示色處相，分別開示聲、香、味、觸、法處相；分別開示眼界相，分別開示耳、鼻、舌、身、意界相；分別開示色界相，分別開示聲、香、味、觸、法界相；分別開示眼識界相，分別開示耳、鼻、舌、身、意識界相；分別開示眼觸相，分別開示耳、鼻、舌、身、意觸相；分別

開示眼觸為緣所生諸受相，分別開示耳、鼻、舌、身、意觸為緣所生諸受相；分別開示布施波羅蜜多相，分別開示淨戒、安忍、精進、靜慮、般若波羅蜜多相；分別開示內空相，分別開示外空、內外空、空空、大空、勝義空、有為空、無為空、畢竟空、無際空、散無散空、本性空、自共相空、一切法空、不可得空、無性空、自性空、無性自性空相；分別開示真如相，分別開示法界、法性、不虛妄性、不變異性、平等性、離生性、法定、法住、實際、虛空界、不思議界相；分別開示苦聖諦相，分別開示集、滅、道聖諦相；分別開示四靜慮相，分別開示四無量、四無色定相；分別開示八解脫相，分別開示八勝處、九次第定、十遍處相；分別開示四念住相，分別開示四正斷、四神足、五根、五力、七等覺支、八聖道支相；分別開示空解脫門相，分別開示無相、無願解脫門相；分別開示淨觀地相，分別開示種性地、第八地、具見地、薄地、離欲地、已辦地、獨覺地、菩薩地、如來地相；分別開示極喜地相，分別開示離垢地、發光地、焰慧地、極難勝地、現前地、遠行地、不動地、善慧地、法雲地相；分別開示五眼相，分別開示六神通相；分別開示如來十力相，分別開示四無所畏、四無礙解、大慈、大悲、大喜、大捨、十八佛不共法相；分別開示三十二大士相相，分別開示八十隨好相；分別開示無忘失法相，分別開示恒住捨性相；分別開示一切陀羅尼門相，分別開示一切三摩地門相；分別開示預流果相，分別開示一來、不還、阿羅漢果、獨覺菩提相；分別開示一切菩薩摩訶薩行相，分別開示諸佛無上正等菩提相；分別開示一切智相，分別開示道相智、一切相智相。」*20

(CBETA, T07, no. 220, p. 231, a⁶–b²⁸)

sher phyin: v.027, pp. 640⁰²–641⁰⁷ 《合論》: v.050, pp. 1378¹⁴–1379¹⁷

(2)如來述成

①如實覺諸法相即是無相

(35.2.16)了知於勝義中無性相

卷443〈示相品47〉:「第二分示相品第四十七之二

爾時，佛告諸天眾言：

「如是！如是！如汝所說。諸天當知！一切法相如來如實覺為無相，謂變礙是色相，如來如實覺為無相；領納是受相，如來如實覺為無相；取像是想相，如來如實覺為無相；造作是行相，如來如實覺為無相；了別是識相，如來如實覺為無相；苦惱聚是蘊相，如來如實覺為無相；

生長門是處相，如來如實覺為無相；多毒害是界相，如來如實覺為無相；能惠捨是布施波羅蜜多相，如來如實覺為無相；無熱惱是淨戒波羅蜜多相，如來如實覺為無相；不忿恚是安忍波羅蜜多相，如來如實覺為無相；不可屈是精進波羅蜜多相，如來如實覺為無相；無散亂是靜慮波羅蜜多相，如來如實覺為無相；無執著是般若波羅蜜多相，如來如實覺為無相；無所有是內空等相，如來如實覺為無相；不顛倒是真如等相，如來如實覺為無相；不虛妄是四聖諦相，如來如實覺為無相；無憂惱是四靜慮相，如來如實覺為無相；無限礙是四無量相，如來如實覺為無相；無諠雜是四無色定相，如來如實覺為無相；無繫縛是八解脫相，如來如實覺為無相；能制伏是八勝處相，如來如實覺為無相；能寂靜是九次第定相，如來如實覺為無相；無邊際是十遍處相，如來如實覺為無相；能出離是三十七菩提分法相，如來如實覺為無相；能遠離是空解脫門相，如來如實覺為無相；無取著是無相解脫門相，如來如實覺為無相；無所求是無願解脫門相，如來如實覺為無相；攝淨位是三乘十地相，如來如實覺為無相；趣大覺是菩薩十地相，如來如實覺為無相；能觀照是五眼相，如來如實覺為無相；無滯礙是六神通相，如來如實覺為無相；難屈伏是如來十力相，如來如實覺為無相；無怯懼是四無所畏相，如來如實覺為無相；無斷絕是四無礙解相，如來如實覺為無相；與利樂是大慈相，如來如實覺為無相；拔衰苦是大悲相，如來如實覺為無相；慶善事是大喜相，如來如實覺為無相；棄雜穢是大捨相，如來如實覺為無相；餘絕分是十八佛不共法相，如來如實覺為無相；能嚴飾是相好相，如來如實覺為無相；能憶念是無忘失法相，如來如實覺為無相；無所執是恒住捨性相，如來如實覺為無相；遍攝持是一切陀羅尼門相，如來如實覺為無相；遍攝受是一切三摩地門相，如來如實覺為無相；善受教是四沙門果相，如來如實覺為無相；自開悟是獨覺菩提相，如來如實覺為無相；能辦大事是一切菩薩摩訶薩行相，如來如實覺為無相；具大作用是諸佛無上正等菩提相，如來如實覺為無相；現正等覺是一切智相，如來如實覺為無相；極善通達是道相智相，如來如實覺為無相；現等別覺是一切相智相，如來如實覺為無相。(凡夫所知，諸相各異，佛知皆是無相(空相)。此諸法相，轉名般若波羅蜜。)

②如實覺諸法無相，名無礙智

「諸天當知！一切如來、應、正等覺於如是等一切法相，皆能如實覺為

無相，是故我說一切如來、應、正等覺智見無礙無與等者。」

(CBETA, T07, no. 220, p. 231, c^6–p. 232, b^5)

sher phyin: v.027, pp. 641^07–643^12 《合論》：v.050, pp. 1379^18–1381^20

(3)一切相智加行相 (十六相)　　35.3

6.般若能示世間諸法實相
(1)佛於般若知恩報恩
①依止般若而住

(35.3.1)了知如來依真如法現法樂住

卷 443〈示相品 47〉：

「爾時，世尊告具壽善現曰：「善現當知！甚深般若波羅蜜多是諸佛母，
甚深般若波羅蜜多能示世間諸法實相，是故如來、應、正等覺依法而
住。」

(CBETA, T07, no. 220, p. 232, b^6–9)

sher phyin: v.027, pp. 643^12–17 《合論》：v.050, pp. 1382^01–06

②供養護持般若

(35.3.2)了知恭敬善知識
(35.3.3)了知尊重善知識不違師教
(35.3.4)了知承事善知識令師歡喜
(35.3.5)了知以香花等供養善知識

卷 443〈示相品 47〉：

「供養恭敬、尊重讚歎、攝受護持所依住法，此法即是甚深般若波羅蜜
多。一切如來、應、正等覺無不依止甚深般若波羅蜜多，供養恭敬、
尊重讚歎、攝受護持。何以故？善現！一切如來、應、正等覺，皆因
如是甚深般若波羅蜜多而得生長。甚深般若波羅蜜多與諸如來、應、
正等覺作所依處，能示世間諸法實相。

「善現當知！一切如來、應、正等覺是知恩者、能報恩者。善現！若有
問言：『誰是知恩能報恩者？』應正答言：『佛是知恩能報恩者。』何
以故？一切世間知恩、報恩無過佛故。」

時，具壽善現白佛言：「世尊！云何如來、應、正等覺知恩報恩？」

佛言：

「善現！一切如來、應、正等覺乘如是乘行如是道，來至無上正等菩提。

得菩提已，於一切時供養恭敬、尊重讚歎、攝受護持是乘、是道，常無暫廢，此乘此道當知即是甚深般若波羅蜜多。善現！是名如來、應、正等覺知恩報恩。」*21 （CBETA, T07, no. 220, p. 232, b⁹⁻²⁶）

sher phyin: v.027, pp. 643¹⁷–644¹⁴ 《合論》: v.050, pp. 1382⁰⁷–1383⁰⁶

(2)佛依般若知諸法無作無成，能示世間相

①佛是真實知恩報恩者 (雖知諸法無作而供養般若)

(35.3.6) 了知勝義無作用

卷 443〈示相品 47〉：

「復次，善現！一切如來、應、正等覺無不皆依甚深般若波羅蜜多，覺一切法皆無作用，以能作者無所有故。一切如來、應、正等覺無不皆依甚深般若波羅蜜多，覺一切法無所成辦，以諸形質不可得故。善現！以諸如來、應、正等覺知依如是甚深般若波羅蜜多，覺一切法皆無作用，無所成辦，於一切時供養恭敬、尊重讚歎，攝受護持曾無間斷，故名真實知恩報恩。」*21*22

（CBETA, T07, no. 220, p. 232, b²⁶–c⁵）

sher phyin: v.027, pp. 644¹⁴⁻²⁰ 《合論》: v.050, pp. 1383⁰⁷⁻¹¹

②諸法無作無成無生智轉

(35.3.7) 了知遍行一切所知

卷 443〈示相品 47〉：

「復次，善現！一切如來、應、正等覺無不皆依甚深般若波羅蜜多，於一切法無作、無成、無生智轉，復能知此無轉因緣。是故，應知甚深般若波羅蜜多，能生如來、應、正等覺，亦能如實示世間相。」*22

（CBETA, T07, no. 220, p. 232, c⁵⁻⁹）

sher phyin: v.027, pp. 644²⁰–645⁰⁴ 《合論》: v.050, pp. 1383¹²⁻¹⁶

③依世俗說能生能示

(35.3.8) 了知於勝義中示現真實義全無所見

卷 443〈示相品 47〉：「爾時，具壽善現白佛言：

「世尊！如來常說一切法性無生、無起、無知、無見，如何可說甚深般若波羅蜜多，能生如來、應、正等覺，能示世間諸法實相？」

佛告善現：

「如是！如是！如汝所說。一切如來、應、正等覺說一切法無生、無起、無知、無見。依世俗說甚深般若波羅蜜多，能生如來、應、正等覺，亦能如實示世間相。」*22

④諸法實無生無起、無知無見

時，具壽善現白佛言：「世尊！云何諸法無生、無起、無知、無見？」

佛言：

「善現！以一切法空無所有，皆不自在、虛誑不堅故，一切法無生、無起、無知、無見。復次，善現！一切法性無所依止，無所繫屬，由此因緣，無生、無起、無知、無見。善現當知！甚深般若波羅蜜多雖生如來、應、正等覺，亦能示現世間實相，而無所生亦無所示。*22

(3)不緣境生識，不見諸法故，般若能示世間實相

「善現當知！甚深般若波羅蜜多，不見色故，名示色相；不見受、想、行、識故，名示受、想、行、識相。不見眼處故，名示眼處相；不見耳、鼻、舌、身、意處故，名示耳、鼻、舌、身、意處相。不見色處故，名示色處相；不見聲、香、味、觸、法處故，名示聲、香、味、觸、法處相。不見眼界故，名示眼界相；不見耳、鼻、舌、身、意界故，名示耳、鼻、舌、身、意界相。不見色界故，名示色界相；不見聲、香、味、觸、法界故，名示聲、香、味、觸、法界相。不見眼識界故，名示眼識界相；不見耳、鼻、舌、身、意識界故，名示耳、鼻、舌、身、意識界相。不見眼觸故，名示眼觸相；不見耳、鼻、舌、身、意觸故，名示耳、鼻、舌、身、意觸相。不見眼觸為緣所生諸受故，名示眼觸為緣所生諸受相；不見耳、鼻、舌、身、意觸為緣所生諸受故，名示耳、鼻、舌、身、意觸為緣所生諸受相。不見地界故，名示地界相；不見水、火、風、空、識界故，名示水、火、風、空、識界相。不見無明故，名示無明相；不見行識、名色、六處、觸、受、愛、取、有、生、老死愁歎苦憂惱故，名示行乃至老死愁歎苦憂惱相。不見布施波羅蜜多故，名示布施波羅蜜多相；不見淨戒、安忍、精進、靜慮、般若波羅蜜多故，名示淨戒乃至般若波羅蜜多相。不見內空故，名示內空相；不見外空、內外空、空空、大空、勝義空、有為空、無為空、畢竟空、無際空、散無散空、本性空、自共相空、一切法空、不可得空、無性空、自性空、無性自性空故，名示外空乃至無性自性空相。不見真如故，名示真如相；不見法界、法性、不虛妄性、不變異性、平等性、離生性、法定、法住、實際、虛空界、不思議界故，名示法界乃至不思議界相。不見苦聖諦故，名示苦聖諦相；不見集、滅、道聖諦故，名示集、滅、道聖諦相。不見四靜慮故，名示四靜慮相；不見四無量、四無色定故，名示四無量、四無色定相。不見八解

脫故，名示八解脫相；不見八勝處、九次第定、十遍處故，名示八勝
處、九次第定、十遍處相。不見四念住故，名示四念住相；不見四正
斷、四神足、五根、五力、七等覺支、八聖道支故，名示四正斷乃至
八聖道支相。不見空解脫門故，名示空解脫門相；不見無相、無願解
脫門故，名示無相、無願解脫門相。不見三乘十地故，名示三乘十地
相；不見菩薩十地故，名示菩薩十地相。不見五眼故，名示五眼相；
不見六神通故，名示六神通相。不見如來十力故，名示如來十力相；
不見四無所畏、四無礙解、大慈、大悲、大喜、大捨、十八佛不共法
故，名示四無所畏乃至十八佛不共法相。不見三十二大士相故，名示
三十二大士相相；不見八十隨好故，名示八十隨好相。不見無忘失法
故，名示無忘失法相；不見恒住捨性故，名示恒住捨性相。不見一切
陀羅尼門故，名示一切陀羅尼門相；不見一切三摩地門故，名示一切
三摩地門相。不見預流果故，名示預流果相；不見一來、不還、阿羅
漢果、獨覺菩提故，名示一來、不還、阿羅漢果、獨覺菩提相。不見
一切菩薩摩訶薩行故，名示一切菩薩摩訶薩行相；不見諸佛無上正等
菩提故，名示諸佛無上正等菩提相。不見一切智故，名示一切智相；
不見道相智、一切相智故，名示道相智、一切相智相。善現！由如是
義，甚深般若波羅蜜多能示世間諸法實相，名如來母能生如來。」

爾時，具壽善現白佛言：

「世尊！云何如是甚深般若波羅蜜多不見色故，名示色相；不見受、想、
行、識故，名示受、想、行、識相？如是乃至不見一切智故，名示一
切智相；不見道相智、一切相智故，名示道相智、一切相智相？」

佛告善現：

「甚深般若波羅蜜多，由不緣色而生於識，是為不見色故，名示色相；
不緣受、想、行、識而生於識，是為不見受、想、行、識故，名示受、
想、行、識相。如是乃至由不緣一切智而生於識，是為不見一切智故，
名示一切智相；不緣道相智、一切相智而生於識，是為不見道相智、
一切相智故，名示道相智、一切相智相。善現！由如是義，甚深般若
波羅蜜多能示世間諸法實相，名如來母能生如來。」*23

(CBETA, T07, no. 220, p. 232, c^{10}–p. 233, c^{11})

sher phyin: v.027, pp. 644^{04}–647^{10} 《合論》: v.050, pp. 1383^{17}–1386^{08}

7.世間諸實相

(1)廣顯世間空

　①正說世間空

(35.3.9)了知世間空相

(35.3.10)了知宣說世間空性

　　卷443〈示相品47〉：

「復次，善現！甚深般若波羅蜜多，能為如來顯世間空故名如來母，能
　示如來世間實相。」

時，具壽善現白佛言：

「世尊！云何如是甚深般若波羅蜜多，能為如來顯世間空？」

佛言：

「善現！甚深般若波羅蜜多，能為如來顯色世間空，顯受、想、行、識
　世間空；顯眼處世間空，顯耳、鼻、舌、身、意處世間空；顯色處世
　間空，顯聲、香、味、觸、法處世間空；顯眼界世間空，顯耳、鼻、
　舌、身、意界世間空；顯色界世間空，顯聲、香、味、觸、法界世間
　空；顯眼識界世間空，顯耳、鼻、舌、身、意識界世間空；顯眼觸世
　間空，顯耳、鼻、舌、身、意觸世間空；顯眼觸為緣所生諸受世間空，
　顯耳、鼻、舌、身、意觸為緣所生諸受世間空；顯地界世間空，顯水、
　火、風、空、識界世間空；顯十二支緣起世間空；顯我見為根本六十
　二見世間空；顯十善業道世間空；顯四靜慮世間空，顯四無量、四無
　色定世間空；顯布施波羅蜜多世間空，乃至顯般若波羅蜜多世間空；
　顯內空世間空，乃至顯無性自性空世間空；顯苦聖諦世間空，顯集、
　滅、道聖諦世間空；顯八解脫世間空，顯八勝處、九次第定、十遍處
　世間空；顯四念住世間空，乃至顯八聖道支世間空；顯空解脫門世間
　空，顯無相、無願解脫門世間空；顯三乘十地世間空，顯菩薩十地世
　間空；顯五眼世間空，顯六神通世間空；顯佛十力世間空，乃至顯十
　八佛不共法世間空；顯三十二大士相世間空，顯八十隨好世間空；顯
　無忘失法世間空，顯恒住捨性世間空；顯一切陀羅尼門世間空，顯一
　切三摩地門世間空；顯預流果世間空，乃至顯獨覺菩提世間空；顯一
　切菩薩摩訶薩行世間空，顯諸佛無上正等菩提世間空；顯一切智世間
　空，顯道相智、一切相智世間空。善現！由如是義，甚深般若波羅蜜
　多能示如來世間實相，名如來母能生如來。」*24

（CBETA, T07, no. 220, p. 233, c[11]–p. 234, a[17]）

sher phyin:　v.027, pp. 647[10]–648[11]　《合論》: v.050, pp. 1386[09]–1387[12]

②依般若顯受、想、思、了世間空

(35.3.11)了知證知世間空性

卷 443〈示相品 47〉：

「復次，善現！一切如來、應、正等覺依深般若波羅蜜多，能為世間顯
色世間空，顯受、想、行、識世間空，如是乃至顯一切智世間空，顯
道相智、一切相智世間空，令諸世間受世間空、想世間空、思世間空、
了世間空。善現！由如是義，甚深般若波羅蜜多，能示如來、應、正
等覺世間實相，名如來母能生如來。」*24

(CBETA, T07, no. 220, p. 234, a^{18–24})

sher phyin: v.027, pp. 648^{11}–649^{13} 《合論》：v.050, pp. 1387^{12}–1388^{03}

③現見世間空

(35.3.12)了知現見世間空性

卷 443〈示相品 47〉：

「復次，善現！甚深般若波羅蜜多，能使如來、應、正等覺見世間空。
見何等世間空？謂見色世間空，見受、想、行、識世間空，如是乃至
見一切智世間空，見道相智、一切相智世間空。善現！由如是義，甚
深般若波羅蜜多，能示如來、應、正等覺世間實相，名如來母能生如
來。」*24

(CBETA, T07, no. 220, p. 234, a^{24}–b^1)

sher phyin: v.027, pp. 650^{05–19} 《合論》：v.050, pp. 1388^{04}–1388^{18}

(2)不可思議相

(35.3.13)了知顯示諸法法性無分別心不可思議

卷 443〈示相品 47〉：

「復次，善現！甚深般若波羅蜜多，能示如來、應、正等覺世間不可思議
相，名如來母能示如來世間實相。」

時，具壽善現白佛言：

「世尊！云何如是甚深般若波羅蜜多，能示如來、應、正等覺世間不可思
議相？」

佛言：

「善現！甚深般若波羅蜜多，能示如來、應、正等覺色世間不可思議相，
受、想、行、識世間不可思議相，如是乃至一切智世間不可思議相，道
相智、一切相智世間不可思議相。善現！由如是義，甚深般若波羅蜜多，
能示如來、應、正等覺世間實相，名如來母，能生如來。」*25

(CBETA, T07, no. 220, p. 234, b$^{1-12}$)

(3)世間遠離相

(35.3.14)了知顯示於勝義中戲論寂靜

卷 443〈示相品 47〉：

「復次，善現！甚深般若波羅蜜多，能示如來、應、正等覺世間遠離相，名如來母，能示如來世間實相。」

時，具壽善現白佛言：

「世尊！云何如是甚深般若波羅蜜多，能示如來、應、正等覺世間遠離相？」

佛言：

「善現！甚深般若波羅蜜多，能示如來、應、正等覺色世間遠離相，受、想、行、識世間遠離相，如是乃至一切智世間遠離相，道相智、一切相智世間遠離相。善現！由如是義，甚深般若波羅蜜多，能示如來、應、正等覺世間實相，名如來母能生如來。*25

(4)世間寂靜相

「復次，善現！甚深般若波羅蜜多，能示如來、應、正等覺世間寂靜相，名如來母，能示如來世間實相。」

時，具壽善現白佛言：

「世尊！云何如是甚深般若波羅蜜多，能示如來、應、正等覺世間寂靜相？」

佛言：

「善現！甚深般若波羅蜜多，能示如來、應、正等覺色世間寂靜相，受、想、行、識世間寂靜相，如是乃至一切智世間寂靜相，道相智、一切相智世間寂靜相。善現！由如是義，甚深般若波羅蜜多，能示如來、應、正等覺世間實相，名如來母能生如來。」*25

(CBETA, T07, no. 220, p. 234, b^{12}-c^2)

sher phyin: v.027, pp. 649^{13}–650^{05} 《合論》：v.050, pp. 1388^{19}–1389^{11}

(5)世間畢竟空相

(35.3.15)了知<u>世間滅真實有</u>

卷 443〈示相品 47〉：

「復次，善現！甚深般若波羅蜜多，能示如來、應、正等覺世間畢竟空相，名如來母，能示如來世間實相。」

時，具壽善現白佛言：

「世尊！云何如是甚深般若波羅蜜多，能示如來、應、正等覺世間畢竟空相？」

佛言：

「善現！甚深般若波羅蜜多，能示如來、應、正等覺色世間畢竟空相，受、想、行、識世間畢竟空相，如是乃至一切智世間畢竟空相，道相智、一切相智世間畢竟空相。善現！由如是義，甚深般若波羅蜜多，能示如來、應、正等覺世間實相，名如來母能生如來。

(6)世間無性空相

「復次，善現！甚深般若波羅蜜多，能示如來、應、正等覺世間無性空相，名如來母，能示如來世間實相。」

時，具壽善現白佛言：

「世尊！云何如是甚深般若波羅蜜多，能示如來、應、正等覺世間無性空相？」

佛言：

「善現！甚深般若波羅蜜多，能示如來、應、正等覺色世間無性空相，受、想、行、識世間無性空相，如是乃至一切智世間無性空相，道相智、一切相智世間無性空相。善現！由如是義，甚深般若波羅蜜多，能示如來、應、正等覺世間實相，名如來母能生如來。

(7)世間自性空相

「復次，善現！甚深般若波羅蜜多，能示如來、應、正等覺世間自性空相，名如來母，能示如來世間實相。」

時，具壽善現白佛言：

「世尊！云何如是甚深般若波羅蜜多，能示如來、應、正等覺世間自性空相？」

佛言：

「善現！甚深般若波羅蜜多，能示如來、應、正等覺色世間自性空相，受、想、行、識世間自性空相，如是乃至一切智世間自性空相，道相智、一切相智世間自性空相。善現！由如是義，甚深般若波羅蜜多，能示如來、應、正等覺世間實相，名如來母能生如來。

(8)世間無性自性空相

「復次，善現！甚深般若波羅蜜多，能示如來、應、正等覺世間無性自性空相，名如來母，能示如來世間實相。」

時，具壽善現白佛言：

「世尊！云何如是甚深般若波羅蜜多，能示如來、應、正等覺世間無性自性空相？」

佛言：

「善現！甚深般若波羅蜜多，能示如來、應、正等覺色世間無性自性空相，受、想、行、識世間無性自性空相，如是乃至一切智世間無性自性空相，道相智、一切相智世間無性自性空相。善現！由如是義，甚深般若波羅蜜多，能示如來、應、正等覺世間實相，名如來母能生如來。

(9)世間純空相

「復次，善現！甚深般若波羅蜜多，能示如來、應、正等覺世間純空相，名如來母，能示如來世間實相。」

時，具壽善現白佛言：

「世尊！云何如是甚深般若波羅蜜多，能示如來、應、正等覺世間純空相？」

佛言：

「善現！甚深般若波羅蜜多，能示如來、應、正等覺色世間純空相，受、想、行、識世間純空相，如是乃至一切智世間純空相，道相智、一切相智世間純空相。善現！由如是義，甚深般若波羅蜜多，能示如來、應、正等覺世間實相，名如來母能生如來。*26

(10)世間無我相

「復次，善現！甚深般若波羅蜜多，能示如來、應、正等覺世間無我相，名如來母，能示如來世間實相。」

時，具壽善現白佛言：

「世尊！云何如是甚深般若波羅蜜多，能示如來、應、正等覺世間無我相？」

佛言：

「善現！甚深般若波羅蜜多，能示如來、應、正等覺色世間無我相，受、想、行、識世間無我相，如是乃至一切智世間無我相，道相智、一切相智世間無我相。善現！由如是義，甚深般若波羅蜜多，能示如來、應、正等覺世間實相，名如來母能生如來。

(11)不起此世間想、他世間想

(35.3.16)又依彼加行，了知滅除此世他世取捨異想

復次，善現！甚深般若波羅蜜多，能示如來、應、正等覺世間相者，謂令不起此世間想，亦令不起他世間想。所以者何？以一切法皆無所有實

不可得，無可依彼起此世間、他世間想。」*27

(CBETA, T07, no. 220, p. 234, c^3–p. 235, b^{10})

sher phyin: v.027, pp. 650^{19}–652^{01} 《合論》: v.050, pp. 1389^{12}–1390^{04}

2.殊勝相　　35.4

> 由四諦等法性不思議等差別，勝出聲聞、獨覺所有加
> 行，以如是勝進四諦為行境之見道忍智十六剎那最超勝
> 故說名殊勝相。此說見道者僅是一例，若就通達不思議
> 等十六種勝法而論，則從資糧道通最後心。

1.歎般若能成大事
(1)明般若依五事起

[苦諦]
(35.4.1)了知苦等法性不可思議
(35.4.2)無事能喻，名為無等
(35.4.3)超過諸名言量所能稱量
(35.4.4)知彼法性超出數量

卷 443〈示相品 47〉：爾時，具壽善現白佛言：

「世尊！甚深般若波羅蜜多，為大事故出現世間，為不可思議事故出現世間，為不可稱量事故出現世間，為無數量事故出現世間，為無等等事故出現世間。」

佛言：

「善現！如是！如是！如汝所說。甚深般若波羅蜜多，為大事故出現世間，為不可思議事故出現世間，為不可稱量事故出現世間，為無數量事故出現世間，為無等等事故出現世間。

①為大事故

「善現！云何如是甚深般若波羅蜜多，為大事故出現世間？善現！一切如來、應、正等覺，皆以救拔一切有情無時暫捨而為大事，甚深般若波羅蜜多，為此大事故出現世間。

②為不可思議事故

「善現！云何如是甚深般若波羅蜜多，為不可思議事故出現世間？善現！一切如來、應、正等覺所有正等覺性、如來性、自然覺性、一切智性，皆不可思議，甚深般若波羅蜜多，為此不可思議事故出現世間。

③為不可稱量事故

「善現！云何如是甚深般若波羅蜜多，為不可稱量事故出現世間？善

現！一切如來、應、正等覺所有正等覺性、如來性、自然覺性、一切智性，定無有情，有情數攝三界、五趣、四生攝者，可能稱量。甚深般若波羅蜜多，為此不可稱量事故出現世間。

④為無數量故

「善現！云何如是甚深般若波羅蜜多，為無數量事故出現世間？善現！一切如來、應、正等覺所有正等覺性、如來性、自然覺性、一切智性，定無有情，有情數攝三界、五趣、四生攝者，知其數量。甚深般若波羅蜜多，為此無數量事故出現世間。

⑤為無等等事故

「善現！云何如是甚深般若波羅蜜多，為無等等事故出現世間？善現！一切如來、應、正等覺，所有正等覺性、如來性、自然覺性、一切智性，一切世間有情及法，尚無等者，況有能過！甚深般若波羅蜜多，為此無等等事故出現世間。」*28

(2)別辨諸法皆不可思議乃至無等等

①正明不可思議乃至無等等

❶諸法皆不可思議等

1.更有餘法不可思議等

時，具壽善現復白佛言：

「世尊！為但如來、應、正等覺所有正等覺性、如來性、自然覺性、一切智性不可思議、不可稱量、無數量、無等等，為更有餘法耶？」

佛言：

「善現！非但如來、應、正等覺所有正等覺性、如來性、自然覺性、一切智性不可思議、不可稱量、無數量、無等等，亦有餘法不可思議、不可稱量、無數量、無等等。

善現！謂色亦不可思議、不可稱量、無數量、無等等，受、想、行、識亦不可思議、不可稱量、無數量、無等等。如是乃至一切智亦不可思議、不可稱量、無數量、無等等，道相智、一切相智亦不可思議、不可稱量、無數量、無等等。

善現！一切法亦不可思議、不可稱量、無數量、無等等。善現！於一切法真法性中，心及心所皆不可得。

2.不可說諸法不可思議等，以不可施設思議性故

「復次，善現！色不可施設故不可思議、不可稱量、無數量、無等等性，受、想、行、識亦不可施設故不可思議、不可稱量、無數

量、無等等性，如是乃至一切智不可施設故不可思議、不可稱量、無數量、無等等性，道相智、一切相智亦不可施設故不可思議、不可稱量、無數量、無等等性。」

爾時，具壽善現白佛言：

「世尊！何因緣故，色不可施設故不可思議、不可稱量、無數量、無等等性？受、想、行、識亦不可施設故不可思議、不可稱量、無數量、無等等性？如是乃至一切智不可施設故不可思議、不可稱量、無數量、無等等性，道相智、一切相智亦不可施設故不可思議、不可稱量、無數量、無等等性？」

佛言：

「善現！色不可施設思議、稱量、數量、平等不平等性故，受、想、行、識亦不可施設思議、稱量、數量、平等不平等性故，如是乃至一切智不可施設思議、稱量、數量、平等不平等性故，道相智、一切相智亦不可施設思議、稱量、數量、平等不平等性故。」

3.不可說諸法思議性等，以無自性故

時，具壽善現白佛言：

「世尊！何因緣故，色不可施設思議、稱量、數量、平等不平等性，受、想、行、識亦不可施設思議、稱量、數量、平等不平等性，如是乃至一切智不可施設思議、稱量、數量、平等不平等性，道相智、一切相智亦不可施設思議、稱量、數量、平等不平等性？」

佛言：

「善現！色自性不可思議、不可稱量、無數量、無等等、無自性故，色不可施設思議、稱量、數量、平等不平等性；受、想、行、識自性亦不可思議、不可稱量、無數量、無等等、無自性故，受、想、行、識亦不可施設思議、稱量、數量、平等不平等性。如是乃至一切智自性不可思議、不可稱量、無數量、無等等、無自性故，一切智不可施設思議、稱量、數量、平等不平等性；道相智、一切相智自性亦不可思議、不可稱量、無數量、無等等、無自性故，道相智、一切相智亦不可施設思議、稱量、數量、平等不平等性。

❷諸法不可思議乃至無等等皆亦不可得

1.諸法無限量故不可得，不可得故不可思議

「復次，善現！色不可得故不可思議、不可稱量、無數量、無等等，

受、想、行、識亦不可得故不可思議、不可稱量、無數量、無等等，如是乃至一切智不可得故不可思議、不可稱量、無數量、無等等，道相智、一切相智亦不可得故不可思議、不可稱量、無數量、無等等。」

時，具壽善現白佛言：

「世尊！以何因緣色不可得故不可思議、不可稱量、無數量、無等等，受、想、行、識亦不可得故不可思議、不可稱量、無數量、無等等，如是乃至一切智不可得故不可思議、不可稱量、無數量、無等等，道相智、一切相智亦不可得故不可思議、不可稱量、無數量、無等等？」

佛言：

「善現！色無限量故不可得，不可得故不可思議、不可稱量、無數量、無等等；受、想、行、識亦無限量故不可得，不可得故不可思議、不可稱量、無數量、無等等。如是乃至一切智無限量故不可得，不可得故不可思議、不可稱量、無數量、無等等；道相智、一切相智亦無限量故不可得，不可得故不可思議、不可稱量、無數量、無等等。」

2.諸法相不可思議，故無限量

時，具壽善現白佛言：

「世尊！復何因緣色無限量故不可得，受、想、行、識亦無限量故不可得，如是乃至一切智無限量故不可得，道相智、一切相智亦無限量故不可得？」

佛言：

「善現！色相不可思議、不可稱量、無數量、無等等故無限量，受、想、行、識相亦不可思議、不可稱量、無數量、無等等故無限量，如是乃至一切智相不可思議、不可稱量、無數量、無等等故無限量，道相智、一切相智相亦不可思議、不可稱量、無數量、無等等故無限量。

3.諸法不可思議中，諸法不可得

「復次，善現！於意云何？色不可思議、不可稱量、無數量、無等等中，色可得不？受、想、行、識不可思議、不可稱量、無數量、無等等中，受、想、行、識可得不？如是乃至一切智不可思議、不可稱量、無數量、無等等中，一切智可得不？道相智、一切相

智不可思議、不可稱量、無數量、無等等中，道相智、一切相智可得不？」

善現對曰：「不也！世尊！不也！善逝！」

❸結說一切法皆不可思議

佛言：

「善現！如是！如是！由此因緣，一切法皆不可思議、不可稱量、無數量、無等等。

善現！以一切法皆不可思議、不可稱量、無數量、無等等故，一切如來、應、正等覺所有正等覺法、如來法、自然覺法、一切智法，亦不可思議、不可稱量、無數量、無等等。

善現！一切如來、應、正等覺所有正等覺法、如來法、自然覺法、一切智法皆不可思議，思議滅故；不可稱量，稱量滅故；無數量，數量滅故；無等等，等等滅故。善現！由此因緣，一切法亦不可思議、不可稱量、無數量、無等等。

「善現！一切如來、應、正等覺所有正等覺法、如來法、自然覺法、一切智法皆不可思議，過思議故；不可稱量，過稱量故；無數量，過數量故；無等等，過等等故。善現！由此因緣，一切法亦不可思議、不可稱量、無數量、無等等。

②依二諦明四事

❶依四事辨

「善現！不可思議者但有不可思議增語，不可稱量者但有不可稱量增語，無數量者但有無數量增語，無等等者但有無等等增語。善現！由此因緣，一切如來、應、正等覺所有正等覺法、如來法、自然覺法、一切智法，皆不可思議、不可稱量、無數量、無等等。*29

❷虛空喻

「善現！不可思議者，如虛空不可思議故；不可稱量者，如虛空不可稱量故；無數量者，如虛空無數量故；無等等者，如虛空無等等故。善現！由此因緣，一切如來、應、正等覺所有正等覺法、如來法、自然覺法、一切智法，皆不可思議、不可稱量、無數量、無等等。*29

❸世間無能思議稱量者

「善現！一切如來、應、正等覺所有正等覺法、如來法、自然覺法、一切智法，聲聞、獨覺、世間天、人、阿素洛等，皆悉不能思議、

稱量、數量、等等。善現！由此因緣，一切如來、應、正等覺所有
正等覺法、如來法、自然覺法、一切智法，皆不可思議、不可稱量、
無數量、無等等。」

(3)與會者疑除悟道

佛說如是不可思議、不可稱量、無數量、無等等品時，眾中有五百
苾芻，不受諸漏心得解脫。復有二百苾芻尼，皆不受諸漏心得解脫。
復有六百鄔波索迦於諸法中，遠塵離垢生淨法眼。復有三百鄔波斯
迦亦於諸法中，遠塵離垢生淨法眼。復有二千菩薩摩訶薩得無生法
忍，於賢劫中當受佛記。」

(CBETA, T07, no. 220, p. 235, b^{11}–p. 237, a^{23})

sher phyin:　v.027, pp. 652^{01}–659^{11}　《合論》：v.050, pp. 1390^{05}–1398^{01}

2.般若依五事說甚深
(1)般若能成辦五度乃至佛德

[集諦]
(35.4.5)總攝一切聖者功德

卷444〈成辦品48〉：第二分成辦品第四十八

爾時，具壽善現白佛言：

「世尊！甚深般若波羅蜜多，為大事故出現世間，為不可思議事故出現世
　間，為不可稱量事故出現世間，為無數量事故出現世間，為無等等事故
　出現世間。」

①以成辦義述成五事

佛告善現：

「如是！如是！如汝所說。甚深般若波羅蜜多，為大事故出現世間，乃
　至為無等等事故出現世間。何以故？善現！甚深般若波羅蜜多，能成
　辦布施波羅蜜多，亦能成辦淨戒、安忍、精進、靜慮、般若波羅蜜多；
　能成辦內空，亦能成辦外空、內外空、空空、大空、勝義空、有為空、
　無為空、畢竟空、無際空、散無散空、本性空、自共相空、一切法空、
　不可得空、無性空、自性空、無性自性空；能成辦真如，亦能成辦法
　界、法性、不虛妄性、不變異性、平等性、離生性、法定、法住、實
　際、虛空界、不思議界；能成辦苦聖諦，亦能成辦集、滅、道聖諦；
　能成辦四靜慮，亦能成辦四無量、四無色定；能成辦八解脫，亦能成
　辦八勝處、九次第定、十遍處；能成辦四念住，亦能成辦四正斷、四

神足、五根、五力、七等覺支、八聖道支；能成辦空解脫門，亦能成辦無相、無願解脫門；能成辦三乘十地，亦能成辦菩薩十地；能成辦五眼，亦能成辦六神通；能成辦如來十力，亦能成辦四無所畏、四無礙解、大慈、大悲、大喜、大捨、十八佛不共法；能成辦三十二大士相，亦能成辦八十隨好；能成辦無忘失法，亦能成辦恒住捨性；能成辦一切陀羅尼門，亦能成辦一切三摩地門；能成辦預流果，亦能成辦一來、不還、阿羅漢果、獨覺菩提。能成辦一切菩薩摩訶薩行，亦能成辦諸佛無上正等菩提；能成辦一切智，亦能成辦道相智、一切相智。

②舉喻明理

「善現！如剎帝利灌頂大王，威德自在降伏一切，以諸國事付囑大臣，端拱無為，安隱快樂。如來亦爾，為大法王，威德自在降伏一切，以聲聞法、若獨覺法、若菩薩法、若諸佛法，皆悉付囑甚深般若波羅蜜多，由此般若波羅蜜多，皆能成辦一切事業。是故，善現！甚深般若波羅蜜多，為大事故出現世間，乃至為無等等事故出現世間。

③不取執諸法明成辦義

❶佛正明：般若於諸法不取不執故能成辦

「復次，善現！甚深般若波羅蜜多，於色無取無執故，出現世間能成辦事；於受、想、行、識無取無執故，出現世間能成辦事。於眼處無取無執故，出現世間能成辦事；於耳、鼻、舌、身、意處無取無執故，出現世間能成辦事。於色處無取無執故，出現世間能成辦事；於聲、香、味、觸、法處無取無執故，出現世間能成辦事。於眼界無取無執故，出現世間能成辦事；於耳、鼻、舌、身、意界無取無執故，出現世間能成辦事。於色界無取無執故，出現世間能成辦事；於聲、香、味、觸、法界無取無執故，出現世間能成辦事。於眼識界無取無執故，出現世間能成辦事；於耳、鼻、舌、身、意識界無取無執故，出現世間能成辦事。於眼觸無取無執故，出現世間能成辦事；於耳、鼻、舌、身、意觸無取無執故，出現世間能成辦事。於眼觸為緣所生諸受無取無執故，出現世間能成辦事；於耳、鼻、舌、身、意觸為緣所生諸受無取無執故，出現世間能成辦事。於地界無取無執故，出現世間能成辦事；於水、火、風、空、識界無取無執故，出現世間能成辦事。於無明無取無執故，出現世間能成辦事；於行、識、名色、六處、觸、受、愛、取、有、生、老死無取無執故，出現世間能成辦事。於布施波羅蜜多無取無執故，出現世

間能成辦事；乃至於般若波羅蜜多無取無執故，出現世間能成辦事。於內空無取無執故，出現世間能成辦事；乃至於無性自性空無取無執故，出現世間能成辦事。於真如無取無執故，出現世間能成辦事；乃至於不思議界無取無執故，出現世間能成辦事。於苦聖諦無取無執故，出現世間能成辦事；於集、滅、道聖諦無取無執故，出現世間能成辦事。於四靜慮無取無執故，出現世間能成辦事；於四無量、四無色定無取無執故，出現世間能成辦事。於八解脫無取無執故，出現世間能成辦事；於八勝處、九次第定、十遍處無取無執故，出現世間能成辦事。於四念住無取無執故，出現世間能成辦事；乃至於八聖道支無取無執故，出現世間能成辦事。於空解脫門無取無執故，出現世間能成辦事；於無相、無願解脫門無取無執故，出現世間能成辦事。於三乘十地無取無執故，出現世間能成辦事；於菩薩十地無取無執故，出現世間能成辦事。於五眼無取無執故，出現世間能成辦事；於六神通無取無執故，出現世間能成辦事。於如來十力無取無執故，出現世間能成辦事；乃至於十八佛不共法無取無執故，出現世間能成辦事。於三十二大士相無取無執故，出現世間能成辦事；於八十隨好無取無執故，出現世間能成辦事。於無忘失法無取無執故，出現世間能成辦事；於恒住捨性無取無執故，出現世間能成辦事。於一切陀羅尼門無取無執故，出現世間能成辦事；於一切三摩地門無取無執故，出現世間能成辦事。於預流果無取無執故，出現世間能成辦事；乃至於獨覺菩提無取無執故，出現世間能成辦事。於一切菩薩摩訶薩行無取無執故，出現世間能成辦事；於諸佛無上正等菩提無取無執故，出現世間能成辦事。於一切智無取無執故，出現世間能成辦事；於道相智、一切相智無取無執故，出現世間能成辦事。」

❷善現問

爾時，具壽善現白佛言：

「世尊！云何如是甚深般若波羅蜜多，於色無取無執，於受、想、行、識亦無取無執，乃至於一切智無取無執，於道相智、一切相智亦無取無執故，出現世間能成辦事？」

佛告善現：

「於意云何？汝頗見色可取可執不？頗見受、想、行、識可取可執不？乃至頗見一切智可取可執不？頗見道相智、一切相智可取可執

不？」

善現對曰：「不也！世尊！不也！善逝！」

❸佛結成

佛言：

「善現！善哉！善哉！如是！如是！如汝所說。

1.般若不見色等諸法可取可執

善現！我亦不見色可取可執，不見受、想、行、識可取可執，乃至不見一切智可取可執，不見道相智、一切相智可取可執，由不見故不取，由不取故不執。由此因緣，甚深般若波羅蜜多，於色無取無執，於受、想、行、識無取無執，如是乃至於一切智無取無執，於道相智、一切相智亦無取無執。

2.般若不見正等覺法等可取可執

「善現！我亦不見一切如來、應、正等覺所有正等覺法、如來法、自然覺法、一切智法可取可執，由不見故不取，由不取故不執。甚深般若波羅蜜多亦復如是，都不見有一切如來、應、正等覺所有正等覺法、如來法、自然覺法、一切智法可取可執，由此因緣無取無執。

3.結說不應取執

是故，善現！諸菩薩摩訶薩修行般若波羅蜜多時，不應於色若取若執，不應於受、想、行、識若取若執，如是乃至不應於一切智若取若執，不應於道相智、一切相智若取若執，亦不應於一切如來、應、正等覺所有正等覺法、如來法、自然覺法、一切智法若取若執。」

(CBETA, T07, no. 220, p. 237, b^6–p. 238, c^{18})

sher phyin: v.027, pp. 659^{12}–665^{06} 《合論》：v.050, pp. 1398^{02}–1403^{02}

(2)讚歎般若及行者

①信解甚深般若之因緣

(35.4.6)了知智者之覺了，謂如所有性及盡所有性

卷444〈成辦品48〉：「爾時，欲色界諸天眾俱白佛言：

「世尊！如是般若波羅蜜多最為甚深，難見難覺，不可尋思超尋思境，寂靜微妙審諦沈密，極聰慧者乃能了知。若諸有情能深信解如是般若波羅蜜多，當知彼曾供養過去無量諸佛，於諸佛所發弘誓願多種善根，事多善友，已為無量善友攝受，乃能信解如是般若波羅蜜多。若

有得聞如是般若波羅蜜多深生信解，當知彼類即是菩薩，定得無上正等菩提。」

(CBETA, T07, no. 220, p. 238, c^{19–27})

sher phyin: v.027, pp. 665^{06–15} 《合論》：v.050, pp. 1403^{03–14}

②諸天歎：菩薩行深般若超勝二乘

(35.4.7)了知甚深廣大諸不共法非聲聞等所行境界

卷444〈成辦品48〉：

「世尊！假使三千大千世界諸有情類，一切皆成隨信行、隨法行、第八、預流、一來、不還、阿羅漢、獨覺，彼所成就若智若斷，不如有人一日於此甚深般若波羅蜜多忍樂思惟，稱量觀察。是人於此甚深般若波羅蜜多所成就忍，勝彼智斷無量無邊。何以故？諸隨信行若智若斷，乃至獨覺若智若斷，皆是已得無生法忍諸菩薩摩訶薩忍少分故。」

爾時，佛告諸天眾言：

「善哉！善哉！如汝所說。諸隨信行、若隨法行、第八、預流、一來、不還、阿羅漢、獨覺所有智斷，皆是已得無生法忍諸菩薩摩訶薩忍之少分。」*30

(CBETA, T07, no. 220, p. 238, c^{27}–p. 239, a^{10})

sher phyin: v.027, pp. 665^{15}–666^{15} 《合論》：v.050, pp. 1403^{15}–1404^{12}

③佛述成：聞持憶念般若者勝於二乘行者*30

(35.4.8)大乘神通最為速疾

卷444〈成辦品48〉：

「天眾當知！若善男子、善女人等，暫聽如是甚深般若波羅蜜多，聞已信解、書寫、受持、讀誦、修習、思惟、演說，是善男子、善女人等速出生死證得涅槃，成就如來正等覺智，勝求二乘諸善男子、善女人等遠離般若波羅蜜多，學餘經典若經一劫若一劫餘。所以者何？於此般若波羅蜜多甚深經中，廣說一切微妙勝法，諸隨信行、若隨法行、第八、預流、一來、不還、阿羅漢、獨覺、菩薩摩訶薩皆應於此精勤修學，隨所願求皆速究竟所作事業，一切如來、應、正等覺皆依此學，已證、正證、當證無上正等菩提。」

(CBETA, T07, no. 220, p. 239, a^{10–21})

sher phyin: v.027, pp. 666^{15}–667^{10} 《合論》：v.050, pp. 1404^{13}–1405^{08}

④諸天結歎而歸

[滅諦]

(35.4.9)通達勝義、世俗二諦，一切諸法於勝義中性無增減

卷 444〈成辦品 48〉：「時，諸天眾俱發聲言：

「如是般若波羅蜜多是大波羅蜜多，是不可思議波羅蜜多，是不可稱量波羅蜜多，是無數量波羅蜜多，是無等等波羅蜜多。世尊！諸隨信行、若隨法行、第八、預流、一來、不還、阿羅漢、獨覺皆於如是甚深般若波羅蜜多，精勤修學，速出生死，證無餘依般涅槃界。一切菩薩摩訶薩眾皆於如是甚深般若波羅蜜多，精勤修學，速證無上正等菩提，入無餘依般涅槃界。世尊！雖諸聲聞、獨覺、菩薩皆依如是甚深般若波羅蜜多，精勤修學，各得究竟所作事業，而是般若波羅蜜多無增無減。」(CBETA, T07, no. 220, p. 239, a^{21}–b^3)

sher phyin:　v.027, pp. 667^{10}–668^{04}　《合論》：v.050, pp. 1405^{09}–1406^{04}

「爾時，欲界、色界天眾說是語已歡喜踊躍，於此般若波羅蜜多深生信樂，頂禮佛足右遶三匝辭佛還宮，去會未遠俱時不現。

3.信解般若者之來處與得失

(1)信解者之來處

①上根者 (聞、解、能行般若者)

❶從人中沒來此

(35.4.10)施勝義中三輪清淨而修施等六度

卷 444〈成辦品 48〉：

爾時，具壽善現白佛言：

「世尊！若菩薩摩訶薩聞說如是甚深般若波羅蜜多深生信解，書寫、受持、讀誦、修習、思惟、演說，供養恭敬、尊重讚歎，是菩薩摩訶薩從何處沒來生此間？」

佛告善現：

「若菩薩摩訶薩聞說如是甚深般若波羅蜜多深生信解，書寫、受持、讀誦、修習、如理思惟、供養恭敬、尊重讚歎，常隨法師諮問義趣，若行、若立、若坐、若臥無時暫捨，如新生犢不離其母，乃至未得甚深般若波羅蜜多所有義趣，究竟通利，能為他說，終不捨離如是般若波羅蜜多甚深經典及說法師。善現當知！是菩薩摩訶薩從人中沒來生此間。何以故？善現！是菩薩摩訶薩先世已聞甚深般若波羅

蜜多,聞已受持、讀誦、修習、如理思惟,復能書寫眾寶嚴飾,又以種種上妙花鬘、塗散等香、衣服、瓔珞、寶幢、幡蓋、伎樂、燈明,供養恭敬、尊重讚歎。由此善根離八無暇,從人趣沒還生人中,聞說如是甚深般若波羅蜜多,深生信解,書寫、受持、讀誦、修習、思惟、演說,供養恭敬、尊重讚歎。」

(CBETA, T07, no. 220, p. 239, b$^{3-26}$)

sher phyin: v.027, pp. 668^{05}–669^{20} 《合論》: v.050, pp. 1406^{05}–1407^{20}

❷從他方國土沒來此

(35.4.11)由殷重、無間加行,經無量劫修集福智

卷 444〈成辦品 48〉:「時,具壽善現復白佛言:

「世尊!頗有菩薩摩訶薩成就如是殊勝功德,供養承事他方如來、應、正等覺,從彼處沒來生此間,聞說如是甚深般若波羅蜜多深生信解,書寫、受持、讀誦、修習、思惟、演說,供養恭敬、尊重讚歎,無懈倦不?」

佛告善現:

「如是!如是!有菩薩摩訶薩成就如是殊勝功德,供養承事他方如來、應、正等覺,從彼處沒來生此間,聞說如是甚深般若波羅蜜多深生信解,書寫、受持、讀誦、修習、思惟、演說,供養恭敬、尊重讚歎,無懈倦心。所以者何?是菩薩摩訶薩先從他方無量佛所,聞說如是甚深般若波羅蜜多,深生信解,書寫、受持、讀誦、修習、思惟、演說,供養恭敬、尊重讚歎,無懈倦心,彼乘如是善根力故,從彼處沒來生此間。

❸從慈氏菩薩所來此

「復次,善現!有菩薩摩訶薩從覩史多天眾同分沒來生人中,彼亦成就如是功德。所以者何?是菩薩摩訶薩先世已於覩史多天慈氏菩薩摩訶薩所,請問般若波羅蜜多甚深義趣,彼乘如是善根力故,從彼處沒來生人中,聞說如是甚深般若波羅蜜多深生信解,書寫、受持、讀誦、修習、思惟、演說,供養恭敬、尊重讚歎,無懈倦心。

②下根者 (雖聞不問義而多疑悔者) (人中來)

「復次,善現!有菩薩乘諸善男子、善女人等,雖於先世得聞般若波羅蜜多乃至布施波羅蜜多,而不請問甚深義趣,今生人中聞說如是甚深般若波羅蜜多,其心迷悶、猶豫、怯弱,或生異解,難可開悟。

「復次,善現!有菩薩乘諸善男子、善女人等,雖於先世得聞內空乃至

無性自性空，而不請問甚深義趣；雖於先世得聞真如乃至不思議界，而不請問甚深義趣；雖於先世得聞苦、集、滅、道聖諦，而不請問甚深義趣。今生人中聞說如是甚深般若波羅蜜多，其心迷悶、猶豫、怯弱，或生異解，難可開悟。

「復次，善現！有菩薩乘諸善男子、善女人等，雖於先世得聞四靜慮、四無量、四無色定，而不請問甚深義趣；雖於先世得聞八解脫、八勝處、九次第定、十遍處，而不請問甚深義趣；雖於先世得聞四念住乃至八聖道支，而不請問甚深義趣；雖於先世得聞空、無相、無願解脫門，而不請問甚深義趣；雖於先世得聞三乘、菩薩十地，而不請問甚深義趣。今生人中聞說如是甚深般若波羅蜜多，其心迷悶、猶豫、怯弱，或生異解，難可開悟。

「復次，善現！有菩薩乘諸善男子、善女人等，雖於先世得聞五眼、六神通，而不請問甚深義趣；雖於先世得聞佛十力乃至十八佛不共法，而不請問甚深義趣；雖於先世得聞三十二大士相、八十隨好，而不請問甚深義趣；雖於先世得聞無忘失法、恒住捨性，而不請問甚深義趣；雖於先世得聞陀羅尼門、三摩地門，而不請問甚深義趣；雖於先世得聞菩薩摩訶薩行、諸佛無上正等菩提，而不請問甚深義趣；雖於先世得聞一切智、道相智、一切相智，而不請問甚深義趣，今生人中聞說如是甚深般若波羅蜜多，其心迷悶、猶豫、怯弱，或生異解，難可開悟。

③中根者 (雖問而不隨行者) (人中來)

「復次，善現！有菩薩乘諸善男子、善女人等，雖於先世得聞般若波羅蜜多，亦曾請問甚深義趣，或經一日、二日、三日、四日、五日，而不如說精進修行。今生人中聞說如是甚深般若波羅蜜多，設經一日、二日、三日、四日、五日，其心堅固無能壞者，若離所聞甚深般若波羅蜜多，尋便退失心生猶豫。何以故？善現！是菩薩乘諸善男子、善女人等由於先世得聞般若波羅蜜多，雖亦請問甚深義趣，而不如說精進修行故，於今生若遇善友慇懃勸勵，便樂聽受甚深般若波羅蜜多，若無善友慇懃勸勵，便於此經不樂聽受。彼於般若波羅蜜多，或時樂聞、或時不樂、或時堅固、或時退失，其心輕動進退非恒，猶如輕毛隨風飄轉。

當知如是住菩薩乘諸善男子、善女人等，發趣大乘經時未久，未多親近真善知識，未多供養諸佛世尊，未曾受持、讀誦、書寫、思惟、演

說甚深般若波羅蜜多。

「善現當知！是菩薩乘諸善男子、善女人等，未學般若波羅蜜多乃至布施波羅蜜多，未學內空乃至無性自性空，未學真如乃至不思議界，未學苦、集、滅、道聖諦，未學四靜慮、四無量、四無色定，未學八解脫、八勝處、九次第定、十遍處，未學四念住乃至八聖道支，未學空、無相、無願解脫門，未學三乘、菩薩十地，未學五眼、六神通，未學如來十力乃至十八佛不共法，未學三十二大士相、八十隨好，未學無忘失法、恒住捨性，未學一切陀羅尼門、三摩地門，未學一切菩薩摩訶薩行、諸佛無上正等菩提，未學一切智、道相智、一切相智。善現當知！是菩薩乘諸善男子、善女人等新趣大乘，於大乘法成就少分信敬愛樂，未能書寫、受持、讀誦、修習、思惟、為他演說甚深般若波羅蜜多。*31

(2)中下根者無般若守護故，當墮二乘

①不為般若守護當墮二乘地

「復次，善現！住菩薩乘諸善男子、善女人等，若不書寫、受持、讀誦、修習、思惟、為他演說甚深般若波羅蜜多，若不以般若波羅蜜多乃至布施波羅蜜多攝受有情，乃至若不以一切智、道相智、一切相智攝受有情，是菩薩乘諸善男子、善女人等，不為般若波羅蜜多乃至布施波羅蜜多之所守護，乃至不為一切智、道相智、一切相智之所守護。是菩薩乘諸善男子、善女人等，不能隨順修行般若波羅蜜多乃至布施波羅蜜多，乃至不能隨順修行一切智、道相智、一切相智，由此因緣墮聲聞地、或獨覺地。何以故？是菩薩乘諸善男子、善女人等於深般若波羅蜜多，不能書寫、受持、讀誦、修習、思惟、為他演說，亦不能以甚深般若波羅蜜多，廣說乃至一切相智攝受有情，不能隨順修行般若波羅蜜多，廣說乃至一切相智，不為般若波羅蜜多之所守護，乃至不為一切相智之所守護，由此因緣墮聲聞地、或獨覺地。」

(CBETA, T07, no. 220, p. 239, b²⁶–p. 240, c¹⁶)

sher phyin: v.027, pp. 669²⁰–676¹⁹ 《合論》: v.050, pp. 1407²¹–1414⁰⁶

②舉喻明理

❶海中船破喻

(35.4.12)方便所攝緣一切法之無分別智

卷 444〈船等喻品 49〉：「第二分船等喻品第四十九之一
佛告善現：

「譬如泛海所乘船破，其中諸人若不取木、器物、浮囊、板片、死屍為依附者，定知溺死不至彼岸。若能取木、器物、浮囊、板片、死屍為所依附，當知是類終不沒死，得至安隱大海彼岸，無損無害受諸快樂。如是，善現！若菩薩乘諸善男子、善女人等，雖於大乘成就少分信敬愛樂，若不書寫、受持、讀誦、思惟、修習、為他演說甚深般若波羅蜜多為所依附，當知如是住菩薩乘諸善男子、善女人等，中道衰敗不證無上正等菩提，退入聲聞或獨覺地。若菩薩乘諸善男子、善女人等，有於大乘成就圓滿信敬愛樂，若能書寫、受持、讀誦、思惟、修習、為他演說甚深般若波羅蜜多為所依附，當知如是住菩薩乘諸善男子、善女人等，終不中道退入聲聞或獨覺地，定證無上正等菩提。

❷度險惡曠野喻

「復次，善現！如人欲度險惡曠野，若不攝受資糧器具，不能達到安樂國土，於其中道遭苦失命。如是，善現！若菩薩乘諸善男子、善女人等，設於無上正等菩提有信、有忍、有清淨心、有勝意樂、有欲勝解、有捨精進，若不攝受甚深般若波羅蜜多及餘功德，當知如是住菩薩乘諸善男子、善女人等，中道衰敗不證無上正等菩提，退入聲聞或獨覺地。*32 善現當知！如人欲度險惡曠野，若能攝受資糧器具，必當達到安樂國土，終不中道遭苦捨命。如是，善現！若菩薩乘諸善男子、善女人等，已於無上正等菩提有信、有忍、有清淨心、有勝意樂、有欲勝解、有捨精進，復能攝受甚深般若波羅蜜多及餘功德，當知如是住菩薩乘諸善男子、善女人等，終不中道損耗退敗，超聲聞地及獨覺地，成熟有情、嚴淨佛土，疾證無上正等菩提。」

(CBETA, T07, no. 220, p. 240, c^17–p. 241, a^20)

sher phyin: v.027, pp. 676^20–679^15 《合論》: v.050, pp. 1414^07–1417^09

❸持瓶取水喻

[道諦]
(35.4.13)法界體性為菩薩道之所依止

卷 444〈船等喻品 49〉：

「復次，善現！譬如男子及諸女人，執持坏瓶詣河取水，若池、若井、若泉、若渠，當知此瓶不久爛壞。何以故？是瓶未熟不堪盛水，終歸地故。如是，善現！有菩薩乘諸善男子、善女人等，設於無上正

等菩提有信、有忍、有清淨心、有勝意樂、有欲勝解、有捨精進，
若不攝受甚深般若波羅蜜多方便善巧，則便遠離般若、靜慮、精進、
安忍、淨戒、布施波羅蜜多，亦復遠離內空、外空、內外空、空空、
大空、勝義空、有為空、無為空、畢竟空、無際空、散無散空、本
性空、自共相空、一切法空、不可得空、無性空、自性空、無性自
性空，亦復遠離真如、法界、法性、不虛妄性、不變異性、平等性、
離生性、法定、法住、實際、虛空界、不思議界，亦復遠離苦、集、
滅、道聖諦，亦復遠離四靜慮、四無量、四無色定，亦復遠離八解
脫、八勝處、九次第定、十遍處，亦復遠離四念住、四正斷、四神
足、五根、五力、七等覺支、八聖道支，亦復遠離空、無相、無願
解脫門，亦復遠離菩薩十地，亦復遠離五眼、六神通，亦復遠離如
來十力、四無所畏、四無礙解、大慈、大悲、大喜、大捨、十八佛
不共法，亦復遠離無忘失法、恒住捨性，亦復遠離陀羅尼門、三摩
地門，亦復遠離成熟有情、嚴淨佛土，亦復遠離一切智、道相智、
一切相智。當知如是住菩薩乘諸善男子、善女人等，中道衰敗不證
無上正等菩提，退入聲聞或獨覺地。

「善現當知！譬如男子或諸女人，持燒熟瓶詣河取水，若池、若井、
若泉、若渠，當知此瓶終不爛壞。何以故？是瓶善熟堪任盛水，極
堅牢故。如是，善現！有菩薩乘諸善男子、善女人等，若於無上正
等菩提有信、有忍、有清淨心、有勝意樂、有欲勝解、有捨精進，
復能攝受甚深般若波羅蜜多方便善巧，便不遠離般若、靜慮、精進、
安忍、淨戒、布施波羅蜜多，如是乃至不遠離一切智、道相智、一
切相智，由是因緣常為諸佛及諸菩薩摩訶薩眾攝受護念。當知如是
住菩薩乘諸善男子、善女人等，終不中道衰耗退敗，超聲聞地及獨
覺地，成熟有情、嚴淨佛土，疾證無上正等菩提。」

（持瓶取水指以菩薩道取般若、方便。）

（CBETA, T07, no. 220, p. 241, a²¹–c¹）

sher phyin: v.027, pp. 679¹⁵–681²¹ 《合論》: v.050, pp. 1417¹⁰–1419¹⁸

❹船寶航行喻

(35.4.14)成就大願等十種波羅蜜多，圓滿一切資糧
卷 444〈船等喻品 49〉：
「復次，善現！譬如商人無巧便智，船在海岸未具裝治，即持財物安
置其上，牽著水中速便進發。當知是船中道壞沒，人船財物各散異

處，如是商人無巧便智，喪失身命及大財寶。如是，善現！有菩薩乘諸善男子、善女人等，設於無上正等菩提有信、有忍、有清淨心、有勝意樂、有欲勝解、有捨精進，若不攝受甚深般若波羅蜜多方便善巧，則便遠離般若、靜慮、精進、安忍、淨戒、布施波羅蜜多，如是乃至遠離一切智、道相智、一切相智，當知如是住菩薩乘諸善男子、善女人等中道衰敗，喪失身命及大財寶，喪身命者謂墮聲聞或獨覺地，失財寶者謂失無上正等菩提。

「善現當知！譬如商人有巧便智，先在海岸裝治船已，方牽入水知無穿穴，後持財物置上而去，當知是船必不壞沒，人物安隱達所至處。如是，善現！有菩薩乘諸善男子、善女人等，若於無上正等菩提有信、有忍、有清淨心、有勝意樂、有欲勝解、有捨精進，復能攝受甚深般若波羅蜜多方便善巧，便不遠離般若、靜慮、精進、安忍、淨戒、布施波羅蜜多，乃至不遠離一切智、道相智、一切相智，由是因緣常為諸佛及諸菩薩摩訶薩眾攝受護念。當知如是住菩薩乘諸善男子、善女人等，終不中道衰耗退敗，超聲聞地及獨覺地，成熟有情、嚴淨佛土，疾證無上正等菩提。」

(船未具裝治指菩薩無方便。)

(CBETA, T07, no. 220, p. 241, c2–27)

sher phyin:　v.027, pp. 681²¹–685⁰² 《合論》: v.050, pp. 1419¹⁹–1423⁰⁴

❺耆年起行喻

(35.4.15)為宣說圓滿道大乘善知識之所攝受

卷444〈船等喻品 49〉：

「復次，善現！譬如有人年百二十，老耄衰朽復加眾病，所謂風病、熱病、痰病或三雜病，於意云何？是老病人頗從床座能自起不？」

善現對曰：「不也！世尊！不也！善逝！」

佛告善現：

「是人設有扶令起立，亦無力行一俱盧舍、二俱盧舍、三俱盧舍。所以者何？老病甚故。如是，善現！有菩薩乘諸善男子、善女人等，設於無上正等菩提有信、有忍、有清淨心、有勝意樂、有欲勝解、有捨精進，若不攝受甚深般若波羅蜜多方便善巧，則便遠離般若、靜慮、精進、安忍、淨戒、布施波羅蜜多，如是乃至遠離一切智、道相智、一切相智。當知如是住菩薩乘諸善男子、善女人等中道衰敗，不證無上正等菩提，退入聲聞或獨覺地。何以故？以不攝受甚

深般若波羅蜜多方便善巧，離諸功德，諸佛菩薩不護念故。

「善現當知！譬如有人年百二十，老耄衰朽，復加眾病，謂風、熱、痰或三雜病，是老病人欲從床座起往他處而自不能，有二健人各扶一腋，徐策令起而告之言：『莫有所難，隨意欲往，我等二人終不相棄，必達所趣安隱無損。』如是，善現！有菩薩乘諸善男子、善女人等，若於無上正等菩提有信、有忍、有清淨心、有勝意樂、有欲勝解、有捨精進，復能攝受甚深般若波羅蜜多方便善巧，便不遠離般若、靜慮、精進、安忍、淨戒、布施波羅蜜多，如是乃至不遠離一切智、道相智、一切相智。當知如是住菩薩乘諸善男子、善女人等，終不中道衰耗退敗，超聲聞地及獨覺地，成熟有情、嚴淨佛土，疾證無上正等菩提。何以故？以能攝受甚深般若波羅蜜多方便善巧，具諸功德，諸佛菩薩共護念故。」*33

(3)明無方便與有方便義

①辨無方便

爾時，具壽善現白佛言：

「世尊！云何住菩薩乘諸善男子、善女人等，由不攝受甚深般若波羅蜜多方便善巧，離諸功德，退墮聲聞及獨覺地，不證無上正等菩提？」

佛告善現：

「善哉！善哉！汝為利樂住菩薩乘諸善男子、善女人等問如是事，汝今諦聽，當為汝說。善現當知！有菩薩乘諸善男子、善女人等，從初發心執我、我所修行布施乃至般若波羅蜜多，此善男子、善女人等修布施時作如是念：『我能行施，我施此物，彼受我施。』修淨戒時作如是念：『我能持戒，我持此戒，我具是戒。』修安忍時作如是念：『我能修忍，我於彼忍，我具是忍。』修精進時作如是念：『我能精進，我為此精進，我具是精進。』修靜慮時作如是念：『我能修定，我為此修定，我具是定。』修般若時作如是念：『我能修慧，我為此修慧，我具是慧。』」

「復次，善現！此善男子、善女人等修布施時執有是布施，執由此布施，執布施為我所；修淨戒時執有是淨戒，執由此淨戒，執淨戒為我所；修安忍時執有是安忍，執由此安忍，執安忍為我所；修精進時執有是精進，執由此精進，執精進為我所；修靜慮時執有是靜慮，執由此靜慮，執靜慮為我所；修般若時執有是般若，執由此般若，執般若為我所。是善男子、善女人等，我、我所執恒隨逐故，所行布施乃至般若

波羅蜜多,增長生死不能解脫生等眾苦。所以者何?布施波羅蜜多中無如是分別可起此執,乃至般若波羅蜜多中亦無如是分別可起此執。何以故?遠離此彼岸是布施波羅蜜多相,乃至是般若波羅蜜多相故。

「善現當知!此菩薩乘諸善男子、善女人等不知此岸彼岸相故,不能攝受布施、淨戒、安忍、精進、靜慮、般若波羅蜜多,乃至不能攝受一切智、道相智、一切相智,由是因緣,此菩薩乘諸善男子、善女人等,墮聲聞地或獨覺地,不證無上正等菩提。」

(CBETA, T07, no. 220, p. 241, c²⁸–p. 242, c⁶)

卷445〈船等喻品49〉:「第二分船等喻品第四十九之二

爾時,具壽善現復白佛言:

「世尊!住菩薩乘諸善男子、善女人等,云何無方便善巧修行六波羅蜜多,墮於聲聞或獨覺地,不證無上正等菩提?」

佛告善現:

「有菩薩乘諸善男子、善女人等,從初發心無方便善巧故,修布施時作如是念:『我能行施,我施此物,彼受我施。』修淨戒時作如是念:『我能持戒,我持此戒,我成此戒。』修安忍時作如是念:『我能修忍,我於彼忍,我成此忍。』修精進時作如是念:『我能精進,我為此精進,我成此精進。』修靜慮時作如是念:『我能修定,我為此修定,我成此定。』修般若時作如是念:『我能修慧,我為此修慧,我成此慧。』

「復次,善現!此菩薩乘諸善男子、善女人等,修布施時執有是布施,執由此布施,執布施為我所而生憍慢;修淨戒時執有是淨戒,執由此淨戒,執淨戒為我所而生憍慢;修安忍時執有是安忍,執由此安忍,執安忍為我所而生憍慢;修精進時執有是精進,執由此精進,執精進為我所而生憍慢;修靜慮時執有是靜慮,執由此靜慮,執靜慮為我所而生憍慢;修般若時執有是般若,執由此般若,執般若為我所而生憍慢。是菩薩乘諸善男子、善女人等,我、我所執恒隨逐故,所修布施乃至般若波羅蜜多,增長生死不能解脫生等眾苦。所以者何?布施波羅蜜多中無如是分別,亦不如彼所分別。何以故?非至此彼岸是布施波羅蜜多相故,乃至般若波羅蜜多中無如是分別,亦不如彼所分別。何以故?非至此彼岸是般若波羅蜜多相故。

「善現當知!此菩薩乘諸善男子、善女人等,不知此岸彼岸相故,不能攝受布施、淨戒、安忍、精進、靜慮、般若波羅蜜多,如是乃至不能

攝受一切智、道相智、一切相智。由此因緣，是菩薩乘諸善男子、善女人等，墮聲聞地或獨覺地，不證無上正等菩提。善現！住菩薩乘諸善男子、善女人等，如是無方便善巧修行六波羅蜜多，墮於聲聞或獨覺地，不證無上正等菩提。」

②辨有方便

爾時，具壽善現復白佛言：

「世尊！云何住菩薩乘諸善男子、善女人等，由能攝受甚深般若波羅蜜多，方便善巧具諸功德，不墮聲聞及獨覺地，疾證無上正等菩提？」

佛告善現：

「有菩薩乘諸善男子、善女人等，從初發心離我、我所執修行布施乃至般若波羅蜜多，此善男子、善女人等，修布施時不作是念：『我能行施，我施此物，彼受我施。』修淨戒時不作是念：『我能持戒，我持此戒，我具是戒。』修安忍時不作是念：『我能修忍，我於彼忍，我具是忍。』修精進時不作是念：『我能精進，我為此精進，我具是精進。』修靜慮時不作是念：『我能修定，我為此修定，我具是定。』修般若時不作是念：『我能修慧，我為此修慧，我具是慧。』

「復次，善現！此善男子、善女人等，修布施時不執有布施，不執由此布施，不執布施為我所；修淨戒時不執有淨戒，不執由此淨戒，不執淨戒為我所；修安忍時不執有安忍，不執由此安忍，不執安忍為我所；修精進時不執有精進，不執由此精進，不執精進為我所；修靜慮時不執有靜慮，不執由此靜慮，不執靜慮為我所；修般若時不執有般若，不執由此般若，不執般若為我所。是善男子、善女人等，我、我所執不隨逐故，所行布施乃至般若波羅蜜多，損減生死速能解脫生等眾苦。所以者何？布施波羅蜜多中無如是分別可起此執，乃至般若波羅蜜多中亦無如是分別可起此執。何以故？遠離此彼岸，是布施波羅蜜多相，乃至是般若波羅蜜多相故。

「善現當知！此菩薩乘諸善男子、善女人等，善知此岸彼岸相故，便能攝受布施、淨戒、安忍、精進、靜慮、般若波羅蜜多，如是乃至能攝受一切智、道相智、一切相智。由是因緣，此菩薩乘諸善男子、善女人等，不墮聲聞及獨覺地，速證無上正等菩提。」

爾時，具壽善現復白佛言：

「世尊！住菩薩乘諸善男子、善女人等云何有方便善巧，修行六波羅蜜多，不墮聲聞及獨覺地，疾證無上正等菩提？」

佛告善現：

「有菩薩乘諸善男子、善女人等，從初發心有方便善巧故，修布施時不
　作是念：『我能行施，我施此物，彼受我施。』修淨戒時不作是念：『我
　能持戒，我持此戒，我成此戒。』修安忍時不作是念：『我能修忍，
　我於彼忍，我成此忍。』修精進時不作是念：『我能精進，我為此精
　進，我成此精進。』修靜慮時不作是念：『我能修定，我為此修定，
　我成此定。』修般若時不作是念：『我能修慧，我為此修慧，我成此
　慧。』

「復次，善現！此菩薩乘諸善男子、善女人等，修布施時不執有布施，
　不執由此布施，不執布施為我所亦不憍慢；修淨戒時不執有淨戒，不
　執由此淨戒，不執淨戒為我所亦不憍慢；修安忍時不執有安忍，不執
　由此安忍，不執安忍為我所亦不憍慢；修精進時不執有精進，不執由
　此精進，不執精進為我所亦不憍慢；修靜慮時不執有靜慮，不執由此
　靜慮，不執靜慮為我所亦不憍慢；修般若時不執有般若，不執由此般
　若，不執般若為我所亦不憍慢。是菩薩乘諸善男子、善女人等，我、
　我所執不隨逐故，所修布施乃至般若波羅蜜多，損減生死速能解脫生
　等眾苦。所以者何？布施波羅蜜多相中，無如是分別亦不如彼所分
　別。何以故？非至此岸彼岸，是布施波羅蜜多相故，乃至般若波羅蜜
　多相中，無如是分別亦不如彼所分別。何以故？非至此岸彼岸是般若
　波羅蜜多相故。

「善現當知！此菩薩乘諸善男子、善女人等，善知此岸彼岸相故，便能
　攝受布施、淨戒、安忍、精進、靜慮、般若波羅蜜多，乃至能攝受一
　切智、道相智、一切相智，由此因緣，是菩薩乘諸善男子、善女人等
　不墮聲聞及獨覺地，疾證無上正等菩提。善現！住菩薩乘諸善男子、
　善女人等，如是有方便善巧修行六波羅蜜多，不墮聲聞及獨覺地，速
　證無上正等菩提。」*34

(CBETA, T07, no. 220, p. 242, c^{15}–p. 244, a^7)

sher phyin: v.027, pp. 685^{02}–696^{16} 《合論》: v.050, pp. 1423^{05}–1432^{05}

4.親近善知識觀諸法自性空

(35.4.16)於生死涅槃一切法皆無味著

卷 445〈初業品 50〉：第二分初業品第五十之一

爾時，具壽善現白佛言：

「世尊！初業菩薩摩訶薩，應云何學般若、靜慮、精進、安忍、淨戒、布施波羅蜜多？」

佛告善現：

「初業菩薩摩訶薩，若欲修學般若、靜慮、精進、安忍、淨戒、布施波羅蜜多，應先親近、承事、供養能善宣說般若、靜慮、精進、安忍、淨戒、布施波羅蜜多真淨善友，謂說般若波羅蜜多甚深經時，教授教誡初業菩薩摩訶薩言：『來！善男子！汝應勤修布施、淨戒、安忍、精進、靜慮、般若波羅蜜多。汝勤修時應以無所得而為方便，與一切有情平等共有迴向無上正等菩提。

(1)不取著諸法

汝勿以色而取無上正等菩提，亦勿以受、想、行、識而取無上正等菩提。汝勿以眼處而取無上正等菩提，亦勿以耳、鼻、舌、身、意處而取無上正等菩提。汝勿以色處而取無上正等菩提，亦勿以聲、香、味、觸、法處而取無上正等菩提。汝勿以眼界而取無上正等菩提，亦勿以耳、鼻、舌、身、意界而取無上正等菩提。汝勿以色界而取無上正等菩提，亦勿以聲、香、味、觸、法界而取無上正等菩提。汝勿以眼識界而取無上正等菩提，亦勿以耳、鼻、舌、身、意識界而取無上正等菩提。汝勿以眼觸而取無上正等菩提，亦勿以耳、鼻、舌、身、意觸而取無上正等菩提。汝勿以眼觸為緣所生諸受而取無上正等菩提，亦勿以耳、鼻、舌、身、意觸為緣所生諸受而取無上正等菩提。汝勿以布施波羅蜜多而取無上正等菩提，亦勿以淨戒、安忍、精進、靜慮、般若波羅蜜多而取無上正等菩提。汝勿以內空而取無上正等菩提，亦勿以外空、內外空、空空、大空、勝義空、有為空、無為空、畢竟空、無際空、散無散空、本性空、自共相空、一切法空、不可得空、無性空、自性空、無性自性空而取無上正等菩提。汝勿以真如而取無上正等菩提，亦勿以法界、法性、不虛妄性、不變異性、平等性、離生性、法定、法住、實際、虛空界、不思議界而取無上正等菩提。汝勿以苦聖諦而取無上正等菩提，亦勿以集、滅、道聖諦而取無上正等菩提。汝勿以四靜慮而取無上正等菩提，亦勿以四無量、四無色定而取無上正等菩提。汝勿以八解脫而取無上正等菩提，亦勿以八勝處、九次第定、十遍處而取無上正等菩提。汝勿以四念住而取無上正等菩提，亦勿以四正斷、四神足、五根、五力、七等覺支、八聖道支而取無上正等菩提。汝勿以空解脫門而取無上正等菩提，亦勿以無相、無願解脫門而取無上正等菩提。汝勿以五眼而取無上正等菩提，亦勿以六神通而取無上正等菩提。汝勿以佛

十力而取無上正等菩提，亦勿以四無所畏、四無礙解、大慈、大悲、大喜、大捨、十八佛不共法而取無上正等菩提。汝勿以三十二大士相而取無上正等菩提，亦勿以八十隨好而取無上正等菩提。汝勿以無忘失法而取無上正等菩提，亦勿以恒住捨性而取無上正等菩提。汝勿以陀羅尼門而取無上正等菩提，亦勿以三摩地門而取無上正等菩提。汝勿以一切智而取無上正等菩提，亦勿以道相智、一切相智而取無上正等菩提。所以者何？若不取色便得無上正等菩提，不取受、想、行、識便得無上正等菩提，如是乃至若不取一切智便得無上正等菩提，不取道相智、一切相智便得無上正等菩提。

(2)不貪著諸法

「『汝善男子！修行甚深般若波羅蜜多時，勿於色生貪愛，勿於受、想、行、識生貪愛。所以者何？色乃至識非可貪愛。何以故？以一切法自性空故。勿於眼處生貪愛，勿於耳、鼻、舌、身、意處生貪愛。所以者何？眼處乃至意處非可貪愛。何以故？以一切法自性空故。勿於色處生貪愛，勿於聲、香、味、觸、法處生貪愛。所以者何？色處乃至法處非可貪愛。何以故？以一切法自性空故。勿於眼界生貪愛，勿於耳、鼻、舌、身、意界生貪愛。所以者何？眼界乃至意界非可貪愛。何以故？以一切法自性空故。勿於色界生貪愛，勿於聲、香、味、觸、法界生貪愛。所以者何？色界乃至法界非可貪愛。何以故？以一切法自性空故。勿於眼識界生貪愛，勿於耳、鼻、舌、身、意識界生貪愛。所以者何？眼識界乃至意識界非可貪愛。何以故？以一切法自性空故。勿於眼觸生貪愛，勿於耳、鼻、舌、身、意觸生貪愛。所以者何？眼觸乃至意觸非可貪愛。何以故？以一切法自性空故。勿於眼觸為緣所生諸受生貪愛，勿於耳、鼻、舌、身、意觸為緣所生諸受生貪愛。所以者何？眼觸為緣所生諸受乃至意觸為緣所生諸受非可貪愛。何以故？以一切法自性空故。勿於布施波羅蜜多生貪愛，勿於淨戒、安忍、精進、靜慮、般若波羅蜜多生貪愛。所以者何？布施波羅蜜多乃至般若波羅蜜多非可貪愛。何以故？以一切法自性空故。勿於內空生貪愛，勿於外空、內外空、空空、大空、勝義空、有為空、無為空、畢竟空、無際空、散無散空、本性空、自共相空、一切法空、不可得空、無性空、自性空、無性自性空生貪愛。所以者何？內空乃至無性自性空非可貪愛。何以故？以一切法自性空故。勿於真如生貪愛，勿於法界、法性、不虛妄性、不變異性、平等性、離生性、法定、法住、實際、虛空界、不思議界生貪愛。所以者何？真如乃至不思議界非可貪愛。何以故？以一切法自性空故。勿於苦聖諦生貪

愛、勿於集、滅、道聖諦生貪愛。所以者何？苦聖諦乃至道聖諦非可貪
愛。何以故？以一切法自性空故。勿於四靜慮生貪愛，勿於四無量、四
無色定生貪愛。所以者何？四靜慮、四無量、四無色定非可貪愛。何以
故？以一切法自性空故。勿於八解脫生貪愛，勿於八勝處、九次第定、
十遍處生貪愛。所以者何？八解脫乃至十遍處非可貪愛。何以故？以一
切法自性空故。勿於四念住生貪愛，勿於四正斷、四神足、五根、五力、
七等覺支、八聖道支生貪愛。所以者何？四念住乃至八聖道支非可貪
愛。何以故？以一切法自性空故。勿於空解脫門生貪愛，勿於無相、無
願解脫門生貪愛。所以者何？空、無相、無願解脫門非可貪愛。何以故？
以一切法自性空故。勿於五眼生貪愛，勿於六神通生貪愛。所以者何？
五眼、六神通非可貪愛。何以故？以一切法自性空故。勿於佛十力生貪
愛，勿於四無所畏、四無礙解、大慈、大悲、大喜、大捨、十八佛不共
法生貪愛。所以者何？佛十力乃至十八佛不共法非可貪愛。何以故？以
一切法自性空故。勿於三十二大士相生貪愛，勿於八十隨好生貪愛。所
以者何？三十二大士相、八十隨好非可貪愛。何以故？以一切法自性空
故。勿於無忘失法生貪愛，勿於恒住捨性生貪愛。所以者何？無忘失法、
恒住捨性非可貪愛。何以故？以一切法自性空故。勿於陀羅尼門生貪
愛，勿於三摩地門生貪愛。所以者何？陀羅尼門、三摩地門非可貪愛。
何以故？以一切法自性空故。勿於一切智生貪愛，勿於道相智、一切相
智生貪愛。所以者何？一切智、道相智、一切相智非可貪愛。何以故？
以一切法自性空故。勿於預流果生貪愛，勿於一來、不還、阿羅漢果、
獨覺菩提生貪愛。所以者何？預流果乃至獨覺菩提非可貪愛。何以故？
以一切法自性空故。勿於一切菩薩摩訶薩行生貪愛，勿於諸佛無上正等
菩提生貪愛。所以者何？一切菩薩摩訶薩行、諸佛無上正等菩提非可貪
愛。何以故？以一切法自性空故。』」*35

(CBETA, T07, no. 220, p. 244, a^8–p. 245, b^{28})

sher phyin: v.027, pp. 696^{17}–702^{01} 《合論》: v.050, pp. 1432^{06}–1437^{05}

3.作用相　　35.5

此作用相有十一種。如是十一種作用相所攝之菩薩三智加行，具足利他之作用，故名作用相。

1.知諸法自性空中，發無上菩提心

卷 445〈初業品 50〉：爾時，具壽善現白佛言：

「世尊！諸菩薩摩訶薩能為難事，於一切法自性空中，希求無上正等菩提，欲證無上正等菩提。」*36

佛告善現：

「如是！如是！如汝所說。諸菩薩摩訶薩能為難事，於一切法自性空中，希求無上正等菩提，欲證無上正等菩提。善現！諸菩薩摩訶薩雖達一切法如幻、如夢、如響、如像、如光影、如陽焰、如變化事、如尋香城自性皆空，而為世間得義利故，發趣無上正等菩提；為令世間得饒益故，發趣無上正等菩提；為令世間得安樂故，發趣無上正等菩提；為欲濟拔諸世間故，發趣無上正等菩提；為與世間作歸依故，發趣無上正等菩提；為與世間作舍宅故，發趣無上正等菩提；欲示世間究竟道故，發趣無上正等菩提；為與世間作洲渚故，發趣無上正等菩提；為與世間作日月故，發趣無上正等菩提；為與世間作燈燭故，發趣無上正等菩提；為與世間作導師故，發趣無上正等菩提；為與世間作將帥故，發趣無上正等菩提；為與世間作所趣故，發趣無上正等菩提；哀愍世間生死苦故，發趣無上正等菩提。

2.別辨發心因緣

(1)為世間得義利 (解脫苦惱事)

［一切智加行］

表示菩薩身中成就殊勝作用之一切智加行。

(35.5.1)安立所化於解脫樂是作未來之利益
(35.5.2)為諸所化息滅憂苦等安立現法樂

「善現！云何菩薩摩訶薩為諸世間得義利故，發趣無上正等菩提？善現！諸菩薩摩訶薩為欲解脫一切有情諸苦惱事，方便修行布施、淨戒、安忍、精進、靜慮、般若波羅蜜多故，發趣無上正等菩提。善現！是為菩薩摩

訶薩為諸世間得義利故，發趣無上正等菩提。」*37

(2)為令世間得饒益 (住六波羅蜜)

「善現！云何菩薩摩訶薩為令世間得饒益故，發趣無上正等菩提？善現！
諸菩薩摩訶薩為欲自住六波羅蜜多，方便勸發諸有情類，亦令安住六波
羅蜜多故，發趣無上正等菩提。善現！是為菩薩摩訶薩為令世間得饒益
故，發趣無上正等菩提。」*37　(CBETA, T07, no. 220, p. 245, b^{29}–246 a^2)

sher phyin: v.027, pp. 702^{01}–704^{06} 《合論》: v.050, pp. 1437^{06}–1438^{11}

(3)為令世間得安樂 (住十善業道)

卷 445〈初業品 50〉：

「善現！云何菩薩摩訶薩為令世間得安樂故，發趣無上正等菩提？善現！
諸菩薩摩訶薩為欲自住十善業道，方便勸發諸有情類，亦令安住十善業
道故，發趣無上正等菩提。善現！是為菩薩摩訶薩為令世間得安樂故，發
趣無上正等菩提。」*37

(CBETA, T07, no. 220, p. 246, a$^{3–8}$)

sher phyin: v.027, pp. 704$^{07–15}$ 《合論》: v.050, pp. 1438$^{12–21}$

(4)為欲濟拔諸世間 (濟拔三惡趣)

(35.5.3)於生死苦濟彼有情成辦無苦法性

卷 445〈初業品 50〉：

「善現！云何菩薩摩訶薩為欲濟拔諸世間故，發趣無上正等菩提？善現！
諸菩薩摩訶薩見諸有情墮三惡趣，為欲濟拔令修善業，得住安隱極清涼
處故，發趣無上正等菩提。善現！是為菩薩摩訶薩為欲濟拔諸世間故，發
趣無上正等菩提。」*37

(CBETA, T07, no. 220, p. 246, a$^{8–13}$)

sher phyin: v.027, pp. 704^{16}–705^{05} 《合論》: v.050, pp. 1439$^{01–11}$

(5)為與世間作歸依

[道相智加行]

表示菩薩身中成就殊勝作用之道相智加行。

(35.5.4)安立所化於畢竟安樂之涅槃名作歸依處

諸人者，謂諸所化，安立於畢竟安樂之涅槃，名作歸
依處。

(35.5.5)安立所化令滅除苦因名作宅舍

卷 445〈初業品 50〉：

「善現！云何菩薩摩訶薩為與世間作歸依故，發趣無上正等菩提？善現！
諸菩薩摩訶薩欲為有情說無依法，謂色無依，受、想、行、識無依，如
是乃至一切智無依，道相智、一切相智無依，令諸有情聞已，解脫一切
生老病死及愁歎苦憂惱，由此因緣發趣無上正等菩提。善現！是為菩薩
摩訶薩為與世間作歸依故，發趣無上正等菩提。」*38

(CBETA, T07, no. 220, p. 246, a^{13–21})

sher phyin:　v.027, pp. 705^{07–21}　《合論》：v.050, pp. 1439^{12}–1440^{03}

(6)為與世間作舍宅（依止處）

卷 445〈初業品 50〉：

「善現！云何菩薩摩訶薩為與世間作舍宅故，發趣無上正等菩提？善現！
諸菩薩摩訶薩欲為有情作依止處，及令至得無怖無畏大涅槃宮故，發趣
無上正等菩提。善現！是為菩薩摩訶薩為與世間作舍宅故，發趣無上正
等菩提。」*38

(CBETA, T07, no. 220, p. 246, a^{21–26})

sher phyin:　v.027, pp. 705^{21}–707^{19}　《合論》：v.050, pp. 1440^{04}–1441^{21}

(7)欲示世間究竟道

(35.5.6)安立所化令知生死涅槃平等名作示究竟

卷 445〈初業品 50〉：

「善現！云何菩薩摩訶薩欲示世間究竟道故，發趣無上正等菩提？善現！
諸菩薩摩訶薩見諸有情不善通達道非道相，遊諸欲路，欲為方便宣說法
要，令其了知究竟道相，發趣無上正等菩提。欲為有情說何法要？所謂
說色究竟常無怖畏，說受、想、行、識究竟常無怖畏，如是乃至說一切
智究竟常無怖畏，說道相智、一切相智究竟常無怖畏。說色究竟即非色，
說受、想、行、識究竟即非受、想、行、識，如是乃至說一切智究竟即
非一切智，說道相智、一切相智究竟即非道相智、一切相智。善現！如
此諸法究竟相，一切法相亦如是。」

具壽善現白言：

「世尊！若一切法相如究竟相者，云何菩薩摩訶薩於一切法應現等覺？所
以者何？世尊！非色究竟中有如是分別，謂此是色；亦非受、想、行、
識究竟中有如是分別，謂此是受、想、行、識。如是乃至非一切智究竟
中有如是分別，謂此是一切智；亦非道相智、一切相智究竟中有如是分
別，謂此是道相智、一切相智。」

佛告善現：

「如是！如是！如汝所說。色究竟中無如是分別，謂此是色；受、想、行、識究竟中亦無如是分別，謂此是受、想、行、識。如是乃至一切智究竟中無如是分別，謂此是一切智；道相智、一切相智究竟中無如是分別，謂此是道相智、一切相智，以一切法本性空故。善現！是為菩薩摩訶薩最極難事，謂雖觀一切法皆寂滅相甚深微妙而心不沈沒，作是念言：『我於是法現等覺已，證得無上正等菩提，為諸有情宣說開示如是寂滅深妙之法。』善現！是為菩薩摩訶薩欲示世間究竟道故，發趣無上正等菩提。」
*38

(CBETA, T07, no. 220, p. 246, a^{26}–b^{28})

sher phyin: v.027, pp. 707^{19}–712^{12} 《合論》: v.050, pp. 1442^{01}–1445^{06}

(8)為與世間作洲渚

(35.5.7)令諸所化離貪愛水安立解脫成自他利之所依止名作洲渚

卷 445〈初業品 50〉：

「善現！云何菩薩摩訶薩為與世間作洲渚故，發趣無上正等菩提？善現！譬如大小海河池中，高地可居周迴水斷說為洲渚。如是，善現！色前後際斷，受、想、行、識前後際斷，如是乃至一切智前後際斷，道相智、一切相智前後際斷，由此前際後際斷故，一切法斷。善現！此一切法前後際斷，即是寂滅，即是微妙，即是如實，謂空無所得道斷愛盡無餘，雜染永滅究竟涅槃。善現！諸菩薩摩訶薩求證無上正等菩提，欲為有情宣說開示如是寂滅甚深微妙如實之法。善現！是為菩薩摩訶薩為與世間作洲渚故，發趣無上正等菩提。*38

(9)為與世間作日月／(10)為與世間作燈燭

「善現！云何菩薩摩訶薩為與世間作日月燈燭故，發趣無上正等菩提？善現！諸菩薩摩訶薩欲為有情宣說六波羅蜜多，及四依攝事相應經典真實義趣，方便教導令勤修學，破一切種無明黑闇，發趣無上正等菩提。善現！是為菩薩摩訶薩為與世間作日月燈燭故，發趣無上正等菩提。*38

(11)為與世間作導師／(12)為與世間作將帥

(35.5.8)成辦所化現時究竟二種義利名作導師

卷 445〈初業品 50〉：

「善現！云何菩薩摩訶薩為與世間作導師、將帥故，發趣無上正等菩提？善現！諸菩薩摩訶薩欲令趣向邪道有情離行四種不應行處，為說一道

令歸正故，為雜染者得清淨故，為愁惱者得歡悅故，為憂苦者得喜樂故，為非理有情證如理法故，為流轉有情得般涅槃故，發趣無上正等菩提。」

(CBETA, T07, no. 220, p. 246, b²⁸–c²³)

sher phyin:　v.027, pp. 712¹²–715²¹　《合論》: v.050, pp. 1445⁰⁷–1448¹⁶

「善現！諸菩薩摩訶薩發趣無上正等菩提，欲為有情宣說開示色無生無滅、無染無淨，受、想、行、識無生無滅、無染無淨；眼處無生無滅、無染無淨，耳、鼻、舌、身、意處無生無滅、無染無淨；色處無生無滅、無染無淨，聲、香、味、觸、法處無生無滅、無染無淨；眼界無生無滅、無染無淨，耳、鼻、舌、身、意界無生無滅、無染無淨；色界無生無滅、無染無淨，聲、香、味、觸、法界無生無滅、無染無淨；眼識界無生無滅、無染無淨，耳、鼻、舌、身、意識界無生無滅、無染無淨；眼觸無生無滅、無染無淨，耳、鼻、舌、身、意觸無生無滅、無染無淨；眼觸為緣所生諸受無生無滅、無染無淨，耳、鼻、舌、身、意觸為緣所生諸受無生無滅、無染無淨；布施波羅蜜多無生無滅、無染無淨，淨戒、安忍、精進、靜慮、般若波羅蜜多無生無滅、無染無淨；內空無生無滅、無染無淨，外空、內外空、空空、大空、勝義空、有為空、無為空、畢竟空、無際空、散無散空、本性空、自共相空、一切法空、不可得空、無性空、自性空、無性自性空無生無滅、無染無淨；真如無生無滅、無染無淨，法界、法性、不虛妄性、不變異性、平等性、離生性、法定、法住、實際、虛空界、不思議界無生無滅、無染無淨；苦聖諦無生無滅、無染無淨，集、滅、道聖諦無生無滅、無染無淨；四靜慮無生無滅、無染無淨，四無量、四無色定無生無滅、無染無淨；八解脫無生無滅、無染無淨，八勝處、九次第定、十遍處無生無滅、無染無淨；四念住無生無滅、無染無淨，四正斷、四神足、五根、五力、七等覺支、八聖道支無生無滅、無染無淨；空解脫門無生無滅、無染無淨，無相、無願解脫門無生無滅、無染無淨；淨觀地無生無滅、無染無淨，種姓地、第八地、具見地、薄地、離欲地、已辦地、獨覺地、菩薩地、如來地無生無滅、無染無淨；極喜地無生無滅、無染無淨，離垢地、發光地、焰慧地、極難勝地、現前地、遠行地、不動地、善慧地、法雲地無生無滅、無染無淨；五眼無生無滅、無染無淨，六神通無生無滅、無染無淨；預流果無生無滅、無染無淨，一來、不還、阿羅漢果、獨覺菩提無生無滅、無染無淨；如來十力無

生無滅、無染無淨，四無所畏、四無礙解、大慈、大悲、大喜、大捨、十八佛不共法無生無滅、無染無淨；三十二大士相無生無滅、無染無淨，八十隨好無生無滅、無染無淨；無忘失法無生無滅、無染無淨，恒住捨性無生無滅、無染無淨；一切陀羅尼門無生無滅、無染無淨，一切三摩地門無生無滅、無染無淨；一切智無生無滅、無染無淨，道相智、一切相智無生無滅、無染無淨。善現！是為菩薩摩訶薩為與世間作導師、將帥故，發趣無上正等菩提。」*38

(CBETA, T07, no. 220, p. 246, c²³–p. 247, b¹⁴)

sher phyin: v.027, pp. 715²¹–718⁰⁴ 《合論》: v.050, pp. 1448¹⁷–1451⁰⁷

(13)為與世間作所趣

(35.5.9)令諸所化於利他事任運而轉

① 為世間作所趣

卷 445〈初業品 50〉：

「善現！云何菩薩摩訶薩為與世間作所趣故，發趣無上正等菩提？善現！諸菩薩摩訶薩希求無上正等菩提，修諸菩薩摩訶薩行，欲以四攝事攝一切有情，所謂布施、愛語、利行、同事。

❶ 色等趣空

欲為有情宣說開示色以虛空為所趣，受、想、行、識亦以虛空為所趣，如是乃至一切智以虛空為所趣，道相智、一切相智亦以虛空為所趣。

❷ 三際色等趣空

欲為有情宣說開示未來色趣空故無所從來，過去色趣空故無所至去，現在色趣空故亦無所住；未來受、想、行、識趣空故無所從來，過去受、想、行、識趣空故無所至去，現在受、想、行、識趣空故亦無所住。如是乃至未來一切智趣空故無所從來，過去一切智趣空故無所至去，現在一切智趣空故亦無所住；未來道相智、一切相智趣空故無所從來，過去道相智、一切相智趣空故無所至去，現在道相智、一切相智趣空故亦無所住。

❸ 色等非趣非不趣

欲為有情宣說開示色非趣非不趣。何以故？以色性空，空中無趣無不趣故。受、想、行、識亦非趣非不趣。何以故？以受、想、行、識性空，空中無趣無不趣故。如是乃至一切智非趣非不趣。何以故？以一切智性空，空中無趣無不趣故。道相智、一切相智亦非趣非不

35-68

趣。何以故？以道相智、一切相智性空，空中無趣無不趣故。善現！
是為菩薩摩訶薩為與世間作所趣故，發趣無上正等菩提。」*39

(CBETA, T07, no. 220, p. 247, b^{14}–c^{11})

②別辨趣非趣不可得

1.依空無相無願辨

卷 446〈初業品 50〉：「第二分初業品第五十之二

「所以者何？善現！一切法皆以空、無相、無願為趣，諸菩薩摩訶
薩於如是趣不可超越。何以故？空、無相、無願中，趣與非趣不
可得故。

2.依無起作、無生滅、無染淨、無所有辨

「善現！一切法皆以無起無作為趣，諸菩薩摩訶薩於如是趣不可超
越。何以故？無起無作中，趣與非趣不可得故。」

(CBETA, T07, no. 220, p. 247, c$^{20-26}$)

sher phyin:　v.027, pp. 718^{04}–720^{16}　《合論》：v.050, pp. 1451^{08}–1454^{08}

(35.5.10)雖為所化說三乘果，不令非時現證實際

卷 446〈初業品 50〉：

「善現！一切法皆以無生無滅為趣，諸菩薩摩訶薩於如是趣不可超
越。何以故？無生無滅中，趣與非趣不可得故。

「善現！一切法皆以無染無淨為趣，諸菩薩摩訶薩於如是趣不可超
越。何以故？無染無淨中，趣與非趣不可得故。

「善現！一切法皆以無所有為趣，諸菩薩摩訶薩於如是趣不可超
越。何以故？無所有中，趣與非趣不可得故。

3.依夢幻等喻辨

「善現！一切法皆以幻、夢、響、像、光影、陽焰、變化事、尋香
城為趣，諸菩薩摩訶薩於如是趣不可超越。何以故？幻、夢、響、
像、光影、陽焰、變化事、尋香城中，趣與非趣不可得故。

4.依無量無邊辨

「善現！一切法皆以無量無邊為趣，諸菩薩摩訶薩於如是趣不可超
越。何以故？無量無邊中，趣與非趣不可得故。

5.依不與不取、不舉不下、無去無來、無增無減、不入不去、不集不
散、不合不離辨

「善現！一切法皆以不與不取為趣，諸菩薩摩訶薩於如是趣不可超
越。何以故？不與不取中，趣與非趣不可得故。

「善現！一切法皆以不舉不下為趣，諸菩薩摩訶薩於如是趣不可超越。何以故？不舉不下中，趣與非趣不可得故。

「善現！一切法皆以無去無來為趣，諸菩薩摩訶薩於如是趣不可超越。何以故？無去無來中，趣與非趣不可得故。

「善現！一切法皆以無增無減為趣，諸菩薩摩訶薩於如是趣不可超越。何以故？無增無減中，趣與非趣不可得故。

「善現！一切法皆以不入不出為趣，諸菩薩摩訶薩於如是趣不可超越。何以故？不入不出中，趣與非趣不可得故。

「善現！一切法皆以不集不散為趣，諸菩薩摩訶薩於如是趣不可超越。何以故？不集不散中，趣與非趣不可得故。

「善現！一切法皆以不合不離為趣，諸菩薩摩訶薩於如是趣不可超越。何以故？不合不離中，趣與非趣不可得故。

6.依我乃至見者辨

「善現！一切法皆以我、有情、命者、生者、養者、士夫、補特伽羅、意生、儒童、作者、使作者、起者、使起者、受者、使受者、知者、見者為趣，諸菩薩摩訶薩於如是趣不可超越。何以故？我乃至見者尚畢竟無所有不可得，況有趣非趣可得！

「善現！一切法皆以無我、無有情、無命者、無生者、無養者、無士夫、無補特伽羅、無意生、無儒童、無作者、無使作者、無起者、無使起者、無受者、無使受者、無知者、無見者為趣，諸菩薩摩訶薩於如是趣不可超越。何以故？無我乃至無見者尚畢竟無所有不可得，況有趣非趣可得！

7.依四倒四正辨

「善現！一切法皆以常、樂、我、淨為趣，諸菩薩摩訶薩於如是趣不可超越。何以故？常、樂、我、淨尚畢竟無所有不可得，況有趣非趣可得！

「善現！一切法皆以無常、無樂、無我、無淨為趣，諸菩薩摩訶薩於如是趣不可超越。何以故？無常、無樂、無我、無淨尚畢竟無所有不可得，況有趣非趣可得！

8.依貪瞋癡見辨

「善現！一切法皆以貪、瞋、癡事為趣，諸菩薩摩訶薩於如是趣不可超越。何以故？貪、瞋、癡事尚畢竟無所有不可得，況有趣非趣可得！

「善現！一切法皆以諸見趣為趣，諸菩薩摩訶薩於如是趣不可超越。何以故？諸見趣尚畢竟無所有不可得，況有趣非趣可得！

9.依真如等辨

「善現！一切法皆以真如、法界、法性、不虛妄性、不變異性、平等性、離生性、法定、法住、實際、虛空界、不思議界為趣，諸菩薩摩訶薩於如是趣不可超越。何以故？真如乃至不思議界尚畢竟無所有不可得，況有趣非趣可得！

「善現！一切法皆以不動性為趣，諸菩薩摩訶薩於如是趣不可超越。何以故？不動性尚畢竟無所有不可得，況有趣非趣可得！」

(CBETA, T07, no. 220, p. 247, c[26]–p. 248, c[1])

sher phyin: v.027, pp. 720[16]–724[14] 《合論》: v.050, pp. 1454[09]–1458[17]

10.依蘊處界辨

[一切相智加行]

(35.5.11)由修一切相智加行而為世間作所依處

卷446〈初業品50〉：

「善現！一切法皆以色、受、想、行、識為趣，諸菩薩摩訶薩於如是趣不可超越。何以故？色乃至識尚畢竟無所有不可得，況有趣非趣可得！

「善現！一切法皆以眼、耳、鼻、舌、身、意處為趣，諸菩薩摩訶薩於如是趣不可超越。何以故？眼處乃至意處尚畢竟無所有不可得，況有趣非趣可得！

「善現！一切法皆以色、聲、香、味、觸、法處為趣，諸菩薩摩訶薩於如是趣不可超越。何以故？色處乃至法處尚畢竟無所有不可得，況有趣非趣可得！

「善現！一切法皆以眼、耳、鼻、舌、身、意界為趣，諸菩薩摩訶薩於如是趣不可超越。何以故？眼界乃至意界尚畢竟無所有不可得，況有趣非趣可得！

「善現！一切法皆以色、聲、香、味、觸、法界為趣，諸菩薩摩訶薩於如是趣不可超越。何以故？色界乃至法界尚畢竟無所有不可得，況有趣非趣可得！

「善現！一切法皆以眼、耳、鼻、舌、身、意識界為趣，諸菩薩摩訶薩於如是趣不可超越。何以故？眼識界乃至意識界尚畢竟無所

有不可得，況有趣非趣可得！

「善現！一切法皆以眼、耳、鼻、舌、身、意觸為趣，諸菩薩摩訶薩於如是趣不可超越。何以故？眼觸乃至意觸尚畢竟無所有不可得，況有趣非趣可得！

「善現！一切法皆以眼、耳、鼻、舌、身、意觸為緣所生諸受為趣，諸菩薩摩訶薩於如是趣不可超越。何以故？眼觸為緣所生諸受乃至意觸為緣所生諸受尚畢竟無所有不可得，況有趣非趣可得！

11.依六波羅蜜多辨

「善現！一切法皆以布施、淨戒、安忍、精進、靜慮、般若波羅蜜多為趣，諸菩薩摩訶薩於如是趣不可超越。何以故？布施波羅蜜多乃至般若波羅蜜多尚畢竟無所有不可得，況有趣非趣可得！

12.依十八空辨

「善現！一切法皆以內空、外空、內外空、空空、大空、勝義空、有為空、無為空、畢竟空、無際空、散無散空、本性空、自共相空、一切法空、不可得空、無性空、自性空、無性自性空為趣，諸菩薩摩訶薩於如是趣不可超越。何以故？內空乃至無性自性空尚畢竟無所有不可得，況有趣非趣可得！

13.依三十七菩提分辨

「善現！一切法皆以四念住、四正斷、四神足、五根、五力、七等覺支、八聖道支為趣，諸菩薩摩訶薩於如是趣不可超越。何以故？四念住乃至八聖道支尚畢竟無所有不可得，況有趣非趣可得！

14.依四聖諦辨

「善現！一切法皆以苦、集、滅、道聖諦為趣，諸菩薩摩訶薩於如是趣不可超越。何以故？苦、集、滅、道聖諦尚畢竟無所有不可得，況有趣非趣可得！

15.依四靜慮等定辨

「善現！一切法皆以四靜慮、四無量、四無色定為趣，諸菩薩摩訶薩於如是趣不可超越。何以故？四靜慮、四無量、四無色定尚畢竟無所有不可得，況有趣非趣可得！

16.依餘聖道門辨

「善現！一切法皆以八解脫、八勝處、九次第定、十遍處為趣，諸菩薩摩訶薩於如是趣不可超越。何以故？八解脫乃至十遍處尚畢竟無所有不可得，況有趣非趣可得！

「善現！一切法皆以空、無相、無願解脫門為趣，諸菩薩摩訶薩於如是趣不可超越。何以故？空、無相、無願解脫門尚畢竟無所有不可得，況有趣非趣可得！

「善現！一切法皆以三乘菩薩十地為趣，諸菩薩摩訶薩於如是趣不可超越。何以故？三乘菩薩十地尚畢竟無所有不可得，況有趣非趣可得！

「善現！一切法皆以五眼、六神通為趣，諸菩薩摩訶薩於如是趣不可超越。何以故？五眼、六神通尚畢竟無所有不可得，況有趣非趣可得！

「善現！一切法皆以陀羅尼門、三摩地門為趣，諸菩薩摩訶薩於如是趣不可超越。何以故？陀羅尼門、三摩地門尚畢竟無所有不可得，況有趣非趣可得！

17.依佛功德辨

「善現！一切法皆以如來十力、四無所畏、四無礙解、大慈、大悲、大喜、大捨、十八佛不共法為趣，諸菩薩摩訶薩於如是趣不可超越。何以故？如來十力乃至十八佛不共法尚畢竟無所有不可得，況有趣非趣可得！

「善現！一切法皆以三十二大士相、八十隨好為趣，諸菩薩摩訶薩於如是趣不可超越。何以故？三十二大士相、八十隨好尚畢竟無所有不可得，況有趣非趣可得！

「善現！一切法皆以無忘失法、恒住捨性為趣，諸菩薩摩訶薩於如是趣不可超越。何以故？無忘失法、恒住捨性尚畢竟無所有不可得，況有趣非趣可得！

「善現！一切法皆以一切智、道相智、一切相智為趣，諸菩薩摩訶薩於如是趣不可超越。何以故？一切智、道相智、一切相智尚畢竟無所有不可得，況有趣非趣可得！

18.依三乘道果辨

「善現！一切法皆以預流、一來、不還、阿羅漢果、獨覺菩提為趣，諸菩薩摩訶薩於如是趣不可超越。何以故？預流果乃至獨覺菩提尚畢竟無所有不可得，況有趣非趣可得！

「善現！一切法皆以一切菩薩摩訶薩行、諸佛無上正等菩提為趣，諸菩薩摩訶薩於如是趣不可超越。何以故？一切菩薩摩訶薩行、諸佛無上正等菩提尚畢竟無所有不可得，況有趣非趣可得！

<u>19.</u>依三乘聖者辨

> 「善現！一切法皆以預流、一來、不還、阿羅漢、獨覺、菩薩、如
> 來應正等覺為趣，諸菩薩摩訶薩於如是趣不可超越。何以故？預
> 流乃至如來、應、正等覺尚畢竟無所有不可得，況有趣非趣可得！

如是，善現！菩薩摩訶薩為與世間作所趣故，發趣無上正等菩提。

(14)哀愍世間生死苦

> 「善現！云何菩薩摩訶薩哀愍世間生死苦故，發趣無上正等菩提？善
> 現！諸菩薩摩訶薩為得無礙自在神通，拔諸有情生死大苦，發趣無上
> 正等菩提。善現！是為菩薩摩訶薩哀愍世間生死苦故，發趣無上正等
> 菩提。」

4.自性相　　　35.6

如是三智十六種加行自性，由能表顯所相事故許為第四相。

此上諸加行相總義，謂：(1)遠離煩惱狀貌等四種自性相，表示大乘一切智加行，以了知如來出現等通達補特伽羅無我之十六智為體，是具足作利益、安樂等三種作用之加行故。(2)又難行及決定等五種自性相，表示道相智加行，以了知空性及無相等道真實十六智為體，是具足作皈依等七種作用之加行故。(3)又不順、無障礙等七種自性相，表示一切相智加行，以了知如來依真如現法樂住等果位智相真實十六種智為體，是具足作世間依止處一種作用之加行故。(4)又道相智與一切相智之加行，表示勝出二乘加行，以是通達不可思議等法無我所顯之加行故。

1.信解般若義

(1)誰能信解？

第二分調伏貪等品第五十一

爾時，具壽善現白佛言：

「世尊！誰於如是甚深般若波羅蜜多能生淨信及生勝解？」

佛告善現：

「若菩薩摩訶薩 1.久於無上正等菩提，發意趣求精勤修習布施、淨戒、安忍、精進、靜慮、般若波羅蜜多，2.已曾供養百千俱胝那庾多佛，於諸佛所久修梵行，3.發弘誓願善根淳熟，4.無量善友攝受護念，乃於如是甚深般若波羅蜜多能生淨信及生勝解。」

(CBETA, T07, no. 220, p. 248, c^1–p. 249, c^{21})

sher phyin:　v.027, pp. 724^{14}–727^{09} 《合論》：v.050, pp. 1458^{18}–1462^{08}

(2)信解相

［一切智加行自性］

(35.6.1)遠離貪等煩惱加行自性

「具壽善現復白佛言：

「世尊！若菩薩摩訶薩能於如是甚深般若波羅蜜多生於淨信及生勝解，是
菩薩摩訶薩心何性？何相？何狀？何貌？」

佛告善現：

「若菩薩摩訶薩能於如是甚深般若波羅蜜多生於淨信及勝解者，心以調伏
貪、瞋、癡及遠離貪、瞋、癡，為性、為相、為狀、為貌。」

(CBETA, T07, no. 220, p. 249, c[21-27])

sher phyin: v.027, pp. 727[10-18] 《合論》：v.050, pp. 1462[09-17]

(35.6.2)遠離煩惱狀身粗重等加行自性
(35.6.3)遠離煩惱貌非理作意等加行自性

卷446〈調伏貪等品51〉：

「復次，善現！是菩薩摩訶薩心以調伏貪、瞋、癡及無貪、瞋、癡，遠離
貪、瞋、癡及無貪、瞋、癡，為性、為相、為狀、為貌。」(離貪瞋痴，
亦不見是離。)

(CBETA, T07, no. 220, p. 249, c[27-29])

sher phyin: v.027, pp. 727[19]–728[02] 《合論》：v.050, pp. 1462[18]–1463[02]

2.信解般若者趣至一切智智
(1)趣一切智智果

(35.6.4)了知貪等所治品及無貪等能治品取捨真實
皆空

卷446〈調伏貪等品51〉：

「善現！若菩薩摩訶薩成就如是性、相、狀、貌，心乃於如是甚深般若波
羅蜜多能生淨信及生勝解。」

①明自行趣果

時，具壽善現白佛言：

「世尊！若菩薩摩訶薩能於如是甚深般若波羅蜜多生於淨信及生勝
解，是菩薩摩訶薩當何所趣？」

佛告善現：「是菩薩摩訶薩當趣一切智智。」*40

②明化他趣果

具壽善現復白佛言：

「世尊！若菩薩摩訶薩趣一切智智者，是菩薩摩訶薩能與一切有情為所
歸趣。」

佛告善現：

「如是！如是！如汝所說。若菩薩摩訶薩能於如是甚深般若波羅蜜多，生於淨信及生勝解，是菩薩摩訶薩則能趣向一切智智。若能趣向一切智智，是則能與一切有情為所歸趣。」

(CBETA, T07, no. 220, p. 249, c²⁹-p. 250, a¹³)

sher phyin: v.027, pp. 728⁰⁶⁻²⁰ 《合論》: v.050, pp. 1463⁰⁸–1464⁰⁵

❶度有情得涅槃，而不見有情施設

[道相智加行自性]

(35.6.5)勝義無有情而於名言須披甲令般涅槃是難行加行自性

卷 446〈調伏貪等品 51〉：具壽善現復白佛言：

「世尊！是菩薩摩訶薩能為難事，謂擐如是堅固甲冑：『我當度脫一切有情，皆令證得究竟涅槃，雖於有情作如是事，而都不見有情施設。』」

佛告善現：

「如是！如是！如汝所說。復次，善現！是菩薩摩訶薩所擐甲冑，不屬色亦不屬受、想、行、識。何以故？色乃至識皆畢竟無所有，非菩薩非甲冑故，說彼甲冑不屬色，亦不屬受、想、行、識。是菩薩摩訶薩所擐甲冑，乃至不屬一切智，亦不屬道相智、一切相智。何以故？一切智、道相智、一切相智皆畢竟無所有，非菩薩非甲冑故，說彼甲冑不屬一切智，亦不屬道相智、一切相智。是菩薩摩訶薩所擐甲冑不屬一切法。何以故？一切法皆畢竟無所有，非菩薩非甲冑故，說彼甲冑不屬一切法。」

(CBETA, T07, no. 220, p. 250, a¹³⁻²⁷)

sher phyin: v.027, pp. 728²⁰–732⁰³ 《合論》: v.050, pp. 1464⁰⁶–1466⁰²

❷不墮聲聞獨覺地

(35.6.6)不墮餘乘決定趣一佛乘之加行自性

卷 446〈調伏貪等品 51〉：

「善現！是菩薩摩訶薩修行如是甚深般若波羅蜜多，能擐如是功德甲冑，謂我當度一切有情，皆令證得究竟涅槃。」

時，具壽善現白佛言：

「世尊！若菩薩摩訶薩能擐如是堅固甲冑，謂我當度一切有情，皆令證得般涅槃者，不墮聲聞及獨覺地。何以故？世尊！是菩薩摩訶薩

不於有情安立分限，而擐如是堅固甲冑。」

(CBETA, T07, no. 220, p. 250, a²⁷–b⁵)

sher phyin: v.027, pp. 732⁰³⁻¹¹ 《合論》：v.050, pp. 1466⁰³⁻¹²

(35.6.7)長時修習三種所為之加行自性

卷 446〈調伏貪等品 51〉：佛告善現：

「汝觀何義作如是言：若菩薩摩訶薩能擐如是堅固甲冑，不墮聲聞及獨覺地？」

爾時，善現白言：

「世尊！是菩薩摩訶薩非為度脫少分有情而擐如是堅固甲冑，亦非為求少分智故而擐如是堅固甲冑。何以故？是菩薩摩訶薩普為拔濟一切有情令般涅槃而擐如是堅固甲冑，但為求得一切智智而擐如是堅固甲冑，由此因緣不墮聲聞及獨覺地。」

佛告善現：「如是！如是！如汝所說。」

(CBETA, T07, no. 220, p. 250, b⁵⁻¹⁴)

sher phyin: v.027, pp. 732¹¹–733⁰⁷ 《合論》：v.050, pp. 1466¹³–1467⁰⁷

③明無能修者、無所修法、無修處、無由此修

(35.6.8)通達能修所修法皆勝義無所得之加行自性

卷 446〈調伏貪等品 51〉：「爾時，具壽善現白佛言：

「世尊！如是般若波羅蜜多最為甚深，無能修者、無所修法、亦無修處、亦無由此而得修習。何以故？世尊！非此般若波羅蜜多甚深義中，而有少分實法可得名能修者及所修法、若修習處、若由此修。

「世尊！若修虛空，是修般若波羅蜜多；若修一切法，是修般若波羅蜜多；若修不實法，是修般若波羅蜜多；若修無所有，是修般若波羅蜜多；若修無攝受，是修般若波羅蜜多；若修除遣法，是修般若波羅蜜多。」*41

佛告善現：「修除遣何法，是修般若波羅蜜多？」

具壽善現白言：

「世尊！修除遣色，是修般若波羅蜜多；修除遣受、想、行、識，是修般若波羅蜜多；修除遣內六處，是修般若波羅蜜多；修除遣外六處，是修般若波羅蜜多；修除遣內六界，是修般若波羅蜜多；修除遣外六界，是修般若波羅蜜多；修除遣六識界，是修般若波羅蜜多；修除遣我，是修般若波羅蜜多；修除遣有情、命者、生者、養者、士夫、補特伽羅、意生、儒童、作者、受者、知者、見者，是修般若波羅蜜多；

修除遣布施波羅蜜多，是修般若波羅蜜多；修除遣淨戒、安忍、精進、靜慮、般若波羅蜜多，是修般若波羅蜜多；修除遣內空乃至無性自性空，是修般若波羅蜜多；修除遣真如乃至不思議界，是修般若波羅蜜多；修除遣苦、集、滅、道聖諦，是修般若波羅蜜多；修除遣四念住乃至八聖道支，是修般若波羅蜜多；修除遣四靜慮、四無量、四無色定，是修般若波羅蜜多；修除遣八解脫、八勝處、九次第定、十遍處，是修般若波羅蜜多；修除遣空、無相、無願解脫門，是修般若波羅蜜多；修除遣淨觀地乃至如來地，是修般若波羅蜜多；修除遣極喜地乃至法雲地，是修般若波羅蜜多；修除遣五眼、六神通，是修般若波羅蜜多；修除遣如來十力乃至十八佛不共法，是修般若波羅蜜多；修除遣三十二大士相、八十隨好，是修般若波羅蜜多；修除遣無忘失法、恒住捨性，是修般若波羅蜜多；修除遣陀羅尼門、三摩地門，是修般若波羅蜜多；修除遣預流果乃至獨覺菩提，是修般若波羅蜜多；修除遣一切菩薩摩訶薩行、諸佛無上正等菩提，是修般若波羅蜜多；修除遣一切智、道相智、一切相智，是修般若波羅蜜多。」

佛告善現：「如是！如是！如汝所說。」(CBETA, T07, no. 220, p. 250, b^{15}–c^{29})

sher phyin: v.027, pp. 733^{07}–737^{11} 《合論》: v.050, pp. 1467^{08}–1473^{05}

(2)依五相知不退轉菩薩

①不執著六波羅蜜乃至一切相智

(35.6.9)破除一切執著實事之加行自性

卷 446〈調伏貪等品 51〉：

「復次，善現！應依如是甚深般若波羅蜜多，觀察不退轉菩薩摩訶薩，若菩薩摩訶薩雖行般若波羅蜜多而無執著，當知是為不退轉菩薩摩訶薩。若菩薩摩訶薩雖行靜慮、精進、安忍、淨戒、布施波羅蜜多而無執著，當知是為不退轉菩薩摩訶薩。若菩薩摩訶薩雖行內空乃至無性自性空而無執著，當知是為不退轉菩薩摩訶薩。若菩薩摩訶薩雖行真如乃至不思議界而無執著，當知是為不退轉菩薩摩訶薩。若菩薩摩訶薩雖行苦、集、滅、道聖諦而無執著，當知是為不退轉菩薩摩訶薩。若菩薩摩訶薩雖行四念住廣說乃至一切相智而無執著，當知是為不退轉菩薩摩訶薩。(觀諸法空般若亦自空，而無執著。)

②自證而不由他教誡

「復次，善現！諸有不退轉菩薩摩訶薩，行深般若波羅蜜多時，不觀他語及他教誡以為真要，非但信他而有所作，

③不為諸惑染汙牽引

　　不為貪欲、瞋恚、愚癡、憍慢等法染污其心，亦不為彼之所牽引。

④不離六波羅蜜

　　諸有不退轉菩薩摩訶薩，行深般若波羅蜜多時，不離布施波羅蜜多乃至般若波羅蜜多。

⑤樂修般若

　　諸有不退轉菩薩摩訶薩，行深般若波羅蜜多時，聞說如是甚深般若波羅蜜多，其心不驚、不恐、不怖、不沈、不沒，亦不退捨所求無上正等菩提，於深般若波羅蜜多，歡喜樂聞、受持、讀誦、究竟通利、繫念思惟，如說修行曾無厭倦。

　　當知如是不退轉菩薩摩訶薩，前世已聞甚深般若波羅蜜多所有義趣，受持、讀誦、如理思惟，精進修行心無厭倦。何以故？由此不退轉菩薩摩訶薩，聞說如是甚深般若波羅蜜多，其心不驚、不恐、不怖、不沈、不沒，亦不退捨所求無上正等菩提，於深般若波羅蜜多，歡喜樂聞、受持、讀誦、究竟通利、如理思惟，精進修行心無厭倦。」

(CBETA, T07, no. 220, p. 251, a^1–b^3)

sher phyin: v.027, pp. 737^{11}–740^{10} 《合論》: v.050, pp. 1473^{06}–1475^{17}

(3)云何修行般若？

[一切相智加行自性]

(35.6.10)一切智及道相智所緣境中所攝之事與道緣此之加行自性

①云何修般若波羅蜜多？ (應隨順一切智智)

　卷446〈調伏貪等品51〉：具壽善現白佛言：

　「世尊！若菩薩摩訶薩聞說如是甚深般若波羅蜜多，其心不驚、不恐、不怖、不沈、不沒，亦不退捨所求無上正等菩提，於深般若波羅蜜多，歡喜樂聞、受持、讀誦、究竟通利、繫念思惟，精進修行心無厭倦，是菩薩摩訶薩云何修行甚深般若波羅蜜多？」

　佛告善現：

　「是菩薩摩訶薩相續隨順趣向臨入一切智智，應作如是行深般若波羅蜜多。」

②云何隨順一切智智？ (應隨順空等)

　具壽善現白言：

「世尊！是菩薩摩訶薩云何相續隨順趣向臨入一切智智，行深般若波羅蜜多？」

佛告善現：

「若菩薩摩訶薩相續隨順趣向臨入空、無相、無願、虛空、無所有、無生、無滅、無染、無淨、真如、法界、法性、不虛妄性、不變異性、平等性、離生性、法定、法住、實際、虛空界、不思議界、無造無作、如幻、如夢、如響、如像、如光影、如陽焰、如變化事、如尋香城，行深般若波羅蜜多，是為菩薩摩訶薩相續隨順趣向臨入一切智智，行深般若波羅蜜多。」

③云何隨順空等？ (應隨順畢竟空心，不觀一切法。)

時，具壽善現白佛言：

「世尊！如佛所說『若菩薩摩訶薩相續隨順趣向臨入空、無相、無願乃至如尋香城，行深般若波羅蜜多，是為菩薩摩訶薩相續隨順趣向臨入一切智智，行深般若波羅蜜多。』者，是菩薩摩訶薩行深般若波羅蜜多時，為行色不？為行受、想、行、識不？如是乃至為行一切智不？為行道相智、一切相智不？」

❶不觀(行)一切法

佛告善現：

「是菩薩摩訶薩行深般若波羅蜜多時，不行色，不行受、想、行、識，如是乃至不行一切智，不行道相智、一切相智。

❷隨順空等法無作無壞故

何以故？

是菩薩摩訶薩所隨順趣向臨入一切智智，1.無能作者、2.無能壞者、3.無所從來、4.無所至去、5.亦無所住、6.無方無域、7.無數無量、8.無往無來，既無數量往來可得，9.亦無能證。

④不以色等法得證一切智智

「善現！如是一切智智，不可以色證，不可以受、想、行、識證，如是乃至不可以一切智證，不可以道相智、一切相智證。

❶色等諸法即是一切智智性

何以故？

色即是一切智智性，受、想、行、識即是一切智智性，如是乃至一切智即是一切智智性，道相智、一切相智即是一切智智性。

❷諸法真如與一切智智真如無二無別

何以故？

若色真如，若一切智智真如，若一切法真如，皆一真如無二無別；若受、想、行、識真如，若一切智智真如，若一切法真如，皆一真如無二無別。如是乃至若一切智真如，若一切智智真如，若一切法真如，皆一真如無二無別；若道相智、一切相智真如，若一切智智真如，若一切法真如，皆一真如無二無別。

是故，一切智智不可以色證，不可以受、想、行、識證，如是乃至不可以一切智證，不可以道相智、一切相智證。」*42

3.般若甚深即是無上菩提甚深

(1)甚深非世間能信受

①諸法真如與一切智智真如無二無別

第二分真如品第五十二之一

爾時，欲界、色界諸天，各持天上旃檀香末、多揭羅香末、多摩羅香末，復持天上嗢鉢羅花、鉢特摩花、拘某陀花、奔荼利花，遙散佛上，來詣佛所，頂禮雙足却住一面，合掌恭敬白言：「世尊！如是般若波羅蜜多最為甚深，難見難覺，不可尋思，超尋思境，微妙沖寂，聰敏智者之所能知，非諸世間皆能信受，即佛無上正等菩提。

❶色等法即是一切智智

一切如來、應、正等覺於此般若波羅蜜多甚深經中，皆作是說：

色即是一切智智，一切智智即是色；受、想、行、識即是一切智智，一切智智即是受、想、行、識。如是乃至一切智即是一切智智，一切智智即是一切智；道相智、一切相智即是一切智智，一切智智即是道相智、一切相智。

❷諸法如與一切智智如無二無別

所以者何？若色真如，若一切智智真如，若一切法真如，皆一真如無二無別，亦無窮盡；若受、想、行、識真如，若一切智智真如，若一切法真如，皆一真如無二無別，亦無窮盡。如是乃至若一切智真如，若一切智智真如，若一切法真如，皆一真如無二無別，亦無窮盡。若道相智、一切相智真如，若一切智智真如，若一切法真如，皆一真如無二無別，亦無窮盡。」*43

②無有二法：無能證、非所證、無證處、無證時

佛告欲界、色界天言：

「如是！如是！如汝所說。諸天當知！我觀此義，心恒趣寂不樂說法。

所以者何？此法甚深難見難覺，不可尋思，超尋思境，微妙沖寂，聰敏智者之所能知，非諸世間皆能信受，所謂如是甚深般若波羅蜜多即是如來、應、正等覺所證無上正等菩提。*43

「諸天當知！如是無上正等菩提，無能證、非所證、無證處、無證時。諸天當知！此法深妙不二現行，非諸世間所能比度。」

(CBETA, T07, no. 220, p. 251, b⁴–p. 252, a²³)

sher phyin:　v.027, pp. 740¹⁰–753²⁰　《合論》: v.050, pp. 1475¹⁸–1486²¹

③舉諸法喻甚深

(35.6.11)通達生死涅槃平等性故名不順愚夫之加行自性

破除執著有性世間實有與無性出世實有等，通達生死、涅槃平等性，故名不順愚夫之加行自性。

卷 446〈真如品 52〉：

「諸天當知！虛空甚深故此法甚深，真如甚深故此法甚深，法界、法性、不虛妄性、不變異性、平等性、離生性、法定、法住、實際、虛空界、不思議界甚深故此法甚深，無量無邊甚深故此法甚深，無來無去甚深故此法甚深，無生無滅甚深故此法甚深，無染無淨甚深故此法甚深，無知無得甚深故此法甚深，無造無作甚深故此法甚深，我甚深故此法甚深，有情、命者、生者、養者、士夫、補特伽羅、意生、儒童、作者、受者、知者、見者甚深故此法甚深，色甚深故此法甚深，受、想、行、識甚深故此法甚深，如是乃至一切智甚深故此法甚深，道相智、一切相智甚深故此法甚深，一切佛法甚深故此法甚深。」

(2)無攝取無棄捨

①不為攝取棄捨諸法故說

時，諸天眾白言：

「世尊！此所說法甚深微妙，非諸世間卒能信受。所以者何？此深妙法不為攝取色故說，不為棄捨色故說；不為攝取受、想、行、識故說，不為棄捨受、想、行、識故說。如是乃至不為攝取一切智故說，不為棄捨一切智故說；不為攝取道相智、一切相智故說，不為棄捨道相智、一切相智故說；不為攝取一切佛法故說，不為棄捨一切佛法故說。

「世尊！世間有情多行攝取我我所執，謂色是我、是我所，受、想、行、識是我是我所，如是乃至一切智是我是我所，道相智、一切相智是我是我所。」

爾時，佛告諸天眾言：

「如是！如是！如汝所說。此深妙法不為攝取色故說，不為棄捨色故說；不為攝取受、想、行、識故說，不為棄捨受、想、行、識故說。如是乃至不為攝取一切智故說，不為棄捨一切智故說；不為攝取道相智、一切相智故說，不為棄捨道相智、一切相智故說；不為攝取一切佛法故說，不為棄捨一切佛法故說。世間有情多行攝取我、我所執，謂色是我是我所，受、想、行、識是我是我所，如是乃至一切智是我是我所，道相智、一切相智是我是我所。

②攝取棄捨諸法而行之過失

「諸天當知！若有菩薩為攝取色故行，為棄捨色故行；為攝取受、想、行、識故行，為棄捨受、想、行、識故行。如是乃至為攝取一切智故行，為棄捨一切智故行；為攝取道相智、一切相智故行，為棄捨道相智、一切相智故行。是菩薩不能修般若波羅蜜多，亦不能修靜慮、精進、安忍、淨戒、布施波羅蜜多，如是乃至不能修一切智，亦不能修道相智、一切相智。」*44

(CBETA, T07, no. 220, p. 252, a^{23}–c^{7})

sher phyin: v.027, pp. 753^{20}–760^{08} 《合論》：v.050, pp. 1487^{01}–1492^{18}

(3)隨順、無礙、無生滅、無足迹 (無處)

①隨順

(35.6.12)了知色等無障礙加行自性

卷 446〈真如品 52〉：「爾時，具壽善現白佛言：

「世尊！此甚深法能隨順一切法。世尊！此甚深法能隨順何等一切法？世尊！此甚深法能隨順般若波羅蜜多，亦能隨順靜慮、精進、安忍、淨戒、布施波羅蜜多。此甚深法能隨順內空，亦能隨順外空乃至無性自性空。此甚深法能隨順真如，亦能隨順法界乃至不思議界。此甚深法能隨順苦、集、滅、道聖諦，此甚深法能隨順四念住，亦能隨順四正斷乃至八聖道支。此甚深法能隨順四靜慮，亦能隨順四無量、四無色定。此甚深法能隨順八解脫，亦能隨順八勝處、九次第定、十遍處。此甚深法能隨順空、無相、無願解脫門。此甚深法能隨順淨觀地，亦能隨順種姓地乃至如來地。此甚深法能隨順極喜地，亦能隨順離垢地乃至法雲地。此甚深法能隨順五眼，亦能隨順六神通。此甚深法能隨順如來十力，亦能隨順四無所畏乃至十八佛不共法。此甚深法能隨順三十二大士相，亦能隨順八十隨好。此甚深法能隨順無忘失法，亦能

隨順恒住捨性。此甚深法能隨順陀羅尼門，亦能隨順三摩地門。此甚深法能隨順預流果，亦能隨順一來、不還、阿羅漢果、獨覺菩提。此甚深法能隨順一切菩薩摩訶薩行，亦能隨順諸佛無上正等菩提。此甚深法能隨順一切智，亦能隨順道相智、一切相智。

②無礙

「世尊！此甚深法都無所礙。世尊！此甚深法於何無礙？世尊！此甚深法於色無礙，於受、想、行、識無礙，如是乃至於一切智無礙，於道相智、一切相智無礙。

「世尊！此甚深法無礙為相。何以故？世尊！虛空平等性故，真如平等性故，法界乃至不思議界平等性故，空、無相、無願平等性故，無造、無作平等性故，無染、無淨平等性故。

③無生滅

「世尊！此甚深法無生、無滅。何以故？世尊！色無生，無滅不可得故，受、想、行、識無生無滅不可得故，如是乃至一切智無生無滅不可得故，道相智、一切相智無生無滅不可得故。」

(CBETA, T07, no. 220, p. 252, c^8–p. 253, a^{15})

sher phyin: v.027, pp. 760^{08}–762^{20} 《合論》：v.050, pp. 1492^{19}–1495^{15}

④無足迹

(35.6.13)能知所知皆於勝義無跡可得之加行自性

卷 446〈真如品 52〉：

「世尊！此甚深法都無足迹。何以故？世尊！色足迹不可得故，受、想、行、識足迹亦不可得故，如是乃至一切智足迹不可得故，道相智、一切相智足迹亦不可得故。」*45　(CBETA, T07, no. 220, p. 253, a$^{15-18}$)

sher phyin: v.027, pp. 762^{20}–763^{11} 《合論》：v.050, pp. 1495^{16}–1496^{10}

4.真如甚深

(1)以十門明隨如來真如生

(35.6.14)通達空性真如於勝義中全無所去之加行自性

卷 447〈真如品 52〉：第二分真如品第五十二之二

爾時，欲、色界天眾復白佛言：

「世尊！大德善現佛真弟子隨如來生。所以者何？大德善現諸所說法，一切皆與空相應故。」*46

爾時，善現告欲、色界諸天眾言：

「汝諸天眾說我善現佛真弟子隨如來生，云何善現隨如來生？謂隨如來真如生故。

　　所以者何？

①真如無來無去

　　如來真如無來無去，善現真如亦無來去故，說善現隨如來生。

②真如無真如性亦無不真如性

　　如來真如即一切法真如，一切法真如即如來真如，如是真如無真如性，亦無不真如性。善現真如亦復如是，故說善現隨如來生。

③真如常住無變異

　　如來真如常住為相，善現真如亦復如是，故說善現隨如來生。如來真如無變異、無分別，遍諸法轉。善現真如亦復如是，故說善現隨如來生。

④真如無所罣礙

　　如來真如無所罣礙，一切法真如亦無所罣礙。

⑤真如無造無作

　　若如來真如，若一切法真如，同一真如無二無別、無造無作，如是真如常真如相，無時非真如相，以常真如相無時非真如相故，無二無別。善現真如亦復如是，故說善現隨如來生。

⑥真如無憶念無分別

　　如來真如於一切處無憶念、無分別，善現真如亦復如是，故說善現隨如來生。如來真如無別異不可得，善現真如亦復如是，故說善現隨如來生。

⑦真如不離一切法真如

　　如來真如不離一切法真如，一切法真如不離如來真如，如是真如常真如相，無時非真如相。善現真如亦復如是，故說善現隨如來生。雖說隨生而無所隨生，以善現真如不異佛故。(正觀一切法，名為佛；一切法是因緣，佛是果報。)

⑧真如出過三世

　　如來真如非過去、非未來、非現在，一切法真如亦非過去、非未來、非現在。善現真如亦復如是，故說善現隨如來生。

⑨三世如與如來如無二無別

　　「過去真如即如來真如，如來真如即過去真如；未來真如即如來真如，如來真如即未來真如；現在真如即如來真如，如來真如即現在真如。若過去真如，若未來真如，若現在真如，若如來真如，同一真如無二

無別。*47

⑩諸法如與如來如無二無別

1.依五蘊如辨

「色真如即如來真如，如來真如即色真如；受、想、行、識真如即如來真如，如來真如即受、想、行、識真如。若色真如，若受、想、行、識真如，若如來真如，同一真如無二無別。*47 (諸法如一相，所謂無相)

2.依內六處如辨

「眼處真如即如來真如，如來真如即眼處真如；耳、鼻、舌、身、意處真如即如來真如，如來真如即耳、鼻、舌、身、意處真如。若眼處真如，若耳、鼻、舌、身、意處真如，若如來真如，同一真如無二無別。

3.依外六處如辨

「色處真如即如來真如，如來真如即色處真如；聲、香、味、觸、法處真如即如來真如，如來真如即聲、香、味、觸、法處真如。若色處真如，若聲、香、味、觸、法處真如，若如來真如，同一真如無二無別。

4.依眼界如等辨

「眼界真如即如來真如，如來真如即眼界真如；耳、鼻、舌、身、意界真如即如來真如，如來真如即耳、鼻、舌、身、意界真如。若眼界真如，若耳、鼻、舌、身、意界真如，若如來真如，同一真如無二無別。

5.依色界如等辨

「色界真如即如來真如，如來真如即色界真如；聲、香、味、觸、法界真如即如來真如，如來真如即聲、香、味、觸、法界真如。若色界真如，若聲、香、味、觸、法界真如，若如來真如，同一真如無二無別。

6.依眼識界如等辨

「眼識界真如即如來真如，如來真如即眼識界真如；耳、鼻、舌、身、意識界真如即如來真如，如來真如即耳、鼻、舌、身、意識界真如。若眼識界真如，若耳、鼻、舌、身、意識界真如，若如來真如，同一真如無二無別。

7.依眼觸如等辨

「眼觸真如即如來真如，如來真如即眼觸真如；耳、鼻、舌、身、意觸真如即如來真如，如來真如即耳、鼻、舌、身、意觸真如。若眼觸真如，若耳、鼻、舌、身、意觸真如，若如來真如，同一真如無二無別。

8.依眼觸所生受如等辨

「眼觸為緣所生諸受真如即如來真如，如來真如即眼觸為緣所生諸受真如；耳、鼻、舌、身、意觸為緣所生諸受真如即如來真如，如來真如即耳、鼻、舌、身、意觸為緣所生諸受真如。若眼觸為緣所生諸受真如，若耳、鼻、舌、身、意觸為緣所生諸受真如，若如來真如，同一真如無二無別。

9.依我乃至知者見者如辨

「我真如即如來真如，如來真如即我真如；有情、命者、生者、養者、士夫、補特伽羅、意生、儒童、作者、受者、知者、見者真如即如來真如，如來真如即有情乃至見者真如。若我真如，若有情乃至見者真如，若如來真如，同一真如無二無別。

10.依六波羅蜜多如辨

「布施波羅蜜多真如即如來真如，如來真如即布施波羅蜜多真如；淨戒、安忍、精進、靜慮、般若波羅蜜多真如即如來真如，如來真如即淨戒乃至般若波羅蜜多真如。若布施波羅蜜多真如，若淨戒乃至般若波羅蜜多真如，若如來真如，同一真如無二無別。

11.依十八空如辨

「內空真如即如來真如，如來真如即內空真如；外空、內外空、空空、大空、勝義空、有為空、無為空、畢竟空、無際空、散無散空、本性空、自共相空、一切法空、不可得空、無性空、自性空、無性自性空真如即如來真如，如來真如即外空乃至無性自性空真如。若內空真如，若外空乃至無性自性空真如，若如來真如，同一真如無二無別。

12.依真如乃至不思議界如辨

「真如真如即如來真如，如來真如即真如真如；法界、法性、不虛妄性、不變異性、平等性、離生性、法定、法住、實際、虛空界、不思議界真如即如來真如，如來真如即法界乃至不思議界真如。若真如真如，若法界乃至不思議界真如，若如來真如，同一真如無二無別。

13.依四聖諦如辨

「苦聖諦真如即如來真如，如來真如即苦聖諦真如；集、滅、道聖諦真如即如來真如，如來真如即集、滅、道聖諦真如。若苦聖諦真如，若集、滅、道聖諦真如，若如來真如，同一真如無二無別。

14.依三十七菩提分如辨

「四念住真如即如來真如，如來真如即四念住真如；四正斷、四神足、五根、五力、七等覺支、八聖道支真如即如來真如，如來真如即四正斷乃至八聖道支真如。若四念住真如，若四正斷乃至八聖道支真如，若如來真如，同一真如無二無別。

15.依四靜慮如等辨

「四靜慮真如即如來真如，如來真如即四靜慮真如；四無量、四無色定真如即如來真如，如來真如即四無量、四無色定真如。若四靜慮真如，若四無量、四無色定真如，若如來真如，同一真如無二無別。

16.依八解脫如等辨

「八解脫真如即如來真如，如來真如即八解脫真如；八勝處、九次第定、十遍處真如即如來真如，如來真如即八勝處、九次第定、十遍處真如。若八解脫真如，若八勝處、九次第定、十遍處真如，若如來真如，同一真如無二無別。

17.依三解脫門如辨

「空解脫門真如即如來真如，如來真如即空解脫門真如；無相、無願解脫門真如即如來真如，如來真如即無相、無願解脫門真如。若空解脫門真如，若無相、無願解脫門真如，若如來真如，同一真如無二無別。

18.依十地如辨

「三乘十地真如即如來真如，如來真如即三乘十地真如；菩薩十地真如即如來真如，如來真如即菩薩十地真如。若三乘十地真如，若菩薩十地真如，若如來真如，同一真如無二無別。

19.依五眼六通如辨

「五眼真如即如來真如，如來真如即五眼真如；六神通真如即如來真如，如來真如即六神通真如。若五眼真如，若六神通真如，若如來真如，同一真如無二無別。

20.依佛十力如等辨

「佛十力真如即如來真如，如來真如即佛十力真如；四無所畏、四無礙解、大慈、大悲、大喜、大捨、十八佛不共法真如即如來真如，如來真如即四無所畏乃至十八佛不共法真如。若佛十力真如，若四無所畏乃至十八佛不共法真如，若如來真如，同一真如無二無別。

21.依大士相隨形好如辨

「三十二大士相真如即如來真如，如來真如即三十二大士相真如；八十隨好真如即如來真如，如來真如即八十隨好真如。若三十二大士相真如，若八十隨好真如，若如來真如，同一真如無二無別。

22.依無忘失法如等辨

「無忘失法真如即如來真如，如來真如即無忘失法真如；恒住捨性真如即如來真如，如來真如即恒住捨性真如。若無忘失法真如，若恒住捨性真如，若如來真如，同一真如無二無別。

23.依陀羅尼門三摩地門如辨

「陀羅尼門真如即如來真如，如來真如即陀羅尼門真如；三摩地門真如即如來真如，如來真如即三摩地門真如。若陀羅尼門真如，若三摩地門真如，若如來真如，同一真如無二無別。

24.依二乘果如辨

「預流果真如即如來真如，如來真如即預流果真如；一來、不還、阿羅漢果、獨覺菩提真如即如來真如，如來真如即一來果乃至獨覺菩提真如。若預流果真如，若一來果乃至獨覺菩提真如，若如來真如，同一真如無二無別。

25.依佛菩薩所證果如辨

「一切菩薩摩訶薩行真如即如來真如，如來真如即一切菩薩摩訶薩行真如；諸佛無上正等菩提真如即如來真如，如來真如即諸佛無上正等菩提真如。若一切菩薩摩訶薩行真如，若諸佛無上正等菩提真如，若如來真如，同一真如無二無別。

26.依三智如辨

「一切智真如即如來真如，如來真如即一切智真如；道相智、一切相智真如即如來真如，如來真如即道相智、一切相智真如。若一切智真如，若道相智、一切相智真如，若如來真如，同一真如無二無別。

⑪結說隨如來真如生

「天眾當知！諸菩薩摩訶薩現證如是一切法真如，說名如來、應、正等覺，我於如是諸法真如能深信解，故說善現從如來生。」

當說如是真如相時，於此三千大千世界，諸山大地六種變動：東踊西沒，西踊東沒，南踊北沒，北踊南沒，中踊邊沒，邊踊中沒。爾時，欲界、色界天眾，復以天上旃檀香末、多揭羅香末、多摩羅香末，及以天上嗢鉢羅花、鉢特摩花、拘某陀花、奔茶利花，奉散如來及善現上而白佛言：「甚奇！如來！未曾有也！大德善現由真如故隨如來生。」

(CBETA, T07, no. 220, p. 253, a²⁶–p. 255, a²²)

sher phyin: v.027, pp. 763¹²–769¹⁹ 《合論》: v.050, pp. 1496¹¹–1504¹⁷

(2)明真如體離相

①不由四相故隨如來生 (善現破諸天著真如)

(35.6.15)通達色等由勝義無性故無有生之加行自性

卷 447〈真如品 52〉：爾時，具壽善現便謂諸天眾言：

「諸天當知！然我善現 1.不由色故隨如來生，2.不由色真如故隨如來生，3.不離色故隨如來生，4.不離色真如故隨如來生；不由受、想、行、識故隨如來生，不由受、想、行、識真如故隨如來生，不離受、想、行、識故隨如來生，不離受、想、行、識真如故隨如來生。如是乃至不由一切智故隨如來生，不由一切智真如故隨如來生，不離一切智故隨如來生，不離一切智真如故隨如來生；不由道相智、一切相智故隨如來生，不由道相智、一切相智真如故隨如來生，不離道相智、一切相智故隨如來生，不離道相智、一切相智真如故隨如來生。不由有為故隨如來生，不由有為真如故隨如來生，不離有為故隨如來生，不離有為真如故隨如來生；不由無為故隨如來生，不由無為真如故隨如來生，不離無為故隨如來生，不離無為真如故隨如來生。何以故？諸天眾！是一切法都無所有，諸隨生者、若所隨生、由此隨生、隨生時處皆不可得。」*48　(CBETA, T07, no. 220, p. 255, a²²–b¹³)

sher phyin: v.027, pp. 769¹⁹–771¹² 《合論》: v.050, pp. 1504¹⁸–1506⁰⁴

②諸法、諸法真如皆不可得 (舍利子說真如相)

(35.6.16)通達有性無性二俱之本性真如於勝義中無所得之加行自性

卷 447〈真如品 52〉：爾時，舍利子白佛言：

「世尊！諸法真如、法界、法性、不虛妄性、不變異性、平等性、離生

性、法定、法住、實際、虛空界、不思議界皆最甚深。謂於此中色不可得，色真如亦不可得。何以故？此中色尚不可得，況有色真如可得！此中受、想、行、識不可得，受、想、行、識真如亦不可得。何以故？此中受、想、行、識尚不可得，況有受、想、行、識真如可得！如是乃至此中一切智不可得，一切智真如亦不可得。何以故？此中一切智尚不可得，況有一切智真如可得！此中道相智、一切相智不可得，道相智、一切相智真如亦不可得。何以故？此中道相智、一切相智尚不可得，況有道相智、一切相智真如可得！」*48

佛言：

「舍利子！如是！如是！如汝所說。諸法真如乃至不思議界皆最甚深，所謂此中色不可得，色真如亦不可得。何以故？此中色尚不可得，況有色真如可得！如是乃至此中一切相智不可得，一切相智真如亦不可得。何以故？此中一切相智尚不可得，況有一切相智真如可得！」

當說如是真如相時，二百苾芻諸漏永盡，心得解脫，成阿羅漢。復有五百苾芻尼眾遠塵離垢，於諸法中生淨法眼，五千菩薩生天人中得無生忍，六千菩薩諸漏永盡，心得解脫，成阿羅漢。

(3)明得失

①不攝受般若，墮聲聞獨覺地

爾時，佛告舍利子言：

「今此眾中六千菩薩已於過去親近供養五百諸佛，一一佛所發弘誓願正信出家，雖修布施、淨戒、安忍、精進、靜慮，而不攝受般若波羅蜜多，遠離方便善巧，起別異想，行別異行。修布施時作如是念：『此是布施，此是施物，此是受者，我能行施。』修淨戒時作如是念：『此是淨戒，此是罪業，此所護境，我能持戒。』修安忍時作如是念：『此是安忍，此是忍障，此所忍境，我能安忍。』修精進時作如是念：『此是精進，此是懈怠，此是所為，我能精進。』修靜慮時作如是念：『此是靜慮，此是散動，此是所為，我能修定。』彼不攝受般若波羅蜜多，遠離方便善巧，依別異想而行布施、淨戒、安忍、精進、靜慮別異之行。由別異想、別異行故，不得菩薩無別異想及失菩薩無別異行。由此因緣不得入菩薩正性離生位，由不得入菩薩正性離生位故，得預流果漸次乃至阿羅漢果。是故，舍利子！若菩薩摩訶薩雖有菩提道及有空、無相、無願解脫門，而不攝受般若波羅蜜多，及遠離方便善巧，便證實際墮於聲聞或獨覺地。」

②攝受般若，能證無上菩提

爾時，具壽舍利子復白佛言：

「世尊！何因緣故，有聲聞乘或獨覺乘補特伽羅，修空、無相、無願之法，不攝受般若波羅蜜多，遠離方便善巧，便證實際墮於聲聞或獨覺地；有菩薩乘補特伽羅，修空、無相、無願之法，攝受般若波羅蜜多，依方便善巧，雖證實際而趣無上正等菩提？」

佛言：

「舍利子！諸聲聞乘或獨覺乘補特伽羅，遠離一切智智心，不攝受般若波羅蜜多，無方便善巧故，修空、無相、無願之法，便證實際墮於聲聞或獨覺地。諸菩薩乘補特伽羅不離一切智智心，攝受般若波羅蜜多，依方便善巧，大悲心為上首，修空、無相、無願之法，雖證實際而能入菩薩正性離生位，能證無上正等菩提。*49

③大鳥無翅喻

「舍利子！譬如有鳥，其身長大百踰繕那，或復二百、或復三百踰繕那量而無有翅。是鳥或從三十三天，投身而下趣贍部洲，於其中路復作是念：『我欲還上三十三天。』舍利子！於汝意云何？是鳥能還三十三天不？」

舍利子言：「不也！世尊！不也！善逝！」

佛告舍利子：

「是鳥中路或作是願：『至贍部洲當令我身無損無惱。』舍利子！於汝意云何？是鳥所願可得遂不？」

舍利子言：

「不也！世尊！不也！善逝！是鳥至此贍部洲時，其身決定有損有惱，或致命終或隣死苦。何以故？是鳥身大，從遠而墮，無有翅故。」*50

④遠離一切智智心，不得無上菩提

佛言：

「舍利子！如是！如是！如汝所說。舍利子！有菩薩乘補特伽羅亦復如是，雖經無量無數大劫，勤修布施、淨戒、安忍、精進、靜慮，亦修般若求趣無上正等菩提，而不攝受般若波羅蜜多，遠離方便善巧，修空、無相、無願之法，便證實際墮於聲聞或獨覺地。何以故？舍利子！是菩薩乘補特伽羅遠離一切智智心，雖經無量無數大劫，勤修布施、淨戒、安忍、精進、靜慮，亦修般若，而不攝受般若波羅蜜多，遠離方便善巧，遂墮聲聞或獨覺地。

「舍利子！是菩薩乘補特伽羅，雖念過去未來現在諸佛世尊所有戒蘊、定蘊、慧蘊、解脫蘊、解脫智見蘊，恭敬供養隨順修行，而於其中執取相故，不能正解是諸如來、應、正等覺所有戒蘊、定蘊、慧蘊、解脫蘊、解脫智見蘊圓滿功德。是諸菩薩不能正解佛功德故，雖聞無上正等覺道及空、無相、無願法聲，而依此聲執取其相，執取相已迴向無上正等菩提。此菩薩乘補特伽羅，如是迴向不得無上正等菩提，墮於聲聞或獨覺地。何以故？舍利子！是菩薩乘補特伽羅，由不攝受般若波羅蜜多，及遠離方便善巧故，雖以種種所修善根迴向無上正等菩提，而墮聲聞或獨覺地。」

(CBETA, T07, no. 220, p. 255, b^{14}–p. 256, b^{19})

sher phyin: v.027, pp. 771^{12}–777^{18} 《合論》: v.050, pp. 1506^{05}–1512^{17}

註解：

*1 不說五蘊有成壞生滅等

小乘法說五蘊有成壞生滅，此處說五蘊無成壞生滅。

小乘多說無常，令眾生怖畏，先說無常後說法空。

大乘法則多說法空，於初便說法空，故說無成壞生滅。

佛說空、無相、無願法等，是法無有成壞生滅。

般若波羅蜜示如是等世間相。

*2 依般若知有情心行差別、知諸法無所有

(1)諸佛依般若知有情心行差別、知諸法無所有不可得，如是說示世間實相。

(2)有情身形色易知，而心數法無形故難知。

甚深般若中雖無有情及色等法乃至一切相智可得，但以般若方便力而能知有情心行差別。

(3)佛說此中因緣：「般若波羅蜜甚深義中，尚無般若相，何況有色等法乃至一切相智可得示現。」

*3 以七相知略心、散心

佛依般若如實知三界五趣有情之略心、散心。

　1.有色：欲、色界有情；無色：無色界有情。

　2.有想：除無想天及非想非非想處外餘有情；無想：無想有情。

　3.非有想非無想：非想非非想處有情。

　4.此世界：三千大千世界；餘十方世界：餘無量無數無邊世界。

(1)以法性知

佛以諸法實相之智慧，知有情略心、散心。

諸法實相(法性)畢竟空。此畢竟空中畢竟空性亦不可得，何況略心、散心。

佛過一切憶想分別虛妄法，安住實相，故能如實知一切有情心。

有情心住虛妄法中，故不能如實知他有情。

(2)以餘六相知

　①盡：無常慧。　　　　　　　　②離染：行是無常慧，離一切世間染。

　③滅：以世間道遮滅結使。　　　④斷：以無漏道斷。

　⑤寂靜：斷諸結使已，觀涅槃寂滅相。　⑥遠離：觀涅槃遠離相。

以是因緣，得諸法實相，以諸法實相，知他略心、散心皆是實相。

(3)凡夫取相分別，於三世中憶想妄見，謂知心念。然心念念生滅，未來無故不可知，現在念念滅無住時不可知。以盡門觀，即是畢竟空；畢竟空故無所著，是時得道知諸法實相，於一切法不妄想分別，則如實知他心。

*4 知有貪瞋痴心，知離貪瞋痴心

(1)心心所法不可得

　①諸有情有貪心如實性，非有貪心、非離貪心。

　　❶一切法入法性中皆清淨，故說有貪心如實性中無有貪心。

　　❷如實性中，心心所法尚無所有不可得，況有有貪心、離貪心可得。

　②諸有情離貪心如實性，非離貪心、非有貪心。

❶離貪心中，從本以來無有貪心。離貪心是寂滅相，無有分別，故說無離貪心。

❷如實性中，心心所法尚無所有不可得，況有離貪心、有貪心可得。

(2)二心不和合 (不俱)

①如實知有貪心，非有貪心，非離貪心。

②如實知離貪心，非離貪心，非有貪心。

以二心不和合(不俱)故。

心心次第生，離貪心時則無有貪心。

過去貪心已滅，未來未有，現在無貪心，是故無有貪心。無有貪心故，亦說無離貪心，
以無相待法故。

有瞋心、有痴心、離瞋心、離痴心亦如是。

*5 以無自性知心廣、心大

廣狹、增減、大小心，皆是有情之取相分別。

佛不如是知，心無色無形、無住處、念念滅，無廣狹增減之差別，以心之自性畢竟無所有不可
得故。

*6 無量心

廣心大心、緣無量有情、緣涅槃無量法、心相不可取都可名為無量。此以心性無所依止，無依
止故無定相，故說為無量。

*7 不可見心

(1)無見無對心

佛依般若波羅蜜多，能如實知諸有情之無見無對心皆無心相，以一切心自相空故。

此如實知破諸憶想分別之虛妄見：

禪定中見心如清淨珠中縷；觀白骨人中見心次第相續生；見心在身；或見心在緣，如無邊
識處，見識無量無邊。

(2)無色不可見心

佛依般若波羅蜜多，能如實知有情無色不可見心，諸佛五眼皆不能見，以一切心自性空故。

①肉眼天眼緣色故不見；　　　　　　②慧眼緣涅槃故不見；

③初學法眼，分別知諸法善不善、漏無漏等；此法眼若入實相中則無所分別而說「一切法無
知者、無見者。」是故不應見；　　　④佛眼觀寂滅相，故不應見。

五眼因緣和合生，皆是作法，虛誑不實，故佛不以五眼見有情無色不可見心。

*8 出沒屈伸心

佛知有情心心所法出沒屈伸。

佛悉知一切有情所作所行、六十二邪見、九十八結使等。

(1)出沒伸屈義

①出：九十六種外道見之出家者名出，或謂知無常怖畏而求道者名出。

②沒：在家者為愛等煩惱所沒名沒，或謂常著世樂為沒。而受九十六種外道法，不能得正道
故還沒於世間。

③屈、伸：不離欲界者名屈，離欲界者名伸。色界離、不離亦如是。

(2)佛以佛眼觀十方六道眾生之出沒：

　①有常著五欲，諸煩惱覆心，不求出者，如人常溺水中。

　②或有好心，能布施持戒，而以邪疑覆心故還沒，如人溺水，既出還沒。

　③或有出五欲，能得煖法頂法等，觀四諦未得實相，故還沒，如人出水而住，住而觀。

　④或有離五欲乃至無所有處，不得涅槃，故還沒，如人出水欲渡，近岸還沒。

　(此如[中阿含經]卷 1，[水喻經]所說之七水喻人。)

*9 執我及世間常無常等

　(1)執神我之四種邪見

　　凡夫憶想分別，隨我心取相故計有神我。

　　①常見／②無常見

　　　❶計常者：因常修福德，後應受果報；或由行道，故得解脫。

　　　❷計無常者：為今世名利故有所作。

　　③常無常見

　　　有說神我有二種：一者細微常住，是為常；二者現有所作，身死時是無常。

　　④非常非無常見

　　　常、無常二俱有過，若常無罪福，若無常亦無罪福。

　　　❶若常：則苦樂不異，譬如虛空，雨不能濕，風日不能乾。

　　　❷若無常：則苦樂變異，譬如風雨，在牛皮中則爛壞。

　　　以我心故，說必有神我，但非常非無常。

　　此四種邪見，皆緣五蘊，但於五蘊謬計為神我。

　(2)執世間之四種邪見

　　此中世間指五蘊世間、國土世間。但破於世間起常無常相等邪見，不破世間。

　　①常：佛破世間常顛倒，現見無常故。

　　②無常：以過去事有所作故，罪福不失，不得說無常。

　　③常無常：二俱有過故。

　　④非常非無常：著世間過故。

*10 執我及世間有邊無邊等

　(1)執有邊見

　　有諸多說法。

　　①誤執邪因為世間邊

　　　❶世間有始故有邊

　　　　有人求世間根本，不得其始；不得其始，則無中無後；若無初中後，則無世間。是故世間應有始，即是有邊。

　　　❷世性為始故有邊 (數論派[僧佉經]sājkhya sūtra)

　　　　得禪者，宿命智力乃見八萬劫事，過是已住不復能知，但見身始中陰識。

　　　　而自思惟：「此識不應無因無緣，必有因緣，為宿命智所不能知。」

　　　　故憶想分別：「有法名世性，非五根所知，極微細故。」

1.於世性中初生覺(中陰識)→生我→生五微塵(色、聲、香、味、觸)。

2.聲微塵生空大，聲、觸生風大；色、聲、觸生火大；色、聲、觸、味生水大；色、聲、觸、味、香生地大。

3.空生耳根，風生身根，火生眼根，水生舌根，地生鼻根。

如是等漸漸從細至麁。

從世性已來至麁，由麁轉細，還至世性。

如泥丸中有瓶瓷等性，以泥為瓶，破瓶為瓷，如是轉變都無有失；世性亦如是，轉變為麁。

世性是常法，無所從來。

❸微塵為始故有邊

有說世間初邊名微塵。

微塵常法不可破、不可燒、不可爛、不可壞，以微細故；待罪福因緣和合而有身(若天、若地獄等)；以無父母故，罪福因緣盡則散壞。

❹自然為始故有邊

有說自然為世界始，貧富、貴賤，非願所能得。

❺天主為始故有邊

有說天主即是世界始，造作吉凶禍福、天地萬物；此法滅時，天還攝取。

②明諸餘說

❻有情自到邊

有說諸有情世世受苦樂盡，自到邊；如山上投縷丸，縷盡自止。

受罪受福會歸於盡，精進懈怠無異。

❼八方國土有邊

有說國土世間，八方有邊，唯上下無邊。

❽上下有邊，八方無邊

有說上下有邊，下至十八地獄，上至有頂；八方無邊。

❾執有情世間有邊

有說有情世間有邊。如說神我在體中，如芥子、如米、或言一寸。

大人則神大，小人則神小。

說神是色法、有分，故言神我有邊。

(2)執無邊見

①神我無邊

有說神我遍滿虛空，無處不有，得身處能覺苦樂，是名神我無邊。

②國土世間無邊

有說國土世間無始。若有始，則無因緣，後亦無窮，常受身，是則破涅槃，是名無邊。又有說國土世間，十方無邊。

(3)執有邊無邊見

有說神世間無邊，國土世間有邊。

　　　　或言神世間有邊，國土世間無邊，如上說「神是色故」。

　　　或言上下有邊，八方無邊。

　　　如是總上二法，名為有邊無邊。

　(4)世間非有邊非無邊

　　　有人見「世間有邊」有過、「無邊」亦有過，故不說有邊、不說無邊，著「非有邊非無邊」
　　　以為世間實。

*11 執如來死後有、無等

　(1)死後有如去(如來)

　　　如先世來，後世亦如是去，是亦名如來，亦名如去。

　　　(在生死中來來去去，生命自體卻是如是如是，沒有變異，如如不變，卻又隨緣而來去，所
　　　　以也稱我(ātman)為如來，也可說如去。神是我的舊譯，如去、如來就是神我的來去。)

　　　前總說「一切世間常、無常」，現別說「後世有、無」，故說死後有如去(如來)。

　(2)死後無如去

　　　有說：先世無所從來，滅亦無所去。

　(3)死後或有如去或無如去

　　　有說：身、神和合為人；死後神去身不去，是名「如去不如去」。

　(4)死後非有如去非無如去

　　　見去、不去皆有過失，故說「非去非不去」。是人不能捨神，而著「非去非不去」。

*12 如是諸邪見煩惱等，是名「心出、沒、屈、伸」。邪見者以種種道求出不可得，欲出而沒。邪
　　見力多難解，故說常無常等十四事。佛依甚深般若，如實知有情心之出沒屈伸。

*13 執我與身一異

　(1)邪執

　　　①神我即是身

　　　　分析此身，求神不可得，又受好醜苦樂皆是身，故知此身即是神。

　　　②身異神異

　　　　神微細，五根所不得，亦非凡夫人所見；要能攝心清淨，得禪定人乃能得見，故說身異神
　　　　異。

　(2)破邪執

　　　若「身即是神」，身滅神亦滅，此是邪見。

　　　若「身異神異」，身滅，神常在，此是邊見。

*14 諸法真如相無二無別

　(1)依五蘊辨真如

　　　諸有情虛誑顛倒見，有種種憶想分別，但皆緣五蘊，依止五蘊，而無實神我、常無常等。
　　　佛知五蘊如真如無變異(不壞)、無分別、(空)、無相、無作、無戲論、無得。五蘊是有為法，
　　　五蘊如是無為法。

　(2)依一切法辨真如

　　　如五蘊如，一切法如亦如是。

①五蘊如即有情如，即出沒屈伸如。

②五蘊如即一切法(蘊、處、界)如，即六波羅蜜如。(觀察思惟五蘊能行六波羅蜜)

③六波羅蜜如即三十七道品乃至十八佛不共法如。(觀五蘊無常空，生諸道法，行六波羅蜜求實道。)

④善法乃至世間出世間法乃至三世法如。(正觀五蘊、五蘊如無分別故，皆是一切諸法如。)

⑤預流果乃至無上正等菩提乃至諸佛如相。

(3)諸如相皆是一如相，不二無別，以求諸法實，到畢竟空無復異。

如是等諸法如，佛因般若波羅蜜得，故言：「般若波羅蜜能生諸佛、能示世間相。」

*15 真如甚深

三世十方諸佛如，即是諸法如，為解如是諸法如，佛為有情種種說法。

(1)能信諸法如者

諸法如甚深，能信解者：

①不退位菩薩摩訶薩；　　　②具足正見人(三道人)；　　　③漏盡阿羅漢。

(2)證無盡真如

一切法無盡故，是真如無盡。真如無盡故，得聖道者能信。

①唯如來現等正覺(現觀)無盡真如。

②由何證？

佛由真如能證。

③證何無盡真如？

證一切法無盡真如。

諸佛得是諸法如故，名為如來，名為一切智人，能教有情令至涅槃，故名真實說者。

*16 般若諸相

(1)空相、無相相、無願相

①空相：內外空等諸相。

②無相相：若諸法空者，即是無有男女、長短、好醜等相，名無相相。

③無願相：若空、無相，不復生願著後世身，名無願相。

此三解脫門是初入般若波羅蜜相，三乘共有。

(2)無造無作相

諸作者及色等法不可得故，如是般若波羅蜜多無造無作。(26.4.3)

(3)無生無滅、無染無淨相

以一切法畢竟淨(畢竟空)故，無生無滅、無染無淨，由此般若波羅蜜多清淨。(卷437, (30.2.3))

(4)無性無相相

無性指無自體性；無相指無所取性，指一切法無所有相。

(三解脫門之無相相指男女等外相，此處指無一切法相。)

(5)無依無住相

般若波羅蜜以無著為相，諸法諸相皆無所有不可得故。(卷333, 453)

(6)非斷非常相，非一非異相

般若波羅蜜如幻化，如似可得，而無定相可取，非斷非常，非一非異。

(7)無來無去相

般若寂滅相，如實知諸法生時無所從來，滅時無所去，無來去相，若有來去，即墮常見。

(8)虛空相

如虛空無色相、無非色相，般若波羅蜜亦如是無所有相。 [大智度論] 77

((2)~(8)可說為般若波羅蜜之深相，為大乘不共。)

*17 以世諦說般若相

若般若波羅蜜空無所有如虛空相，云何可說？若說，即是有相。佛為憐愍有情，以世諦說空等諸相。雖說空，但不以著心取相，不示法若是若非，一切法同一相、無分別，故謂「無所有如虛空相」。

*18 甚深般若相，世間無能壞者

世間天、人、阿素洛等皆有相故，不能壞般若相。

若異法相違，則有可破，如水能滅火，火不能自滅火。

(1)相不能破相

①般若波羅蜜畢竟空無相，故無所破。

②諸法和合，無所破無所失。如斧劈材，分分解散，實無所失。

③諸法無定相，如根、莖、枝、葉和合成樹，樹無定相，故無所破。

(2)相不能知相

此中指如實知相，非如凡夫之虛妄知。

以智慧知常無常乃至空、寂滅等，知有為法因緣和合生。而虛妄法不能實有所知，故說相不知相。

(3)相不能知無相

內雖有智慧，而外空無法可知，以外無所緣故內智慧不生。

如刀雖利，不能破空，故說相不能知無相。

(4)無相不能知相

若內智慧無定相，心隨緣而生，雖有定相之外所緣法，而不能知。

如無刀，雖有物，無刀可斫，故說無相不能知相。

(5)相、無相、相無相，皆不可得

①第一說

相不入相，以先有相故不能入。

相不入無相，以相無入處故。

離此相、無相，更無餘處可入。

②第二說

(能)相、所相法不定故。

若先有(能)相，而無所相，則無(能)相，以無所相為因故。

若先有所相，而無(能)相者，云何有所相？無能所相待故。

③第三說

(能)相、所相不定故。(能)相有時作所相，所相有時作(能)相。

若(能)相不定不實，故所相亦無；所相不定不實，故(能)相亦無。

是故說相、無相、相無相，皆不可得。

*19 如實知諸法實相者，名為如來

(1)般若諸相非諸法、人、非人等所作。

般若波羅蜜空等相是實。何以故？

①非法、非人等所作

是相，無為故，無法可作。

非五蘊所作，非六波羅蜜所作乃至非一切相智所作。

亦無若人若非人等能作。

人者菩薩、諸佛等；非人者諸天等。

②遠離眾相 (無定相)

是相，畢竟空故，非有漏非無漏，非世間非出世間，非有為非無為，無所繫屬不可宣說。

(前說無為為破有為，而無為亦無定相。)

甚深般若遠離眾相，如虛空無體、無相、無為。

(2)如實知諸法實相者，名為如來。

諸法相有佛無佛，法界常住，佛於此相如實覺知，故名如來。

*20 佛為有情開示一切法相

(1)佛得無相故，成就無礙智

諸相甚深，雖不可取相而可行，能與人無上果報。佛得是相，於一切法得無礙智。

(2)住諸法實相中，能說各各別相

佛為有情分別開示一切法相，所謂色相(變礙相)乃至一切相智相(現等別覺)。

*21 如來知恩報恩，護持般若

(1)般若是諸佛母，能示世間諸法實相，如來依般若而住。一切如來皆因般若而得生長，於般若知恩報恩。

(2)佛知般若波羅蜜能斷一切戲論、開三乘道、能滅眾苦等，有無量無邊功德。一切如來乘如是乘行如是道，得菩提已，於一切時供養恭敬、尊重讚歎、攝受護持般若波羅蜜多。

(3)佛是真實知恩報恩者

佛知諸法無作相，作者無所有故；諸法無成(無起)，形事不可得故。佛因般若知諸法無作相，亦因知般若於己有恩，故供養恭敬，知恩報恩。

*22 諸法無生、無起、無知、無見

(1)諸法無生、無起

依般若於一切法無作、無成、無生智轉。

①無作用：以能作者無所有故，

②無成辦：以諸形質不可得故。

(2)諸法無知、無見

①一切法空、虛誑、無堅固故，無知者、無見者。

以種種門破諸法令空：

❶行無常入空(破常故)；　　　　　❷破實入空；

❸畢竟盡入空；　　　　　　　　　❹一切法遠離故入空。

②一切法無所依止、無繫故，無知者、無見者。

以一切法無住處故無依止、無繫；無依止故亦無生滅；以是故即是空。

此中無繫，指諸法實相不繫，出三界，以三界虛誑故。

諸法實無生、無起、無知、無見。依世俗說甚深般若波羅蜜多，能生如來，亦能示現世間相，而實無所生亦無所示。

*23 不見諸法，名能示諸法相

般若不見色等諸法，即是諸法相，即是所示之世間實相。

(1)不見

色等法無所依止、無所繫、虛誑故說不見。

(2)不見因緣

不緣色生識，名不見色，乃至不緣一切相智生識，名不見一切相智。

變礙相是色，因識故分別知；若無識，亦無變礙相。

又，諸法因緣和合故生相，無有自性。

*24 般若示佛世間空

世間指五蘊乃至一切相智。

(1)佛因般若波羅蜜顯示世間空，而知(受)、想(覺)、思惟、分別(了)諸法實相，無有出於空者。

(2)云何般若示佛世間空？

般若示五蘊世間空，乃至示一切相智世間空。

*25 不可思議相、遠離相、寂靜相

(1)般若波羅蜜畢竟空不可得，不心想取著，故說不可思議相。

(2)畢竟空，故諸法久後分散無餘，又自離其性，故說遠離相。

(3)畢竟空，無心所法、無言語，故說寂靜相。

*26 純空相

(1)無因無待故

十八空皆因緣相待，如內空因內法而名，若無內法，則無內空。

若無因緣相待，則名純空。

(2)如虛空等

純空者，如虛空、真如、法性、實際、涅槃等。

*27 不起此世間想，不起他世間想

(1)離常斷二邊而取中道

有說：但有今世不說後世，此為邪見，墮斷滅中。

有說：有今世神我入後世，此為邪見，墮常中。

般若波羅蜜離二邊說中道：雖空而不著空，故為說有罪福等；雖說有罪福而不生常邪見，亦

於空無礙。

(2)諸法畢竟空

諸法畢竟空故，云何有今世後世、若斷若常？

*28 般若依五事起

(1)般若依五事故起

①為大事故起

破一切有情大苦惱，能與佛無上大法，故名大事。

②為不可思議事故起

一切諸佛法無有能思惟籌量者；或言一切諸法分別思惟皆同涅槃相；或言如、法性、實際，無量無邊，心心數法滅；或言過實際、涅槃，更求諸法實，若有若無。此等都名不可思議。《大智度論》50

③為不可稱事故起

不可稱指般若甚深，慧淺不能稱；般若多，少慧不能稱；般若能成道果，慧只能與世間果報。又般若甚深，無能究竟盡知若常若無常、若實若空、若有若無，故名無能稱知。

④為無量事故起

取相名量，般若不可取相名無量。又凡夫、二乘、菩薩不能量般若得邊者，名無量。

⑤為無等等事故起

佛名無等，般若能利益有情，令與佛相似，名無等等。無等亦可名為涅槃、或諸法實相、或指甚深微妙諸佛法，無能與等、無能及、無可比者，般若波羅蜜多能令有情得，故名無等等。

(2)別明五事

①大事

❶欲救濟一切有情

有情無量無邊，佛欲以十力等法欲盡救濟一切有情，是名大事。

❷不捨一切有情

菩薩久得無生法忍，不捨有情故不入無餘涅槃。

②總明不可思議等四事

❶不可思議事是指諸佛所有正等覺性、如來性、自然覺性、一切智性。

1.正等覺性 (佛法)

佛即是覺，於一切無明睡眠中最初覺，故名為覺。

2.如來性

如過去諸佛行六波羅蜜得諸法如相，而來至佛道；而今佛亦如是道來，如同諸佛來，故名如來。

3.自然覺性

聲聞人亦有覺亦有知，而從他聞，是弟子法；而佛是自然覺，不從他聞。

4.一切智性

獨覺亦自然得，不從他聞，但無一切智，故說佛是一切智性。

❷如是四種法，無人能思惟、稱、量，故說不可思議、不可稱、不可量，更無有法與如是法相似者，故名無等等。

*29 以二諦明四事

(1)如來涅槃法皆是不可思議、不可稱量、無數量、無等等。而其增語皆是世俗諦，可思議、可稱量、可數量、施設平等不平等性。

(2)如虛空相不可思議、不可稱量、無數量，虛空亦無可喻。

虛空無生無滅、無染無淨故清淨，虛空清淨故，般若波羅蜜多清淨。

虛空不可取故無染汙，虛空無染汙故，般若波羅蜜多清淨。

如依虛空二響聲現唯有假說，唯假說故，般若波羅蜜多清淨。

虛空無可說事故不可說，由此般若波羅蜜多清淨。

虛空無可得事故不可得，由此般若波羅蜜多清淨。　(30.2.2，30,2,3) (P.22-32　*11, *12, *13)

*30 二乘智斷不如菩薩般若行

(1)智斷皆是菩薩無生法忍少分

①十智：世俗智、法智、類智、他心智、苦智、集智、滅智、道智、盡智、無生智。

②二斷：有殘斷(學人)、無殘斷(無學人)。

煖頂忍法是小乘初門，無生法忍是大乘初門。

諸賢聖之智、斷，皆是菩薩無生法忍之少分。

二乘智斷與菩薩無生法忍所緣相同，真如、法性、實際亦同，故說諸賢聖之智斷即是菩薩無生法忍。但利鈍智慧有異，又無大悲心及無量功德守護，故說二乘智斷是為無生法忍之少分。

(2)二乘智斷不如菩薩般若行

信行人乃至阿羅漢、獨覺 1.無大悲；2.捨有情；3.無方便力(不能於涅槃自反)，故雖得智斷成就，菩薩始得無生法忍而力能過之，是故勝。

*31 三類信解般若者

信解般若者有上中下三類。

(1)下根者

聞般若波羅蜜直信聽受，不問中義。今雖得人身，聞般若疑悔難悟，根鈍福薄故。

(2)中根者

既聞已，問義而不能行。今得人身聞般若，一心信樂能知義趣，從一日乃至四日五日，心能堅固；過是已往不能信樂，或欲聞或不欲聞，以其宿世雖解義而不能行，根鈍福薄故。

(3)上根者

聞、解、能行。今得人身聞般若，心即深解，信樂不捨，常隨法師。

*32 信等八功德相、不攝受般若之過失

(1)信等八功德相

有菩薩已得諸法實相，有菩薩雖未得實相，然於佛道中有信、有忍、有清淨心、有勝意樂、有欲、有勝解、有捨、有精進諸功德。

①有信：信有罪福業因緣果報、信行六波羅蜜能得無上菩提。

②有忍：有人雖信佛道，思惟、籌量但心不能忍，故此說「有忍」。

③有淨心：有人雖忍，邪疑未斷，故心濁不淨，是故此說「有淨心」。

④有勝意樂：有人雖信、忍、心淨，而有淺有深，是故說「勝意樂」。(深心)

⑤有欲：由上說四因緣故，一心欲得無上道，不欲餘事，是故說「有欲」。

⑥有勝解：了了決定知無上道為大、世間餘事為小，是故說「有勝解」。

⑦有捨：以欲、解定心故，捨財及捨諸惡心、慳、恚等煩惱，是故說「捨」。

⑧精進：為捨故常能精進。

(2)不攝受般若之過失

雖有如是功德，若不攝受般若波羅蜜，則於身壞命終時，或為惡知識所沮壞，則失菩薩道。

雖有世間功德受世間果報，中道衰敗，退墮聲聞獨覺地，不能至無上正等菩提。

*33 耆年起行喻

「老病人欲從床座起往他處而自不能，從二健人各扶一腋，徐策令起。」

(1)「老」指不斷六十二邪見者，「病」指未斷百八煩惱者。

「從床座起往他處」指成就菩薩道，從三界床起。

(2)「二健人」指般若與方便。般若能滅諸邪見、煩惱、戲論，將至畢竟空中；方便將出畢竟空。

(3)俱盧舍 krośa，四分之一由旬。或名一牛鳴地，指大牛鳴叫聲或大鼓聲所及之範圍。

*34 無方便與有方便

(1)無方便

菩薩雖行信等善法，而以我、我所心行六波羅蜜，不能證無上菩提。

此中以遠離相，不分別此岸、彼岸是為般若波羅蜜，若以分別著行則為過失。

(2)有方便

若有般若、方便乃至一切相智守護，內無我、我所、外觀一切法空不取相，是為有方便。

此中，以五波羅蜜得功德力，以般若波羅蜜得智慧力，以此二因緣故不失聖道。

*35 以不取著、不貪著觀諸法自性空

佛不直說諸法性空，先教初業菩薩親近供養善知識，為說六波羅蜜。先說不壞法，於色等諸法不取、不貪、不著，謂得般若波羅蜜氣分，由此而能受化，終至能以般若轉世間諸法令畢竟空。

*36 能發無上菩提心甚難

諸菩薩在未斷煩惱、大悲未具、未得不退轉時，雖知諸法本性皆空，而能發無上菩提心，是為難事。

*37 發無上菩提心因緣(一)

(1)為世間得義利 (解脫有情諸苦惱事)

為解脫有情苦惱事，方便修六波羅蜜，故發心。

(2)為令世間得饒益 (令安住六波羅蜜)

為饒益世間，自住亦令諸有情住六波羅蜜，故發心。

(3)為令世間得安樂 (令安住十善業道)

為令得安樂，自住亦令諸有情住十善業道，故發心。

(世間樂著因緣故，久後必生憂惱，不名為樂。涅槃樂離憂苦為樂，始終無變。)

(4)為濟拔諸世間

為濟拔墮三惡趣(或六趣)有情，令修善業，住安隱清涼處，故發心。

世間樂，或安隱(破煩惱而不變失)而不樂，或今世苦後世樂。佛能說法、救護有情，今世後世樂，常安隱。

*38 發無上菩提心因緣(二)

(5)為世間作歸依／(6)為世間作舍宅

①依止

❶諸有為法不可依止

諸有為法從因緣和合生，無有自力，不可依止。色等五蘊滅，更不相續；不相續即是不生不滅，不生不滅即是畢竟空，無依止處。

❷無依法

無依法是為真實，所謂無餘涅槃。有情為生老病死及愁歎苦憂惱所逼，故來依止佛，佛為說無依法。

(依止有二種：一者，愛見等諸煩惱依止有為法；二者，清淨智慧依止涅槃。)

②舍宅(歸處)

如人遇暴風疾雨，必歸房舍。世間種種邪見煩惱等，身心內外苦惱，若歸佛，佛以種種因緣拔其憂悲苦惱，及今至得畢竟安樂之涅槃。

為世間作依止及歸處，故發心。

(7)為示世間究竟道

究竟道，即所謂諸法實相、畢竟空。

①菩薩最極難事，為觀一切法皆寂滅相而心不沉沒。

❶三際無故說

色究竟即非色。

色法 1.前際中無；　　　　　2.後際中無；

3.現在中，凡夫憶想分別，業果報、諸情力故有顛倒見，以為有；聖人以智慧眼觀之皆虛誑不實，無先無後，云何有中。

❷本性空故說

色究竟中不作如是分別，謂「此是色」，以色本性空故。

一切法相如同色究竟相，於色乃至一切相智中並不作如是分別，謂「此是色乃至此是一切相智」。

②菩薩為現觀諸法證無上菩提後，能為諸有情宣說開示此究竟道，而發趣無上菩提心。

(8)為世間作洲渚

周迴水斷是為洲渚。此喻三漏(欲有漏、有有漏、無明有漏)、四流(欲流、有流、見流、無明流)等煩惱及業果報中一切法，此等前後際斷即是寂滅。寂滅即是所謂空、無所得、道斷、愛盡無餘、雜染永滅、究竟涅槃。

為宣說此寂滅法，故發心。

(9)為世間作日月／(10)為世間作燈燭

為欲宣說六波羅蜜多等真實義趣，破有情無明黑闇，故發心。

(11)為世間作導師／(12)為世間作將帥

為諸有情宣說開示諸法不生不滅、不染不淨，故發心。

為趣邪道者，說一道令歸正；　　為雜染者得清淨；

為愁惱者得歡悅；　　　　　　　為憂苦者得喜樂；

為非理者證如理法；　　　　　　為流轉者得涅槃。

*39 發無上菩提心因緣(三)

(13)為與世間作所趣

①為與世間作所趣，故發心。

❶為有情說色趣空

　　1.未來色趣空：無所從來。　　　　　　2.過去色趣空：無所至去。

　　3.現在色趣空：無所住。

❷為有情說色非趣非不趣

　　以色性空，空中無趣無不趣故。

虛空但有名而無法，色等諸法亦爾，終歸於空，諸法究竟相必空故，餘者皆虛妄。

人未入涅槃時，以顛倒果報故見諸法差別，但入無餘涅槃時則見色等諸法與虛空無異。

諸法無有超越空、無相、無願等諸相，如人欲過虛空不可得。

(此中「趣」與前說「義利」等同義，俱指能出有情至涅槃故。)

②諸法空中無趣非趣可得

我、有情、乃至知者、見者皆假名有，無有實法，云何有趣非趣可得。

常樂我淨以顛倒故不可得，色等諸法亦復如是不可得。如常等不可得，無常等從常等出，故亦不可得。依餘諸法中辨，趣與非趣亦皆不可得。

*40 趣一切智智

前雖說般若非趣非不趣，破外道常顛倒，謂有諸法從因趣果、從先世入今世、從今世趣後世，但此中善現以無著心問，佛以無著心答，故言菩薩有所趣。般若波羅蜜畢竟空，於諸法無障無礙，因果相似，故言於般若生信解者，趣一切智智。

*41 無所修法等

(1)無所修：般若無定實法可得，故說「修無所有，是修般若波羅蜜多」。

(2)無受修：般若波羅蜜中，一切覺觀分別皆有過，故不攝受。

(3)壞　修：一切法常散壞故，可破壞(除遣)法者，所謂色等乃至一切相智。

*42 云何修行般若？

(1)隨順一切智智行

①云何修行般若？

般若雖無定相，應隨順趣向臨入一切智智而行。

②云何隨順一切智智？

一切智智是寂滅相，故說隨順空則隨順一切智智。

隨順無相、無願、虛空、無所有、無生無滅、無染無淨、無造無作、

真如、法界、法性、不虛妄性、不變異性、平等性、離生性、法定、法住、實際、虛空界、不思議界、如幻、如夢、如響、如像、如光影、如陽焰、如變化數、如尋香城亦如是。

(2)隨順空心，不觀一切法

①不觀(行)一切法

隨順空等，觀(行)何等法？

不觀(行)色，乃至不觀(行)一切相智。

②隨順空等法無作無壞故

何以故？

色等法是有為作法皆是虛妄，而一切智智是真實法。

真實法超過有為法。

❶無能作、無能壞者。

❷無所從來、無所至去：是法不從六波羅蜜來，亦不入佛法中。

❸無所住、無方無域：有為法虛誑故不住；無為法中無憶想分別，故亦不住。

❹無數無量、無往無來：五蘊和合故有六道數，壞五蘊相續故無數無量，亦無往來可得。

❺無能證得：無數、無量則語言道斷，故不可以行色等諸法證得。

(3)不以色等諸法得證一切智智

①色等諸法即是一切智智性

色即是一切智智性，乃至一切相智即是一切智智性。故說不可以色證一切智智，乃至不可以一切相智證一切智智。

②諸法真如與一切智智真如無二無別

色真如、一切智智真如、一切法真如、皆一真如，無二無別。

*43 菩提甚深

(1)般若甚深即是菩提甚深

般若甚深微妙沖寂，難見難覺。般若波羅蜜多即是無上正等菩提，於菩薩心中為般若，於佛心中為菩提。

色等即是一切智智，一切智智即是色等，以色真如、一切智智真如、一切法真如、無二無別故。

(如指色等法之真實相，色等及一切智智求其實，皆是如無異。)

無上菩提是不二法、無能證、非所證、無證處、無證時。

(2)世間難信受

此法甚深，世間難信受，故佛初成道時，心恒趣寂不樂說法。

智者(須陀洹等)雖知寂滅，但為少分，不如佛能盡知。

*44 無攝取無棄捨而行

菩提法甚深，無可取相，此法不為受(攝取)或捨色等諸法故說，此所說法非諸世間所能信受。

世間有情多攝取我我所執而行菩薩道，不能修般若波羅蜜多乃至一切相智等諸功德。

*45 隨順、無礙、無生滅、無足迹

(1)隨順、無礙

　　菩提法甚深能隨順一切法，無所障礙。

　　此甚深法能隨順六波羅蜜、十八空等乃至一切相智。

　　此法不礙於色等乃至不礙一切相智。其無礙相，如虛空、真如等。

　　　諸法中自有如實相、智慧少故，不能令空，若有大智者能入，故說於諸法無礙，如虛空、真如等故。

(2)無生滅、無足迹

　　色等法不生，亦不可得，故名不生。非但色等不生，若不生法可得，亦非畢竟空，不名無得。

　　無足迹(無住處)亦如是。

*46 善現佛真弟子，隨如來生

　(1)子有三種　《雜阿含經》卷31　874 經

　　①隨生子：父母行五戒，生子亦學五戒，是名隨生子。(漏盡者，是隨生子。)

　　②勝生子：父母不受五戒，子受五戒，是名勝生子。

　　③卜生子：父母行五戒，子不受五戒，是名下生子。

　　世人皆願隨生子或勝生子。佛法中唯欲隨生子。

　(2)佛子有五，皆從佛口生或從佛法生：須陀洹乃至阿羅漢，入正位菩薩。

　　(獨覺自能得道，與佛因緣遠故，不說為佛子。)

　(3)善現於漏盡中，常樂畢竟空，諸所說法皆與空相應，是隨佛生。

　　阿羅漢末後身住有餘涅槃，近無餘涅槃門，故說為隨佛生。

　　而菩薩雖有深利智慧，以漏未盡，往返生死中，故不說為隨佛生。

　(4)若為法性生身之大菩薩，是中無有結業生身，但有變化生身，滅三毒、出三界，教化有情，淨佛世界故，住於世間，此中都無聲聞人，故不說善現是隨佛生。而此經共二乘說，故說善現是隨佛生。

*47 三世如、諸法如與如來如無二無別

　(1)三世如與如來如無二無別

　　①三世如，空、無相、無生無滅等，如來如亦如是。

　　　三世如無障礙，過去世、未來世、現在世無窮無邊，如來如亦如是。

　　　過去如、未來如、現在如即如來如，如來如即過去如、未來如、現在如。

　　②如來如不在過去如中，何以故？如來空，過去亦畢竟空，是故空不在空中住，如虛空不住虛空中。未來、現在亦如是。

　　③過去如、未來如、現在如、如來如，同一如無二無別。

　(2)諸法如與如來如無二無別

　　①五蘊如乃至一切相智如、如來如，無二無別。

　　　何以故？

　　　色等諸法和合，故有如來。

　　　如是如來，不得言「但是色等法」，亦不得言「離色等法」，亦不得言「色等法在如來中」，亦不得言「如來在色等法中」，亦不得言「色等法屬如來」，亦不得言「無如來」。

②五蘊色等法中假名如來。

　　如來如即是一切法如，是故說「色等法如、如來如、無二無別」。

　　凡夫人見有二有別，聖人觀無二無別。能現證如是一切法如者，說名如來。

*48 明真如體離相

　(1)善現為破諸天著於諸法如，故以四相破「著於如而說隨如來生」之想。

　　以一切法都無所有，真如亦畢竟空相，諸隨生者、所隨生、由此隨生、隨生時處皆不可得。

　(2)舍利子：「真如甚深，真如中色等法不可得，何況色等法如可得。」

　　①色等法皆是作法、有為、虛誑、從顛倒生、憶想分別所行處，是故色等法虛妄，不即是如。

　　　而知色等法之如實相、不虛誑者是如。

　　②色等法非如，又因色等法得如名，故說「不離色等法得如」。

　　　色等法入如中，皆一相無異。

　　③色等法畢竟空，何況色等法如可得。因若空，何況果。

　　④若於色等如法錯謬，則或起不善業或起善業或起無漏業入小乘，皆不得畢竟清淨如相故。

*49 有相應一切智智心，攝受般若，方能證無上菩提。

*50 大鳥無翅喻

　鳥身喻菩薩身，若無般若及無方便，如同鳥無雙翅。

　其身有損有惱，喻失菩薩本願功德；或致命者如墜聲聞道，或隣死苦喻墮獨覺道者。

第四事

第36義

[丁二]從順解脫分釋生起次第
　[戊一]明正所為機
　　【第 36 義】：大乘順解脫分　36
　　〔義相〕：善巧修一切相智菩薩身中之法現觀，即此處所說
　　　　　　　大乘順解脫分之相。
　　〔界限〕：唯在大乘資糧道。

1.道總相　　36.1

[無相善施等，正行而善巧，一切相品中，謂順解脫分。](頌4-32)
　　通達空性之菩薩資糧道，善巧正行通達勝義無相慧所攝持之布施等乃
　　至一切相智，故許彼為圓滿現證一切相加行品中順解脫分。(唯具順解脫
　　分善根，能生善解所說之加行，是為順解脫分。)

2.明正所化機　(善巧者)　　36.2

[緣佛等淨信，精進行施等，意樂圓滿念，無分別等持，](頌4-33)
[知一切諸法，智慧共為五。利易證菩提，許鈍根難證。](頌4-34)
　　(36.2.1)此攝道為五法而明聰睿所化機，謂：
　　　　(1)緣佛等道果諸法所發淨信；
　　　　(2)於布施等行境勇悍之精進；
　　　　(3)意樂圓滿大乘發心所攝之正念；
　　　　(4)虛空藏等無分別三摩地；
　　　　(5)二諦所攝一切諸法一切種了知之勝慧。

　　《現觀莊嚴論》正所為機資糧位菩薩，即善巧彼五境者。
(36.2.2)然非一切機皆能易證無上菩提：　(順解脫分上中下品)
　　(1)以信等五根利者易得無上正等菩提；
　　(2)諸鈍根者則難得故。(中間等證得緣覺菩提，微少等證得聲聞菩提。)

[戊一]明正所為機 【第 36 義】：大乘順解脫分

1.順解脫分道總相

36.1 道總相

通達空性之菩薩資糧道，善巧正行通達勝義無相慧所攝持之布施等乃至一切相智，故許彼為圓滿現證一切相加行品中順解脫分。

卷 447〈真如品 52〉：

「復次，舍利子！

有菩薩乘補特伽羅，從初發心常不遠離一切智智心，大悲為上首，勤修布施、淨戒、安忍、精進、靜慮，亦修妙慧攝受般若波羅蜜多，常不遠離方便善巧；

雖念過去未來現在諸佛世尊所有戒蘊、定蘊、慧蘊、解脫蘊、解脫智見蘊而不取相，雖修空、無相、無願解脫門亦不取相，雖念自他種種功德，與諸有情平等共有迴向無上正等菩提亦不取相。

「舍利子當知！如是住菩薩乘補特伽羅直趣無上正等菩提，不墮聲聞及獨覺地。」

(CBETA, T07, no. 220, p. 256, b$^{20-29}$)

sher phyin: v.027, pp. 777^{18}–778^{09} 《合論》：v.050, pp. 1512^{18}–1513^{18}

2.能得無上正等菩提

(1)不離一切智智、善巧方便不取相

36.2 明正所化機

此攝道為五法而明聰睿所化機。《現觀莊嚴論》正所為機資糧位菩薩，即善巧彼五境者。然非一切機皆能易證無上菩提，以信等五根利者易得無上正等菩提；諸鈍根者則難得故。

(36.2.1)五正所化機*1

(I)緣佛等道果諸法所發淨信 （具信之順解脫分）

(II)於布施等行境勇悍之精進

(具精進之順解脫分)

卷 447〈真如品 52〉：

「何以故？舍利子！

是菩薩乘補特伽羅從初發心乃至究竟，常不遠離一切智智心，於一切時大悲為上首，雖修布施、淨戒、安忍、精進、靜慮，亦修般若而不取相；雖念過去未來現在諸佛世尊所有戒蘊、定蘊、慧蘊、解脫蘊、解脫智見蘊亦不取相，雖修無上正等覺道及空、無相、無願之法亦不取相。

「舍利子！是菩薩乘補特伽羅有方便善巧故，以離相心修行布施、淨戒、安忍、精進、靜慮及修般若波羅蜜多，如是乃至以離相心修行一切智、道相智、一切相智，由斯定證所求無上正等菩提。」

(CBETA, T07, no. 220, p. 256, b²⁹–c¹¹)

sher phyin:　v.027, pp. 778⁰⁹–779¹³ 《合論》：v.050, pp. 1513¹⁹–1514²¹

(2)舍利子領解、結勸

①領解

(III)意樂圓滿大乘發心所攝之正念

(具念之順解脫分)

卷 447〈真如品 52〉：

「爾時，舍利子白佛言：「世尊！如我解佛所說義者，若菩薩摩訶薩從初發心乃至究竟，攝受般若波羅蜜多，常不遠離方便善巧，是菩薩摩訶薩隣近無上正等菩提。」(CBETA, T07, no. 220, p. 256, c¹¹⁻¹⁵)

sher phyin:　v.027, p. 779¹⁵⁻¹⁹ 《合論》：v.050, p. 1515⁰¹⁻⁰⁶

(IV)虛空藏等無分別三摩地 （具三昧之順解脫分）

卷 447〈真如品 52〉：

「所以者何？是菩薩摩訶薩從初發心乃至究竟，都不見有少法可得，謂若能證、若所證、若證處、若證時、若由此證都不可得。所謂若色、若受、想、行、識，如是乃至若一切智、若道相智、一切相智都不可得。

「復次，世尊！有菩薩乘諸善男子、善女人等，不攝受般若波羅蜜多，遠離方便善巧，而求無上正等菩提，當知彼於所求無上正等菩提，疑惑猶豫或得不得。所以者何？是菩薩乘諸善男子、善女人等，不攝受般若波羅蜜多，遠離方便善巧故，於所修行布施、淨戒、安忍、精進、靜慮、般若波羅蜜多皆取其相，如是乃至於所修行一切智、道相智、一切相智皆取其相。由此因緣，是菩薩乘諸善男子、善女人等皆於無

上正等菩提，疑惑猶豫或得不得。

②結勸

「是故，世尊！若菩薩摩訶薩欲證無上正等菩提，決定不應遠離般若波
羅蜜多、方便善巧。是菩薩摩訶薩安住般若波羅蜜多方便善巧，用無
所得而為方便，以無相俱行心應修布施波羅蜜多，應修淨戒、安忍、
精進、靜慮、般若波羅蜜多，如是乃至以無相俱行心，應修一切智，
應修道相智、一切相智。若菩薩摩訶薩安住般若波羅蜜多、方便善巧，
用無所得而為方便，以無相俱行心修行如是一切佛法，必獲無上正等
菩提。」

(CBETA, T07, no. 220, p. 256, c^{15}–p. 257, a^{10})

sher phyin: v.027, pp. 779^{19}–782^{02} 《合論》：v.050, pp. 1515^{07}–1517^{20}

3.佛菩提難得或易得

(1)諸天明：佛菩提難得

(V)二諦所攝一切諸法一切種了知之勝慧

(具慧之順解脫分)

卷 447〈真如品 52〉：爾時，欲界、色界天眾俱白佛言：

「諸佛無上正等菩提，極難信解、甚難證得。所以者何？諸菩薩摩訶薩於
一切法自相、共相皆應證知，乃能獲得所求無上正等菩提，而諸菩薩摩
訶薩眾所知法相都無所有，皆不可得。」

爾時，佛告諸天眾言：

「如是！如是！如汝所說。諸佛無上正等菩提，極難信解、甚難證得。諸
天當知！我亦現覺一切法相，證得無上正等菩提，而都不得勝義法相，
可說名為此是能證、此是所證、此是證處、此是證時、由此而證。所以
者何？以一切法畢竟淨故，有為、無為畢竟空故，由斯無上正等菩提，
極難信解、甚難證得。」

(CBETA, T07, no. 220, p. 257, a$^{10-22}$)

sher phyin: v.027, pp. 782$^{03-14}$ 《合論》：v.050, pp. 1518$^{01-14}$

(2)善現言：佛菩提易得 (以無所得為方便故)

(36.2.2)順解脫分上中下品

(I)順解脫分上品

卷 447〈真如品 52〉：「爾時，具壽善現白佛言：

「世尊！如佛所說諸佛無上正等菩提，極難信解、甚難證得；如我思惟佛

所說義，諸佛無上正等菩提，極易信解、甚易證得。所以者何？若能信解無法能證、無法所證、無有證處、無有證時、亦無由此而有所證，則能信解諸佛無上正等菩提。若有證知無法能證、無法所證、無有證處、無有證時、亦無由此而有所證，則能證得所求無上正等菩提。何以故？以一切法皆畢竟空，畢竟空中都無有法可名能證、可名所證、可名證處、可名證時、可名由此而有所證。所以者何？以一切法性相皆空，若增若減都無所有皆不可得。由此因緣諸菩薩摩訶薩常所修行布施、淨戒、安忍、精進、靜慮、般若波羅蜜多，都無所有皆不可得，如是乃至一切智、道相智、一切相智，都無所有皆不可得。諸菩薩摩訶薩所觀諸法，若有色若無色、若有見若無見、若有對若無對、若有漏若無漏、若有為若無為，都無所有皆不可得。由此因緣我思惟佛所說義趣，諸佛無上正等菩提，極易信解、甚易證得，諸菩薩摩訶薩不應於中謂難信解及難證得。所以者何？色色自性空，受、想、行、識受、想、行、識自性空，如是乃至一切智一切智自性空，道相智、一切相智道相智、一切相智自性空。若菩薩摩訶薩能於如是自性空義，深生信解無倒而證，便得無上正等菩提。」

(CBETA, T07, no. 220, p. 257, a^{23}-b^{20})

sher phyin: v.027, pp. 782^{14}-784^{15} 《合論》: v.050, pp. 1518^{15}-1520^{12}

(3)以退還之有無辯

①菩薩多有退還

(Ⅱ)順解脫分下品

時，舍利子語善現言：

「由此因緣諸佛無上正等菩提，極難信解、甚難證得。所以者何？諸菩薩摩訶薩觀一切法，都無自性皆如虛空。譬如虛空不作是念：『我當信解疾證無上正等菩提。』諸菩薩摩訶薩亦應如是不作是念：『我當信解疾證無上正等菩提。』何以故？諸法皆空與虛空等，諸菩薩摩訶薩要能信解諸法皆空與虛空等，無倒而證乃得無上正等菩提。若菩薩摩訶薩信解諸法與虛空等，便於無上正等菩提，易生信解、易證得者，則不應有殑伽沙等菩薩摩訶薩，擐大功德鎧發趣無上正等菩提，於其中間而有退屈。故知無上正等菩提，極難信解、甚難證得。」

(CBETA, T07, no. 220, p. 257, b^{20}-c^{3})

sher phyin: v.027, pp. 784^{15}-785^{14} 《合論》: v.050, pp. 1520^{13}-1521^{13}

②明實無退還

❶約「色等諸法及諸法如」破*2

　1.即色等諸法無退

(III)順解脫分中品

　時，具壽善現謂舍利子言：

　「舍利子！於意云何？色於佛無上正等菩提有退屈不？」

　舍利子言：「不也！善現！」

　「舍利子！於意云何？受、想、行、識於佛無上正等菩提有退屈
　　不？」

　舍利子言：「不也！善現！」

　「舍利子！於意云何？乃至一切智於佛無上正等菩提有退屈不？」

　舍利子言：「不也！善現！」

　「舍利子！於意云何？道相智、一切相智、於佛無上正等菩提有退
　　屈不？」

　舍利子言：「不也！善現！」

　2.即色等諸法如無退

　「舍利子！於意云何？色真如於佛無上正等菩提有退屈不？」

　舍利子言：「不也！善現！」

　「舍利子！於意云何？受、想、行、識真如於佛無上正等菩提有退
　　屈不？」

　舍利子言：「不也！善現！」

　「舍利子！於意云何？乃至一切智真如於佛無上正等菩提有退屈
　　不？」

　舍利子言：「不也！善現！」

　「舍利子！於意云何？道相智、一切相智真如於佛無上正等菩提有
　　退屈不？」

　舍利子言：「不也！善現！」

　3.離色等諸法無退

　「舍利子！於意云何？離色有法於佛無上正等菩提有退屈不？」

　舍利子言：「不也！善現！」

　「舍利子！於意云何？離受、想、行、識有法於佛無上正等菩提有
　　退屈不？」

　舍利子言：「不也！善現！」

　「舍利子！於意云何？乃至離一切智有法於佛無上正等菩提有退

屈不？」

舍利子言：「不也！善現！」

「舍利子！於意云何？離道相智、一切相智有法於佛無上正等菩提
有退屈不？」

舍利子言：「不也！善現！」

4.離色等諸法如無退

「舍利子！於意云何？<u>離色真如有法</u>於佛無上正等菩提有退屈
不？」

舍利子言：「不也！善現！」

「舍利子！於意云何？離受、想、行、識真如有法於佛無上正等菩
提有退屈不？」

舍利子言：「不也！善現！」

「舍利子！於意云何？乃至離一切智真如有法於佛無上正等菩提
有退屈不？」

舍利子言：「不也！善現！」

「舍利子！於意云何？離道相智、一切相智真如有法於佛無上正等
菩提有退屈不？」

舍利子言：「不也！善現！」

❷約「真如乃至不思議界」破

1.即真如等無退

「舍利子！於意云何？諸法真如於佛無上正等菩提有退屈不？」

舍利子言：「不也！善現！」

「舍利子！於意云何？諸法法界、法性、不虛妄性、不變異性、平
等性、離生性、法定、法住、實際、虛空界、不思議界於佛無上
正等菩提有退屈不？」

舍利子言：「不也！善現！」

2.離真如等無退

「舍利子！於意云何？離諸法真如有法於佛無上正等菩提有退屈
不？」

舍利子言：「不也！善現！」

「舍利子！於意云何？離諸法法界、法性、不虛妄性、不變異性、
平等性、離生性、法定、法住、實際、虛空界、不思議界有法於
佛無上正等菩提有退屈不？」

舍利子言：「不也！善現！」

❸結：何法於無上菩提有退？

爾時，具壽善現白舍利子言：

「若一切法都無所有皆不可得，說何等法可於無上正等菩提而有退屈？」

(4)以三乘之有無辯

①舍利子難：若無退者，盡當作佛，云何有三乘？

時，舍利子語善現言：

「如仁者所說，無生法忍中都無有法，亦無菩薩可於無上正等菩提說有退屈。若爾，何故佛說三種住菩薩乘補特伽羅但應說一？又如仁說，應無三乘菩薩差別，唯應有一正等覺乘。」*3

時，滿慈子白舍利子言：

「應問尊者善現：為許有一菩薩乘不？然後可難：應無三乘建立差別，唯應有一正等覺乘。」

時，舍利子問善現言：「為許有一菩薩乘不？」

②善現以真如相責成

時，具壽善現謂舍利子言：

「舍利子！於意云何？一切法真如中，為有三種住菩薩乘補特伽羅差別相不？謂有退住聲聞乘者，或有退住獨覺乘者，或有證得無上乘者？」

舍利子言：「不也！善現！」

「舍利子！於意云何？一切法真如中為有三乘菩薩異不？」

舍利子言：「不也！善現！」

「舍利子！於意云何？一切法真如中為實有一定無退屈菩薩乘不？」

舍利子言：「不也！善現！」

「舍利子！於意云何？一切法真如中為實有一正等覺乘諸菩薩不？」

舍利子言：「不也！善現！」

「舍利子！於意云何？諸法真如有一有二有三相不？」

舍利子言：「不也！善現！」

「舍利子！於意云何？一切法真如中為有一法或一菩薩而可得不？」

舍利子言：「不也！善現！」

時，具壽善現謂舍利子言：

「若一切法都無所有皆不可得，云何舍利子可作是念言：如是菩薩於佛無上正等菩提定有退屈，如是菩薩於佛無上正等菩提定無退屈，如是

菩薩於佛無上正等菩提說不決定，如是菩薩是聲聞乘，如是菩薩是獨覺乘，如是菩薩是正等覺乘，如是為三，如是為一？

「舍利子！若菩薩摩訶薩於一切法都無所得，於一切法真如亦能善信解都無所得，於諸菩薩亦無所得，於佛無上正等菩提亦無所得，當知是為真菩薩摩訶薩。舍利子！若菩薩摩訶薩聞說如是諸法真如不可得相，其心不驚、不恐、不怖、不疑、不悔、不退、不沒，是菩薩摩訶薩速證無上正等菩提，於其中間定無退屈。」

(CBETA, T07, no. 220, p. 257, a²³–p. 258, b²⁷)

4.佛之讚歎、釋疑

(1)佛歎善現所說義

卷 448〈真如品 52〉：第二分真如品第五十二之三

爾時，世尊讚具壽善現言：

「善哉！善哉！汝今能為諸菩薩摩訶薩善說法要，汝之所說皆是如來威神之力，非汝自能。善現！若菩薩摩訶薩於法真如不可得相深生信解，知一切法無差別相，聞說如是諸法真如不可得相，其心不驚、不恐、不怖、不疑、不悔、不退、不沒，是菩薩摩訶薩速能成辦所求無上正等菩提。」

(2)釋舍利子疑

具壽舍利子白佛言：

「世尊！若菩薩摩訶薩成就此法，速能成辦所求無上正等覺耶？」

爾時，佛告舍利子言：

「如是！如是！如汝所說。若菩薩摩訶薩成就此法，速能成辦所求無上正等菩提。」

(CBETA, T07, no. 220, p. 258, c^{6–18})

sher phyin:　v.027, pp. 785¹⁵–792⁰⁶ 《合論》：v.050, pp. 1521¹⁴–1528¹¹

[戊二]**生能熟道之次第**

【第 37 義】：大乘順抉擇分　37

〔義相〕：正以方便為主所說大乘之義現觀，即此處一切相
　　　　　加行品所說大乘順抉擇分相。

〔界限〕：唯在大乘加行道。

[此煖等所緣，讚一切此情，緣彼心平等，說有十種相，](頌4-35)
[自滅除諸惡，安住布施等，亦令他住彼，讚同法為頂，](頌4-36)
[如是當知忍，自他住聖諦，如是第一法，成熟有情等。](頌4-37)

37.1.煖位十相

大乘加行道煖等之所緣，此處《經》中讚為是一切有情。《經》說
此加行道緣彼有情，心觀平等等十種相故。十種相者，謂：

(1)於有情破貪瞋執而修習捨，謂平等心。

(2)修悅意之大慈心；

(3)究竟利益之大悲心；

(4)無瞋恚心；

(5)無惱害心；

(6)於年老男女起父母心；

(7)於年等者起兄弟姊妹心；

(8)於年幼者起子女心；

(9)(10)於中容人起朋友心及親族心；

此是加行道煖位十相。

37.2.頂位三相

(1)自滅除諸惡安住布施等諸善，亦安立他止惡修善。

(2)若他有情未待勸勉即自能行，應當稱讚。

(3)見同法者如是行時，應讚善哉。

此三是加行道頂位相。

37.3.忍位相：如是自住了知四諦，亦安立他，是加行道忍位相。

37.4.世第一法相：如是令諸有情成熟解脫等，當知是加行道世第一法相。

[戊二]生能熟道之次第【第 37 義】：大乘順抉擇分

1.明修菩提行之無礙因

(1)於有情起平等心等、亦以此心與語

37.1 煖等所緣

大乘加行道暖等之所緣，此處《經》中讚為是一切有情。《經》說此加行道緣彼有情，心觀平等等十種相故。十種相者，謂：於有情破貪瞋執而修習捨，謂平等心；修悅意之大慈心；究竟利益之大悲心；無瞋恚心；無惱害心；於年老男女起父母心；於年等者起兄弟姊妹心；於年幼者起子女心；於中容人起朋友心及親族心。此是加行道煖位十相。

①平等心／②慈悲喜捨心／③謙下心、質直心、調柔心

(37.1.1)煖位下品

卷 448〈真如品 52〉：具壽善現復白佛言：

「若菩薩摩訶薩欲疾成辦所求無上正等菩提，當於何住？應云何住？」

佛告善現：

「若菩薩摩訶薩欲疾成辦所求無上正等菩提，當於一切有情住平等心，不應住不平等心；當於一切有情起平等心，不應起不平等心；當於一切有情以平等心與語，不應以不平等心與語。當於一切有情起大慈心，不應起瞋恚心；當於一切有情以大慈心與語，不應以瞋恚心與語。當於一切有情起大悲心，不應起惱害心；當於一切有情以大悲心與語，不應以惱害心與語。當於一切有情起大喜心，不應起嫉妒心；當於一切有情以大喜心與語，不應以嫉妒心與語。當於一切有情起大捨心，不應起偏黨心；當於一切有情以大捨心與語，不應以偏黨心與語。當於一切有情起謙下心，不應起憍慢心；當於一切有情以謙下心與語，不應以憍慢心與語。當於一切有情起質直心，不應起諂詐心；當於一切有情以質直心與語，不應以諂詐心與語。當於一切有情起調柔心，不應起剛強心；當於一切有情以調柔心與語，不應以剛強心與語。」

*4

(CBETA, T07, no. 220, p. 258, c^{18}–p. 259, a^{10})

sher phyin: v.027, pp. 792$^{07-19}$ 《合論》: v.050, pp. 1528^{12}–1529^{07}

④利益心、安樂心、無礙心

(37.1.2)煖位中品

卷 448〈真如品 52〉：

「當於一切有情起利益心，不應起不利益心；當於一切有情以利益心與
語，不應以不利益心與語。當於一切有情起安樂心，不應起不安樂心；
當於一切有情以安樂心與語，不應以不安樂心與語。當於一切有情起
無礙心，不應起有礙心；當於一切有情以無礙心與語，不應以有礙心
與語。」*4

(CBETA, T07, no. 220, p. 259, a$^{10-17}$)

sher phyin: v.027, pp. 792^{19}–793^{03} 《合論》: v.050, pp. 1529$^{08-15}$

⑤如父母等愛敬心／⑥不可得心／⑦空無相無願心

(37.1.3)煖位上品

卷 448〈真如品 52〉：

「當於一切有情起如父母、如兄弟、如姊妹、如男女、如親族心，亦以
此心應與其語。當於一切有情起朋友心，亦以此心應與其語。當於一
切有情起如親教師、如軌範師、如弟子、如同學心，亦以此心應與其
語。當於一切有情起如預流、一來、不還、阿羅漢、獨覺、菩薩摩訶
薩、如來應正等覺心，亦以此心應與其語。當於一切有情起應供養恭
敬、尊重讚歎心，亦以此心應與其語。當於一切有情起應救濟、憐愍、
覆護心，亦以此心應與其語。當於一切有情起畢竟空、無所有、不可
得心，亦以此心應與其語。當於一切有情起空無相、無願心，亦以此
心應與其語。」*4*5

(CBETA, T07, no. 220, p. 259, a$^{17-29}$)

sher phyin: v.027, pp. 793$^{03-08}$ 《合論》: v.050, pp. 1529^{16}–1530^{05}

(2)依四種正行廣修諸道法*6

37.2 頂位相

自滅除諸惡安住布施等諸善，亦安立他止惡修善。若他
有情未待勤勉即自能行，應當稱讚。見同法者如是行
時，應讚善哉。此三是加行道頂位相。

①十善業／②四靜慮、四無量、四無色定

(37.2.1)頂位下品

卷 448〈真如品 52〉：

「復次，善現！若菩薩摩訶薩欲疾成辦所求無上正等菩提，應自離害生
命，亦勸他離害生命，恒正稱揚離害生命法，歡喜讚歎離害生命者，
乃至應自離邪見，亦勸他離邪見，恒正稱揚離邪見法，歡喜讚歎離邪
見者。應自修四靜慮，亦勸他修四靜慮，恒正稱揚修四靜慮法，歡喜
讚歎修四靜慮者。應自修四無量，亦勸他修四無量，恒正稱揚修四無
量法，歡喜讚歎修四無量者。應自修四無色定，亦勸他修四無色定，
恒正稱揚修四無色定法，歡喜讚歎修四無色定者。」

(CBETA, T07, no. 220, p. 259, b[1–11])

sher phyin:　v.027, pp. 793[08]–795[10]　《合論》: v.050, pp. 1530[06]–1532[16]

③六波羅蜜

(37.2.2)頂位中品

卷 448〈真如品 52〉：

「應自圓滿六波羅蜜多，亦勸他圓滿六波羅蜜多，恒正稱揚圓滿六波羅
蜜多法，歡喜讚歎圓滿六波羅蜜多者。」(CBETA, T07, no. 220, p. 259, b[11–14])

sher phyin:　v.027, pp. 795[10]–796[02]　《合論》: v.050, pp. 1532[17]–1533[07]

④十八空、真如、三十七菩提分等／⑤出世禪等／⑥諸佛功德／⑦十二緣
起

(37.2.3)頂位上品

卷 448〈真如品 52〉：

「應自住十八空，亦勸他住十八空，恒正稱揚住十八空法，歡喜讚歎住
十八空者。應自住真如、法界、法性、不虛妄性、不變異性、平等性、
離生性、法定、法住、實際、虛空界、不思議界，亦勸他住真如乃至
不思議界，恒正稱揚住真如乃至不思議界法，歡喜讚歎住真如乃至不
思議界者。應自住四聖諦，亦勸他住四聖諦，恒正稱揚住四聖諦法，
歡喜讚歎住四聖諦者。應自修三十七菩提分法，亦勸他修三十七菩提
分法，恒正稱揚修三十七菩提分法法，歡喜讚歎修三十七菩提分法
者。應自修三解脫門，亦勸他修三解脫門，恒正稱揚修三解脫門法，
歡喜讚歎修三解脫門者。應自修八解脫、八勝處、九次第定、十遍處，
亦勸他修八解脫、八勝處、九次第定、十遍處，恒正稱揚修八解脫、
八勝處、九次第定、十遍處法，歡喜讚歎修八解脫、八勝處、九次第

定、十遍處者。應自圓滿菩薩十地，亦勸他圓滿菩薩十地，恒正稱揚圓滿菩薩十地法，歡喜讚歎圓滿菩薩十地者。應自圓滿五眼、六神通，亦勸他圓滿五眼、六神通，恒正稱揚圓滿五眼、六神通法，歡喜讚歎圓滿五眼、六神通者。應自圓滿陀羅尼門三摩地門，亦勸他圓滿陀羅尼門、三摩地門，恒正稱揚圓滿陀羅尼門、三摩地門法，歡喜讚歎圓滿陀羅尼門、三摩地門者。應自圓滿如來十力乃至十八佛不共法，亦勸他圓滿如來十力乃至十八佛不共法，恒正稱揚圓滿如來十力乃至十八佛不共法法，歡喜讚歎圓滿如來十力乃至十八佛不共法者。應自圓滿三十二大士相、八十隨好，亦勸他圓滿三十二大士相、八十隨好，恒正稱揚圓滿三十二大士相、八十隨好法，歡喜讚歎圓滿三十二大士相、八十隨好者。應自圓滿無忘失法、恒住捨性，亦勸他圓滿無忘失法、恒住捨性，恒正稱揚圓滿無忘失法、恒住捨性法，歡喜讚歎圓滿無忘失法、恒住捨性者。應自順逆觀十二支緣起，亦勸他順逆觀十二支緣起，恒正稱揚順逆觀十二支緣起法，歡喜讚歎順逆觀十二支緣起者。」

(CBETA, T07, no. 220, p. 259, b^{14}–c^{24})

sher phyin: v.027, pp. 796^{02}–798^{16} 《合論》：v.050, pp. 1533^{08}–1536^{13}

37.3 忍位相

如是自住了知四諦，亦安立他，是加行道忍位相。

⑧四諦觀

(37.3.1)忍位下品

卷448〈真如品52〉：

「應自知苦、斷集、證滅、修道，亦勸他知苦、斷集、證滅、修道，恒正稱揚知苦、斷集、證滅、修道法，歡喜讚歎知苦、斷集、證滅、修道者。」

(CBETA, T07, no. 220, p. 259, c^{24-26})

sher phyin: v.027, pp. 798^{16}–799^{05} 《合論》：v.050, pp. 1536^{14}–1537^{03}

⑨二乘道果智

(37.3.2)忍位中品

卷448〈真如品52〉：

「應自起證預流果智而不證實際得預流果，亦勸他起證預流果智及證實

際得預流果，恒正稱揚起證預流果智及證實際得預流果法，歡喜讚歎
起證預流果智及證實際得預流果者。應自起證一來、不還、阿羅漢果、
獨覺菩提智而不證實際得一來、不還、阿羅漢果、獨覺菩提，亦勸他
起證一來、不還、阿羅漢果、獨覺菩提智及證實際得一來、不還、阿
羅漢果、獨覺菩提，恒正稱揚起證一來、不還、阿羅漢果、獨覺菩提
智及證實際得一來、不還、阿羅漢果、獨覺菩提法，歡喜讚歎起證一
來、不還、阿羅漢果、獨覺菩提智及證實際得一來、不還、阿羅漢果、
獨覺菩提者。」

(CBETA, T07, no. 220, p. 259, c^{26}–p. 260, a^{10})

sher phyin:　v.027, pp. 799^{05}–800^{02}　《合論》：v.050, pp. 1537^{04}–1538^{04}

⑩大乘道果

(37.3.3)忍位上品

卷448〈真如品 52〉：

「應自入菩薩正性離生位，亦勸他入菩薩正性離生位，恒正稱揚入菩薩
正性離生位法，歡喜讚歎入菩薩正性離生位者。」

(CBETA, T07, no. 220, p. 260, a$^{10–13}$)

sher phyin:　v.027, pp. 800$^{02–09}$　《合論》：v.050, pp. 1538$^{05–12}$

37.4 世第一法相

　　如是令諸有情成熟解脫等，當知是加行道世第一法相。

(37.4.1)世第一法下品

卷448〈真如品 52〉：「應自嚴淨佛土、成熟有情，亦勸他嚴淨佛土、成
熟有情，恒正稱揚嚴淨佛土、成熟有情法，歡喜讚歎嚴淨佛土、成熟有
情者。」

(CBETA, T07, no. 220, p. 260, a$^{13–15}$)

sher phyin:　v.027, pp. 800$^{09–17}$　《合論》：v.050, pp. 1538^{13}–1539^{02}

(37.4.2)世第一法中品

卷448〈真如品 52〉：

「應自起菩薩神通，亦勸他起菩薩神通，恒正稱揚起菩薩神通法，歡喜
讚歎起菩薩神通者。」(CBETA, T07, no. 220, p. 260, a$^{15–17}$)

sher phyin:　v.027, pp. 800^{17}–801^{01}　《合論》：v.050, pp. 1539$^{02–07}$

⑪圓滿壽量、轉法輪、正法令住

(37.4.3)世第一法上品

卷 448〈真如品 52〉：

「應自起一切智、道相智、一切相智,亦勸他起一切智、道相智、一切相智,恒正稱揚起一切智、道相智、一切相智法,歡喜讚歎起一切智、道相智、一切相智者。應自斷一切煩惱習氣相續,亦勸他斷一切煩惱習氣相續,恒正稱揚斷一切煩惱習氣相續法,歡喜讚歎斷一切煩惱習氣相續者。應自攝受圓滿壽量,亦勸他攝受圓滿壽量,恒正稱揚攝受圓滿壽量法,歡喜讚歎攝受圓滿壽量者。應自轉法輪,亦勸他轉法輪,恒正稱揚轉法輪法,歡喜讚歎轉法輪者。應自攝護正法令住,亦勸他攝護正法令住,恒正稱揚攝護正法令住法,歡喜讚歎攝護正法令住者。

2.明得無礙果

「善現!若菩薩摩訶薩欲疾成辦所求無上正等菩提,於如是法以無所得而為方便應如是住。善現!諸菩薩摩訶薩應如是學甚深般若波羅蜜多方便善巧,若如是學乃能安住所應住法。若如是學如是安住,則於色得無障礙,於受、想、行、識得無障礙,乃至於轉法輪得無障礙,於正法住得無障礙。所以者何?善現!是菩薩摩訶薩從前際來,不攝受色,不攝受受、想、行、識,乃至不攝受轉法輪,不攝受正法住。何以故?善現!色不可攝受故,若色不可攝受則非色;受、想、行、識不可攝受故,若受、想、行、識不可攝受則非受、想、行、識;乃至轉法輪不可攝受故,若轉法輪不可攝受則非轉法輪;正法住不可攝受故,若正法住不可攝受則非正法住。」*6
說是菩薩所住法時,二千菩薩得無生忍。」(CBETA, T07, no. 220, p. 260, a^{17}–b^{16})
sher phyin:　v.027, pp. 801^{01}–803^{21}　《合論》: v.050, pp. 1539^{08}–1541^{05}

註解：

*1 所化機

所化機指佛說法所度化有情的機緣。此中所化各別因緣根機不同，而所傳之法類亦不同。

「能化所化，善根應熟。」(《大毗婆沙論》178)

此處所說五正所化機，即是具信、進、念、定、慧五善根者。

*2 色等諸法及諸法如

(1)即色等諸法無退：色等法畢竟空，無有退屈。

(2)即色等諸法如無退：色如等無二相，亦無分別，故無退。

(3)離色等諸法無退：離色等更無有法，故無退。

(4)離色等諸法如無退：色如已破色，色如亦自空，故無退。

*3 云何有三乘？

若入畢竟空門，一切法盡一相；若出畢竟空，三乘則有異。

*4 平等心乃至無礙心

(1)平等心、慈悲喜捨心

①五蘊和合假名有情，應以平等心觀之，無有親、怨、中人之分。

②世間法愛念妻子牛馬，憎惡怨賊，菩薩轉此愛憎心，但行慈愛心於一切有情。菩薩自捨愛
憎心，亦捨有情愛憎心加之於己。

③人分善惡

❶惡者：如人以惡事加己，還報以惡事，名為惡。如人無侵己而以惡加人，名為大惡。如
人以好心供給慈念，反以惡心毀害，名為惡中惡。

❷善者：如人以好事於己，還以善報，名為善。如人於己無善，而以善事利益，名為大善。
如人以惡事害己，而以善事乃至身命供養，名為善中善。

菩薩捨三惡，過前二善，行善中善於一切有情。

④菩薩解諸法畢竟空，無我我所，無定實法，所見所聞所知皆虛誑，如幻如夢，故能以身命
供養怨賊。

⑤初捨怨親是平等心，後加愍念是慈心。平等心含攝四無量心，慈心者是一無量。若觀有情
如(真如、法性、實際等)，是法無為無量，是為平等心，若愛念有情，是為慈心。

⑥慈能予樂(無瞋恚心)，悲能拔苦(無惱害心)，喜能除嫉(無嫉妒心)，捨能無執(無偏黨心)。

(2)謙下心、質直心、調柔心

①謙下心 (無憍慢心)

❶諸法無常，一切有情上下大小皆歸磨滅。

❷業因緣在世間輪轉，貴賤大小無定。

❸菩薩功德畢竟空，如幻如夢，不著此功德，不有如是大小。

❹有情佛道因緣，唯佛能知。若以有情形貌才能而輕之，則為輕未來佛。

❺以自大心故，喜生瞋恚。憍慢是瞋之本，瞋是一切重罪之根。菩薩於有情起謙下心，有
情若罵若打，則無恚恨；若菩薩自高，以有情為下，有情侵害，忿然生怒。謙下心有如
是種種利益故，菩薩應當行。

②質直心 (無諂詐心)

《大寶積經・普明菩薩會》112

❶菩薩有四(諂)曲心，所應遠離。

1.於佛法中心生疑悔；　　　　　　　　2.於諸眾生憍慢瞋恨；

3.於他利養起嫉妒心；　　　　　　　　4.訶罵菩薩，廣其惡名。

❷菩薩有四直心之相。

1.所犯重罪，終不覆藏，向他發露，心無蓋纏。

2.若失國界、身命、財利，如是急事，終不妄語，亦不餘言。

3.一切惡事：罵詈、誹謗、撾打、繫縛，種種傷害，受是苦時，但自咎責，自依業報，不瞋恨他。

4.安住信力，若聞甚深難信佛法，自心清淨，能悉受持。

③調柔心 (無剛強心)

《大寶積經・富樓那會》77 菩薩行品

「具足柔軟心，常樂行慈悲，若與眾生語，謙下心和悅。」

《維摩詰經》 菩薩品

「直心是道場，無虛假故。…禪定是道場，心調柔故。」

禪定能使心調柔，降伏我見、我執。

(3)利益心、安樂心、無礙心

①利益心：有情雖有大罪大過，但欲利益，不起惱心(不利益心)。

②安樂心：與有情今世、後世、究竟樂，非如父母與現世樂。

③無礙心：以平等心、慈心、謙下心利益有情時，若有不知恩人來惱，不信所行，謂為欺誑不實，謂為求名故；若有人為魔所使來惱，惡中之惡不識恩分，菩薩皆能以平等心，於此通達無礙。

(4)愛敬心

世人但能愛敬所親，菩薩則能普及一切。

於一切有情，如孝子愛敬父母，如兄弟、姐妹、兒女，無婬欲心但生愛敬慈念。

*5 生忍

於加惡於我者忍而不瞋，於恭敬供養於我者忍而不愛，此瞋愛為生死流轉因，能障菩薩道。

於一切有情行平等心等，能得柔軟清淨好心，名眾生忍。

若於內六根不著(不起分別)，於外六塵不受，於心法非心法(寒熱飢渴老死等)忍而不動，是為法忍。

修生忍、法忍能證無生法忍，安忍(不動)、忍可無生忍，如實知法本無生亦無滅，生滅皆由妄想分別，由此證入菩薩位。

*6 依四種正行廣修諸道法

(1)四種正行

於諸道法依四種正行修。

①自能止惡修善；　　　　　　　　②亦安立他止惡修善；

　　③稱揚所修諸道法；　　　　　　　②讚歎修行者。

(2)得無礙果

　　今世得善法，智慧無礙；捨身後得法身無礙，能隨意至十方佛國土教化眾生，於十方佛子前修集善法　。

第四事

第38義

[戊三]生殊勝現觀之次第
1.不退無上菩提之相

【第 38 義】：不退轉相菩薩僧　38

〔義相〕：於色等上退轉實執現行等四十四相，隨得一種
之菩薩，即得不退轉相菩薩僧之相。

〔界限〕：從大乘加行道煖位乃至十地最後心。

[從順抉擇分，見修諸道中，所住諸菩薩，是此不退眾。](頌4-38)

從安住順抉擇分利根菩薩，乃至見修諸道中所有利根菩薩，即此處所
說不退轉無上正等菩提之菩薩眾。以於色等遠離分別實執現行等隨得
一相之菩薩故。

(1)加行道不退轉相　　38.1

[由說於色等，轉等二十相，即住決擇分，所有不退相。](頌4-39)

由《經》所說遮轉色等分別實執現行等二十種相，當知即是住順決擇分
利根菩薩不退轉大菩提之相。

[由於色等轉，盡疑惑無暇，自安住善法，亦令他安住，](頌4-40)
[於他行施等，深義無猶豫，身等修慈行，不共五蓋住，](頌4-41)
[摧伏諸隨眠，具正念正知，衣等恒潔淨，身不生諸蟲，](頌4-42)
[心無曲杜多，及無慳吝等，成就法性行，利他求地獄，](頌4-43)
[非他能牽引，魔開顯似道，了知彼是魔，諸佛歡喜行，](頌4-44)
[由此二十相，諸住煖頂忍，世第一法眾，不退大菩提。](頌4-45)

(38.1.1)遮轉色等分別實執現行；(以無自性故)

(38.1.2)於真皈依處，滅盡疑惑為是為非；(得信解斷疑惑)

(38.1.3)斷盡八無暇處；

　　　　(八無暇處：生於邪見、地獄、餓鬼、畜生、不聞佛法、邊地處，根不全(愚痴、瘖啞)、

　　　　生長壽天。)

(38.1.4)自住善行亦安立他；

(38.1.5)由修自他換菩提心，於他行布施等；

(38.1.6)於甚深義無復猶豫；

(38.1.7)三業諸行修慈愍行；

(38.1.8)不與貪欲、瞋恚、惛沉睡眠、掉舉惡作、疑等五蓋共住；

(38.1.9)摧伏無明、惡見等一切隨眠；

(38.1.10)常時具足正念、正知；

(38.1.11)受用衣服等潔淨，非聖所呵責；

此十一相是煖位不退轉相。

(38.1.12)身不生諸蟲類；

(38.1.13)心無曲屈自利作意；

(38.1.14)修行十二杜多功德；

(38.1.15)無慳吝、毀戒等過；

(38.1.16)成就般若波羅蜜多瑜伽，不違真空法性行；

(38.1.17)為利他故欲往地獄；

此六相是頂位不退轉相。

(38.1.18)修所說道，非他能引；

(38.1.19)於開顯相似道之魔，了知是魔；

此二相是忍位不退轉相。

(38.1.20)三業一切行(三輪清淨)，皆佛歡喜之行；

此一是世第一法不退轉相。

如是二十種相，當知即住煖、頂、忍、世第一法利根菩薩不退轉大菩提之相。

(2)見道不退轉相　　38.2

[見道中忍智，十六剎那心，當知此即是，菩薩不退相。](頌4-46)

由見道位忍智十六剎那所引後得身語殊勝名言，當知即是住見道菩薩不退轉大菩提之相。

[遣除色等想，心堅退小乘，永盡靜慮等，所有諸支分，](頌4-47)
[身心輕利性，巧便行諸欲，常修淨梵行，善清淨正命，](頌4-48)
[蘊等諸留難，資糧及根等，戰事慳吝等，加行及隨行，](頌4-49)
[破彼所依處，不得塵許法，安住三地中，於自地決定，](頌4-50)
[為法捨身命，此十六剎那，是住見道位，智者不退相。](頌4-51)

初依苦諦有四相，謂：
(38.2.1)住見道中根菩薩，於色等法遣除分別實執；(以自相空故)
(38.2.2)世俗、勝義二菩提心最極堅固；
(38.2.3)於小乘道令心退捨；
(38.2.4)雖得靜慮及無色等至，然斷盡由彼力受生之功能。

依於集諦有四相，謂：
(38.2.5)身心輕利，具足輕安之樂；
(38.2.6)善巧方便受用諸欲而無染著；
(38.2.7)常修梵行；
(38.2.8)斷除邪命，正命清淨。

依於滅諦有四相，謂：
(38.2.9)於蘊、界、處等，破除實執加行及隨加行處。(因安住於空性故)
(38.2.10)於諸留難法(諸障)，破除實執加行及隨加行處。
(38.2.11)於布施等菩提資糧，破除實執加行及隨加行處。
(38.2.12)「聚落」言所顯諸根，「城邑」言所顯諸根依處，「國土」言所顯諸境，「士夫」言所顯諸識，執此為實有之實執，與通達彼為無我之智，能治、所治之「戰事」，破除執此實有之加行與隨加行處。

依於道諦有四相，謂：
(38.2.13)於慳吝、毀戒等，破除實執加行及隨加行處；
(38.2.14)所證之道及菩提果法，於勝義中無微塵許可得；
(38.2.15)自安住一切智等三地中雖魔破壞，然於自所住之地決定無疑；
(38.2.16)為求一切相智等正法故，能捨身命。

如是忍、智十六剎那所攝諸相，即是安住見道不退轉相。

(諸瑜伽者為了調伏眾生所需假立名言而說此十六剎那相，除此之外，一切唯與證知相隨順。)

(3)修道不退轉相
①廣釋大乘修道　　38.3

[修道謂甚深，甚深空性等，甚深離增益，及損減邊際，](頌4-52)
[於順決擇分，見道修道中，有數思稱量，及觀察修道。](頌4-53)
[此常相續故，諸下中上品，由下下等別，許為九種相。](頌4-54)
[經說無數等，非勝義可爾，佛許是世俗，大悲等流果。](頌4-55)
[不可說性中，不可有增減，則所說修道，何斷復何得。](頌4-56)
[如所說菩提，此辦所欲事，菩提真如相，此亦彼為相，](頌4-57)
[初心證菩提，非理亦非後，由燈喻道理，顯八深法性。](頌4-58)

(38.3.1)大乘修道甚深，是證甚深空性等之慧故。

(38.3.2)空性甚深，是離增益損減二邊之法界故。

　　　(空性等非色、亦非別於色之其他。)

(38.3.3)大乘順抉擇分及見道與修道之中，於所見義三智行相，數數思惟，以量稱量，審細觀察。

　　　(由聞思修所得諸智，以及禪定之加行、正行、隨後所得之智，依次對於抉擇分及見修道三種如實觀見之義理，再三思惟、衡量、審察，是為修道相續。)

(38.3.4)故此大乘修道常相續轉。如是大乘修道，許為九品，若於勝義由是空性之體性故不可分別，然於名言，就所斷所知障能取所取分別，有上中下三品，一一品中各分三品而為九品，如是能對治之修道亦由下下等差別分九品故，九品行相相續而生故。

　　　(諸菩薩之煩惱為尋思分別。如極度黑暗可以小光明驅散，小黑暗則以大光明驅除等，諸分別有上中下之差別，其對治亦有下中上等差別。於勝義空性之性相行相上，由分別對治之分類，於三界九地有九種相續，是為修道。)

(38.3.5)他作是難：云何大乘修道九品決定？不應道理，佛在廣中略三部《般若經》中，於九品修道說一一品皆能引生無數無量無邊福德果故。

　　　答曰：《經》說生無數等福德果者，非依勝義而說，於名言中無不應理之過，以於世俗大乘修道九品決定與生無數等福果不相違故。如來許彼是無緣大悲通達法界之等流果故。

(38.3.6)他又難云：所說修道有何可斷及何可得？應無所得，以勝義非有

故。於勝義不可說之修道性中,斷除所治增長能治不應理故。

(38.3.7)答曰:雖大乘修道勝義無增減,然斷除所治增長能治非不應理,例如菩提智慧法身雖勝義非有,然名言中可作有情事。如是大乘修道雖勝義無,然於名言許斷除所治等成辦義利故,此二亦無法喻不合之過,以此二於名言中利益有情亦同,菩提智慧法身以真如為相,修道亦以真如為相故。

(38.3.8)他又難云:大乘修道所攝二種發心,應不能生大菩提果,以彼前前剎那皆不能生,前後剎那同時亦不能生,後後剎那亦不能生故。

答曰:依大乘發心漸次而起前後剎那,無不能生大菩提之過,喻如燈燭依漸次起前後剎那而能盡焦脂炷,如是大乘發心前後漸起無量剎那,而能引生大菩提果,及能瞭解八種甚深法性故。

②不退轉相　　38.4

[生滅與真如,所知及能知,正行並無二,巧便皆甚深。](頌4-59)

第八地菩薩通達八種甚深,謂:

(38.4.1)所發心非唯以前後剎那而生菩提,亦非彼二隨一之體(無自性)而能生,然知於名言中由修習與殊勝所證,互相觀待而生,名通達生甚深。(緣起)

(38.4.2)又已生諸法皆無自性勝義無滅,然於名言有滅亦不相違,名通達滅甚深。

(38.4.3)又有學位中雖恒修真如,然非時不應作證,名通達真如甚深。
(於一切分際雖串習真如,但非現證彼)

(38.4.4)又真如自性雖勝義無,然於一切法可隨修施等(行相),名通達所知甚深。

(38.4.5)又一切法真如為性雖於勝義都無所見而云見真實,名通達能知甚深。

(38.4.6)又真空法性於一切法都無可行,而是行真實義,名行(持)甚深。

(38.4.7)又於勝義無二性中修一切道,名無二甚深。

(38.4.8)又圓滿一切資糧,而於勝義不得佛果,名通達巧便甚深。
(從獲得不可思議之解脫方面,證成彼此相違義,是為甚深。)

[戊三]生殊勝現觀之次第

1.不退無上菩提之相　【第 38 義】：不退轉相菩薩僧

從安住順抉擇分利根菩薩，乃至見修諸道中所有利根菩薩，即此處所說不退轉無上正等菩提之菩薩眾。以於色等遠離分別實執現行等隨得一相之菩薩故。

1.不退轉菩薩之相貌

38.1 加行道不退轉相

[煖位不退轉相]　(38.1.1)~(38.1.11)

(38.1.1)遮轉色等分別實執現行

卷448〈不退轉品53〉：「第二分不退轉品第五十三

爾時，具壽善現復白佛言：「世尊！我等當以何行、狀、相知是不退轉菩薩摩訶薩？」*1

(1)體相　(入諸法真如相，如實知諸地無二無別)

佛告善現：

「若菩薩摩訶薩能如實知諸異生地、諸聲聞地、諸獨覺地、諸菩薩地、諸如來地，如是諸地雖說有異，而於諸法真如理中，無變異、無分別，皆無二無二分。是菩薩摩訶薩雖實悟入諸法真如，而於真如無所分別，以無所得為方便故。是菩薩摩訶薩既實悟入諸法真如，雖聞真如與一切法無二無別而無滯礙。所以者何？真如與法不可說一，不可說異，不可說俱及不俱故。法界乃至不思議界亦復如是。*2

(2)行果相

①行門

是菩薩摩訶薩終不率爾而發語言，諸有所說皆引義利，若無義利終不發言。*3是菩薩摩訶薩終不觀他好惡長短，平等憐愍而為說法。是菩薩摩訶薩不觀法師種姓好惡，唯求所說微妙法義。善現！不退轉菩薩摩訶薩具如是等諸行、狀、相，應以如是諸行、狀、相知是不退轉菩薩摩訶薩。」

(CBETA, T07, no. 220, p. 260, b^{17}–c^6)

sher phyin:　v.027, pp. 804^{01–19}　《合論》：v.050, pp. 1541^{06}–1542^{06}

②轉不轉門

(38.1.2)於真皈依處，滅盡疑惑為是為非

卷 448〈不退轉品 53〉：「爾時，善現復白佛言：

「何等名為諸行、狀、相？」

佛言：「善現！諸法無行、無狀、無相，當知是為諸行、狀、相。」

具壽善現復白佛言：

「若一切法無行、狀、相，是菩薩摩訶薩於何轉故名不退轉？」

佛言：

「善現！是菩薩摩訶薩於色轉故名不退轉，於受、想、行、識轉故名不退轉；於眼處轉故名不退轉，於耳、鼻、舌、身、意處轉故名不退轉；於色處轉故名不退轉，於聲、香、味、觸、法處轉故名不退轉；於眼界轉故名不退轉，於耳、鼻、舌、身、意界轉故名不退轉；於色界轉故名不退轉，於聲、香、味、觸、法界轉故名不退轉；於眼識界轉故名不退轉，於耳、鼻、舌、身、意識界轉故名不退轉；於眼觸轉故名不退轉，於耳、鼻、舌、身、意觸轉故名不退轉；於眼觸為緣所生諸受轉故名不退轉，於耳、鼻、舌、身、意觸為緣所生諸受轉故名不退轉；於布施波羅蜜多轉故名不退轉，於淨戒、安忍、精進、靜慮、般若波羅蜜多轉故名不退轉；於內空轉故名不退轉，於外空乃至無性自性空轉故名不退轉；於真如轉故名不退轉，於法界乃至不思議界轉故名不退轉；於苦聖諦轉故名不退轉，於集、滅、道聖諦轉故名不退轉；於四念住轉故名不退轉乃至於八聖道支轉故名不退轉；於四靜慮轉故名不退轉，於四無量、四無色定轉故名不退轉；於八解脫轉故名不退轉，於八勝處、九次第定、十遍處轉故名不退轉；於空解脫門轉故名不退轉，於無相、無願、解脫門轉故名不退轉；於三乘十地轉故名不退轉，於菩薩十地轉故名不退轉；於陀羅尼門轉故名不退轉，於三摩地門轉故名不退轉；於五眼轉故名不退轉，於六神通轉故名不退轉；於佛十力轉故名不退轉乃至於十八佛不共法轉故名不退轉；於三十二大士相轉故名不退轉，於八十隨好轉故名不退轉；於無忘失法轉故名不退轉，於恒住捨性轉故名不退轉；於一切智轉故名不退轉，於道相智、一切相智轉故名不退轉；於異生地轉故名不退轉，於聲聞地、獨覺地、菩薩地、如來地轉故名不退轉；於一切菩薩摩訶薩行轉故名不退轉，於諸佛無上正等菩提轉故名不退轉。何以故？

「善現！色自性無所有，受、想、行、識自性無所有，如是乃至一切菩薩摩訶薩行自性無所有，諸佛無上正等菩提自性無所有。是菩薩摩訶

薩於中不住故名為轉，由不轉故說名不退轉菩薩摩訶薩，若菩薩摩訶
薩能如是知，是名不退轉菩薩摩訶薩。」*4

(CBETA, T07, no. 220, p. 260, c⁶–p. 261, a²⁴)

sher phyin: v.027, pp. 804²⁰–807⁰¹ 《合論》: v.050, pp. 1542⁰⁷–1544⁰⁹

2.廣明行門
(1)離內過為不退轉行相
①不念外道有實智
卷 448〈不退轉品 53〉：

「復次，善現！一切不退轉菩薩摩訶薩，終不樂觀外道沙門、婆羅門等
形相言說，彼諸沙門、婆羅門等於所知法實知實見，或能施設正見法
門無有是處。

「復次，善現！一切不退轉菩薩摩訶薩，於佛善說法毘奈耶不生疑惑，
於世間事無戒禁取、不墮惡見，不執世俗諸吉祥事以為清淨，終不禮
敬諸餘天神，如諸世間外道所事，決定不以種種花鬘、塗散等香、衣
服、瓔珞、寶幢、幡蓋、伎樂、燈明供養天神及諸外道。善現！若菩
薩摩訶薩成就如是諸行、狀、相，知是不退轉菩薩摩訶薩。」(深信業
因緣果報故，不求世俗吉祥事，不以花香供天。)

(CBETA, T07, no. 220, p. 261, a²⁴–b⁶)

sher phyin: v.027, pp. 807⁰¹⁻¹¹ 《合論》: v.050, pp. 1544¹⁰–1545⁰¹

②不生八無暇等處、卑賤家
(38.1.3)斷盡八無暇處
卷 448〈不退轉品 53〉：

「復次，善現！一切不退轉菩薩摩訶薩，不墮地獄、傍生、鬼界、阿素
洛中，亦不生於卑賤種族，謂旃荼羅、補羯娑等，亦終不受扇搋、半
擇、無形、二形及女人身，亦復不受盲聾、瘖瘂、攣躄、癲癇、矬陋
等身，亦終不生無暇時處。善現！若菩薩摩訶薩成就如是諸行、狀、相，
知是不退轉菩薩摩訶薩。*5

③具足四行，常行十善道，乃至夢中亦不行十惡
(38.1.4)自住善行亦安立他
「復次，善現！一切不退轉菩薩摩訶薩常樂受行十善業道，自離害生
命，亦勸他離害生命，恒正稱揚離害生命法，歡喜讚歎離害生命者，
乃至自離邪見，亦勸他離邪見，恒正稱揚離邪見法，歡喜讚歎離邪見

者。是菩薩摩訶薩乃至夢中亦不現起十惡業道，況在覺時！善現！若菩薩摩訶薩成就如是諸行、狀、相，知是不退轉菩薩摩訶薩。」(菩薩大悲心，深愛善法故，具足四行。)

(CBETA, T07, no. 220, p. 261, b⁶⁻¹⁹)

sher phyin:　v.027, pp. 807¹²–808¹⁴　《合論》：v.050, pp. 1545⁰²–1546⁰⁸

④為饒益有情行六度

(38.1.5)由修自他換菩提心，於他行布施等

卷448〈不退轉品53〉：

「復次，善現！一切不退轉菩薩摩訶薩普為饒益一切有情，以無所得而為方便，恒修布施乃至般若波羅蜜多常無間斷。善現！若菩薩摩訶薩成就如是諸行狀相，知是不退轉菩薩摩訶薩。

⑤為有情行法施

「復次，善現！一切不退轉菩薩摩訶薩，諸所受持、思惟、讀誦契經、應頌、記別、諷頌、自說、緣起、本事、本生、方廣、希法、譬喻、論議，一切皆令究竟通利，以如是法常樂布施一切有情，恒作是念：『云何當令諸有情類求正法願皆得滿足？』以無所得而為方便，復持如是法施善根，與諸有情平等共有迴向無上正等菩提。善現！若菩薩摩訶薩成就如是諸行、狀、相，知是不退轉菩薩摩訶薩。」

(CBETA, T07, no. 220, p. 261, b²⁰–c³)

sher phyin:　v.027, pp. 808¹⁴– 809¹⁴　《合論》：v.050, pp. 1546⁰⁹–1547¹⁰

⑥於甚深法不疑悔

(38.1.6)於甚深義無復猶豫

卷448〈不退轉品53〉：

「復次，善現！一切不退轉菩薩摩訶薩於佛所說甚深法門，終不生於疑惑猶豫。何以故？善現！是菩薩摩訶薩不見有法，若色、若受、想、行、識，可於其中疑惑猶豫。如是乃至不見有法，若一切菩薩摩訶薩行、若諸佛無上正等菩提，可於其中疑惑猶豫。善現！若菩薩摩訶薩成就如是諸行、狀、相，知是不退轉菩薩摩訶薩。」(佛說空因緣，不見色等法故，無生疑處。)

(CBETA, T07, no. 220, p. 261, c³⁻¹⁰)

sher phyin:　v.027, pp. 809¹⁴–810¹³　《合論》：v.050, pp. 1547¹¹–1548¹²

⑦調柔身語意業及成就慈悲喜捨相應三業

(38.1.7)三業諸行修慈憫行

卷 448〈不退轉品 53〉：

「復次,善現!一切不退轉菩薩摩訶薩,成就調柔身、語、意業,於諸
有情心無罣礙,恒常成就慈、悲、喜、捨等,起相應身、語、意業,」

(CBETA, T07, no. 220, p. 261, c^{10–13})

sher phyin:　v.027, pp. 810^{14}–811^{02}　《合論》:v.050, pp. 1548^{13}–1549^{02}

⑧不與五蓋俱

(38.1.8)不與貪欲、瞋恚、惛沉睡眠、掉舉惡作、疑 等五蓋共住

卷 448〈不退轉品 53〉：

「決定不與五蓋共居,所謂貪欲、瞋恚、惛沈睡眠、掉舉惡作、疑蓋。」

(CBETA, T07, no. 220, p. 261, c^{13–14})

sher phyin:　v.027, pp. 811^{02–07}　《合論》:v.050, pp. 1549^{03–10}

⑨摧伏一切隨眠

(38.1.9)摧伏無明、惡見等一切隨眠

卷 448〈不退轉品 53〉:「一切隨眠皆已摧伏,一切結縛隨煩惱纏皆永不
起。」

(CBETA, T07, no. 220, p. 261, c^{14–16})

sher phyin:　v.027, pp. 811^{08–11}　《合論》:v.050, pp. 1549^{11–16}

⑩進止威儀常住正念正知

(38.1.10)常時具足正念、正知

卷 448〈不退轉品 53〉：

「入出往來心不迷謬,恒時安住正念正知,進止威儀、行住坐臥、舉足
下足亦復如是,諸所遊履必觀其地,安庠繫念直視而行,運動語言曾
無卒暴。善現!若菩薩摩訶薩成就如是諸行、狀、相,知是不退轉菩
薩摩訶薩。」

(CBETA, T07, no. 220, p. 261, c^{16–20})

sher phyin:　v.027, pp. 811^{11–21}　《合論》:v.050, pp. 1549^{17}–1550^{04}

⑪潔淨少病

(38.1.11)受用衣服等潔淨,非聖所呵責

卷 448〈不退轉品 53〉：

「復次,善現!一切不退轉菩薩摩訶薩諸所受用臥具衣服,皆常香潔無

諸臭穢，亦無垢膩、蟣虱等蟲，心樂清華，身無疾病。善現！若菩薩摩訶薩成就如是諸行、狀、相，知是不退轉菩薩摩訶薩。」

(CBETA, T07, no. 220, p. 261, c^{20–25})

sher phyin: v.027, pp. 811^{21}–812^{06} 《合論》: v.050, pp. 1550^{05–12}

[頂位不退轉相] (38.1.12)~(38.1.17)

⑫身無八萬戶蟲

(38.1.12)身不生諸蟲類

卷448〈不退轉品53〉：

「復次，善現！一切不退轉菩薩摩訶薩身心清淨，非如常人身中恒為八萬戶蟲之所侵食。何以故？是諸菩薩善根增上出過世間，所受身形內外清淨故，無蟲類侵食其身。如如善根漸漸增益，如是如是身心轉淨。由此因緣，是諸菩薩身心堅固逾於金剛，不為違緣之所侵惱，所謂寒熱、飢渴、蚊虻、風日、毒蟲、刀杖等類，及諸纏結不能侵惱。善現！若菩薩摩訶薩成就如是諸行、狀、相，知是不退轉菩薩摩訶薩。」

(CBETA, T07, no. 220, p. 261, c^{25}–p. 262, a^{5})

sher phyin: v.027, pp. 812^{06–20} 《合論》: v.050, pp. 1550^{13}–1551^{06}

⑬身心清淨過二乘地

(38.1.13)心無曲屈自利作意

卷448〈不退轉品53〉：

「爾時，具壽善現白佛言：「世尊！如是不退轉菩薩摩訶薩，云何常得身、語、意淨？」

佛告善現：

「是菩薩摩訶薩如如善根漸漸增長，如是如是身、語、意淨，由善根力所除遣故，窮未來際畢竟不起，由此常得身、語、意淨。復次，善現！是菩薩摩訶薩身三、語四、意三妙行常現在前故，一切時身、語、意淨，由此淨故，超過聲聞及獨覺地，已入菩薩正性離生不證實際，常樂成熟一切有情、嚴淨佛土，由斯常得身、語、意淨，住菩薩位堅固不動。善現！若菩薩摩訶薩成就如是諸行、狀、相，知是不退轉菩薩摩訶薩。」

(CBETA, T07, no. 220, p. 262, a^{6–17})

sher phyin: v.027, pp. 812^{20}–813^{14} 《合論》: v.050, pp. 1551^{07}–1552^{03}

⑭不重利養，不恃杜多功德

(38.1.14)修行十二杜多功德

卷 448〈不退轉品 53〉：

「復次，善現！一切不退轉菩薩摩訶薩不重利養，不徇名譽，於諸飲食、衣服、臥具、房舍、資財皆不貪染，雖受十二杜多功德，而於其中都無所恃，」

(CBETA, T07, no. 220, p. 262, a^{17-20})

sher phyin: v.027, pp. 813^{14}–814^{01} 《合論》: v.050, pp. 1552^{04-10}

⑮不起煩惱纏結惡惱心

(38.1.15)無慳吝、毀戒等過

卷 448〈不退轉品 53〉：

「畢竟不起慳貪、破戒、忿恚、懈怠、散亂、愚癡及餘種種煩惱纏結相應之心。善現！若菩薩摩訶薩成就如是諸行、狀、相，知是不退轉菩薩摩訶薩。」

(CBETA, T07, no. 220, p. 262, a^{20-23})

sher phyin: v.027, pp. 814^{01-08} 《合論》: v.050, pp. 1552^{11-18}

⑯所聞所行世出世法皆依般若會入法性

(38.1.16)成就般若波羅蜜多瑜伽不違真空法性行

卷 448〈不退轉品 53〉：

「復次，善現！一切不退轉菩薩摩訶薩覺慧堅猛能深悟入，聽聞正法恭敬信受，繫念思惟究竟理趣，隨所聽聞世、出世法，皆能方便會入般若波羅蜜多甚深理趣，諸所造作世間事業，亦依般若波羅蜜多會入法性，不見一事出法性者，設有不與法性相應，亦能方便會入般若波羅蜜多甚深理趣，由此不見出法性者。善現！若菩薩摩訶薩成就如是諸行、狀、相，知是不退轉菩薩摩訶薩。」*6

(CBETA, T07, no. 220, p. 262, a^{23}–b^{3})

sher phyin: v.027, pp. 814^{08-17} 《合論》: v.050, pp. 1552^{19}–1553^{08}

(2)離外惡為不退轉行相

①惡魔化作地獄現善者受苦相，不退菩薩心堅不驚疑

(38.1.17)為利他故欲往地獄

卷 448〈不退轉品 53〉：

「復次，善現！一切不退轉菩薩摩訶薩，設有惡魔現前化作八大地獄，復於一一大地獄中，化作無量無邊菩薩，皆被猛焰交徹燒然，各受辛

酸楚毒大苦，作是化已，語不退轉諸菩薩言：『此諸菩薩皆受無上正等菩提不退轉記故，墮如是大地獄中，恒受如斯種種劇苦。汝等菩薩既受無上正等菩提不退轉記，亦當墮此大地獄中受諸劇苦。佛授汝等大地獄中受極苦記，非授無上正等菩提不退轉記，是故汝等應速棄捨大菩提心，可得免脫大地獄苦，生於天上或生人中，受諸富樂。』是時，不退轉菩薩摩訶薩，見聞此事其心不動亦不驚疑，但作是念：『受不退轉記菩薩摩訶薩，若墮地獄、傍生、鬼界、阿素洛中必無是處。所以者何？不退轉位菩薩，定無不善業故，亦無善業招苦果故，諸佛定無虛誑語故，如來所說皆為利樂一切有情，大慈悲心所流出故，所見聞者定是惡魔所作所說。』善現！若菩薩摩訶薩成就如是諸行、狀、相，知是不退轉菩薩摩訶薩。」(CBETA, T07, no. 220, p. 262, b³⁻²²)

sher phyin: v.027, pp. 814¹⁸–816⁰¹ 《合論》: v.050, pp. 1553⁰⁹–1554¹³

②惡魔勸捨先所聞修，菩薩隨住無生法等不隨他語

❶魔化作沙門，勸捨前所聞修法

[忍位不退轉相] (38.1.18)~(38.1.19)

(38.1.18)修所說道非他能引

卷448〈不退轉品53〉：

「復次，善現！一切不退轉菩薩摩訶薩設有惡魔作沙門像，來至其所說如是言：『汝先所聞應修布施波羅蜜多令速圓滿，應修淨戒、安忍、精進、靜慮、般若波羅蜜多令速圓滿，如是乃至應證無上正等菩提，如是所聞皆為邪說，應速棄捨勿謂為真。又汝先聞應於過去未來現在一切如來、應、正等覺及諸弟子，從初發心乃至法住，其中所有功德善根，皆生隨喜一切合集，與諸有情平等共有迴向無上正等菩提，如是所聞亦為邪說，應速棄捨勿謂為真。若汝捨彼所說邪法，我當教汝真實佛法，令汝修學疾證無上正等菩提。汝先所聞非真佛語，是文頌者虛妄撰集，我之所說是真佛語，令汝速證所求無上正等菩提。』

❷若未受不退轉記者心動驚疑

善現！若菩薩摩訶薩聞如是語心動驚疑，當知未受不退轉記，彼於無上正等菩提猶未決定，未名不退轉菩薩摩訶薩。

❸隨順無生法等，心不驚疑得不退轉

1.明不退轉相

「善現！若菩薩摩訶薩聞如是語，其心不動亦不驚疑，但隨無作、無相、無生法性而住。是菩薩摩訶薩諸有所作不信他語，不隨他教而修布施波羅蜜多，不隨他教而修淨戒、安忍、精進、靜慮、般若波羅蜜多，乃至不隨他教而趣無上正等菩提，當知如是菩薩摩訶薩已於無上正等菩提得不退轉。

2.如漏盡阿羅漢所為

「善現！如漏盡阿羅漢諸有所為，不信他語現證法性無惑無疑，一切惡魔不能傾動。如是不退轉菩薩摩訶薩，一切聲聞、獨覺、外道、諸惡魔等不能破壞、折伏其心，令於菩提而生退屈。

3.尚不輕信如來言教，何況惡魔外道及二乘所言？

「善現！是菩薩摩訶薩決定已住不退轉地，所有事業皆自審思，非但信他而便起作；乃至如來、應、正等覺所有言教，尚不輕爾信受奉行，況信聲聞、獨覺、外道、惡魔等語而有所作！是諸菩薩諸有所為，但信他行終無是處。

4.不見有法可信行者

何以故？善現！是菩薩摩訶薩不見有法可信行者。所以者何？善現！是諸菩薩不見有色可信行者，不見有受、想、行、識可信行者，亦不見有色真如可信行者，不見有受、想、行、識真如可信行者，如是乃至不見有諸佛無上正等菩提可信行者，亦不見有諸佛無上正等菩提真如可信行者。善現！若菩薩摩訶薩成就如是諸行、狀、相，知是不退轉菩薩摩訶薩。」

(CBETA, T07, no. 220, p. 262, b^{22}–p. 263, a^{4})

sher phyin:　v.027, pp. 816^{01}–819^{08}　《合論》：v.050, pp. 1554^{14}–1557^{15}

③惡魔說似道法，菩薩知真道心不動搖

❶惡魔化苾芻像，說不淨觀等三界繫法令捨行願，菩薩不為所惑

(38.1.19)於開顯相似道之魔了知是魔

卷448〈不退轉品53〉：

「復次，善現！一切不退轉菩薩摩訶薩設有惡魔作苾芻像，來詣其所唱如是言：『汝等所行是生死法，非菩薩行，非由此得一切智智。*7汝等今應修盡苦道，速盡眾苦證般涅槃。』是時，惡魔即為菩薩說墮生死相似道法，所謂骨想、或青瘀想、或膿爛想、或䏺脹想、或蟲食想、或異赤想、或慈、或悲、或喜、或捨、或四靜慮、或四無色，告菩薩言：『此是真道真行，汝用此道此行當得預流果，乃

至當得獨覺菩提。汝由此道由此行故，速盡一切生老病死，何用久受生死苦為？現在苦身尚應厭捨，況更求受當來苦身！宜自審思捨先所信。』

「善現！是菩薩摩訶薩聞彼語時，其心不動亦不驚疑，但作是念：『今此苾芻益我不少，能為我說相似道法，令我識知此道不能證預流果乃至不證獨覺菩提，況當能證所求無上正等菩提！』是菩薩摩訶薩作此念已，深生歡喜，復作是念：『今此苾芻甚為益我，方便為我說障道法，令我識知障道法已，於三乘道自在修學。』

❷菩薩知魔說似道法，深信行六度不退，定得無上菩提

　1.魔化無量菩薩，久行而不證菩提

　　(1)出魔難事

　　　「善現！時，彼惡魔知此菩薩深心歡喜，復作是言：『咄哉！男子！汝今欲見諸菩薩摩訶薩，長時勤行無益行不？謂諸菩薩摩訶薩眾經如殑伽沙數大劫，以無量種上妙衣服、飲食、臥具、醫藥、資財、花香等物，供養恭敬、尊重讚歎殑伽沙等諸佛世尊。復於殑伽沙等佛所修行布施波羅蜜多，修行淨戒、安忍、精進、靜慮、般若波羅蜜多，乃至殑伽沙等佛所，修一切智、修道相智、一切相智。是諸菩薩摩訶薩眾亦親近承事如殑伽沙佛，於諸佛所請問無上正等覺道，謂作是言：「云何菩薩摩訶薩安住無上正等覺道？云何菩薩摩訶薩修行布施乃至般若波羅蜜多？安住內空乃至無性自性空，安住真如乃至不思議界，安住苦、集、滅、道聖諦，修四念住乃至八聖道支，修四靜慮、四無量、四無色定，修八解脫乃至十遍處，修空、無相、無願解脫門，修極喜地乃至法雲地，修五眼、六神通，修佛十力乃至十八佛不共法，修三十二大士相八十隨好，修無忘失法、恒住捨性，修陀羅尼門、三摩地門，修順逆觀十二支緣起，嚴淨佛土、成熟有情，修諸菩薩殊勝神通，修圓滿壽量，學轉大法輪護持正法令得久住，修一切智、道相智、一切相智？」殑伽沙等諸佛世尊如所請問次第為說，是諸菩薩摩訶薩眾如佛教誨安住修學，經無量劫熾然精進，尚不能證所求無上正等菩提，況今汝等所修所學能證無上正等菩提！』

　　(2)明不退行

　　　「善現！是菩薩摩訶薩雖聞其言而心無異，不驚不恐，無疑無

惑，倍復歡喜作是念言：『今此苾芻極多益我，方便為我說障道法，令我知此障道之法決定不能證預流果，乃至不證獨覺菩提，況能證得所求無上正等菩提！』

2.魔化無量苾芻，久行佛道取證阿羅漢

(1)出魔難事

「善現！時，彼惡魔知此菩薩心不退屈，無惑無疑，即於是處化作無量苾芻形像，語菩薩言：『此諸苾芻皆於過去勤求無上正等菩提，經無量劫修行種種難行苦行，而不能得所求無上正等菩提，今皆退證阿羅漢果，諸漏已盡至苦邊際，云何汝等能證無上正等菩提？』

(2)明不退行

「善現！是菩薩摩訶薩見聞此已，即作是念：『定為惡魔化作如此苾芻形像擾亂我心，因說障礙相似道法，必無菩薩摩訶薩眾修行般若波羅蜜多至圓滿位，不證無上正等菩提，退墮聲聞或獨覺地。』爾時，菩薩復作是念：『若菩薩摩訶薩修行布施乃至般若波羅蜜多至圓滿位，不證無上正等菩提必無是處；乃至修行一切智、道相智、一切相智至圓滿位，不證無上正等菩提必無是處。』善現！若菩薩摩訶薩成就如是諸行、狀、相，知是不退轉菩薩摩訶薩。」

(CBETA, T07, no. 220, p. 263, a^4–c^{14})

sher phyin: v.027, pp. 819^{09}–823^{16} 《合論》: v.050, pp. 1557^{16}–1562^{08}

(3)能如佛所說常不離六度、覺知魔事而不隨，是名不退轉相

[世第一法不退轉相] (38.1.20)

(38.1.20)三業一切行皆佛歡喜之行是世第一法不退轉相

卷 448〈不退轉品 53〉：

「復次，善現！一切不退轉菩薩摩訶薩恒作是念：『若菩薩摩訶薩如諸佛教精勤修學，常不遠離布施、淨戒、安忍、精進、靜慮、般若波羅蜜多所攝妙行相應作意，常不遠離一切智智相應作意，常以方便勸諸有情，精勤修學布施、淨戒、安忍、精進、靜慮、般若波羅蜜多，是菩薩摩訶薩決定不退六波羅蜜多，乃至決定不退一切相智，必證無上正等菩提。』善現！若菩薩摩訶薩成就如是諸行、狀、相，知是不退轉菩薩摩訶薩。

「復次，善現！一切不退轉菩薩摩訶薩恒作是念：『若菩薩摩訶薩覺知魔
事不隨魔事，覺知惡友不隨惡友語，覺知境界不隨境界轉，是菩薩摩訶
薩決定不退六波羅蜜多，乃至決定不退一切相智，必證無上正等菩提。』
善現！若菩薩摩訶薩成就如是諸行、狀、相，知是不退轉菩薩摩訶薩。
「復次，善現！一切不退轉菩薩摩訶薩聞佛世尊所說法要，深心歡喜、恭
敬信受，善解義趣，其心堅固踰於金剛，不可動轉不可引奪，常勤修學
六波羅蜜多心無厭倦，亦勸他學六波羅蜜多心無厭倦。善現！若菩薩摩
訶薩成就如是諸行、狀、相，知是不退轉菩薩摩訶薩。」

(CBETA, T07, no. 220, p. 263, c^{14}–p. 264, a^7)

sher phyin: v.027, pp. 823^{16}–824^{20} 《合論》: v.050, pp. 1562^{09}–1563^{14}

3.廣明轉不轉門
(1)正明轉不轉

38.2 見道不退轉相

由見道位忍智十六剎那所引後得身語殊勝名言，當知即
是住見道菩薩不退轉大菩提之相。

[苦諦四相] (38.2.1)~(38.2.4)

(38.2.1)住見道中根菩薩，於色等法遣除分別實執

卷449〈轉不轉品54〉：

「爾時善現復白佛言：「是菩薩摩訶薩於何法想有退轉故亦名退轉？」

佛言：

「善現！是菩薩摩訶薩於色想有退轉故亦名退轉，於受、想、行、識想有
退轉故亦名退轉，於內六處想有退轉故亦名退轉，於外六處想有退轉故
亦名退轉，於內六界想有退轉故亦名退轉，於外六界想有退轉故亦名退
轉，於六識界想有退轉故亦名退轉，於六觸想有退轉故亦名退轉，於六
觸為緣所生諸受想有退轉故亦名退轉，於貪、瞋、癡想有退轉故亦名退
轉，於諸見趣想有退轉故亦名退轉，於六波羅蜜多想有退轉故亦名退
轉，於一切空想有退轉故亦名退轉，於真如等想有退轉故亦名退轉，於
四聖諦想有退轉故亦名退轉，於四念住等想有退轉故亦名退轉，於四靜
慮等想有退轉故亦名退轉，於八解脫等想有退轉故亦名退轉，於三解脫
門想有退轉故亦名退轉，於十地想有退轉故亦名退轉，於五眼、六神通
想有退轉故亦名退轉，於陀羅尼門、三摩地門想有退轉故亦名退轉，於

佛十力等想有退轉故亦名退轉，於三十二大士相、八十隨好想有退轉故亦名退轉，於無忘失法、恒住捨性想有退轉故亦名退轉，於預流果乃至獨覺菩提想有退轉故亦名退轉，於諸菩薩摩訶薩行及佛無上正等菩提想有退轉故亦名退轉，於一切智、道相智、一切相智想有退轉故亦名退轉，於諸異生、聲聞、獨覺、菩薩、佛想有退轉故亦名退轉。所以者何？如是不退轉菩薩摩訶薩以自相空觀一切法，已入菩薩正性離生，乃至不見少法可得，不可得故無所造作，無所造作故畢竟不生，畢竟不生故名無生法忍，由得如是無生法忍，故名不退轉菩薩摩訶薩。*8 善現！若菩薩摩訶薩，成就如是諸行、狀、相，知是不退轉菩薩摩訶薩。」

(CBETA, T07, no. 220, p. 264, a^{24}–b^{29})

sher phyin: v.027, pp. 824^{20}–826^{08} 《合論》: v.050, pp. 1563^{15}–1565^{10}

(2)明外惡緣不能壞

①正明

❶出魔難事

(38.2.2)世俗、勝義二菩提心最極堅固

卷 449〈轉不轉品 54〉：

「復次，善現！有諸惡魔到是菩薩摩訶薩所，欲令厭背無上菩提，語菩薩言：

『一切智智與虛空等，自相本空，無性為性；諸法亦爾，自相本空，無性為性，與虛空等。如是一切與虛空等，性相空中，無有一法可名能證，無有一法可名所證，證處、證時及由此證亦不可得。既一切法性相皆空與虛空等，汝等云何唐受勤苦，求證無上正等菩提？汝先所聞諸菩薩眾應求無上正等菩提，皆是魔說非真佛語。汝等應捨大菩提願，勿於長夜廣為利樂一切有情自受勤苦，雖行種種難行苦行，欲求菩提終不能得。云何汝等唐設劬勞？』

❷明不退行

善現！是菩薩摩訶薩聞說如是呵諫語時，能審觀察：『此惡魔事，欲退壞我大菩提心，我今不應信受彼說。雖一切法與虛空等，性相皆空，而諸有情生死長夜不知不見，顛倒放逸，受諸苦惱。我當擐戴性相皆空如大虛空功德甲冑，速趣無上正等菩提，為諸有情如應說法，令其解脫生死大苦，得預流果、或一來果、或不還果、或阿羅漢果、或獨覺菩提，或證無上正等菩提。』

「善現！是菩薩摩訶薩從初發心已聞此法，其心堅固不動不轉，依此

堅固不動轉心，恒正修行布施、淨戒、安忍、精進、靜慮、般若波羅蜜多，由此六種波羅蜜多，隨分圓滿，已入菩薩正性離生。復正修行布施、淨戒、安忍、精進、靜慮、般若波羅蜜多，由此得住不退轉地，是故惡魔雖作種種退壞方便，而不能退菩薩所發大菩提心。善現！是菩薩摩訶薩超諸聲聞、獨覺等地，一切魔事不能退轉所求無上正等菩提，名不退轉；遠離一切虛妄分別所執諸法、二乘地等，亦名退轉；故此菩薩得二種名。非如餘位唯名退轉。善現！若菩薩摩訶薩成就如是諸行、狀、相，知是不退轉菩薩摩訶薩。」

*9　(CBETA, T07, no. 220, p. 264, b^{29}–p. 265, a^4)

sher phyin:　v.027, pp. 826^{10}–828^{03}　《合論》: v.050, pp. 1565^{11}–1567^{03}

②釋轉不轉疑

(38.2.3)於小乘道令心退捨

卷 449〈轉不轉品 54〉：

「爾時，具壽善現白佛言：「世尊！如是不退轉菩薩摩訶薩，為但名不退轉，為亦名退轉耶？」

佛告善現：「如是不退轉菩薩摩訶薩，既名不退轉，亦得名退轉。」

具壽善現白言：

「世尊！如是不退轉菩薩摩訶薩，以何因緣名不退轉？復何因緣亦名退轉？」

佛言：

「善現！如是不退轉菩薩摩訶薩定於聲聞、獨覺等地不復退墮，必得無上正等菩提，由是因緣名不退轉，然於法想有退轉故亦名退轉。」*10

(CBETA, T07, no. 220, p. 264, a$^{15-24}$)

sher phyin:　v.027, pp. 828^{03}–829^{01}　《合論》: v.050, pp. 1567^{04}–1568^{03}

(3)明於善法得自在

①於諸禪定、諸道法行果自在

(38.2.4)雖得靜慮及無色等至，然斷盡由彼力受生之功能

❶於行法自在

卷 449〈轉不轉品 54〉：

「復次，善現！一切不退轉菩薩摩訶薩欲入初靜慮乃至第四靜慮即隨意能入，欲入慈無量乃至捨無量即隨意能入，欲入空無邊處定乃至非想非非想處定即隨意能入，欲入四念住乃至八聖道支即隨意能

入，欲入初解脫乃至想受滅解脫即隨意能入，欲入初勝處乃至第八勝處即隨意能入，欲入初靜慮定乃至想受滅定即隨意能入，欲入初遍處乃至第十遍處即隨意能入，欲入三解脫門即隨意能入，欲引發五神通即隨意能引發。

❷於果法自在

善現！是菩薩摩訶薩雖入四靜慮乃至引發五神通而不受彼果，由此因緣不隨靜慮、無量等至乃至滅定及餘功德勢力而生，

亦不證預流果、或一來、不還、阿羅漢果、獨覺菩提，為欲利樂諸有情故，隨欲攝受所應受身，即隨所願皆能攝受。(受生自在)

善現！若菩薩摩訶薩成就如是諸行、狀、相，知是不退轉菩薩摩訶薩。」

(CBETA, T07, no. 220, p. 265, a⁴⁻²¹)

sher phyin:　v.027, pp. 829⁰¹–830⁰⁶　《合論》：v.050, pp. 1568⁰⁴–1569⁰⁷

②於諸功德自在

❶觀一切法自性空，不貴諸法 (心行)

[集諦四相]　(38.2.5)~(38.2.8)

(38.2.5)身心輕利，具足輕安之樂

卷449〈轉不轉品54〉：

「復次，善現！一切不退轉菩薩摩訶薩成就無上菩提作意，常不遠離大菩提心，不貴重色，不貴重受、想、行、識，不貴重眼處乃至意處，不貴重色處乃至法處，不貴重眼界乃至意界，不貴重色界乃至法界，不貴重眼識界乃至意識界，不貴重眼觸乃至意觸，不貴重眼觸為緣所生諸受乃至意觸為緣所生諸受，不貴重諸相，不貴重所依，不貴重助伴，不貴重布施波羅蜜多乃至般若波羅蜜多，不貴重四靜慮、四無量、四無色定，不貴重四念住乃至八聖道支，不貴重八解脫、八勝處、九次第定、十遍處，不貴重空、無相、無願解脫門，不貴重四聖諦，不貴重十八空，不貴重真如乃至不思議界，不貴重十地，不貴重五眼、六神通，不貴重佛十力乃至十八佛不共法，不貴重無忘失法、恒住捨性，不貴重陀羅尼門、三摩地門，不貴重一切智、道相智、一切相智，不貴重聲聞地、獨覺地、菩薩地、如來地，不貴重成熟有情、嚴淨佛土，不貴重一切菩薩摩訶薩行、諸佛無上正等菩提，不貴重多見諸佛，不貴重種諸善根。何以故？善

現！是菩薩摩訶薩達一切法性、相皆空與虛空等都不可得，不見有法可生貴重，能生、所生、生時、生處、由此而生皆不可得。所以者何？善現！是一切法與虛空等，自相本空，無性為性。(於諸法無所貴無所貪故，於得失心清淨不動。)

❷於四威儀，一心不亂無違失 (身行)

「善現！是菩薩摩訶薩成就無上菩提作意，常不遠離大菩提心，身四威儀、往來入出、舉足下足心無散亂，行住坐臥進止威儀，所作事業皆住正念。善現！若菩薩摩訶薩成就如是諸行、狀、相，知是不退轉菩薩摩訶薩。」

(CBETA, T07, no. 220, p. 265, a²¹–b²²)

sher phyin: v.027, pp. 830⁰⁶–831¹⁹ 《合論》: v.050, pp. 1569⁰⁸–1570¹⁴

③為利益有情故方便受五欲，而自不生染著

(38.2.6)善巧方便受用諸欲而無染著

卷 449〈轉不轉品 54〉：

「復次，善現！一切不退轉菩薩摩訶薩為欲饒益諸有情故，現處居家，方便善巧，雖現攝受五欲樂具，而於其中不生染著，皆為濟給諸有情故，謂諸有情須食施食，須飲施飲，須衣施衣，須乘施乘，乃至一切所須之物皆給施之，令其意滿。善現！是菩薩摩訶薩自行布施波羅蜜多，亦勸他行布施波羅蜜多，恒正稱揚行布施波羅蜜多法，歡喜讚歎行布施波羅蜜多者；乃至自行般若波羅蜜多，亦勸他行般若波羅蜜多，恒正稱揚行般若波羅蜜多法，歡喜讚歎行般若波羅蜜多者。」(為攝有情故生富貴家、或作轉輪王、帝釋、梵王，自不受不生憍慢。)

(CBETA, T07, no. 220, p. 265, b²²–c³)

sher phyin: v.027, pp. 831²⁰–832²⁰ 《合論》: v.050, pp. 1570¹⁵–1571⁰⁸

④執金剛神王常隨護

(38.2.7)常修梵行

卷 449〈轉不轉品 54〉：

「善現！是菩薩摩訶薩現處居家，以神通力或大願力攝受種種七寶資具滿贍部洲乃至三千大千世界，持以供養佛、法、僧寶，及施貧乏諸有情類。善現！是菩薩摩訶薩雖現處居家而常修梵行，終不受用諸妙欲境，雖現攝受種種珍財，而於其中不起染著，又於攝受諸欲樂具及珍財時，終不逼迫諸有情類令生憂苦。善現！若菩薩摩訶薩成就如是諸行、狀、相，知是不退轉菩薩摩訶薩。

「復次，善現！一切不退轉菩薩摩訶薩，有執金剛藥叉神王常恒隨左右密為守護，常作是念：『此菩薩摩訶薩不久當證所求無上正等菩提，願我恒隨密為守護，乃至無上正等菩提，常有五族執金剛藥叉神族*11隨逐守護，時無暫捨，人非人等不能損害，諸天、魔、梵及餘世間亦無有能以法破壞所發無上正等覺心。』」

(CBETA, T07, no. 220, p. 265, c³⁻¹⁹)

sher phyin:　v.027, pp. 832²⁰–833¹⁹　《合論》: v.050, pp. 1571⁰⁹–1572⁰⁹

⑤常具足菩薩信等五善根

(38.2.8)斷除邪命正命清淨

卷 449〈轉不轉品 54〉：

「由此因緣，乃至無上正等菩提，身心安隱常無擾亂。善現！是菩薩摩訶薩世間五根常無缺減，所謂眼、耳、鼻、舌、身根，出世五根亦無缺減，謂信、精進、念、定、慧根。善現！是菩薩摩訶薩身支圓滿相好莊嚴，心諸功德念念增進，乃至無上正等菩提。善現！若菩薩摩訶薩成就如是諸行、狀、相，知是不退轉菩薩摩訶薩。

⑥一心行無上佛道

「復次，善現！一切不退轉菩薩摩訶薩，常作上士不作下士。」

具壽善現白言：「世尊！是菩薩摩訶薩云何名為常作上士不作下士？」

佛言：

「善現！是菩薩摩訶薩一切煩惱不復現前，剎那剎那功德增進，乃至無上正等菩提，於一切時心無散亂，是故我說常作上士不作下士。

「復次，善現！是菩薩摩訶薩成就無上菩提作意，常不遠離大菩提心，恒修淨命，不行呪術、醫藥、占卜諸邪命事。不為名利呪諸鬼神，令著男女問其吉凶，亦不呪禁男女、大小、傍生、鬼等現希有事，亦不占相壽量長短、財位、男女諸善惡事，亦不懸記寒熱、豐儉、吉凶、好惡惑亂有情，亦不呪禁合和湯藥*12、左道療疾、結好貴人，亦不為他通致使命現親友相徇利求名，尚不染心觀視男女歡笑與語，況有餘事！亦不恭敬供養鬼神，是故我說常作上士不作下士。所以者何？善現！是菩薩摩訶薩知一切法性相皆空，性相空中不見有相，不見相故遠離種種邪命呪術、醫藥、占相，唯求無上正等菩提，與諸有情常作饒益。善現！若菩薩摩訶薩成就如是諸行、狀、相，知是不退轉菩薩摩訶薩。

⑦常念佛道不行邪命

「復次，善現！一切不退轉菩薩摩訶薩於諸世間文章、技藝，雖得善巧
而不愛著。所以者何？善現！是菩薩摩訶薩達一切法性相皆空，性相
空中世間所有文章、伎藝皆不可得。又諸世間文章、伎藝，皆雜穢語
邪命所攝，是故菩薩知而不為。善現！是菩薩摩訶薩於諸世俗外道書
論，雖亦善知而不樂著。何以故？善現！是菩薩摩訶薩達一切法皆畢
竟空，畢竟空中一切書論皆不可得。又諸世俗外道書論，所說理事多
有增減，於菩薩道非為隨順，皆是戲論雜穢語攝，故諸菩薩知而不樂。
善現！若菩薩摩訶薩成就如是諸行、狀、相，知是不退轉菩薩摩訶薩。」

(CBETA, T07, no. 220, p. 265, c^{19}–p. 266, b^2)

sher phyin: v.027, pp. 833^{19}–835^{05} 《合論》：v.050, pp. 1572^{10}–1573^{17}

4.別明餘不退轉菩薩相

[滅諦四相] (38.2.9)~(38.2.12)

(38.2.9)於蘊界處等，破除實執加行及隨加行處

卷449〈轉不轉品54〉：

「復次，善現！一切不退轉菩薩摩訶薩復有所餘諸行、狀、相，知是不退轉
菩薩摩訶薩。吾當為汝分別解說，汝應諦聽，極善思惟！」

善現請言：「唯然！願說！我等大眾專意樂聞。」

(1)無諸世間等戲論事

佛言：

①「善現！一切不退轉菩薩摩訶薩修行般若波羅蜜多，通達諸法皆無所
有，常不遠離菩提作意，不樂觀察論說諸蘊、諸處、諸界。所以者何？
是菩薩摩訶薩於蘊、處、界性相空理，已善思惟、善通達故。

②「善現！是菩薩摩訶薩不樂觀察論說眾事。所以者何？是菩薩摩訶薩於
一切眾性相皆空，已善思惟、善通達故。」(但說度有情事，不應說世間
餘事，諸法畢竟空故，大小相不可得。)

(CBETA, T07, no. 220, p. 266, b$^{3-13}$)

sher phyin: v.027, pp. 835^{05}–836^{04} 《合論》：v.050, pp. 1573^{18}–1574^{10}

(38.2.10)於諸留難法，破除實執加行及隨加行處

卷449〈轉不轉品54〉：

③「善現！是菩薩摩訶薩不樂觀察論說賊事。所以者何？是菩薩摩訶薩住
自相空，不見少法有得有失與奪相故。」(CBETA, T07, no. 220, p. 266, b$^{16-18}$)

sher phyin:　v.027, pp. 836$^{04-07}$ 《合論》：v.050, pp. 1574$^{11-15}$

(38.2.11)於布施等菩提資糧破除實執加行及隨加行處

卷 449〈轉不轉品 54〉：

④「善現！是菩薩摩訶薩不樂觀察論說王事。所以者何？是菩薩摩訶薩住本性空，不見少法有勝有劣貴賤相故。」(CBETA, T07, no. 220, p. 266, b$^{13-16}$)

sher phyin:　v.027, pp. 836$^{10-13}$ 《合論》：v.050, pp. 1574$^{16-19}$

(38.2.12)聚落言所說等破除實執加行及隨加行處

卷 449〈轉不轉品 54〉：

⑤「善現！是菩薩摩訶薩不樂觀察論說軍事。所以者何？是菩薩摩訶薩住本性空，不見諸法有多有少聚散相故。

⑥「善現！是菩薩摩訶薩不樂觀察論說戰事。所以者何？是菩薩摩訶薩善住真如一切法空，不見少法有強有弱愛恚相故。

⑦「善現！是菩薩摩訶薩不樂觀察論說城邑事。何以故？是菩薩摩訶薩住虛空界空，不見少法有攝不攝好惡相故。

⑧「善現！是菩薩摩訶薩不樂觀察論說聚落事。所以者何？是菩薩摩訶薩住一切法空，不見少法有增有減合離相故。

⑨「善現！是菩薩摩訶薩不樂觀察論說國土事。所以者何？是菩薩摩訶薩安住實際，不見諸法有屬不屬此彼相故。

⑩「善現！是菩薩摩訶薩不樂觀察論說我、有情乃至知者、見者事。所以者何？是菩薩摩訶薩住畢竟空，都不見我乃至見者若有若無差別相故。

⑪「善現！是菩薩摩訶薩不樂觀察論說相好事。所以者何？是菩薩摩訶薩善住無相，不見諸法有好有醜差別相故。

⑫「善現！是菩薩摩訶薩不樂觀察論說世間如是等事，但樂觀察論說般若波羅蜜多。所以者何？甚深般若波羅蜜多遠離眾相，能證無上正等覺故。」

(CBETA, T07, no. 220, p. 266, b^{18}–c^{11})

sher phyin:　v.027, pp. 836$^{07-10}$; 836^{13}–837^{07}《合論》：v.050, pp. 1574^{20}–1575^{18}

(2)正行六度，離六蔽事

[道諦四相] (38.2.13)~(38.2.16)

(38.2.13)於慳吝、毀戒等，破除實執加行及隨加行處

卷 449〈轉不轉品 54〉：

「善現！是菩薩摩訶薩常不遠離一切智智相應作意，修行布施波羅蜜多離慳貪事，修行淨戒波羅蜜多離破戒事，修行安忍波羅蜜多離忿恚事，修行精進波羅蜜多離懈怠事，修行靜慮波羅蜜多離散動事，修行般若波羅蜜多離惡慧事。

(3)雖行法空而樂法、樂善友，讚三寶、法界功德

「善現！是菩薩摩訶薩雖行一切法空，而愛樂正法不愛非法，恒願饒益一切有情。

「善現！是菩薩摩訶薩雖行不可得空，而常稱讚三寶功德，利益安樂一切有情。

「善現！是菩薩摩訶薩雖行諸法真如法界一味之相，而樂稱讚真如法界種種功德。

「善現！是菩薩摩訶薩雖知諸法皆畢竟空，而愛善友不樂惡友。言善友者謂佛、菩薩。若諸聲聞、獨覺乘等，能善教化安立有情，令趣無上正等菩提，亦名善友。*13

(4)隨願生有佛處，為有情生欲界

「善現！是菩薩摩訶薩常樂親觀一切如來、應、正等覺，若聞如來、應、正等覺在餘世界現說正法，即以願力往生彼界，供養恭敬、尊重讚歎聽受正法。

「善現！是菩薩摩訶薩若晝若夜常不遠離念佛作意，常不遠離聞法作意；由此因緣，隨諸國土有佛世尊現說正法，即乘願力往彼受生，或乘神通往彼聽法。由是因緣，此諸菩薩生生之處常不離佛，恒聞正法無間無斷。

「善現！是菩薩摩訶薩常為利樂諸有情故，雖能現起初靜慮定乃至非想非非想處定；而巧方便起欲界心，教諸有情十善業道，亦隨願力現生欲界有佛國土，供養恭敬、尊重讚歎諸佛世尊，聽聞正法修諸勝行。善現！若菩薩摩訶薩成就如是諸行、狀、相，知是不退轉菩薩摩訶薩。」(雖離欲得禪定，但不受色無色界報，為有情生欲界有佛處。)

(CBETA, T07, no. 220, p. 266, c^{11}–p. 267, a^{12})

sher phyin: v.027, pp. 837^{07}–838^{15} 《合論》: v.050, pp. 1575^{19}–1577^{07}

(5)於自所證心不疑惑

①於自所證心不疑，不見少法於無上菩提有轉無轉

(38.2.14)所證之道及菩提果法，於勝義中無微塵許可得

卷449〈轉不轉品54〉：

「復次，善現！一切不退轉菩薩摩訶薩常修布施乃至般若波羅蜜多，常行內空乃至無性自性空，常行真如乃至不思議界，常行苦、集、滅、道聖諦，常修四念住乃至八聖道支，常修四靜慮、四無量、四無色定，常修八解脫、八勝處、九次第定、十遍處，常修空、無相、無願解脫門，常修五眼、六神通，常修一切陀羅尼門、三摩地門，常修佛十力乃至十八佛不共法，常修無忘失法、恒住捨性，常修一切智、道相智、一切相智，常修一切菩薩摩訶薩行，常求無上正等菩提。

「善現！是菩薩摩訶薩常於自地不起疑惑，不作是念：『我是不退轉，我非不退轉。』所以者何？是菩薩摩訶薩不見少法可於無上正等菩提說有退轉，說無退轉。

「善現！是菩薩摩訶薩於自地法無惑無疑。所以者何？是菩薩摩訶薩於自地法，已善了知、善通達故。

②舉預流果等喻

「善現！如預流者住預流果，於自果法無惑無疑；一來、不還、阿羅漢、獨覺及諸如來、應、正等覺各住自果，於自果法亦無惑無疑。是菩薩摩訶薩亦復如是，於自所住不退轉地所攝諸法，現知現見，無惑無疑。

「善現！是菩薩摩訶薩住此地中，成熟有情、嚴淨佛土修諸功德，有魔事起即能覺知，不隨魔事勢力而轉，善能摧伏種種魔事，令不障礙所修功德。

③舉無間業喻

「善現！如有造作無間業者，彼無間心恒常隨逐，乃至命終亦不能捨。何以故？善現！彼能等起無間業纏增上勢力恒常隨轉，乃至命盡亦不能伏，設有餘心不能遮礙。是菩薩摩訶薩亦復如是，安住自地其心不動，無所分別，世間天、人、阿素洛等皆不能轉。*14

5.不退轉菩薩所行之事

(1)嚴土熟生，親近諸佛請問法義

何以故？善現！是菩薩摩訶薩其心堅固，超諸世間天、人、魔、梵、阿素

洛等，已入菩薩正性離生住不退地，已得菩薩殊勝神通，成熟有情、嚴淨佛土，從一佛國至一佛國，供養恭敬、尊重讚歎諸佛世尊及佛弟子，聽聞正法於諸佛所種諸善根，請問菩薩所學法義。

(2)諸魔事起，覺而不隨

「善現！是菩薩摩訶薩安住自地，修行般若波羅蜜多及餘善法，有魔事起即能覺知，終不隨順魔事，而轉方便善巧集諸魔事，置實際中方便除滅，於自地法無惑無疑。所以者何？是菩薩摩訶薩知一切法皆入實際，通達實際非一非多，於實際中無所分別，以於實際無惑無疑，於自地法亦無猶豫。(一切法與實際同一相，所謂無相。)

(3)若轉受生，亦不向二乘地

「善現！是菩薩摩訶薩設轉受生，亦於實際無復退轉，終不發起趣向聲聞、獨覺地心。所以者何？是菩薩摩訶薩達一切法自相皆空，於此空中不見有法若生若滅、若染若淨。」(初得不退轉時，知一切法實相空，若轉受生亦不向二乘地。)

(CBETA, T07, no. 220, p. 267, a^{12}–b^{29})

sher phyin: v.027, pp. 838^{16}–841^{14} 《合論》：v.050, pp. 1577^{08}–1579^{20}

(4)成就不動慧，世無能壞

(38.2.15)自安住一切智等三地中雖魔破壞，然於自所住之地決定無疑

卷449〈轉不轉品54〉：

「善現！是菩薩摩訶薩乃至轉身，亦不疑我當得無上正等菩提為不當得。何以故？是菩薩摩訶薩達一切法皆自相空，即是無上正等菩提。

「善現！是菩薩摩訶薩安住自地不隨他緣，於自地法無能壞者。何以故？是菩薩摩訶薩成就無動無退轉智，一切惡緣不能傾動。

①魔現佛身勸證阿羅漢果，亦心無轉變

「善現！是菩薩摩訶薩，設有惡魔作佛形像來至其所，作如是言：『汝今應求阿羅漢果，永盡諸漏證般涅槃。汝未堪受大菩提記，亦未證得無生法忍，汝今未有不退轉地諸行、狀、相，如來不應授汝無上大菩提記，要有具足不退轉地諸行、狀、相，乃可蒙佛授與無上大菩提記。』

「善現！是菩薩摩訶薩聞彼語已心無轉變，不驚不怖，不退不沒，是菩薩摩訶薩應自證知：『我於過去佛世尊所，必已受得大菩提記。何以故？菩薩成就如是勝法，定蒙如來、應、正等覺授菩提記。我已成就如是勝法，云何如來、應、正等覺不授我記？故我過去於諸佛所，定

已受得大菩提記。』」

(CBETA, T07, no. 220, p. 267, b^{29}–c^{19})

sher phyin: v.027, pp. 841^{14}–842^{21} 《合論》: v.050, pp. 1579^{21}–1581^{12}

②魔現佛身授二乘記，心不為所擾

(38.2.16)為求一切相智等正法故能捨身命

卷449〈轉不轉品54〉：

「善現！是菩薩摩訶薩，設有惡魔或魔使者作佛形像，來授菩薩聲聞地記，或授菩薩獨覺地記，謂菩薩言：『汝善男子何用無上正等菩提，生死輪迴久受大苦？宜自速證無餘涅槃，永離生死畢竟安樂！』

「善現！是菩薩摩訶薩聞彼語已，作是念言：『此定惡魔或魔使者詐現佛像擾亂我心，授我聲聞、獨覺地記，令退無上正等菩提。所以者何？定無諸佛教諸菩薩趣向聲聞或獨覺地，棄捨無上正等菩提。』

③魔謗所學非佛說，心不為所擾

「善現！是菩薩摩訶薩，設有惡魔或魔使者詐現佛像語菩薩言：『汝所受持大乘經典非佛所說，亦非如來弟子所說，是諸惡魔或諸外道為誑惑汝作如是說，汝今不應受持、讀誦。』是菩薩摩訶薩聞彼語已，作是念言：『此定惡魔或魔眷屬，令我厭捨所求無上正等菩提故，說大乘甚深經典非佛所說，亦非如來弟子所說。所以者何？離此經典能得無上正等菩提，定無是處。』

「善現！是菩薩摩訶薩當知已住不退轉地，過去諸佛久已授彼大菩提記。何以故？是菩薩摩訶薩具足成就不退轉地諸行、狀、相，若諸菩薩成就如是諸行、狀、相，當知已受大菩提記，必已安住不退轉地。善現！若菩薩摩訶薩成就如是諸行、狀、相，知是不退轉菩薩摩訶薩。

(5)護持佛法，不惜身命

「復次，善現！一切不退轉菩薩摩訶薩行甚深般若波羅蜜多時，攝受正法，護持正法，不惜身命，況餘親財！是菩薩摩訶薩常作是念：『我寧棄捨親友、珍財及自身命，終不棄捨諸佛正法。何以故？親友、珍財及自身命，生生恒有甚為易得，諸佛正法百千俱胝那庾多劫乃得一遇，遇已長夜獲大利樂，故我定應精勤守護。』善現！是菩薩摩訶薩護正法時應作是念：『我不為護一佛、二佛乃至百千諸佛正法，普為護持十方三世諸佛正法，令不虧損。』」

時，具壽善現白佛言：

「世尊！何等名為諸佛正法？是菩薩摩訶薩云何護持不惜身命？」

佛告善現：

「一切如來、應、正等覺所覺所說一切法空，如是名為諸佛正法。有愚癡類誹謗毀呰，言此非法、非毘奈耶，非天人師所說聖教，修行此法不得無上正等菩提，不證涅槃究竟安樂。善現！是菩薩摩訶薩護持此法不惜身命，恒作是念：『諸佛所說一切法空是諸有情所歸依處，菩薩修學速證無上正等菩提，拔諸有情生老病死，令得究竟安樂涅槃，故應護持不惜身命。』又作是念：『我亦墮在未來佛數，佛已授我大菩提記，由此因緣，諸佛正法即是我法，我應護持不惜身命，我未來世得作佛時，亦為有情當說如是諸法空故。』善現！是菩薩摩訶薩見此義利，護持如來所說正法，不惜身命，乃至無上正等菩提，常無懈廢。善現！若菩薩摩訶薩成就如是諸行、狀、相，知是不退轉菩薩摩訶薩。」

(6)得陀羅尼，聞法不失

「復次，善現！一切不退轉菩薩摩訶薩聞諸如來、應、正等覺所說正法無惑無疑，聞已受持常不忘失，乃至無上正等菩提。何以故？是菩薩摩訶薩已善證得陀羅尼故。」

爾時，善現白言：

「世尊！是菩薩摩訶薩已得何等陀羅尼故，聞諸如來、應、正等覺所說正法無惑無疑，聞已受持常不忘失？」

佛言：

「善現！是菩薩摩訶薩已得無盡藏陀羅尼、海印陀羅尼、蓮花眾藏陀羅尼等故，聞諸如來、應、正等覺所說正法無惑無疑，聞已受持常不忘失。」
*15

具壽善現復白佛言：

「是菩薩摩訶薩但聞如來、應、正等覺所說正法無惑無疑，聞已受持常不忘失，為聞菩薩、獨覺、聲聞、天、龍、藥叉、阿素洛等所說正法，亦能於彼無惑無疑，聞已受持常不忘失？」

佛言：

「善現！是菩薩摩訶薩普聞一切有情言音文字義趣，悉能解了無惑無疑，窮未來際常不忘失。所以者何？是菩薩摩訶薩已得無盡藏陀羅尼等，任持所說令不忘故。善現！若菩薩摩訶薩成就如是諸行、狀、相，知是不退轉菩薩摩訶薩。」

6.不退轉菩薩自行功德無邊
(1)因行

第二分甚深義品第五十五之一

爾時，具壽善現白佛言：

「世尊！如是不退轉菩薩摩訶薩，成就廣大無量無數、無有邊際、不可思議殊勝功德。」

①住無量無邊智中得四無礙解

佛言：

「善現！如是！如是！如汝所說。如是不退轉菩薩摩訶薩成就廣大無量無數、無有邊際、不可思議殊勝功德。所以者何？善現！是菩薩摩訶薩已得殊勝無量無邊不共聲聞及獨覺智，是菩薩摩訶薩住此智中引發殊勝四無礙解。由此殊勝四無礙解，世間天、人、阿素洛等無能問難，令此菩薩智慧辯才至窮盡者。」」(CBETA, T07, no. 220, p. 267, c^{19}–p. 268, c^{13})

sher phyin:　v.027, pp. 842^{21}–847^{18}　《合論》: v.050, pp. 1581^{13}–1586^{03}

②善說甚深義令修

38.3 廣釋大乘修道
(38.3.1)證甚深空性等之慧故

大乘修道甚深，是證甚深空性等之慧故。

卷 449〈甚深義品 55〉：「爾時，善現復白佛言：

「世尊！能如殑伽沙劫宣說不退轉菩薩摩訶薩諸行、狀、相，由佛所說諸行、狀、相顯示不退轉菩薩摩訶薩成就無邊殊勝功德。唯願如來、應、正等覺，復為菩薩摩訶薩眾說甚深義，令諸菩薩摩訶薩眾安住其中，能修布施乃至般若波羅蜜多令速圓滿，能住內空乃至無性自性空令速圓滿，能住真如乃至不思議界令速圓滿，能住苦、集、滅、道聖諦令速圓滿，能修四念住乃至八聖道支令速圓滿，能修四靜慮、四無量、四無色定令速圓滿，能修八解脫、八勝處、九次第定、十遍處令速圓滿，能修空、無相、無願解脫門令速圓滿，能修陀羅尼門、三摩地門令速圓滿，能修極喜地乃至法雲地令速圓滿，能修五眼、六神通令速圓滿，能修佛十力乃至十八佛不共法令速圓滿，能修三十二大士相、八十隨好令速圓滿，能修無忘失法、恒住捨性令速圓滿，能修一切智、道相智、一切相智令速圓滿。」

(CBETA, T07, no. 220, p. 268, c^{13}–p. 269, a^{2})

sher phyin: v.027, pp. 847^{18}–848^{18} 《合論》: v.050, pp. 1586^{04}–1587^{06}

❶約空乃至涅槃等明甚深義

(38.3.2)離增益損減二邊之法界故

空性甚深，是離增益損減二邊之法界故。

卷 449〈甚深義品 55〉：

「佛告善現：「善哉！善哉！汝今乃能為諸菩薩摩訶薩眾請問如來、
應、正等覺甚深義處，令諸菩薩摩訶薩眾安住其中，修住功德令速
圓滿。善現當知！甚深義處，謂空、無相、無願、無作、無生、無
滅、寂靜、涅槃、真如、法界、法性、實際，如是等名甚深義處。
善現當知！如是所說甚深義處種種增語，皆顯涅槃為甚深義。」*16

❷約正觀一切法真如明甚深義

1.一切法如甚深故一切法甚深

爾時，善現復白佛言：「為但涅槃名甚深義，為諸餘法亦名甚深？」

佛告善現：

「餘一切法亦名甚深。何以故？善現！色亦名甚深，受、想、行、
識亦名甚深，眼處乃至意處亦名甚深，色處乃至法處亦名甚深，
眼界乃至意界亦名甚深，色界乃至法界亦名甚深，眼識界乃至意
識界亦名甚深，眼觸乃至意觸亦名甚深，眼觸為緣所生諸受乃至
意觸為緣所生諸受亦名甚深，地界乃至識界亦名甚深，無明乃至
老死亦名甚深，布施波羅蜜多乃至般若波羅蜜多亦名甚深，苦、
集、滅、道聖諦亦名甚深，四念住乃至八聖道支亦名甚深，四靜
慮、四無量、四無色定亦名甚深，八解脫、八勝處、九次第定、
十遍處亦名甚深，空、無相、無願解脫門亦名甚深，陀羅尼門、
三摩地門亦名甚深，三乘菩薩所行十地亦名甚深，五眼、六神通
亦名甚深，如來十力乃至十八佛不共法亦名甚深，三十二大士
相、八十隨好亦名甚深，無忘失法、恒住捨性亦名甚深，預流果
乃至獨覺菩提亦名甚深，一切智、道相智、一切相智亦名甚深，
一切菩薩摩訶薩行、諸佛無上正等菩提亦名甚深。」

(CBETA, T07, no. 220, p. 269, a^2–b^1)

卷 450〈甚深義品 55〉：第二分甚深義品第五十五之二

爾時，具壽善現復白佛言：

「世尊！云何色亦名甚深？云何受、想、行、識亦名甚深？如是乃

至云何一切菩薩摩訶薩行亦名甚深？云何諸佛無上正等菩提亦名甚深？」

佛告善現：

「色真如甚深故，色亦名甚深，受、想、行、識真如甚深故，受、想、行、識亦名甚深，如是乃至一切菩薩摩訶薩行真如甚深故，一切菩薩摩訶薩行亦名甚深，諸佛無上正等菩提真如甚深故，諸佛無上正等菩提亦名甚深。」*16　(CBETA, T07, no. 220, p. 269, b⁹⁻¹⁸)

sher phyin:　v.027, pp. 848¹⁸–851¹³ 《合論》: v.050, pp. 1587⁰⁷–1590⁰³

2.真如不即不離一切法，故真如甚深

(38.3.3)於所見義三智行相思惟稱量審察常相續轉

卷450〈甚深義品55〉：爾時，善現復白佛言：

「云何色真如甚深？云何受、想、行、識真如甚深？如是乃至云何一切菩薩摩訶薩行真如甚深？云何諸佛無上正等菩提真如甚深？」

佛告善現：

「色真如非即色非離色，是故甚深；受、想、行、識真如非即受、想、行、識非離受、想、行、識，是故甚深；如是乃至一切菩薩摩訶薩行真如非即一切菩薩摩訶薩行，非離一切菩薩摩訶薩行，是故甚深；諸佛無上正等菩提真如非即諸佛無上正等菩提，非離諸佛無上正等菩提，是故甚深。」*16

❸所顯利益

1.佛方便力遮遣一切法顯示涅槃

具壽善現復白佛言：

「如來甚奇微妙方便！為不退轉地菩薩摩訶薩遮遣諸色顯示涅槃，遮遣受、想、行、識顯示涅槃，如是乃至遮遣一切菩薩摩訶薩行顯示涅槃，遮遣諸佛無上正等菩提顯示涅槃。世尊甚奇微妙方便！為不退轉地菩薩摩訶薩遮遣一切若色若非色、若有見若無見、若有對若無對、若世間若出世間、若共若不共、若有漏若無漏、若有為若無為法顯示涅槃。」

佛告善現：

「如是！如是！如汝所說。如來甚奇微妙方便，為不退轉地菩薩摩訶薩遮遣諸色顯示涅槃，遮遣受、想、行、識顯示涅槃。乃至世尊甚奇微妙方便，為不退轉地菩薩摩訶薩遮遣一切若色若非色、

若有見若無見、若有對若無對、若世間若出世間、若共若不共、若有漏若無漏、若有為若無為法顯示涅槃。*17

2.於諸甚深處依止般若相應作意

「復次，善現！諸菩薩摩訶薩應於如是諸甚深處，依止般若波羅蜜多相應理趣，審諦思惟、稱量觀察，應作是念：『我今應如甚深般若波羅蜜多所教而住，我今應如甚深般若波羅蜜多所說而學。』善現！若菩薩摩訶薩能於如是諸甚深處，依止般若波羅蜜多相應理趣，審諦思惟、稱量觀察，如深般若波羅蜜多所教而住，如深般若波羅蜜多所說而學。是菩薩摩訶薩由能如是精勤修學，依深般若波羅蜜多起一念心，尚能攝取無數無量無邊善根，超無量劫生死流轉，疾證無上正等菩提，況能無間常修般若波羅蜜多，恒住菩提相應作意！

3.一念心譬喻

善現！如多欲人與端嚴女更相愛染共為期契，彼女限礙不獲赴期，此人欲心熾盛流注。善現！於意云何？其人欲念於何處轉？」

「世尊！此人欲念於女處轉，謂作是念：『彼何當來共會於此歡娛戲樂？』」

「善現！於意云何？其人晝夜幾欲心生？」

「世尊！是人晝夜欲念甚多。」

4.依止般若而行功德勝於餘功德

佛告善現：

「若菩薩摩訶薩依深般若波羅蜜多起一念心，如深般若波羅蜜多所說而學，所超生死流轉劫數，與多欲人經一晝夜所起欲念其數量等。善現！是菩薩摩訶薩隨依般若波羅蜜多所說義趣思惟修學，隨能解脫能礙無上正等菩提所有過罪，是故菩薩依深般若波羅蜜多精勤修學疾證無上正等菩提。

善現！若菩薩摩訶薩如深般若波羅蜜多所說而住，經一晝夜所獲功德，若此功德有形量者，殑伽沙等三千大千諸佛世界不能容受。假使充滿如殑伽沙三千大千佛之世界諸餘功德比此功德，百分不及一，千分不及一，百千分不及一，乃至鄔波尼殺曇分亦不及一。」*17

(CBETA, T07, no. 220, p. 269, b[18]–p. 270, a[17])

sher phyin:　v.027, pp. 851[13]–855[21]　《合論》：v.050, pp. 1590[04]–1594[20]

③功德較量顯殊勝

(38.3.4)大乘修道相

❶般若中行，勝離般若供養三寶及諸聖眾

1.離般若供養三寶

(I)所對治上上品

卷 450〈甚深義品 55〉：

「復次，善現！若菩薩摩訶薩遠離般若波羅蜜多，設經殑伽沙數大
劫，布施供養佛、法、僧寶，善現！於意云何？是菩薩摩訶薩由
此因緣得福多不？」

善現對曰：「甚多！世尊！其福無數無量無邊。」

(CBETA, T07, no. 220, p. 270, a$^{17-21}$)

sher phyin: v.027, pp. 856$^{01-08}$ 《合論》：v.050, pp. 1594^{21}–1595^{07}

(II)對治下下品

卷 450〈甚深義品 55〉：

「佛告善現：「若菩薩摩訶薩依深般若波羅蜜多，經一晝夜如說而
學，所獲功德甚多於彼。所以者何？善現！甚深般若波羅蜜多是
諸菩薩摩訶薩眾所乘之道，諸菩薩摩訶薩乘此道故，疾至無上正
等菩提。」

(CBETA, T07, no. 220, p. 270, a$^{21-26}$)

sher phyin: v.027, pp. 856$^{08-14}$ 《合論》：v.050, pp. 1595$^{08-14}$

2.離般若供養眾聖

(III)所對治上中品

卷 450〈甚深義品 55〉：

「復次，善現！若菩薩摩訶薩遠離般若波羅蜜多，設經殑伽沙數大
劫，布施供養預流、一來、不還、阿羅漢、獨覺、菩薩及諸如來
應正等覺，善現！於意云何？是菩薩摩訶薩由此因緣得福多
不？」

善現對曰：「甚多！世尊！其福無數無量無邊。」

(CBETA, T07, no. 220, p. 270, a^{26}–b^2)

sher phyin: v.027, pp. 856^{15}–857^{03} 《合論》：v.051, p. 3$^{02-10}$

(IV)對治下中品

卷 450〈甚深義品 55〉：佛告善現：

「若菩薩摩訶薩依深般若波羅蜜多，經一晝夜如說而學，所獲功德甚多於彼。所以者何？善現！諸菩薩摩訶薩行深般若波羅蜜多，超諸聲聞及獨覺地，速入菩薩正性離生，復漸修行諸菩薩行，速證無上正等菩提。」

(CBETA, T07, no. 220, p. 270, b$^{2-7}$)

sher phyin:　v.027, p. 857$^{03-10}$　《合論》：v.051, pp. 3^{11}–4^{07}

❷住般若行六度，勝離般若行六度

(V)所對治上下品

卷 450〈甚深義品 55〉：

「復次，善現！若菩薩摩訶薩遠離般若波羅蜜多，設經殑伽沙數大劫，精勤修學布施、淨戒、安忍、精進、靜慮、般若。善現！於意云何？是菩薩摩訶薩由此因緣得福多不？」

善現對曰：「甚多！世尊！其福無數無量無邊。」

(CBETA, T07, no. 220, p. 270, b$^{7-12}$)

sher phyin:　v.027, p. 857$^{10-15}$　《合論》：v.051, p. 4$^{08-14}$

(VI)對治下上品

卷 450〈甚深義品 55〉：佛告善現：

「若菩薩摩訶薩依深般若波羅蜜多所說而住，經一晝夜精勤修學布施、淨戒、安忍、精進、靜慮、般若，所獲功德甚多於彼。所以者何？善現！甚深般若波羅蜜多是諸菩薩摩訶薩母。何以故？甚深般若波羅蜜多能生菩薩摩訶薩眾，一切菩薩摩訶薩眾依深般若波羅蜜多，速能圓滿諸佛法故。」

(CBETA, T07, no. 220, p. 270, b$^{12-19}$)

sher phyin:　v.027, pp. 857^{16}–858^{06}　《合論》：v.051, pp. 4^{15}–5^{06}

❸住般若行法施，勝離般若行法施

(VII)所對治中上品

卷 450〈甚深義品 55〉：

「復次，善現！若菩薩摩訶薩遠離般若波羅蜜多，設經殑伽沙數大劫，以法布施一切有情。善現！於意云何？是菩薩摩訶薩由此因緣得福多不？」

善現對曰：「甚多！世尊！其福無數無量無邊。」

(CBETA, T07, no. 220, p. 270, b$^{19-23}$)

sher phyin:　v.027, pp. 858$^{06-10}$　《合論》：v.051, pp. 5$^{07-12}$

(VIII)對治中下品

卷 450〈甚深義品 55〉：佛告善現：

「若菩薩摩訶薩依深般若波羅蜜多所說而住，經一晝夜以法布施一切
有情，所獲功德甚多於彼。所以者何？善現！若菩薩摩訶薩遠離般
若波羅蜜多，則為遠離一切智智。若菩薩摩訶薩不離般若波羅蜜
多，則為不離一切智智。是故，善現！若菩薩摩訶薩欲得無上正等
菩提，常應不離甚深般若波羅蜜多。」(CBETA, T07, no. 220, p. 270, b²³–c¹)

sher phyin: v.027, pp. 858¹⁰⁻²¹ 《合論》：v.051, pp. 5¹³–6⁰³

❹住般若行三乘道，勝離般若行三乘道

(IX)所對治中中品

卷 450〈甚深義品 55〉：

「復次，善現！若菩薩摩訶薩遠離般若波羅蜜多，設經殑伽沙數大
劫，修行布施波羅蜜多乃至般若波羅蜜多，安住內空乃至無性自性
空，安住真如乃至不思議界，安住苦、集、滅、道聖諦，修行四念
住乃至八聖道支，修行四靜慮、四無量、四無色定，修行八解脫、
八勝處、九次第定、十遍處，修行空、無相、無願解脫門，修行極
喜地乃至法雲地，修行一切陀羅尼門、三摩地門，修行五眼、六神
通，修行佛十力乃至十八佛不共法，修行無忘失法、恒住捨性，修
行一切智、道相智、一切相智。善現！於意云何？是菩薩摩訶薩由
此因緣得福多不？」

善現對曰：「甚多！世尊！其福無數無量無邊。」

(CBETA, T07, no. 220, p. 270, c¹⁻¹⁴)

sher phyin: v.027, pp. 858²¹–859¹¹ 《合論》：v.051, p. 6⁰⁴⁻¹⁶

(X)對治中中品

卷 450〈甚深義品 55〉：佛告善現：

「若菩薩摩訶薩依深般若波羅蜜多所說而住，經一晝夜修行布施波羅
蜜多乃至修行一切相智，所獲功德甚多於彼。所以者何？善現！若
菩薩摩訶薩不遠離般若波羅蜜多，於一切智智而有退轉無有是處。
若菩薩摩訶薩遠離般若波羅蜜多，於一切智智而有退轉斯有是處。
是故，善現！若菩薩摩訶薩欲得無上正等菩提，常應不離甚深般若
波羅蜜多。」

(CBETA, T07, no. 220, p. 270, c¹⁴⁻²²)

sher phyin: v.027, pp. 859¹¹–860⁰⁷ 《合論》：v.051, pp. 6¹⁷–7¹⁵

❺相應般若行迴向，勝離般若迴向

(XI)所對治中下品

卷 450〈甚深義品 55〉：

「復次，善現！若菩薩摩訶薩遠離般若波羅蜜多，設經殑伽沙數大劫，修行種種財施、法施，住空閑處繫念思惟，先所修福與一切有情平等共有迴向無上正等菩提。善現！於意云何？是菩薩摩訶薩由此因緣得福多不？」

善現對曰：「甚多！世尊！其福無數無量無邊。」

(CBETA, T07, no. 220, p. 270, c$^{22-28}$)

sher phyin:　v.027, p. 860$^{07-14}$《合論》：v.051, pp. 7^{16}–8^{02}

(XII)對治中上品

卷 450〈甚深義品 55〉：佛告善現：

「若菩薩摩訶薩依深般若波羅蜜多所說而住，經一晝夜修行種種財施、法施，住空閑處繫念思惟，先所修福與一切有情平等共有迴向無上正等菩提，所獲功德甚多於彼。所以者何？善現！依深般若波羅蜜多所起迴向，當知是為最勝迴向，遠離般若波羅蜜多所起迴向，當知是為下劣迴向。何以故？善現！甚深般若波羅蜜多能與一切菩提分法為導首故。是故，善現！若菩薩摩訶薩欲得無上正等菩提，常應不離甚深般若波羅蜜多，以所修行種種功德與諸有情平等共有迴向無上正等菩提。」

(CBETA, T07, no. 220, p. 270, c^{28}–p. 271, a^{11})

sher phyin:　v.027, pp. 860^{14}–861^{05}《合論》：v.051, pp. 8$^{03-15}$

❻相應般若隨喜迴向，勝離般若隨喜迴向

(XIII)所對治下上品

卷 450〈甚深義品 55〉：

「復次，善現！若菩薩摩訶薩遠離般若波羅蜜多，設經殑伽沙數大劫，普緣過去未來現在一切如來、應、正等覺，及諸弟子功德善根和合隨喜，與諸有情平等共有迴向無上正等菩提，善現！於意云何？是菩薩摩訶薩由此因緣得福多不？」

善現對曰：「甚多！世尊！其福無數無量無邊。」

(CBETA, T07, no. 220, p. 271, a$^{11-17}$)

sher phyin:　v.027, pp. 861$^{05-12}$《合論》：v.051, pp. 8^{16}–9^{03}

(XIV)對治上下品

卷450〈甚深義品55〉：佛告善現：

「若菩薩摩訶薩依深般若波羅蜜多所說而住，經一晝夜普緣過去未來現在一切如來、應、正等覺，及諸弟子功德善根和合隨喜，與諸有情平等共有迴向無上正等菩提，所獲功德甚多於彼。所以者何？善現！一切隨喜迴向功德善根皆以甚深般若波羅蜜多而為上首。是故，善現！若菩薩摩訶薩欲得無上正等菩提，常應不離甚深般若波羅蜜多，於諸善根隨喜迴向所求無上正等菩提。」

(CBETA, T07, no. 220, p. 271, a^{17-26})

sher phyin: v.027, p. 861^{12-21} 《合論》：v.051, p. 9^{04-13}

④得殊勝福德之因緣*18

❶能知諸有為法虛誑不實

(XV)所對治下中品

卷450〈甚深義品55〉：

「爾時，具壽善現白佛言：「世尊！如佛所說，諸行皆是分別所作，從妄想生都非實有。以何因緣是諸菩薩摩訶薩等行財施等獲福無數無量無邊？世尊！分別所作財施等福應不能起真實正見，不能趣入正性離生，不能得預流果、或一來果、或不還果、或阿羅漢果、或獨覺菩提，亦不能得所求無上正等菩提。」

(CBETA, T07, no. 220, p. 271, a^{27}-b^4)

sher phyin: v.027, pp. 861^{21}-862^{09} 《合論》：v.051, pp. 9^{14}-10^{01}

❷善學十八空，通達諸法空性

(XVI)對治上中品

卷450〈甚深義品55〉：「佛言善現：

「如是！如是！如汝所說。諸行皆是分別所作，從妄想生都非實有，分別所作財施等福不能發起真實正見，不能趣入正性離生，不能得預流果乃至不能得無上正等菩提。善現！諸菩薩摩訶薩行深般若波羅蜜多，知一切種分別所作財施等法空無所有，虛妄不實。所以者何？善現！我說一切分別所作財施等法無不皆空，性相非有，是虛妄非堅實。何以故？善現！諸菩薩摩訶薩善學內空乃至善學無性自性空，如佛所說而通達故。」

(CBETA, T07, no. 220, p. 271, b^{4-15})

sher phyin: v.027, p. 862^{09-20} 《合論》：v.051, p. 10^{02-14}

❸常不遠離般若,漸得無數無量無邊福德,能證無上菩提

(XVII)所對治下下品—對治上上品

卷 450〈甚深義品 55〉:

「善現!是菩薩摩訶薩 1.安住空已,如如觀察分別所作財施等福空無所有,虛妄不實,如是如是能不遠離甚深般若波羅蜜多。2.如如不離甚深般若波羅蜜多,如是如是獲福無數無量無邊,3.由此因緣起實正見,亦能趣入正性離生乃至能證所求無上正等菩提。」

(CBETA, T07, no. 220, p. 271, b$^{15-20}$)

sher phyin: v.027, pp. 862^{21}–863^{05} 《合論》: v.051, pp. 10^{15}–11^{02}

⑤佛以方便說諸法實相

❶無量無數無邊義

(38.3.5)世俗修道九品決定

卷 450〈甚深義品 55〉:爾時,善現復白佛言:

「所說無數、無量、無邊有何差別?」

佛告善現:

「言無數者,數不可得,不可數在有為界中,不可數在無為界中。言無量者,量不可得,不可量在過去法中,不可量在未來法中,不可量在現在法中。言無邊者,邊不可得,不可測度彼邊際故。」

❷以空故說五蘊無數無量無邊

具壽善現白言:

「世尊!頗有因緣,色亦說無數無量無邊,受、想、行、識亦說無數無量無邊不?」

佛告善現:

「有因緣故,色亦說無數無量無邊,受、想、行、識亦說無數無量無邊。」

爾時,善現復白佛言:

「何因緣故,色亦說無數無量無邊,受、想、行、識亦說無數無量無邊?」

佛告善現:

「色自性空故亦說無數無量無邊,受、想、行、識自性空故亦說無數無量無邊。」

❸一切法皆自性空

1.正明法空

具壽善現復白佛言：

「為但色自性空，受、想、行、識自性空，為一切法亦皆自性空耶？」

佛告善現：「我先豈不說一切法皆自性空？」

善現對曰：

「佛雖常說一切法皆自性空，而我亦已了，而諸有情不知、見、覺，
故我今者復作是問。世尊！一切法自性空即是無盡，亦是無數，
亦是無量，亦是無邊。世尊！一切法自性空中，盡不可得、數不
可得、量不可得，邊不可得，由此因緣無盡無數無量無邊，若義
若文俱無差別。」

2.空雖不可說，佛以種種異名方便說

佛告善現：

「如是！如是！如汝所說。無盡無數無量無邊，若義若文俱無差
別，皆共顯了諸法空故。善現！一切法空皆不可說，如來方便說
為無盡，或說無數，或說無量，或說無邊，或說為空，或說無相，
或說無願，或說無作，或說無生，或說無滅，或說離染，或說寂
滅，或說涅槃，或說真如，或說實際。如是等義皆是如來方便演
說。」*19

(CBETA, T07, no. 220, p. 271, b^{21}–c^{22})

sher phyin: v.027, pp. 863^{06}-865^{04} 《合論》: v.051, pp. 11^{03}-13^{04}

(2)得菩提果

①就不增不減義明得菩提果

❶一切法空不可說，即是不增不減義

(38.3.6)勝義不可說性中不可有增減

卷450〈甚深義品55〉：爾時，善現復白佛言：

「世尊！甚奇方便善巧諸法實相不可宣說，而為有情方便顯示。世
尊！如我解佛所說義者，一切法性皆不可說。」

佛告善現：

「如是！如是！一切法性皆不可說。何以故？一切法性皆畢竟空，無
能宣說畢竟空者。」

具壽善現復白佛言：「不可說義有增減不？」

佛告善現：「不可說義無增無減。」

❷法雖無增減，而菩薩以方便力能得無上菩提

1.諸法無增無減無所有

爾時，善現復白佛言：

「若不可說義無增無減者，則布施波羅蜜多乃至般若波羅蜜多亦應無增無減，四念住乃至八聖道支亦應無增無減，四靜慮、四無量、四無色定亦應無增無減，八解脫、八勝處、九次第定、十遍處亦應無增無減，空、無相、無願解脫門亦應無增無減，極喜地乃至法雲地亦應無增無減，陀羅尼門、三摩地門亦應無增無減，五眼、六神通亦應無增無減，如來十力乃至十八佛不共法亦應無增無減，無忘失法、恒住捨性亦應無增無減，一切智、道相智、一切相智亦應無增無減。世尊！若六波羅蜜多無增無減，乃至一切智、道相智、一切相智亦無增無減；則應六波羅蜜多無所有，乃至一切智、道相智、一切相智亦無所有。

2.諸法無所有，云何修證無上菩提？

(38.3.7)釋難不可得中不應有治斷

若六波羅蜜多無所有乃至一切智、道相智、一切相智亦無所有，云何菩薩摩訶薩修行六波羅蜜多乃至一切智、道相智、一切相智，證得無上正等菩提？」(CBETA, T07, no. 220, p. 271, c^{22}–p. 272, a^{17})

sher phyin: v.027, pp. 865^{04}–866^{19} 《合論》: v.051, pp. 13^{05}–15^{03}

3.行六度時以方便力不取法相，而如無上菩提正迴向

卷450〈甚深義品55〉：

「佛告善現：『如是！如是！不可說義無增無減，六波羅蜜多亦無增無減，乃至一切智、道相智、一切相智亦無增無減。不可說義無所有，六波羅蜜多亦無所有，乃至一切智、道相智、一切相智亦無所有。善現！諸菩薩摩訶薩修行般若波羅蜜多，安住般若波羅蜜多方便善巧，不作是念：『我於般若波羅蜜多乃至布施波羅蜜多若增若減。』但作是念：『唯有名想謂為般若波羅蜜多乃至布施波羅蜜多。』善現！是菩薩摩訶薩修行布施波羅蜜多時，持此布施波羅蜜多俱行作意，并依此起心及善根，與諸有情平等共有迴向無上正等菩提，如佛無上正等菩提微妙甚深而起迴向。如是乃至修行般若波羅蜜多時，持此般若波羅蜜多俱行作意，并依此起心及善根，與諸有情平等共有迴向無上正等菩提，如佛無上正等菩提微妙甚深而起迴向，由此迴向巧方便力證得無上正等菩提。」(法雖無增減，而可得無上道。)

(CBETA, T07, no. 220, p. 272, a^{17}–b^{6})

sher phyin:　v.027, pp. 866^19–867^15　《合論》：v.051, pp. 15^04–15^21

4.不離般若，常觀諸法如無增無減，得無上菩提

卷450〈甚深義品55〉：爾時，具壽善現白佛言：

「世尊！何謂無上正等菩提？」

佛告善現：「一切法真如是謂無上正等菩提。」

爾時，善現復白佛言：

「何謂一切法真如，而說一切法真如是謂無上正等菩提？」

佛告善現：

「諸色真如、受、想、行、識真如是謂無上正等菩提，眼處真如乃至意處真如是謂無上正等菩提，色處真如乃至法處真如是謂無上正等菩提，眼界真如乃至意界真如是謂無上正等菩提，色界真如乃至法界真如是謂無上正等菩提，眼識界真如乃至意識界真如是謂無上正等菩提，眼觸真如乃至意觸真如是謂無上正等菩提，眼觸為緣所生諸受真如乃至意觸為緣所生諸受真如是謂無上正等菩提，地界真如乃至識界真如是謂無上正等菩提，無明真如乃至老死真如是謂無上正等菩提，布施波羅蜜多真如乃至般若波羅蜜多真如是謂無上正等菩提，內空真如乃至無性自性空真如是謂無上正等菩提，苦聖諦真如、集、滅、道聖諦真如是謂無上正等菩提，四念住真如乃至八聖道支真如是謂無上正等菩提，四靜慮真如、四無量、四無色定真如是謂無上正等菩提，八解脫真如、八勝處、九次第定、十遍處真如是謂無上正等菩提，空解脫門真如、無相、無願解脫門真如是謂無上正等菩提，淨觀地真如乃至如來地真如是謂無上正等菩提，極喜地真如乃至法雲地真如是謂無上正等菩提，陀羅尼門真如、三摩地門真如是謂無上正等菩提，五眼真如、六神通真如是謂無上正等菩提，佛十力真如乃至十八佛不共法真如是謂無上正等菩提，無忘失法真如、恒住捨性真如是謂無上正等菩提，預流果真如乃至獨覺菩提真如是謂無上正等菩提，一切智真如、道相智、一切相智真如是謂無上正等菩提，生死真如、涅槃真如是謂無上正等菩提。

「善現！一切真如無增無減故諸佛無上正等菩提亦無增無減。善現！諸菩薩摩訶薩不離般若波羅蜜多，常樂安住諸法真如，都不見法有增有減。由此因緣不可說義無增無減，布施波羅蜜多亦無增無減，淨戒、安忍、精進、靜慮、般若波羅蜜多亦無增無減，乃至一切智亦無增無減，道相智、一切相智亦無增無減。不可說義無所有，六波羅蜜多亦無所有，乃至一切智、道相智、一切相

智亦無所有。善現！諸菩薩摩訶薩依止無增減、無所有為方便，修行般若波羅蜜多，由此為門集諸功德，便證無上正等菩提。」

②就不即不離諸法明得菩提果

(38.3.8)釋初後二心剎那不和合難

爾時，具壽善現白佛言：

「世尊！若菩薩摩訶薩依止無增減、無所有為方便，修行般若波羅蜜多，由此為門集諸功德，便證無上正等菩提。是菩薩摩訶薩為初心起能證無上正等菩提，為後心起能證無上正等菩提？世尊！是菩薩摩訶薩若初心起能證無上正等菩提，初心起時後心未起，無和合義。若後心起能證無上正等菩提，後心起時前心已滅，無和合義。如是前後心、心所法進退推徵，無和合義，云何可得積集善根？若諸善根不可積集，則諸勝智無由得生，勝智不生，如何菩薩能證無上正等菩提？」

❶非即初心後心，非離初心後心而得

佛告善現：

「吾當為汝略說譬喻，令有智者於所說義易可得解。善現！於意云何？如然燈時，為初焰能燋炷？為後焰能燋炷？」

善現對曰：

「如我意解，非初焰能燋炷，亦非離初焰能燋炷；非後焰能燋炷，亦非離後焰能燋炷。」

佛告善現：「於意云何？於然燈時炷為燋不？」

善現對曰：「世間現見其炷實燋。」

佛告善現：

「諸菩薩摩訶薩修行般若波羅蜜多，證得無上正等菩提亦復如是。非初心起能證無上正等菩提，亦非離初心起能證無上正等菩提；非後心起能證無上正等菩提，亦非離後心起能證無上正等菩提。而諸菩薩摩訶薩修行般若波羅蜜多，令諸善根漸漸增長，證得無上正等菩提。*20

❷初心乃至十地因緣具足而得菩提

「復次，善現！諸菩薩摩訶薩從初發心修行般若波羅蜜多，圓滿十地證得無上正等菩提。」

爾時，善現白言：

「世尊！諸菩薩摩訶薩修學何等十地圓滿，證得無上正等菩提？」

佛告善現：

「諸菩薩摩訶薩修行極喜地乃至法雲地，令其圓滿證得無上正等菩提；亦學淨觀地乃至如來地，令其圓滿證得無上正等菩提。善現！諸菩薩摩訶薩於此十地精勤修學得圓滿時，非初心起能證無上正等菩提，亦非離初心起能證無上正等菩提；非後心起能證無上正等菩提，亦非離後心起能證無上正等菩提。而諸菩薩摩訶薩，精勤修學十地圓滿證得無上正等菩提。」

(3)明離二邊中道行

38.4 不退轉相

第八地菩薩通達八種甚深，謂：

(38.4.1)通達生甚深

所發心非唯以前後剎那而生菩提，亦非彼二隨一之體而能生，然知於名言中由修習與殊勝所證，互相觀待而生，名通達生甚深。

①聲聞人生滅疑

❶善現歎緣起甚深而生疑

爾時，具壽善現白佛言：

「世尊！如來所說緣起理趣極為甚深，謂諸菩薩摩訶薩，非初心起能證無上正等菩提，亦非離初心起能證無上正等菩提；非後心起能證無上正等菩提，亦非離後心起能證無上正等菩提。而諸菩薩摩訶薩修行般若波羅蜜多，令諸善根漸漸增長，圓滿十地證得無上正等菩提。」

(CBETA, T07, no. 220, p. 272, b[7]–p. 273, b[11])

sher phyin:　v.027, pp. 867[15]–874[01]　《合論》：v.051, pp. 16[01]–22[14]

❷佛答釋

1.釋生滅

(38.4.2)通達滅甚深

又已生諸法皆無自性勝義無滅，然於名言有滅亦不相違，名通達滅甚深。

(1)心滅不更生

卷 450〈甚深義品 55〉：

佛告善現：「於意云何？若心已滅，更可生不？」

善現對曰：「不也！世尊！」

(2)心生是滅相

佛告善現：「於意云何？若心已生有滅法不？」

善現對曰：「如是！世尊！若心已生定有滅法。」

(3)心滅相非即是滅

佛告善現：「於意云何？有滅法心非當滅不？」

善現對曰：「不也！世尊！」*21　(CBETA, T07, no. 220, p. 273, b[11-16])

sher phyin: v.027, pp. 874[01-06] 《合論》：v.051, pp. 22[15-21]

2.釋住

(38.4.3)通達真如甚深

又有學位中雖恒修真如，然非時不應作證，名通達真如甚深。

(1)心如如住

卷 450〈甚深義品 55〉：

佛告善現：「於意云何？心住為如心真如不？」

善現對曰：「如是！世尊！如心真如心如是住。」

(2)不證實際

佛告善現：「於意云何？若心住如真如，是心為如真如常不？」

善現對曰：「不也！世尊！」*22

3.歎真如甚深

佛告善現：「於意云何？諸法真如為甚深不？」

善現對曰：「如是！世尊！諸法真如極為甚深。」

(CBETA, T07, no. 220, p. 273, b[16-22])

sher phyin: v.027, pp. 874[07-13] 《合論》：v.051, pp. 23[01-09]

4.釋心如不即不離

(38.4.4)通達所知甚深

又真如自性雖勝義無，然於一切法可隨修施等，名通達所知甚深。

(1)即如不是心

卷 450〈甚深義品 55〉：

「佛告善現：「於意云何？即真如是心不？」

善現對曰：「不也！世尊！」

(2)離如無有心

佛告善現：「於意云何？離真如有心不？」

善現對曰：「不也！世尊！」

(3)即心不是真如

佛告善現：「於意云何？即心是真如不？」

善現對曰：「不也！世尊！」

(4)離心無真如

佛告善現：「於意云何？離心有真如不？」

善現對曰：「不也！世尊！」 *23　(CBETA, T07, no. 220, p. 273, b$^{22-27}$)

sher phyin: 　v.027, pp. 874$^{13-21}$　《合論》：v.051, pp. 23$^{10-14}$

5.釋真如無分別

(38.4.5)通達能知甚深

又一切法真如為性雖於勝義都無所見而云見真實，名通達能知甚深。

卷 450〈甚深義品 55〉：

「佛告善現：「於意云何？真如為能見真如不？」

善現對曰：「不也！世尊！」 *23　(CBETA, T07, no. 220, p. 273, b$^{27-29}$)

sher phyin: 　v.027, pp. 874^{21}–875^{02}　《合論》：v.051, pp. 23$^{15-17}$

6.結：能如是行，是行深般若

(38.4.6)行甚深

又真空法性於一切法都無可行，而是行真實義，名行甚深。

卷 450〈甚深義品 55〉：

佛告善現：「於意云何？若菩薩摩訶薩能如是行，是行深般若波羅蜜多不？」

善現對曰：「如是！世尊！若菩薩摩訶薩能如是行，是行深般若波羅蜜多。」 *23

②破始行菩薩有見無見執

❶住如中行，實無所行 (破有見) (為破始行大乘者之高慢心)

佛告善現：「於意云何？若菩薩摩訶薩能如是行，為行何處？」

善現對曰：

「若菩薩摩訶薩能如是行，都無行處。所以者何？世尊！若菩薩摩訶薩行深般若波羅蜜多，無心現行，無現行處。何以故？世尊！若菩薩摩訶薩行深般若波羅蜜多時住真如中，都無現行及現行處、現行者故。」

(CBETA, T07, no. 220, p. 273, b²⁹–c¹⁰)

sher phyin: v.027, p. 875⁰²⁻¹² 《合論》：v.051, pp. 23¹⁸–24⁰⁷

❷能行般若，勝義中行 (破無見) (為破墮斷滅)

(38.4.7)無二甚深

又於勝義無二性中修一切道，名無二甚深。

卷 450〈甚深義品 55〉：佛告善現：

「於意云何？若菩薩摩訶薩行深般若波羅蜜多時，為何所行？」

善現對曰：

「若菩薩摩訶薩行深般若波羅蜜多時，行勝義諦，此中現行及現行處俱無所有，能取、所取不可得故。」

❸破有見、破無見

佛告善現：

「於意云何？若菩薩摩訶薩行深般若波羅蜜多時，行勝義諦中雖不取相而行相不？」

善現對曰：「不也！世尊！」

佛告善現：

「於意云何？是菩薩摩訶薩行深般若波羅蜜多時，行勝義諦中為遣相不？」

善現對曰：「不也！世尊！」

佛告善現：

「於意云何？是菩薩摩訶薩行深般若波羅蜜多時，行勝義諦中遣相想不？」

善現對曰：「不也！世尊！」(CBETA, T07, no. 220, p. 273, c¹⁰⁻²¹)

sher phyin: v.027, p. 875¹²⁻²¹ 《合論》：v.051, p. 24⁰⁸⁻¹⁷

(38.4.8)通達巧便甚深

又圓滿一切資糧，而於勝義不得佛果，名通達巧便甚深。

卷450〈甚深義品55〉：「佛告善現：
「是菩薩摩訶薩行深般若波羅蜜多時，云何不遣相亦不遣相想？」
善現對曰：
「是菩薩摩訶薩行深般若波羅蜜多時，不作是念：『我當遣相及遣相想。』亦不作是念：『我當遣無相及遣無相想。』於一切種無分別故。*24

③結說中道行：以自相空方便不著有無

世尊！是菩薩摩訶薩行深般若波羅蜜多，雖能如是離諸分別，而佛十力、四無所畏、四無礙解、大慈、大悲、大喜、大捨、十八佛不共法等，無量無邊殊勝功德未圓滿故，未證無上正等菩提。世尊！是菩薩摩訶薩成就微妙方便善巧，由此微妙方便善巧，於一切法不成不壞、不取不遣。何以故？世尊！是菩薩摩訶薩，達一切法自相空故。*25

7.化他功德無邊

世尊！是菩薩摩訶薩住一切法自相空中，為度諸有情入三三摩地，大悲願力所引逼故，依此三定成熟有情。」
佛告善現：「如是！如是！如汝所說。」
具壽善現即白佛言：「是菩薩摩訶薩云何入此三三摩地成熟有情？」
佛告善現：
「是菩薩摩訶薩安住空三摩地，見諸有情多執我、我所者，以方便力教令安住空三摩地。是菩薩摩訶薩安住無相三摩地，見諸有情多行諸法相者，以方便力教令安住無相三摩地。是菩薩摩訶薩安住無願三摩地，見諸有情多有所願樂者，以方便力教令安住無願三摩地。善現！是菩薩摩訶薩行深般若波羅蜜多時，如是入此三三摩地，隨其所應方便成熟一切有情。」*26

(CBETA, T07, no. 220, p. 273, c^{21}–p. 274, a^{18})

sher phyin:　v.027, pp. 875^{21}–877^{09}　《合論》：v.051, pp. 24^{18}–26^{05}

註解：

*1 行、狀、相

(1)行：不退轉菩薩所有之身語意業。

(2)狀：分別此菩薩是不退轉或非不退轉。

(3)相：知其種種因緣所引之不退轉相貌。

*2 不退轉菩薩行狀相

不退轉菩薩，以般若方便力不著般若，但觀真如(諸法實相)。如實知異生地乃至如來地，於真如
理中無二無別。

*3 所說皆引義利

得畢竟空故，心淳熟寂滅，不說無義利語，說法不說非法、說實不說妄、說柔軟不說麤獷、以
慈悲心不以瞋恚心、所說應時不以非時。

*4 轉不轉門

諸法和合因緣生，菩薩知是有為過罪故，不應此中住。諸法空故，能轉著心，轉著心故名不轉。
從凡夫地轉，於佛地不轉。

*5 不生八無暇處、不生卑賤家

不障他功德、常行勸助故，不生八無暇處。求道破憍慢根本故，常不生卑賤家。

折薄淫欲、遠離諂媚心故，不受女人身等。

*6 會入法性

久習般若，其力盛故，種種諸法皆與般若合為一味。

(1)隨所聽聞世出世法等方便會入般若。

(2)諸所造世間事業，依般若會入法性。

(3)設有不與法性相應，亦能方便會入般若，不出法性。

*7 魔說六波羅蜜是生死法

魔說：汝所行六波羅蜜是生死道。布施等福德因緣故，欲界中受福樂。禪波羅蜜因緣故，色界
中受樂。般若波羅蜜無定相故，名虛誑法。迴轉五道中不能自出，是生死道。***8 不退轉菩薩**

(1)無生法：若於諸法等相皆能轉，觀行一切法自性空，不見少法可得，入正性離生。

(2)無生法忍：得無生法，無造無作諸業行者，名得無生法忍。

(3)不退轉菩薩

得無生法忍者，名不退轉菩薩。

①般若波羅蜜中，若菩薩具足行六波羅蜜，得智慧方便力，不著畢竟空波羅蜜；觀一切法不
生不滅、不增不減、不垢不淨、不來不去、不一不異、不常不斷、非有非無等無量相待二
法，因是智慧觀，破一切生滅等之無常相。

②先以無常破常倒，今亦捨無生無滅、無常觀，於不生不滅不著，亦不墮空無所有中；知如
是不生不滅相不得不著故，亦信用如是不生不滅法。

③三世十方諸佛真智慧中，由信力故通達無礙，是名菩薩得無生法忍，入菩薩位，名不退轉。
此中得無生法忍斷諸煩惱，捨身後得法性生身。肉身不退轉菩薩，有於佛前得授記及不值佛
不得授記者。

　　未得不退轉之菩薩，若為信多疑少者，若得禪定，以未斷法愛或有著心或有退沒，可得柔順
　　忍。

　　若能常修柔順忍，斷法愛，能得無生忍，入菩薩位。

*9 明不退行

　(1)不退轉菩薩聞魔說，覺知魔事欲壞我大菩提心。

　(2)一切法雖空無所有，而諸有情不知不見，我當披性相皆空功德甲得一切智，為有情說法，令
　　　解脫得預流果等。

　(3)諸法空，自相空功德甲亦空。所得須陀洹果乃至無上菩提亦空。

　　　此中須陀洹果有二：

　　　①有為須陀洹果，空無相無願三昧相應，以三解脫門空故空。

　　　②無為須陀洹果，以斷三結得。此無為法中無生、無住、無滅相故即是空。

　(4)聞此法，其心堅固(煩惱不入)、不動(外道魔民不能轉)、不轉(於無上菩提不退)，行六波羅蜜
　　　入無生法忍(入菩薩位)。入菩薩位者，名不退轉。

*10 轉不轉

　(1)釋一

　　　不墮聲聞獨覺地，必得無上菩提不退轉。遠離虛妄分別所執諸法，於法想有退轉故亦名退轉。

　(2)釋二

　　　若菩薩入菩薩位，轉聲聞、獨覺心，直入菩薩位，是名轉。而於勝義中，諸法一相所謂無相，
　　　尚無一乘定相，況有三乘轉，無所轉故名不退轉。

*11 執金剛神　vajradhara(執金剛) vajrapāṇi(金剛手)

　(1)藥叉

　　　藥叉(yakṣa 又名夜叉)，原為印度婆羅門教中的山林精靈，捷疾鬼、能啖鬼，早期為佛教吸收
　　　成為護法神。往後在佛教發展各階段，藥叉逐漸演變成重要的護法的基本雛形，例如顯教經
　　　典中，藥叉升格成為天王，而在密教法典中，藥叉則化身為各種財神，其中較具代表性的有
　　　財寶天王(毗沙門天王)、五姓財神、白六臂黑天、藥師十二神將等。

　(2)執金剛神

　　　又名執金剛(藥叉)夜叉 vajrapāṇi yakṣa，手持金剛杵，護衛須彌山頂之四角峰及帝釋天宮。在
　　　遇佛出世時，則降於閻浮提，護衛佛陀及諸菩薩，防守道場。在大乘佛教中，執金剛神是統
　　　稱，是指佛與菩薩之護衛，受四大天王管理。(哼(閉口吽字)哈(開口阿字)二將亦屬執金剛神
　　　之一種。)

　(3)[大毗婆沙論]133

　　　「蘇迷盧頂，是三十三天住處。…山頂四角，各有一峰，…有藥叉神名金剛手，於中止住，
　　　　守護諸天。於山頂中，有城名善見，…是天帝釋所都大城，城有千門，嚴飾壯麗，門有五
　　　　百青衣藥叉，…防守城門。」

*12 咒術等

　(1)咒術：能隱身令人不見，能變人為禽獸等。

　(2)咒鬼：欲求未來事，咒鬼令著男女，問其吉凶、生男生女、壽命長短、豐樂勝負等。

(3)咒禁合和湯藥：以咒禁術餌食(服丹食藥)求仙，亦有合和諸藥療疾、求財或求名聲。
　　　　　(隋唐之太醫署內設有咒禁師)

*13 行法空而樂法

(1)住空而不著空

雖安住一切法空中，不著是一切法空中，而愛樂正法等。

(2)為有情分別說而不壞法性

法性中雖不分別諸法，但為有情分別善不善法令有情得解。又常讚歎法性不壞相，引導有情入法性中。

(3)以諸佛、菩薩、諸聖者為善友。

*14 於自所證心不疑惑

(1)於自地法不起疑惑

常修六度、安住諸空中，常行諸聖道法，常求無上菩提。

心無所著，於我若不退轉若非不退轉不生疑惑，又不見諸法於無上菩提若轉若不轉。行無相三昧，於諸法不取相，無生疑處，於自地法無惑無疑。

(2)預流果喻

預流果由斷三結、自知得未曾得之無漏慧，於四諦中定心<u>不疑</u>。

不退轉菩薩亦如是，自知得未曾得之諸法實相，亦<u>不生疑</u>。

　　是菩薩於一切法畢竟空故，不得與本所聞法相違之法，疑即無住處，自知此是究竟。住是
　　地中，教化有情，淨佛世界，以方便力破魔事。

(3)無間業喻

造作無間業者，彼無間業纏增上勢力恆常隨轉，乃至命盡亦不能伏。不退轉菩薩亦如是，安住自地其心不動，無所分別，人天阿素洛皆不能轉。

*15 得陀羅尼(dhāranī)，聞法無疑受持不忘失

菩薩雖未成佛道，從佛聞甚深法，能無惑無疑，聞已受持常不忘失。

由信力故能受持，由聞持陀羅尼力故不忘失，由斷疑陀羅尼力故不疑。

(1)[大智度論]5

陀羅尼有多種。

①聞持陀羅尼：得是陀羅尼者，一切語言諸法，耳所聞者，皆不忘失。(聞持不忘失)

②分別知陀羅尼：得是陀羅尼者，諸眾生、諸法，大小好醜，分別悉知。(斷疑)

③入音聲陀羅尼：得是陀羅尼者，聞一切語言不喜不瞋。

　　❶能忍諸惡言而不瞋；❷於諸讚歎供養而不喜。

④寂滅陀羅尼、華嚴陀羅尼、虛空藏陀羅尼、海藏陀羅尼、分別諸法地陀羅尼、明諸法義陀羅尼等，略說五百陀羅尼門，廣說則無量。

(2)[瑜伽師地論]45、[菩薩地持經]、[大乘義章]11

四陀羅尼：

①法陀羅尼：能憶持一切所聞之法。(聞陀羅尼)

②義陀羅尼：能理解經義總持不忘。(法、義陀羅尼以念、慧為體)

　　　③咒陀羅尼：依禪定力起咒術，能消除眾生之災厄。(以定為體)

　　　④忍陀羅尼：通達諸法離言之實相，了知其本性，忍法性而不失。(以無分別智為體)

(3)《守護國界主陀尼羅經》3

　　①海印陀羅尼

　　　如大海水印現一切，謂四天下所有色相，或眾生色相或非眾生色相。(於大海中平等印現)

　　②蓮花莊嚴陀羅尼門

　　　隨彼無量大會中說妙法時，即有廣大妙蓮花座涌現其前，種種色相殊妙莊嚴。空中雨眾寶

　　　花，花中出種種聲，聲中說種種法，說如是等十二分教及種種門，…含藏於蓮花中之功德

　　　無量廣大莊嚴世界。

(4)般若無盡藏陀羅尼(或名般若眼、般若根本、金剛般若心)　《陀羅尼集經》3, T18

　　德廣難窮名為無盡，無盡之德苞含曰藏。

　　namo bhagavatye prajñā prāmitāye

　　oṃ hrīḥ dhīḥ

　　śrī śruti smṛti vijaye svāhā

*16 不退甚深義

(1)約空乃至涅槃明甚深義

　　諸有法種種細分別，人不解故名甚深。

　　①空等甚深

　　　❶得道空故深

　　　　諸有相，內不見有我，外不見有定實法，故空；觀諸法相皆是虛誑有諸過失，故無相；

　　　　若滅諸相，更不作願生三界，故無願。以此等得道空，故言甚深。

　　　❷空中復空故深

　　　　空從破邪見有出，是為深；若於空中，亦不著空故亦深。

　　②無生無滅甚深

　　　觀五蘊生滅破常顛倒，觀畢竟空破生滅，以空中無無常無生滅故。此中破生滅，亦不著是

　　　無生無滅，故名甚深。(邪見人謂世間常故無生滅，此中以破生滅言無生無滅。)

　　③寂靜甚深

　　　煩惱難除，故言(離欲)、寂靜為甚深。

　　④涅槃甚深

　　　涅槃者為諸梵天等九十六種道所不能及，故甚深。又以涅槃中一切得道人入者永不復出，

　　　故名甚深。

　　⑤真如、法界、法性、實際甚深

　　　錯誤易、真實難，故以真如、法界、法性、實際為甚深。

　　⑥廣明空義

　　　❶以空、無相、無願三昧，觀諸法空。

　　　❷以所緣色等諸法空，故名空。

　　　❸以自性空故名空。

不以空等三昧，亦不以所緣外色空故說空。

　　若外法不空，而以三昧力空，此為虛妄。若緣外法空，而生空三昧，此三昧非是空。此中說離是二邊之中道，謂諸法因緣和合生，無有定法故空。以因緣生法無自性，無自性故即是畢竟空。是畢竟空，從本以來空，非佛所作亦非餘人所作，而諸佛為可度眾生故說是畢竟空。是空相是一切諸法實體，不因內外而有。

　　是空有種種名，所謂無相、無願、寂靜、涅槃等。

(2)約正觀一切法真如明甚深義

　　若正觀色等諸法能得真如(涅槃)，而色等諸法亦因真如(涅槃)故名甚深。

　　以真如非即色、非離色等諸法。譬如以泥為瓶，泥非即是瓶，不離泥有瓶，亦不得言無瓶。

*17 與般若相應行得無量福德

(1)依方便力離諸法而處於涅槃

　　如來以微妙方便力，令菩薩離(遮遣)諸法處於涅槃，乃至離有漏無漏法等而處於涅槃，不住世間亦不著於涅槃。

(2)依止般若而行功德勝

　　若於如是所說甚深處，依止般若波羅蜜相應理趣思惟修學，所得功德無量無邊。

　　凡夫雖行慈悲心，以不得諸法實相故，不得作無量福田。而須陀洹雖未離欲，以分別諸法實相故，福田無量。諸法實相得有深淺，菩薩深入實相故甚深法與般若相應，觀察、籌量等一念生時，得無量無邊福德。

　　(若有分別覺觀之一念心，念念心強福德多。)

　　(菩薩雖觀畢竟空，但以未盡煩惱亦未證實際，故說應有福德果報。)

*18 得殊勝福德之因緣

(1)分別所作諸行虛妄不實

　　諸行皆是分別所作，虛妄不實。分別所作財施等福，不起正見、不入正性離生、不得預流果乃至無上菩提。

　　若如是說，應以何因緣說諸行所得福無數無量？

(2)善學十八空，通達諸法空性

　　菩薩行深般若波羅蜜多，通達分別所作諸法，空無所有虛妄不實，以善學內空乃至無性自性空故。

(3)常不遠離般若，漸得無數無量福德，能證無上菩提

　　菩薩雖觀空，而能行諸福德。

　　雖知涅槃無上，而憐愍有情故修集福德。

　　雖知諸法相不可說，而為有情種種方便說法。

　　雖知法性中無有分別，一相無相，而為有情分別善不善、可行不可行、取捨、得失等。

　　若菩薩雖觀空，而能起諸福德，是名「不離般若波羅蜜多行」。

　　由不離般若行因緣，能起正見、能入正性離生乃至能證無上菩提。

*19 諸法實相方便說名

(1)無盡：是實相不生、不作。

(2)無數：諸聖人得諸法實相，入無餘涅槃時，不墮六道數；是實相法不墮有為無為法數中。

(3)無量：若以智慧稱量好醜、大小、是非等名量。諸法實相中滅諸相，故說無量。三世量不可得亦說無量。

(4)無邊：諸法實相不可量為無邊。十方邊不可得亦為無邊。

(5)空、無著：實相法我我所定相不可得，故說空。是實相法寂滅，故說無著。

(6)無作無起：空故無相，無相故無作無起。

(7)無生無滅：是法常住不滅故無生無滅。

(8)無染：是法能斷三界染。

(9)涅槃：更不織煩惱業。

如是等有無量名字，種種因緣說是諸法實相。

*20 燋焰喻

(1)燈：譬菩薩道。　　　　　　　　　　　(2)炷：無明等煩惱。

(3)焰：初地乃至金剛喻定相應智慧。

燋炷(無明等煩惱)，非初心智焰，亦非後心智焰，無明等煩惱炷燋盡，得成無上道。

*21 生滅

諸法畢竟空、不生不滅，但有情以六根見有生滅法。

(1)過去心滅則不更生

若心滅已更生，則墮常中。

(2)現在心生，則當滅

已生之現在心，定有滅法。以生滅是相待法，有生必有滅故，先無今有，已有還無故。

(3)有滅法之心非當滅

若有滅法之心當滅，則此心有二時：生時、滅時。

若是無常，則心只有一念。生非當滅相，當滅相非生。有滅相非即是滅，亦非更有滅。

*22 住

(1)心如真如住

若滅相非即是滅，應常住不？若常住，即是不滅相。

若滅相即是滅，則一心墮二時。若言不滅，實是滅相，云何不滅？

此二皆有過，故言：如是住，如真如住。

(2)不證實際

心若如真如住，心可即如真如常？即證實際？(真如即是實際)

真如是一切法實相，心是虛誑法，不能觀心即作實際。

①心之實相亦名如。凡夫六根所見皆虛妄顛倒，雖說心相如實，故言如真如住。但不能即以心為實際、以心為涅槃。

②又實際無相，故不得言心即是實際。

*23 心、如、行

(1)心如不即不離

①即如不是心

❶真如是一相，不二相；而心是二相，憶想分別是因緣生故。

❷真如無所知；心有所知。

真如畢竟清淨故無所知，而心有所覺知故。

②離如無有心

一切法皆有真如，云何離真如而有心？

(2)真如無分別

真如中無分別是知(能見)、是可知(所見)。

(3)如是行深般若波羅蜜多

菩薩不住真如、法性、實際，如是直行，是為行深般若波羅蜜多。

*24 云何行無相行？

(1)行般若於何處行？

①無處行

始行菩薩於行般若波羅蜜時，謂出小乘入大乘起高心。為破此高心，故說「如是行，為無處所行」，以菩薩住真如中，無所分別故。

②於勝義中行

為破斷滅見，故說「如是行，於勝義中行」，以勝義中無有二相，無現行現行處，無能取所取故。

(2)破有見、斷見

①破有見

若菩薩於勝義中行，行取相法不？

不也，一切法畢竟空，無憶念，即是不行相。

②破無見

是菩薩遣相(壞法相)得無相不？

不也，相從本以來無，但為除顛倒故，不壞法相(及法相想)。

(3)云何行無相行？

若不壞法相，云何行無相行？

菩薩不作是念「我當遣相(及遣相想)故行般若」，以一切種無分別故。

*25 以自相空方便不著有無

始行菩薩雖未具足佛十力等功德，未證無上菩提，但以方便力故，不作有相，不作無相。

(1)墮二邊之過失

若取相，是相皆虛誑妄語，有諸過失。若破相，則墮斷滅中，亦多過失。

(2)離二邊行中道

是故不取有相，不取無相。

取相即是有法，不取相即是無法。以方便力離有無二邊，行於中道，故說「於一切法不成不壞、不取不遣，以達一切法自相空故。」

自相空破一切法相，亦自破其相。

*26 住自相空中，起三三摩地成熟有情

(1)以無願三摩地斷有情邪願

　　有情因種種作願，而於六道中受身。

　　　　1.不攝心修福而造業，墮三惡道；若得為人，貧窮下賤。

　　　　2.伏慳貪行施戒等善，生欲界人天富樂處。

　　　　3.離欲界五蓋等，因信等五根得諸禪，生色界。

　　　　4.捨離色相，滅有對相，不念雜相故，入無邊虛空處無色定等。

　　　　此諸所作，皆是邪願，久當壞落，如以繩繫鳥，繩盡復還。

　　菩薩以無願三摩地斷有情作願。

(2)以空三摩地斷有情我我所心

　　是身皆空，但有筋骨五臟等，是心生滅不住，如幻如化，無定實相。

　　有情見此來去語言諸相，謂有人、我、我所顛倒心，此皆憶想分別錯謬。

　　菩薩以空三摩地斷有情我我所心，令住空中。

(3)以無相三摩地斷有情取相

　　有情取男、女、色、聲、香、味、好、醜、長、短相，以取相故生煩惱受諸苦。

　　菩薩以無相三摩地斷有情諸相，令住無相。

(4)利根有情聞空即得無相、無願，鈍根有情聞空破諸法即取空相；故說空，又為說無相。若人雖知空、無相，更欲作身，生種種過患，故為說無願，不應作身。以如是因緣故，具說三三摩地，教化有情。

第四事

第39～41義

2.引發三身之殊勝道

(1)法身因 (生死涅槃平等加行)

【第 39 義】：生死涅槃平等加行　39

〔義相〕：由現證生死涅槃真空慧所攝持，故後得位中
永盡實執現行之淨地瑜伽，即生死涅槃平等
加行之相。

〔界限〕：唯在三清淨地。

[諸法同夢故，不分別〔有寂〕，無業等問難，如經已盡答。](頌4-60)

39.1.第八地根本智，是生死「有」與涅槃〔寂〕平等加行，由於勝義不
分別生死、涅槃異性，是現證生死、涅槃真空之淨地智故。以通達
所治生死與能治淨法，皆勝義無，名言幻影悉同夢故。(證悟生死涅槃
平等無異。所治與能治乃唯影像之本質悉同如夢幻般。)

39.2.他作是難：若爾應無業果建立，以一切法皆勝義無故。
答云：不定。此等答難，《經》已盡說，即能斷諍故。

(2)受用身因 (嚴淨佛土加行)

【第 40 義】：嚴淨佛土加行　40

〔義相〕：令將來成佛殊勝國土之大願等善根，強盛有
力之淨地瑜伽，即嚴淨佛土之加行。

〔界限〕：唯在三清淨地。

[如有情世間，器世未清淨，修治令清淨，即嚴淨佛土。](頌4-61)

八地菩薩成就嚴淨佛土之加行，依善根成熟力，由所淨情器世間之差

別，佛土亦分二種：

如有情世間有饑渴等過，其能對治修天(人)受用等；

如器世間塊石荊棘等過，其能對治修純金為地等；

證得如是嚴淨佛土之加行故。

(3)化身因 (方便善巧加行)

【第 41 義】：方便善巧加行

〔義相〕：寂靜粗顯功用，事業任運轉之淨地瑜伽，即
　　　　　方便善巧之相。

〔界限〕：唯在三清淨地。

[境及此加行，超過諸魔怨，無住如願力，及不共行相，](頌4-62)

[無著無所得，無相盡諸願，相狀與無量，十方便善巧。](頌4-63)

1.方便善巧加行　41

心境和合之方便善巧加行有十種，謂：

41.1超過四魔之方便善巧加行；

2雖修空性不證實際無住之方便善巧加行；(住於不住)

3由昔願力引發利他之方便善巧加行；

4不共二乘之方便善巧行；(極力串習所有苦行故)

5於一切法無實執著之方便善巧加行；

6經無量劫修空解脫門之方便善巧加行；

7經無量劫修無相解脫門之方便善巧加行；

8經無量劫修無願解脫門之方便善巧加行；

9自善示現不退轉相狀之方便善巧加行；

10善巧五明處，經無量劫修真實義之無量加行。

2.四魔體性　41.11

五蘊魔：謂五取蘊；

煩惱魔：謂三界一切煩惱；

死　　魔：謂不自在而命斷；

天　　魔：謂障礙修善之他化自在天眾。

由彼等能障不死涅槃，故名曰魔。

(1)小乘證見道位

①於三寶所獲得證信，即降伏粗分天魔；

②得有餘依涅槃時永斷一切煩惱，故降煩惱魔；

③若證俱解脫阿羅漢，能加持壽行得自在，故降伏死魔；

④證得無餘依涅槃時，盡滅惑業所感有漏取蘊，降伏粗分五蘊魔。

(2)大乘證得不退轉相

①於三寶所獲得證信，即降伏粗分天魔；

②③④得八地，已於無分別智得自在*11，故降餘粗分三魔。

3.微細四魔　41.12

(1)依無明習氣地及無漏業所起之意生身*12，即微細蘊魔；

(2)無明習氣地，即微細煩惱魔；

(3)不可思議變化生死*13，即微細死魔；

(4)欲超彼三魔凡能作障之法，即微細天魔。

降伏微細四魔，是法身功德，故降伏微細四魔與成佛同時也。

2.引發三身之殊勝道
(1)法身因 【第 39 義】：生死涅槃平等加行

1.論夢中起行義

(於勝義生死涅槃平等，皆真空無；於名言俗諦如同夢行，虛幻不實。此中以夢難明所成義。)

39.生死涅槃平等加行

第八地根本智，是生死「有」與涅槃〔寂〕平等加行，由於勝義不分別生死、涅槃異性，是現證生死、涅槃真空之淨地智故。以通達所治生死與能治淨法，皆勝義無，名言幻影悉同夢故。他作是難：若爾應無業果建立，以一切法皆勝義無故。答云：不定。此等答難，《經》已盡說，即能斷諍故。

(1)夢中行三三摩地有益無益

卷 451〈夢行品 56〉：第二分夢行品第五十六

①夢中行有增益？

爾時，具壽舍利子問善現言：

「若菩薩摩訶薩夢中行此三三摩地，於深般若波羅蜜多有增益不？」

②行般若不分晝夜皆有益

善現答言：

「若菩薩摩訶薩晝時行此三三摩地，於深般若波羅蜜多有增益者，彼夢中行亦有增益。何以故？舍利子！晝與夢中無差別故。舍利子！若菩薩摩訶薩晝行般若波羅蜜多，既名修習甚深般若波羅蜜多。是菩薩摩訶薩夢中行般若波羅蜜多，亦名修習甚深般若波羅蜜多三三摩地，於深般若波羅蜜多能為增益應亦如是。」*1

(2)夢中業集不集成

①夢中造業有增益損減？

時，舍利子問善現言：

「諸菩薩摩訶薩夢中造業為有增益有損減不？佛說有為虛妄不實如夢所造，云何彼業能有增益亦有損減？所以者何？非於夢中所造諸業能有增減，要至覺時憶想分別夢中所造，乃有增益或有損減。」

善現答言：

「諸有晝日斷他命已，於夜夢中憶想分別深自慶快；或復有人夢斷他命，謂在覺時生大歡喜。如是二業於意云何？」

時，舍利子問善現言：

「無所緣事，若思若業俱不得生，要有所緣思業方起。夢中思業緣何而生？」

②由所緣覺慧起染淨而有思業生

善現答言：

「若夢、若覺無所緣事思業不生，要有所緣思業方起。何以故？舍利子！要於見聞覺知法中有覺慧轉，由此起染或復起淨。若無見聞覺知，諸法無覺慧轉亦無染淨。由此故知若夢、若覺有所緣事思業方生，無所緣事思業不起。」

③由取相因緣故有思業生

時，舍利子問善現言：「佛說思業皆離自性，云何可言有所緣起？」

善現答言：

「雖諸思業及所緣事皆自性空，而由自心取相分別，故說思業有所緣生，若無所緣思業不起。」*2

(3)夢中迴向成不成

①夢中實有迴向？

時，舍利子問善現言：

「若菩薩摩訶薩夢中修行布施、淨戒、安忍、精進、靜慮、般若波羅蜜多，持此善根與諸有情平等共有迴向無上正等菩提，是菩薩摩訶薩為實迴向所求無上正等覺不？」

善現報言：

「慈氏菩薩久已得受無上菩提不退轉記，唯隔一生定當作佛，善能酬答一切問難，現在此會宜請問之，補處慈尊定應為答。」

時，舍利子如善現言：「恭敬請問慈氏菩薩。」

②慈氏菩薩以諸法空無二無別，故不答覺夢若同若異

時，慈氏菩薩語舍利子言：

「謂何等名慈氏能答？為色耶？為受、想、行、識耶？為色空耶？為受、想、行、識空耶？且色不能答，受、想、行、識亦不能答，色空不能答，受、想、行、識空亦不能答。何以故？舍利子！我都不見有法能答，我都不見有法所答，答處、答時及由此答亦皆不見，我都不見有

法能記，我都不見有法所記，記處、記時及由此記亦皆不見。所以者何？以一切法本性皆空，都無所有無二無別，畢竟推徵不可得故。」*3

(4)明所證法甚深

①雖說空法(涅槃相)而不證

爾時具壽舍利子，復問慈氏菩薩摩訶薩言：「仁者所證法為如所說不？」

慈氏菩薩摩訶薩言：

「我所證法非如所說。何以故？舍利子！我所證法不可說故。」

時，舍利子便作是念：

「慈氏菩薩智慧深廣，修一切種布施、淨戒、安忍、精進、靜慮、般若波羅蜜多久已圓滿，用無所得而為方便，於所問難能如是答。」

②雖不見所證法而不生疑

❶法空無相故不見所證法性

爾時，佛告舍利子言：

「於意云何？汝由是法證阿羅漢果，為見此法性是可說不？」

舍利子言：「不也！世尊！」

佛告舍利子：

「諸菩薩摩訶薩行深般若波羅蜜多，所證法性亦復如是，不可宣說。舍利子！是菩薩摩訶薩不作是念：『我由此法於其無上正等菩提已得受記。』不作是念：『我由此法當證無上正等菩提。』

❷雖不見所證法而不生疑

舍利子！是菩薩摩訶薩行深般若波羅蜜多不生猶預：『我於無上正等菩提為得不得？』但作是念：『我於無上正等菩提定當證得。』舍利子！是菩薩摩訶薩行深般若波羅蜜多聞甚深法，其心不驚、不恐、不怖、不沈、不沒、亦不憂悔，決定自知：我當證得所求無上正等菩提，利樂有情窮未來際。」*4 (CBETA, T07, no. 220, p. 274, a26–p. 275, a6)

sher phyin: v.027, pp. 877^{10}–882^{10} 《合論》：v.051, pp. 26^{06}–31^{10}

(2)受用身因　【第 40 義】：嚴淨佛土加行

2.為有情起淨佛土願

40.嚴淨佛土加行

八地菩薩成就嚴淨佛土之加行，依善根成熟力，由所淨情器世間之差別，佛土亦分二種：如有情世間有饑渴等過，其能對治修天受用等；如器世間塊石荊棘等過，其能對治修純金為地等；證得如是嚴淨佛土之加行故。

(1)別修六波羅蜜之願

①布施願

卷 451〈願行品 57〉：第二分願行品第五十七

爾時，佛告具壽善現：

「有菩薩摩訶薩修行布施波羅蜜多，見諸有情飢渴所逼，衣服弊壞，臥具乏少，所欲資財皆不如意。見此事已作是思惟：『我當云何拔濟如是諸有情類，令離慳貪，無所匱乏？』既思惟已作是願言：『我當精勤無所顧戀，修行布施波羅蜜多，成熟有情、嚴淨佛土，令速圓滿疾證無上正等菩提，我佛土中得無如是資具匱乏諸有情類。如四大王眾天乃至他化自在天，受用種種上妙樂具，我佛土中諸有情類，亦受種種上妙樂具。』善現！是菩薩摩訶薩由此布施波羅蜜多，速得圓滿疾證無上正等菩提。

②淨戒願

「復次，善現！有菩薩摩訶薩修行淨戒波羅蜜多，見諸有情煩惱熾盛，更相殺害乃至邪見，由此因緣短壽多病，顏容顇頓無有威德，資財匱乏生下賤家，支體缺減眾事鄙穢。見此事已作是思惟：『我當云何拔濟如是諸有情類，令其遠離諸惡業果？』既思惟已作是願言：『我當精勤無所顧戀，修行淨戒波羅蜜多，成熟有情、嚴淨佛土，令速圓滿疾證無上正等菩提，我佛土中得無如是眾惡業果諸有情類，一切有情皆行十善，受長壽等殊勝果報。』善現！是菩薩摩訶薩由此淨戒波羅蜜多，速得圓滿疾證無上正等菩提。

③忍辱願

「復次，善現！有菩薩摩訶薩修行安忍波羅蜜多，見諸有情更相忿恚，口出矛矟毀罵凌辱，以刀杖等互相殘害，乃至斷命惡心不捨。見此事

已作是思惟：『我當云何拔濟如是諸有情類，令其遠離如是諸惡？』既思惟已作是願言：『我當精勤無所顧戀，修行安忍波羅蜜多，成熟有情、嚴淨佛土，令速圓滿疾證無上正等菩提，我佛土中得無如是煩惱惡業諸有情類，一切有情展轉相視如父如母、兄弟姊妹、妻子眷屬，不相乖違。』善現！是菩薩摩訶薩由此安忍波羅蜜多，速得圓滿疾證無上正等菩提。

④精進願

「復次，善現！有菩薩摩訶薩修行精進波羅蜜多，見諸有情懈怠懶惰，不勤精進，棄捨三乘，亦不能修人、天善業。見此事已作是思惟：『我當云何拔濟如是諸有情類，令其遠離懶惰懈怠？』既思惟已作是願言：『我當精勤無所顧戀，修行精進波羅蜜多，成熟有情、嚴淨佛土，令速圓滿疾證無上正等菩提，我佛土中得無如是懶惰懈怠諸有情類，一切有情精進勇猛，勤修善趣及三乘因，生人、天中速證解脫。』善現！是菩薩摩訶薩由此精進波羅蜜多，速得圓滿疾證無上正等菩提。

⑤靜慮願

「復次，善現！有菩薩摩訶薩修行靜慮波羅蜜多，見諸有情五蓋所覆，失諸靜慮、無量、無色。見此事已，作是思惟：『我當云何拔濟如是諸有情類，令其遠離諸蓋散動？』既思惟已作是願言：『我當精勤無所顧戀，修行靜慮波羅蜜多，成熟有情、嚴淨佛土，令速圓滿疾證無上正等菩提，我佛土中得無如是具蓋散動諸有情類，一切有情自在入出諸靜慮等微妙勝定。』善現！是菩薩摩訶薩由此靜慮波羅蜜多，速得圓滿疾證無上正等菩提。

⑥般若願

「復次，善現！有菩薩摩訶薩修行般若波羅蜜多，見諸有情愚癡惡慧，於世、出世正見俱失，撥無善惡業及業果，執斷、執常、執一、執異俱不俱等種種邪法。見此事已作是思惟：『我當云何拔濟如是諸有情類，令其遠離惡見邪執？』既思惟已作是願言：『我當精勤無所顧戀，修行般若波羅蜜多，成熟有情、嚴淨佛土，令速圓滿疾證無上正等菩提，我佛土中得無如是惡慧邪執諸有情類，一切有情成就正見，種種妙慧具足莊嚴。』善現！是菩薩摩訶薩由此般若波羅蜜多，速得圓滿疾證無上正等菩提。」

(2)具修六波羅蜜之願*5

①無邪聚願

「復次，善現！有菩薩摩訶薩<u>具修六種波羅蜜多</u>，<u>見諸有情三聚差別</u>。*6 見此事已作是思惟：『我當云何方便濟拔諸有情類，令離邪定及不定聚？』既思惟已作是願言：『我當精勤無所顧戀，修行六種波羅蜜多，成熟有情、嚴淨佛土，令速圓滿疾證無上正等菩提，我佛土中得無邪定及不定名，一切有情皆住正定。』善現！是菩薩摩訶薩由此六種波羅蜜多，速得圓滿疾能證得一切智智。」

②無惡道願

「復次，善現！有菩薩摩訶薩<u>具修六種波羅蜜多</u>，<u>見諸有情墮三惡趣受諸劇苦</u>。見此事已作是思惟：『我當云何方便濟拔，令其永離三惡趣苦？』既思惟已作是願言：『我當精勤無所顧戀，修行六種波羅蜜多，成熟有情、嚴淨佛土，令速圓滿疾證無上正等菩提，我佛土中得無如是三惡趣名，一切有情皆善趣攝。』善現！是菩薩摩訶薩由此六種波羅蜜多，速得圓滿疾能證得一切智智。」

③國土平整願

「復次，善現！有菩薩摩訶薩<u>具修六種波羅蜜多</u>，<u>見諸有情由惡業障</u>，所居大地高下不平，塠阜溝坑，穢草株杌，毒刺荊棘，不淨充滿。見此事已作是思惟：『我當云何方便濟拔諸有情類，令永滅除諸惡業障，所居之處地平如掌，無諸穢草株杌等事？』既思惟已作是願言：『我當精勤無所顧戀，修行六種波羅蜜多，成熟有情、嚴淨佛土，令速圓滿疾證無上正等菩提，我佛土中得無如是諸雜穢業，所感大地平坦莊嚴，豐諸花果甚可愛樂。』善現！是菩薩摩訶薩由此六種波羅蜜多，速得圓滿疾能證得一切智智。」

④金沙布地願

「復次，善現！有菩薩摩訶薩<u>具修六種波羅蜜多</u>，<u>見諸有情薄福德故</u>，所居大地無諸珍寶，唯有種種土石瓦礫。見此事已作是思惟：『我當云何濟拔如是多罪少福諸有情類，令所居處豐饒珍寶？』既思惟已作是願言：『我當精勤無所顧戀，修行六種波羅蜜多，成熟有情、嚴淨佛土，令速圓滿疾證無上正等菩提，我佛土中得無如是多罪少福諸有情類，金沙布地，處處皆有吠琉璃等眾妙珍奇，有情受用不生染著。』善現！是菩薩摩訶薩由此六種波羅蜜多，速得圓滿疾能證得一切智智。

⑤無攝受愛著願

「復次，善現！有菩薩摩訶薩<u>具修六種波羅蜜多</u>，<u>見諸有情凡所攝受多</u>

生愛著，發起種種惡不善業。見此事已作是思惟：『我當云何濟拔如是多所攝受諸有情類，令其永離愛著惡業？』既思惟已作是願言：『我當精勤無所顧戀，修行六種波羅蜜多，成熟有情、嚴淨佛土，令速圓滿疾證無上正等菩提，我佛土中得無如是多所攝受諸有情類，一切有情於色聲等無所攝受不生愛著。』善現！是菩薩摩訶薩由此六種波羅蜜多，速得圓滿疾能證得一切智智。

⑥四姓無別願

「復次，善現！有菩薩摩訶薩具修六種波羅蜜多，見諸有情有四色類貴賤差別，謂剎帝利、婆羅門等。見此事已作是思惟：『我當云何方便濟拔諸有情類，令無如是貴賤差別？』既思惟已作是願言：『我當精勤無所顧戀，修行六種波羅蜜多，成熟有情、嚴淨佛土，令速圓滿疾證無上正等菩提，我佛土中得無如是四種色類貴賤差別，一切有情同一色類，悉皆尊貴人趣所攝。』善現！是菩薩摩訶薩由此六種波羅蜜多，速得圓滿疾能證得一切智智。

⑦家無優劣願

「復次，善現！有菩薩摩訶薩具修六種波羅蜜多，見諸有情有下、中、上家族差別。見此事已作是思惟：『我當云何方便濟拔諸有情類，令無如是下、中、上品家族差別？』既思惟已作是願言：『我當精勤無所顧戀，修行六種波羅蜜多，成熟有情、嚴淨佛土，令速圓滿疾證無上正等菩提，我佛土中得無如是下、中、上品家族差別，一切有情皆同上品。』善現！是菩薩摩訶薩由此六種波羅蜜多，速得圓滿疾能證得一切智智。

⑧妙色成就願

「復次，善現！有菩薩摩訶薩具修六種波羅蜜多，見諸有情端正醜陋形色差別。見此事已作是思惟：『我當云何方便濟拔諸有情類，令無如是端正醜陋形色差別？』既思惟已作是願言：『我當精勤無所顧戀，修行六種波羅蜜多，成熟有情、嚴淨佛土，令速圓滿疾證無上正等菩提，我佛土中得無如是端正醜陋形色差別諸有情類，一切有情皆真金色，端嚴殊妙眾所樂見，成就第一圓滿淨色。』善現！是菩薩摩訶薩由此六種波羅蜜多，速得圓滿疾能證得一切智智。

⑨有情無主宰願

「復次，善現！有菩薩摩訶薩具修六種波羅蜜多，見諸有情繫屬主宰，諸有所作不得自在。見此事已作是思惟：『我當云何方便濟拔諸有情

類令得自在？』既思惟已作是願言：『我當精勤無所顧戀，修行六種波羅蜜多，成熟有情、嚴淨佛土，令速圓滿疾證無上正等菩提，我佛土中諸有情類得無主宰，諸有所作皆得自在，乃至不見主宰形像，亦復不聞主宰名字，唯有如來、應、正等覺，以法統攝名為法王。』善現！是菩薩摩訶薩由此六種波羅蜜多，速得圓滿疾能證得一切智智。

⑩同修聖道願

「復次，善現！有菩薩摩訶薩具修六種波羅蜜多，見諸有情有地獄等諸趣差別。見此事已作是思惟：『我當云何濟拔如是諸有情類，令無善惡諸趣差別？』既思惟已作是願言：『我當精勤無所顧戀，修行六種波羅蜜多，成熟有情、嚴淨佛土，令速圓滿疾證無上正等菩提，我佛土中得無善惡諸趣差別，乃至無有地獄、傍生、鬼界、阿素洛、人、天名字，一切有情皆同一類等修一業，謂皆和合修行布施乃至般若波羅蜜多，安住內空乃至無性自性空，安住真如乃至不思議界，安住苦、集、滅、道聖諦，修行四念住乃至八聖道支，修行四靜慮、四無量、四無色定，修行八解脫、八勝處、九次第定、十遍處，修行空、無相、無願解脫門，修行陀羅尼門、三摩地門，修行五眼、六神通，修行佛十力乃至十八佛不共法，修行無忘失法、恒住捨性，修行一切智、道相智、一切相智，修行菩薩摩訶薩行及佛無上正等菩提。』善現！是菩薩摩訶薩由此六種波羅蜜多，速得圓滿疾能證得一切智智。

⑪同一化生願

「復次，善現！有菩薩摩訶薩具修六種波羅蜜多，見諸有情四生差別，所謂胎卵及濕化生。見此事已作是思惟：『我當云何方便濟拔令無如是四生差別？』既思惟已作是願言：『我當精勤無所顧戀，修行六種波羅蜜多，成熟有情、嚴淨佛土，令速圓滿疾證無上正等菩提，我佛土中得無如是四生差別，諸有情類皆同化生。』善現！是菩薩摩訶薩由此六種波羅蜜多，速得圓滿疾能證得一切智智。」

⑫神通願

「復次，善現！有菩薩摩訶薩具修六種波羅蜜多，見諸有情無五通慧，諸有所作不得自在。見此事已作是思惟：『我當云何方便濟拔皆令獲得五神通慧？』既思惟已作是願言：『我當精勤無所顧戀，修行六種波羅蜜多，成熟有情、嚴淨佛土，令速圓滿疾證無上正等菩提，我佛土中諸有情類，五神通慧皆得自在。』善現！是菩薩摩訶薩由此六種波羅蜜多，速得圓滿疾能證得一切智智。」

⑬法喜為食願

「復次,善現!有菩薩摩訶薩具修六種波羅蜜多,見諸有情受用段食,身有種種大小便利,膿血臭穢甚可厭捨。見此事已作是思惟:『我當云何濟拔如是受用段食諸有情類,令其身中無諸便穢?』既思惟已作是願言:『我當精勤無所顧戀,修行六種波羅蜜多,成熟有情、嚴淨佛土,令速圓滿疾證無上正等菩提,我佛土中諸有情類,唯同受用妙法喜食,一切皆似極光淨天,內外身支無諸雜穢。』善現!是菩薩摩訶薩由此六種波羅蜜多,速得圓滿疾能證得一切智智。*7

⑭身具光明願

「復次,善現!有菩薩摩訶薩具修六種波羅蜜多,見諸有情身無光明,諸有所作須求外照。見此事已作是思惟:『我當云何方便濟拔諸有情類,令離如是無光明身?』既思惟已作是願言:『我當精勤無所顧戀,修行六種波羅蜜多,成熟有情、嚴淨佛土,令速圓滿疾證無上正等菩提,我佛土中諸有情類,身具光明不假外照。』善現!是菩薩摩訶薩由此六種波羅蜜多,速得圓滿疾能證得一切智智。

⑮無有歲節願

「復次,善現!有菩薩摩訶薩具修六種波羅蜜多,見諸有情所居之土,有晝、有夜、有月、半月,時節歲數轉變非恒。見此事已作是思惟:『我當云何濟拔如是諸有情類,令所居處無晝夜等時節變易?』既思惟已作是願言:『我當精勤無所顧戀,修行六種波羅蜜多,成熟有情、嚴淨佛土,令速圓滿疾證無上正等菩提,我佛土中得無晝夜月半月等時節之名。*8』善現!是菩薩摩訶薩由此六種波羅蜜多,速得圓滿疾能證得一切智智。

⑯壽命無量願

「復次,善現!有菩薩摩訶薩具修六種波羅蜜多,見諸有情壽量短促。見此事已作是思惟:『我當云何方便濟拔諸有情類,令離如是壽量短促?』既思惟已作是願言:『我當精勤無所顧戀,修行六種波羅蜜多,成熟有情、嚴淨佛土,令速圓滿疾證無上正等菩提,我佛土中諸有情類,壽量長遠劫數難知。』善現!是菩薩摩訶薩由此六種波羅蜜多,速得圓滿疾能證得一切智智。

⑰相好莊嚴願

「復次,善現!有菩薩摩訶薩具修六種波羅蜜多,見諸有情身無相好。見此事已作是思惟:『我當云何方便濟拔諸有情類令得相好?』既思

惟已作是願言：『我當精勤無所顧戀，修行六種波羅蜜多，成熟有情、嚴淨佛土，令速圓滿疾證無上正等菩提，我佛土中諸有情類，身具相好圓滿莊嚴，有情見之生淨妙喜。』善現！是菩薩摩訶薩由此六種波羅蜜多，速得圓滿疾能證得一切智智。

⑱善根成就願

「復次，善現！有菩薩摩訶薩具修六種波羅蜜多，見有情類離諸善根。見此事已作是思惟：『我當云何濟拔如是諸有情類令具善根？』既思惟已作是願言：『我當精勤無所顧戀，修行六種波羅蜜多，成熟有情、嚴淨佛土，令速圓滿疾證無上正等菩提，我佛土中諸有情類，一切成就勝妙善根，由此善根，能辦種種上妙供具供養諸佛，乘此福力隨所生處，復能供養諸佛世尊。』善現！是菩薩摩訶薩由此六種波羅蜜多，速得圓滿疾能證得一切智智。」

⑲無身心病苦願

「復次，善現！有菩薩摩訶薩具修六種波羅蜜多，見諸有情具身心病。身病有四，謂風、熱、痰、及諸雜病。心病亦四，謂貪、瞋、癡、及慢等病。見此事已作是思惟：『我當云何濟拔如是身心病苦諸有情類？』既思惟已作是願言：『我當精勤無所顧戀，修行六種波羅蜜多，成熟有情、嚴淨佛土，令速圓滿疾證無上正等菩提，我佛土中諸有情類，身心清淨無諸病苦乃至無有身心病名。』善現！是菩薩摩訶薩由此六種波羅蜜多，速得圓滿疾能證得一切智智。

⑳唯趣大乘願

「復次，善現！有菩薩摩訶薩具修六種波羅蜜多，見諸有情種種意樂三乘差別。見此事已作是思惟：『我當云何方便濟拔諸有情類，令其棄捨二乘意樂，唯令樂趣無上大乘？』既思惟已作是願言：『我當精勤無所顧戀，修行六種波羅蜜多，成熟有情、嚴淨佛土，令速圓滿疾證無上正等菩提，我佛土中諸有情類，唯求無上正等菩提，不樂聲聞、獨覺乘果，乃至無有二乘之名。』善現！是菩薩摩訶薩由此六種波羅蜜多，速得圓滿疾能證得一切智智。

㉑無增上慢願

「復次，善現！有菩薩摩訶薩具修六種波羅蜜多，見諸有情起增上慢，未得謂得未證謂證。見此事已作是思惟：『我當云何濟拔如是諸有情類，令其棄捨增上慢結？』既思惟已作是願言：『我當精勤無所顧戀，修行六種波羅蜜多，成熟有情、嚴淨佛土，令速圓滿疾證無上正等菩

提，我佛土中得無如是增上慢者，一切有情離增上慢。』善現！是菩薩摩訶薩由此六種波羅蜜多，速得圓滿疾能證得一切智智。

㉒光明壽量弟子無量願

「復次，善現！有菩薩摩訶薩<u>具修</u>六種波羅蜜多，<u>見有如來、應、正等覺光明、壽量、弟子眾數皆有分限</u>。見此事已作是思惟：『我當云何得光明、壽量、弟子眾數皆無分限？』既思惟已作是願言：『我當精勤無所顧戀，修行六種波羅蜜多，成熟有情、嚴淨佛土，令速圓滿疾證無上正等菩提，令我爾時光明、壽量、弟子眾數皆無分限。』善現！是菩薩摩訶薩由此六種波羅蜜多，速得圓滿疾能證得一切智智。」

㉓國土無量願

「復次，善現！有菩薩摩訶薩<u>具修</u>六種波羅蜜多，<u>見有如來、應、正等覺所居之土周圓有量</u>。見此事已作是思惟：『我當云何得所居土周圓無量？』既思惟已作是願言：『我當精勤無所顧戀，修行六種波羅蜜多，成熟有情、嚴淨佛土，令速圓滿疾證無上正等菩提，十方各如殑伽沙數大千世界合為一土，我住其中說法，教化無量無數無邊有情。』善現！是菩薩摩訶薩由此六種波羅蜜多，速得圓滿疾能證得一切智智。

(3)願說法令有情證知生死解脫皆空

「復次，善現！有菩薩摩訶薩<u>具修</u>六種波羅蜜多，<u>見諸有情生死長遠，諸有情界其數無邊</u>。見此事已作是思惟：『生死邊際猶如虛空，諸有情界亦如虛空，雖無真實諸有情類，流轉生死及得解脫，而諸有情妄執為有，輪迴生死受苦無邊，我當云何方便濟拔？』既思惟已作是願言：『我當精勤無所顧戀，修行六種波羅蜜多，成熟有情、嚴淨佛土，令速圓滿疾證無上正等菩提，為諸有情說無上法，皆令解脫生死大苦，亦令證知生死解脫都無所有畢竟皆空。』善現！是菩薩摩訶薩由此六種波羅蜜多，速得圓滿疾能證得一切智智。」*9

(4)殑伽天女與淨土行願

①淨土行願

第二分殑伽天品第五十八

爾時，眾中有一天女名殑伽天，從座而起，頂禮佛足，偏覆左肩右膝著地，合掌恭敬白言：

「世尊！我當具修布施、淨戒、安忍、精進、靜慮、般若波羅蜜多，成熟有情、嚴淨佛土，所嚴淨土如今世尊為諸大眾於此般若波羅蜜多甚

深經中所說土相一切圓滿。」

時，殑伽天作是語已，即取種種金花、銀花、水陸生華及自嚴具，并持金色天衣一雙，恭敬至心奉散佛上，佛神力故上踊空中宛轉右旋，於佛頂上化成四柱四角寶臺，綺飾莊嚴甚可愛樂，於是天女持此善根與諸有情平等共有迴向無上正等菩提。(金色天衣一雙：金縷織成之上下衣)

②世尊現神瑞，授無上菩提記

爾時，世尊知彼天女志願深廣，即便微笑，諸佛法爾於微笑時，種種色光從面門出，今佛亦爾，從其面門放種種光，青黃赤白紅紫碧綠，遍照十方無量無邊諸佛世界，還來此土現大神變，繞佛三匝入佛頂中。

時，阿難陀見聞是已，從座而起頂禮佛足，偏覆左肩右膝著地，合掌恭敬白言：

「世尊！何因何緣現此微笑？諸佛現笑非無因緣。」

爾時，世尊告慶喜曰：

「今此天女於未來世當成如來、應、正等覺，劫名星喻，佛號金花。慶喜當知！今此天女即是最後所受女身，捨此身已便受男身，盡未來際不復為女。從此歿已生於東方不動如來、應、正等覺甚可愛樂佛國土中，於彼佛所勤修梵行，此女彼界便號金花，修諸菩薩摩訶薩行。慶喜當知！金花菩薩從不動佛世界歿已復生他方，從一佛土至一佛土，供養恭敬、尊重讚歎諸佛世尊，於生生處常不離佛，如轉輪王從一臺觀至一臺觀，歡娛受樂，乃至命終足不履地。金花菩薩亦復如是，從一佛國往一佛國，乃至無上正等菩提，於生生中常見諸佛，恒聞正法修菩薩行。」

爾時，慶喜竊作是念：

「金花菩薩當作佛時，亦當宣說甚深般若波羅蜜多，彼會菩薩摩訶薩眾，其數多少應如今佛菩薩眾會。」

佛知其念，告慶喜言：

「如是！如是！如汝所念。金花菩薩當作佛時，亦為眾會宣說如是甚深般若波羅蜜多，彼會菩薩摩訶薩眾，其數多少亦如今佛菩薩眾會。慶喜當知！金花菩薩當作佛時，出家弟子其數甚多不可稱計，謂不可數若百、若千、若百千等，但可總說無量無邊百千俱胝那庾多眾。慶喜當知！金花菩薩當作佛時，其土無有如此般若波羅蜜多經中所說種種過患。」

③授記因緣

爾時，慶喜復白佛言：

「今此天女先於何佛已發無上正等覺心，種諸善根迴向發願，今得遇佛
　供養恭敬而得受於不退轉記？」

佛告慶喜：

「今此天女於燃燈佛已發無上正等覺心，種諸善根迴向發願，故今遇我
　供養恭敬而得受於不退轉記。慶喜當知！我於過去燃燈佛所以五莖花
　奉散彼佛迴向發願，燃燈如來、應、正等覺知我根熟與我受記：『汝
　於未來世當得作佛，號曰能寂，界名堪忍，劫號為賢。』」

「天女爾時聞佛授我大菩提記，歡喜踊躍，即以金華奉散佛上，便發無
　上正等覺心，種諸善根迴向發願，使我來世於此菩薩當作佛時，亦如
　今佛現前授我大菩提記，故我今者與彼授記。」

爾時，慶喜聞佛所說歡喜踊躍，復白佛言：

「今此天女久為無上正等菩提植眾德本，今得成熟，是故如來、應、正
　等覺與彼授記。」

佛告慶喜：

「如是！如是！如汝所說。此殑伽天女久為無上正等菩提植眾德本，今
　既成熟，故我授彼所求無上正等菩提不退轉記。」*10

(CBETA, T07, no. 220, p. 275, a⁷–p. 279, b⁵)

sher phyin:　v.027, pp. 882¹⁰–894¹⁷; v.028, pp. 3²–14¹⁷《合論》: v.051, pp. 31¹¹–55⁰³

(3)化身因 【第 41 義】：方便善巧加行

3.菩薩學空而不證

41.1 超過四魔之方便善巧加行

(1)觀空不取證

41.2 雖修空性不證實際無住之方便善巧加行

①善學自性空，不見證法、證者

❶云何學？云何入？

卷452〈習近品 59〉：第二分習近品第五十九

爾時，具壽善現白佛言：

「世尊！修行如是甚深般若波羅蜜多諸菩薩摩訶薩，云何習近空？云

何入空三摩地？*14 云何習近無相？云何入無相三摩地？云何習近無願？云何入無願三摩地？云何習近四念住乃至八聖道支？云何修四念住乃至八聖道支？云何習近如來十力乃至十八佛不共法？云何修如來十力乃至十八佛不共法？」

❷菩薩善學自相空而無所見

佛告善現：

「修行如是甚深般若波羅蜜多諸菩薩摩訶薩，應觀色空，應觀受、想、行、識、空；應觀眼處乃至意處空，應觀色處乃至法處空，應觀眼界乃至意界空，應觀色界乃至法界空，應觀眼識界乃至意識界空，應觀眼觸乃至意觸空，應觀眼觸為緣所生諸受乃至意觸為緣所生諸受空，應觀地界乃至識界空，應觀無明乃至老死空，應觀布施波羅蜜多乃至般若波羅蜜多空，應觀內空乃至無性自性空空，應觀真如乃至不思議界空，應觀苦、集、滅、道聖諦空，應觀四靜慮、四無量、四無色定空，應觀八解脫乃至十遍處空，應觀四念住乃至八聖道支空，應觀空、無相、無願解脫門空，應觀三乘、菩薩十地空，應觀陀羅尼門、三摩地門空，應觀五眼、六神通空，應觀佛十力乃至十八佛不共法空，應觀三十二大士相、八十隨好空，應觀無忘失法、恒住捨性空，應觀一切智、道相智、一切相智空，應觀預流果乃至獨覺菩提空，應觀一切菩薩摩訶薩行空，應觀諸佛無上正等菩提空，應觀有漏、無漏法空，應觀世間、出世間法空，應觀有為、無為法空，應觀過去、未來、現在法空，應觀善、不善、無記法空，應觀欲界、色界、無色界法空。

「善現！是菩薩摩訶薩作此觀時不令心亂。若心不亂則不見法，若不見法則不作證。所以者何？善現！是菩薩摩訶薩善學諸法自相皆空，無法可增無法可減，故於諸法不見不證。何以故？善現！於一切法勝義諦中，能證、所證、證處、證時及由此證，若合若離皆不可得不可見故。」*15

②深觀空，知是學時非是證時

❶云何住空法中而不作證？

具壽善現白佛言：

「世尊！如佛所說諸菩薩摩訶薩應觀法空而不作證，世尊！云何諸菩薩摩訶薩應觀法空而不作證？」

❷明理

1.先作是念：今是學時非是證時

佛告善現：

「諸菩薩摩訶薩觀法空時，先作是念：『我應觀法諸相皆空，不應
作證。我為學故觀諸法空，不為證故觀諸法空，今是學時，非為
證時。』*16

2.初入時，不專繫心於空緣中

善現！是菩薩摩訶薩未入定位，繫心於所緣，已入定時不繫心於
境。

「善現！是菩薩摩訶薩於如是時，不退布施波羅蜜多不證漏盡，乃
至不退般若波羅蜜多不證漏盡*16；不退內空不證漏盡，乃至不
退無性自性空不證漏盡；不退真如不證漏盡，乃至不退不思議界
不證漏盡；不退苦聖諦不證漏盡，不退集、滅、道聖諦不證漏盡；
不退四靜慮不證漏盡，不退四無量、四無色定不證漏盡；不退八
解脫不證漏盡，不退八勝處、九次第定、十遍處不證漏盡；不退
四念住不證漏盡，乃至不退八聖道支不證漏盡；不退空解脫門不
證漏盡，不退無相、無願解脫門不證漏盡；不退三乘、菩薩十地
不證漏盡；不退陀羅尼門、三摩地門不證漏盡；不退五眼、六神
通不證漏盡；不退佛十力不證漏盡，乃至不退十八佛不共法不證
漏盡；不退相好不證漏盡；不退無忘失法、恒住捨性不證漏盡；
不退一切智、道相智、一切相智不證漏盡；不退菩薩摩訶薩行不
證漏盡；不退無上正等菩提不證漏盡。

「何以故？善現！是菩薩摩訶薩成就如是微妙大智善住法空，及一
切種菩提分法，常作是念：『今時應學不應作證。』

3.未圓滿具足佛功德前不應取證

善現！是菩薩摩訶薩行深般若波羅蜜多，恒作是念：『我於布施
乃至般若波羅蜜多，今時應學不應作證。我於內空乃至無性自性
空，今時應學不應作證。我於真如乃至不思議界，今時應學不應
作證。我於苦、集、滅、道聖諦，今時應學不應作證。我於四靜
慮、四無量、四無色定，今時應學不應作證。我於八解脫乃至十
遍處，今時應學不應作證。我於四念住乃至八聖道支，今時應學
不應作證。我於空、無相、無願解脫門，今時應學不應作證。我
於三乘、菩薩十地，今時應學不應作證。我於陀羅尼門三摩地門，
今時應學不應作證。我於五眼、六神通，今時應學不應作證。我

於佛十力乃至十八佛不共法,今時應學不應作證。我於相好,今時應學不應作證。我於無忘失法、恒住捨性,今時應學不應作證。我於一切智、道相智、一切相智,今時應學不應作證。我於一切菩薩摩訶薩行,今時應學不應作證。我於諸佛無上正等菩提,今時應學不應作證。我今為學一切智智,應學預流果乃至獨覺菩提,皆令善巧不應作證。』*16

「善現!是菩薩摩訶薩行深般若波羅蜜多,應習近空,應安住空,應修行空三摩地,而於實際不應作證。應習近無相,應安住無相,應修行無相三摩地,而於實際不應作證。應習近無願,應安住無願,應修行無願三摩地,而於實際不應作證。應習近四念住,應安住四念住,應修行四念住,而於實際不應作證。應習近四正斷乃至八聖道支,應安住四正斷乃至八聖道支,應修行四正斷乃至八聖道支,而於實際不應作證。如是乃至應習近佛十力,應發趣佛十力,應修行佛十力,而於實際不應作證。應習近四無所畏乃至十八佛不共法,應發趣四無所畏乃至十八佛不共法,應修行四無所畏乃至十八佛不共法,而於實際不應作證。

「善現!是菩薩摩訶薩雖習近空、無相、無願,亦安住空、無相、無願,亦修行空、無相、無願三摩地,而不證預流果乃至不證獨覺菩提。雖習近四念住乃至八聖道支,亦安住四念住乃至八聖道支,亦修行四念住乃至八聖道支,而不證預流果乃至不證獨覺菩提。由此因緣不墮聲聞及獨覺地,疾證無上正等菩提。」

(CBETA, T07, no. 220, p. 279, b¹³–p. 280, c⁵)

sher phyin: v.028, pp. 14¹⁸–19⁰³ 《合論》: v.051, pp. 55⁰⁴–59⁰⁴

❸舉喻*17

　1.壯士喻

　　卷452〈習近品59〉:

「善現!如有壯士形貌端嚴威猛勇健,見者歡喜,具勝圓滿清淨眷屬,於諸兵法學至究竟,善持器仗,安固不動,六十四能、十八明處*18,一切技術無不善巧,眾人欽仰悉皆敬伏,善事業故功少利多。由此諸人供養恭敬、尊重讚嘆,無時暫捨,彼於爾時倍增喜躍,對諸眷屬而自慶慰。有因緣故,將其父母妻子眷屬發趣他方,中路經過險難曠野,其間多有惡獸、劫賊、怨家潛伏諸怖畏事,眷屬小大無不驚惶。其人自恃多諸技術,威猛勇健身意泰

然,安慰父母并諸眷屬,勿有憂懼必令無苦。彼人於是以善巧術,將諸眷屬至安隱處,既免危難,歡娛受樂。然彼壯士於曠野中,惡獸、怨賊無加害意。所以者何?自恃威猛具諸技術無所畏故。

「善現當知!諸菩薩摩訶薩亦復如是,愍生死苦諸有情類,發趣無上正等菩提,普緣有情發四無量,住四無量俱行之心,勇猛修習布施、淨戒、安忍、精進、靜慮、般若波羅蜜多,令速圓滿。是菩薩摩訶薩於此六種波羅蜜多未圓滿位,為欲修學一切智智不證漏盡,雖住空、無相、無願解脫門,然不隨其勢力而轉,亦不為彼障所引奪,於解脫門亦不作證。由不證故,不墮聲聞及獨覺地,必趣無上正等菩提。

2.鳥翼喻

善現!如堅翅鳥飛騰虛空,自在翱翔久不墮落,雖依空戲而不據空,亦不為空之所拘礙。

「善現當知!諸菩薩摩訶薩亦復如是,雖於空、無相、無願解脫門數數習近、安住、修行,而於其中能不作證,由不證故不墮聲聞及獨覺地。修佛十力、四無所畏、四無礙解、大慈、大悲、大喜、大捨、十八佛不共法、無忘失法、恒住捨性、陀羅尼門、三摩地門、一切智、道相智、一切相智,及餘無量無邊佛法,若未圓滿,終不依空、無相、無願三三摩地而證漏盡。」

(CBETA, T07, no. 220, p. 280, c⁵–p. 281, a⁹)

sher phyin:　v.028, pp. 19³³–21¹¹　《合論》: v.051, pp. 59⁰⁵–61¹⁶

3.善射喻

41.3 由昔願力引發利他之方便善巧加行

卷 452〈習近品 59〉:

「善現!如有壯夫善閑射術,欲顯己技,仰射虛空,為令空中箭不墮地,復以後箭射前箭筈,如是展轉經於多時,箭箭相承不令其墮。若欲令墮便止後箭,爾時諸箭方頓墮落。

「善現當知!諸菩薩摩訶薩亦復如是,行深般若波羅蜜多,方便善巧所攝受故,乃至無上正等菩提,因行善根未皆成熟,終不中道證於實際。若時無上正等菩提,因行善根一切成熟,爾時菩薩方證實際,便得無上正等菩提。是故,善現!諸菩薩摩訶薩行深般若波羅蜜多,皆應如是審諦觀察,如先所說諸法實相。」

(CBETA, T07, no. 220, p. 281, a⁹⁻²⁰)

sher phyin: v.028, pp. 21^{11}–22^{06} 《合論》: v.051, pp. 61^{17}–62^{13}

③以悲願、方便力行三解脫門不捨有情

41.4 不共二乘之方便善巧行

卷 452〈習近品 59〉: 爾時,具壽善現白佛言:

「世尊!諸菩薩摩訶薩甚為希有能為難事,雖學諸法真如、法界、法性、實際,雖學諸法皆畢竟空乃至自相空,雖學苦、集、滅、道聖諦,雖學四念住乃至八聖道支,雖學空、無相、無願解脫門,而於中道不墮聲聞及獨覺地,退失無上正等菩提。」

❶大悲心所持,不捨有情

佛告善現:

「諸菩薩摩訶薩於諸有情誓不捨,故謂作是願:『若諸有情未得解脫,我終不捨所起加行。』善現!諸菩薩摩訶薩願力殊勝,常作是念:『一切有情若未解脫,我終不捨。』由起如是廣大心故,於其中道必不退落。

❷心念有情顛倒,雖入三解脫門而不中道證實際

善現!諸菩薩摩訶薩,恒作是念:『我不應捨一切有情,必令解脫,然諸有情行不正法,我為度彼,應數引發寂靜空、無相、無願解脫門,雖數引發而不取證。』善現!是菩薩摩訶薩成就善巧方便力故,雖數現起三解脫門,而於中間不證實際,乃至未得一切智智。要得無上正等菩提方乃取證。」

(CBETA, T07, no. 220, p. 281, a^{21}–b^{9})

sher phyin: v.028, pp. 22^{06}–23^{05} 《合論》: v.051, pp. 62^{14}–63^{15}

❸先發悲願斷有情顛倒執,常增益善法不失諸功德

41.5 於一切法無實執著之方便善巧加行

卷 452〈習近品 59〉:

「復次,善現!諸菩薩摩訶薩於甚深處常樂觀察。謂樂觀察內空、外空、內外空、空空、大空、勝義空、有為空、無為空、畢竟空、無際空、散無散空、本性空、自共相空、一切法空、不可得空、無性空、自性空、無性自性空,亦樂觀察四念住、四正斷、四神足、五根、五力、七等覺支、八聖道支,及空、無相、無願解脫門等皆自相空。善現!是菩薩摩訶薩作此觀已,生如是念:『諸有情類由惡友力,於長夜中起我想執,有情想執,乃至知者見者想執。由此想

執，行有所得，輪迴生死受種種苦。為斷有情如是想執，應趣無上正等菩提，為諸有情說深妙法，令斷想執離生死苦。」*19

「善現！是菩薩摩訶薩爾時雖學空解脫門，而不依此證於實際。雖學無相、無願解脫門，而不依此證於實際。以於實際不取證故，不墮預流、一來、不還、阿羅漢果，亦復不墮獨覺菩提。善現！是菩薩摩訶薩由如是念行深般若波羅蜜多，成就善根不證實際。雖於實際未即作證，而不退失四靜慮、四無量、四無色定，亦不退失四念住、四正斷、四神足、五根、五力、七等覺支、八聖道支，亦不退失八解脫、八勝處、九次第定、十遍處，亦不退失空、無相、無願解脫門，亦不退失內空乃至無性自性空，亦不退失真如乃至不思議界，亦不退失苦、集、滅、道聖諦，亦不退失布施波羅蜜多乃至般若波羅蜜多，亦不退失陀羅尼門、三摩地門，亦不退失五眼、六神通，亦不退失如來十力乃至十八佛不共法，亦不退失無忘失法、恒住捨性，亦不退失一切智、道相智、一切相智，亦不退失諸餘無量無邊佛法。

「善現！是菩薩摩訶薩爾時成就一切菩提分法，乃至證得無上正等菩提，於諸功德終不衰減。善現！是菩薩摩訶薩行深般若波羅蜜多，方便善巧所攝受故，於念念中白法增益，諸根猛利超過一切聲聞、獨覺。」*19

(CBETA, T07, no. 220, p. 281, b^9–c^{14})

sher phyin:　v.028, pp. 23^{05}–25^{10}　《合論》: v.051, pp. 63^{16}–66^{08}

(2)別明三解脫門(各有所益，各有所治)

41.6 經無量劫修空解脫門之方便善巧加行
41.7 經無量劫修無相解脫門之方便善巧加行
41.8 經無量劫修無願解脫門之方便善巧加行

①無願解脫門

卷 452〈習近品 59〉：

「復次，善現！若菩薩摩訶薩常作是念：『諸有情類於長夜中，為諸惡友所攝受故，其心常行三四顛倒。謂常想倒、心倒、見倒，若樂想倒、心倒、見倒，若我想倒、心倒、見倒，若淨想倒、心倒、見倒。我為如是諸有情故，應趣無上正等菩提，修諸菩薩摩訶薩行，證得無上正等覺時，為諸有情說無倒法，謂說生死無常、無樂、無我、無淨，唯有涅槃微妙寂靜，具足種種常、樂、我、淨真實功德。』善現！是菩

薩摩訶薩成就此念,行深般若波羅蜜多,方便善巧所攝受故,於佛十力、四無所畏、四無礙解、大慈、大悲、大喜、大捨、十八佛不共法,及餘無量無邊佛法,若未圓滿,終不證入如來勝定。

「善現!是菩薩摩訶薩爾時雖學空、無相、無願解脫門入出自在,而於實際未即作證,乃至無上正等菩提因行功德未善圓滿,不證實際及餘功德,若得無上正等覺時,乃可證得此實際等。善現!是菩薩摩訶薩爾時雖於諸餘功德修未圓滿,而於無願三摩地門修已圓滿。

②空解脫門

「復次,善現!若菩薩摩訶薩常作是念:『諸有情類於長夜中,為諸惡友所攝受故行有所得,謂執有我或有有情乃至執有知者見者,或執有色、受、想、行、識,或執有眼處乃至意處,或執有色處乃至法處,或執有眼界乃至意界,或執有色界乃至法界,或執有眼識界乃至意識界,或執有眼觸乃至意觸,或執有眼觸為緣所生諸受,乃至意觸為緣所生諸受,或執有地界乃至識界,或執有無明乃至老死,或執有十善業道,或執有四靜慮,或執有四無量,或執有四無色定,或執有四攝事。我為如是諸有情故,應趣無上正等菩提,修諸菩薩摩訶薩行,證得無上正等覺時,令諸有情永斷如是有所得執。』善現!是菩薩摩訶薩成就此念,行深般若波羅蜜多,方便善巧所攝受故,於佛十力、四無所畏、四無礙解、大慈、大悲、大喜、大捨、十八佛不共法,及餘無量無邊佛法,若未圓滿,終不證入如來勝定。善現!是菩薩摩訶薩爾時雖學空、無相、無願解脫門,入出自在,而於實際未即作證。乃至無上正等菩提因行功德未善圓滿,不證實際及餘功德,若得無上正等覺時,乃可證得此實際等。善現!是菩薩摩訶薩爾時雖於諸餘功德,修未圓滿,而但於空三摩地門修已圓滿。」

(CBETA, T07, no. 220, p. 281, c¹⁴–p. 282, a²⁸)

sher phyin: v.028, pp. 25¹⁰–27¹¹ 《合論》:v.051, pp. 66⁰⁹–68¹²

③無相解脫門

卷 452〈習近品 59〉:

「復次,善現!若菩薩摩訶薩常作是念:『諸有情類於長夜中,為諸惡友所攝受故常行諸相。謂執男相,或執女相,或執色相,或執聲相,或執香相,或執味相,或執觸相,或執法相,或復於中執諸餘相。我為如是諸有情類,應趣無上正等菩提,修諸菩薩摩訶薩行,證得無上正等覺時,令諸有情永斷如是諸相執著。』善現!是菩薩摩訶薩成就

此念：『行深般若波羅蜜多，方便善巧所攝受故，於佛十力、四無所畏、四無礙解、大慈、大悲、大喜、大捨、十八佛不共法，及餘無量無邊佛法。若未圓滿，終不證入如來勝定。』善現！是菩薩摩訶薩爾時雖學空無相無願解脫門，入出自在，而於實際未即作證，乃至無上正等菩提因行功德，未善圓滿，不證實際及餘功德。若得無上正等覺時，乃可證得此實際等。善現！是菩薩摩訶薩爾時雖於諸餘功德，修未圓滿，而於無相三摩地門修已圓滿。」(CBETA, T07, no. 220, p. 282, a28–b17)

sher phyin:　v.028, pp. 27^{11}–28^{08}　《合論》：v.051, pp. 68^{13}–69^{12}

(3)智慧成就者，不執著三界

卷 452〈習近品 59〉：

「復次，善現！若菩薩摩訶薩已善修學布施波羅蜜多乃至般若波羅蜜多，已善安住內空乃至無性自性空，已善安住真如乃至不思議界，已善安住苦、集、滅、道聖諦，已善修學四念住乃至八聖道支，已善修學空、無相、無願解脫門，已善修學四靜慮、四無量、四無色定，已善修學八解脫、八勝處、九次第定、十遍處，已善修學所行十地，已善修學陀羅尼門、三摩地門，已善修學五眼、六神通，已善修學如來十力乃至十八佛不共法，已善修學無忘失法、恒住捨性，已善修學一切智、道相智、一切相智，已善修學一切菩薩摩訶薩行，已善修學諸佛無上正等菩提，善現！是菩薩摩訶薩成就如是功德智慧，若於生死發起樂想，或說有樂，或於三界安住執著，必無是處。」

(CBETA, T07, no. 220, p. 282, b18–c3)

sher phyin:　v.028, pp. 28^{08}–29^{21}　《合論》：v.051, pp. 69^{13}–71^{07}

4.不退轉菩薩之修學法相 (學而不證)

(1)云何應學空而不取證？

41.9 自善示現不退轉相狀之方便善巧加行

卷 452〈習近品 59〉：

「復次，善現！若菩薩摩訶薩已善修行菩提分法、一切如來、應、正等覺及諸菩薩摩訶薩眾法，應試問：『若菩薩摩訶薩欲證無上正等菩提，云何修學菩提分法而不證空、無相、無願、無生、無滅、無作、無為、無性、實際，由不證故不得預流、一來、不還、阿羅漢果、獨覺菩提，而勤修學甚深般若波羅蜜多，常無所執？』

(2)不正知與能正知不退轉修學相 (未授記與已授記者)

「善現！是菩薩摩訶薩得此問時，若作是答：『諸菩薩摩訶薩欲證無上正
等菩提，但應思惟空、無相、無願、無生、無滅、無作、無為、無性、
實際及餘一切菩提分法，不應修學。』善現當知！是菩薩摩訶薩未蒙如
來、應、正等覺授與無上正等菩提不退轉記。何以故？善現！是菩薩摩
訶薩未能開示、記別、顯了住不退轉地菩薩摩訶薩修學法相。

「善現！是菩薩摩訶薩得此問時，若作是答：『諸菩薩摩訶薩欲證無上正
等菩提，應正思惟空、無相、無願、無生、無滅、無作、無為、無性、
實際，及餘一切菩提分法，亦應方便如先所說善巧修學而不作證。』善
現當知！是菩薩摩訶薩，已蒙如來、應、正等覺授與無上正等菩提不退
轉記。何以故？善現！是菩薩摩訶薩已能開示、記別、顯了住不退轉地
菩薩摩訶薩修學法相。

(3)二種能如實知不退轉修學法相者

①已得不退轉之薄地菩薩

「善現！若菩薩摩訶薩未能開示、記別、顯了住不退轉地菩薩摩訶薩修
學法相，當知是菩薩摩訶薩未善修學六波羅蜜多及餘一切菩提分法，
未入薄地，未如其餘住不退轉地菩薩摩訶薩開示、記別、顯了安住不
退轉相。善現！若菩薩摩訶薩已能開示、記別、顯了住不退轉地菩薩
摩訶薩修學法相，當知是菩薩摩訶薩已善修學六波羅蜜多及餘一切菩
提分法，已入薄地，已如其餘住不退轉地菩薩摩訶薩開示、記別、顯
了安住不退轉相。」」

(CBETA, T07, no. 220, p. 282, c^3–p. 283, a^7)

sher phyin: v.028, pp. 30^{01}–31^{19} 《合論》: v.051, pp. 71^{08}–73^{09}

②未得不退轉之菩薩

41.10 善巧五明處經無量劫修真實義之無量加行

卷 452〈習近品 59〉：爾時，善現白言：

「世尊！頗有未得不退轉菩薩摩訶薩能作如是如實答不？」

佛告善現：

「有菩薩摩訶薩雖未得不退轉，而能於此作如實答。善現！是菩薩摩訶
薩雖未得不退轉，而能修學六波羅蜜多及餘一切菩提分法，已得成熟
覺慧猛利，若聞、不聞能如實答如不退轉地菩薩摩訶薩。」(聞者，從
他聞；不聞者，自思惟能求諸法相者。)

③讚歎如實答者

爾時，善現復白佛言：

「多有菩薩摩訶薩修行無上正等菩提,少有能如實答如不退轉地菩薩摩訶薩已善修習地、未善修習地而安住故。」

佛告善現:

「如是!如是!如汝所說。何以故?善現!少有菩薩摩訶薩得受如是不退轉地微妙慧記,若有得受如是記者,皆能於此作如實答。善現!若能於此如實答者,當知是菩薩摩訶薩善根明利,智慧深廣,世間天、人、阿素洛等不能引奪。」*20　(CBETA, T07, no. 220, p. 283, a7–22)

sher phyin:　v.028, pp. 31^{19}–32^{15}　《合論》: v.051, pp. 73^{10}–74^{07}

註解：

*1 夢中行三三摩地

(1)舍利子問難

若菩薩夢中行三三摩地，增益般若福德、集善根、近佛道不？

　夢是虛誑非實見法，三三摩地是實法。夢中亦有善心行三三摩地，應得福德，然夢是狂癡法，不應於中行實法而有果報。故有此問。

(2)善現答

若菩薩晝日行般若有益者，夜亦應有益，然晝日無益者，何況夢中？

何以故？般若波羅蜜多不分別有晝夜故。

　若言「有增益」，夢是虛誑，般若是實法，云何得增益？

　若言「無增益」，夢中有善，云何無增益？

　故應離此二邊之問難，但以諸法實相回答。

*2 夢中業集不集成

(1)夢中業能集成不？

①舍利子問

夢中造業，有實集能成果報不？

　此中夢心微弱，不能集成。但夢覺已，分別夢中生善不善心，則應集成。

②善現反問

若夢中殺人，覺已分別，是業集成不？

(2)晝夢業皆從因緣生

①舍利子答

諸業若晝若夢皆從因緣生，若無因緣則不生。

②善現述成

如是！若思業有因緣生，無因緣則不生。(思指意業，業指身口業，合為三業。)

三業因見、聞、覺、知四法而心生，心隨因緣生，或淨或不淨。夢中所見皆因先見、聞、覺、知。夢中所作善惡，為眠覆心，不自在故，無有勢力，不能集成果報；若此業於覺時與善惡心和合，能助成果報。

故善現言：「夢中業實有集成。何以故？有因緣故。晝日心、夢中心無異。所以者何？皆因四種生故。」

(3)諸法雖自性空，但因緣生思業

①舍利子問難

佛說思業自性空，云何說「諸業從因緣生」？

②善現依因緣答

諸思業及所緣事皆自性空，而凡夫取相分別，有此因緣故生；若不取相，無因緣則不生。

是故諸業皆從取相因緣生故有，晝日、夢中無異。

*3 夢中迴向成不成

(1)舍利子問

若夢中、晝日無異者，夢中迴向應當是實。又若晝日著心取相，尚不名迴向，何況眠睡覆心。故舍利子問：夢中行六波羅蜜迴向無上菩提，是實迴向不？

(2)慈氏菩薩答

慈氏菩薩以舍利子、善現二人，分別覺、夢若同若異，各有所執，不能通達，故但說空而不答。

①諸法空無所有，無二無別

一切法本性皆空，都無所有無二無別，畢竟推徵不可得故。

②不見有法能答能記

❶不見有法能答

不見有法能答、所答、答處、答時及由此答。

色受想行識不能答、色受想行識空不能答。何等名慈氏能答？

❷不見有法能記

不見有法能受記、所記、記處、記時及由此記。

不見有受無上菩提不退轉記者。何謂慈氏已受不退轉記？

*4 明所證法甚深

(1)所證亦空無所有

慈氏菩薩雖說空，但其所證法非如所說。

①以所證法不可說故

入法性中，如鳥飛空，跡不可尋。不如二乘於實際作證，有於證處。

②以無所得為方便

「汝以涅槃為證，我以涅槃為空、無所得，故不證。」

③久行六波羅蜜，其智甚深，能知涅槃相而不取證。

(2)雖不見所證法而不生疑

①法空無相故無所見

法空、無相、無願，云何得見？若見，即是有相。

肉眼、天眼分別取相，故不應見；慧眼無分別相，亦不見。以是故言不見。

②雖不見所證法而不生疑

菩薩得無生法忍時，不作是念：「見是法，得受記，當證無上菩提。」

雖不作是見，亦不生疑：「我不得無上菩提？」「我證阿羅漢、不證阿羅漢？」

*5 具修六波羅蜜之願

此中不一一別明諸波羅蜜，但總言六波羅蜜，一切諸善盡入六波羅蜜中，此明多因感多果。

*6 三聚差別

(1)《長阿含經》8 聚集經

「復有三法，謂三聚：正定聚、邪定聚、不定聚。」

(2)《大智度論》45

「眾生有三分，一者正定，必入涅槃；二者邪定，必入惡道；三者不定。」

*7 不受段食唯受法喜食

(1)諸人受用段食，而五臟六腑更相業節，大小便利分口流出。

欲界天雖復皆有段食，而皆消化去，無大小便利。

初禪天無段食，無鼻舌識，二禪三禪天無五識唯意識。

(2)極光淨天 ābhāsvara

又名光音天，為第二靜慮第三天。在火災後成劫初時，光音天有情下生為大梵天及人等。極光淨天唯以法喜為食。

*8 無晝夜時節

菩薩見諸有情夏熱冬寒共不調適，故願無時節；願有情自有光明，不須日月，無晝夜月半月等。

*9 願令有情證知生死解脫畢竟空

菩薩若見生死道長、有情性多，則起懈怠退沒心。

是故佛教菩薩無上法：生死雖長有情雖多，是事皆空，如虛空或如夢中所見，非實長遠，實無生死往來，亦無解脫者。

*10 殑伽天女淨土行願

殑伽天女作是願：「我當具修六波羅蜜，成熟有情、嚴淨佛土，所嚴淨土如今世尊於般若經中所說土相一切圓滿。」

過去時燃燈佛與世尊授記：「汝於未來世當得作佛，號曰能寂，界名堪能，劫號為賢。」爾時殑伽天女聞是授記，便發無上正等覺心，發願於來世世尊授其大菩提記。

由此因緣世尊今與殑伽天女授無上正等菩提不退轉記。

*11 八地以上之四種自在

(1)八地：得相自在(化現身相)及土自在(化現淨土)，以此二自在能成熟佛法、成熟有情。

(2)九地：除相自在及土自在外，得智自在(得四無礙解)，此自在依止無分別智，而以後得智為體。

(3)十地：得業自在，得清淨身口意三業自在，利樂有情。

(通達三身三業自在：通達無分別依止得法身果，通達淨土及智自在依止得應身果，通達業自在依止得化身果。)

此外另得陀羅尼、三摩地門自在，以通達如來一切秘密法藏。

*12 意生身 manomaya kāya

初地以上菩薩為濟度有情，依意所化生之身。

中有身、劫初人、色無色界、變化身、三界外之變易身等均屬於意生身。

*13 不可思議變化生死 (變異生死)

若以有漏善惡業為因，煩惱障為緣，受三界內之粗報身，而有分段生死。而阿羅漢、獨覺及大力菩薩，則以無漏之有分別業為因，所知障為緣，於三界之外受殊勝微妙果報身。菩薩以此身於三界修菩薩行，以至成佛。此中以悲願力，壽命肉體可得變化，其種子之變化說為生死，可分為前三地之方便生死，四至六地之因緣生死，七至九地之有有生死，十地之無有生死。

*14 習近空、入空

習近空即是學空。學在先，入在後；學是因，入是果；學是方便，入是所得。

*15 菩薩行涅槃道而不取證

(1)三解脫門乃至三十七道品等是聲聞獨覺所行之涅槃道。聲聞獨覺斷我見捨愛著，直趣涅槃。

(2)菩薩則觀一切法空，入禪定心不亂，以此智慧力，不見此空法，以不見故無所證。

是菩薩善學自相空，色法乃至極微，非色法乃至一念，皆直入畢竟空中，乃至不見此空法可以為證。

*16 今是學時，非為證時

(1)觀法空時，應先作是念：

「我應具足(深入)觀法諸相皆空，不應急著作證。」

深入空則知空亦空，涅槃亦空，故無所證，非如二乘淺入空故作證。(如執菅草，緩捉傷手，急捉則無傷。)

故我為學故觀諸法空，不為證故觀諸法空，今是學時，非為證時。

(2)初入時不專繫心於空緣中

前說觀諸法空時令心不亂，心不亂則不見法，不見法則不作證，此指能深入觀法者，知空亦空，不令心在餘事故不亂。

但初學者未入空時，應作是念：「我應先遍觀諸法相皆空，不應不具足知而取證。」

故不專心攝令入禪而繫在空緣中，若專心繫在空緣中，則心柔軟無力，不能從空自出(住於空不能出空)。若能從空自出，則於是時，不退布施等聖道法，不證漏盡。

(3)未圓滿具足佛功德前不應取證

我亦應作是念：「我今未具相好、佛十力、四無量乃至十八佛不共法，云何取涅槃證？我今是學時，薄諸煩惱、教化有情令入佛道，若我得佛事具足，是時當取證。」

是故菩薩雖入三解脫門而不取證。

*17 舉喻

(1)壯士喻

壯士(菩薩)以器杖(神通等方便力)安固不動(住畢竟空)，將父母妻子眷屬(可度有情)，經險難曠野(三界生死)制伏諸惡賊(魔民及煩惱)，經大路(菩薩行道)發趣他方(涅槃安樂處)。

(2)鳥翼喻

空中無所有，云何可行？如鳥飛虛空無所依止，而能遠逝不墜。

菩薩未具足道法，未至佛道中間不作證，如鳥未至目的地不中間停住。

(3)善射喻

如人善射，以弓(禪定)射箭(智慧)，仰射虛空(三解脫門)，以後箭射前箭筈(以方便力)，令箭不墮地(不入涅槃地)。未具足佛十力等因行善根，終不取證。

*18 六十四能、十八明處　(參考《攝大乘論記要》智差別勝相　註30, P.375)

六十四能指王子養成過程中，所學的六十四種伎秘巧術法。

十八明處指印度外道之十八種經書(或作十八大經、十八大論)，乃四吠陀、六論及八論之合稱。

*19 先發悲願斷有情執，常增益善法不失功德

菩薩若直觀甚深法，或得聲聞道，或墮邪見，以無憐愍心，不能深入自相空故。若菩薩欲觀是法，應先起悲心，作願：「我當為有情成佛道，斷諸有情我想等執離生死苦。」是時，即是行空等三解脫門而不證實際。

菩薩由如是行深般若波羅蜜多,成就善根不證實際。雖於實際未即作證,而不退失無量無邊諸佛法,於諸功德不衰減。菩薩深入空故,諸根猛利,勝於二乘。

*20 不退轉菩薩之修學法相(學而不證)

(1)云何應學空而不取證?

　　菩薩入深空,雖學空而不證。

　　云何知道菩薩行者是未得道而能行此深空者?

(2)不正知與正知不退轉修學相

　　①若菩薩答:「但應思惟(觀)空、無相等及菩提分法,而不應學空、無相等,不應學餘菩提分法。」此菩薩未能蒙佛授記,未能開示不退轉菩薩修學法相。

　　②若菩薩答:「應思惟空等,亦應善巧修學而不作證。」則知此菩薩已蒙佛授記,已能開示不退轉菩薩修學法相。

(3)能如實知不退轉修學相者

　　①已得不退轉之薄地菩薩

　　　若菩薩已能開示不退轉菩薩修學法相,當知已善學六波羅蜜及餘菩提分法,已入薄地,已知其餘不退轉菩薩之不退轉相。

　　　此中薄地指菩薩行者,已過不退轉位(見地),但未成佛,已斷煩惱,薄餘習。若為聲聞行者則為初果及二果聖人。

　　②未得不退轉之菩薩

　　　有菩薩雖未得不退轉,而修學六波羅蜜及餘菩提分法,覺慧猛利。雖未得無生忍,而能求諸法相,能如實答如同不退轉菩薩。

國家圖書館出版品預行編目資料

二萬五千頌般若經合論記要(四) / 李森田 記要, -- 初版 -- 臺北
市：蘭臺出版社, 2024.08
　　冊；　　公分. --（佛教研究叢書；15）
　　ISBN：978-626-97527-9-9（全套：平裝）

　　1.CST: 般若部

221.4　　　　　　　　　　　　　　　　　　113005547

佛教研究叢書15

二萬五千頌般若經合論記要（四）

作　　者：李森田 記要
總　　編：張加君
編　　輯：柯惠真
主　　編：盧瑞容
美　　編：凌玉琳
校　　對：施麗蘭、林宜利、楊容容、沈彥伶
封面設計：陳勁宏
出 版 者：蘭臺出版社
發　　行：蘭臺出版社
地　　址：台北市中正區重慶南路1段121號8樓之14
電　　話：（02）2331-1675或（02）2331-1691
傳　　真：（02）2382-6225
E - MAIL：books5w@gmail.com或books5w@yahoo.com.tw
網路書店：http://5w.com.tw/
　　　　　https://www.pcstore.com.tw/yesbooks/
　　　　　https://shopee.tw/books5w
　　　　　博客來網路書店、博客思網路書店
　　　　　三民書局、金石堂書店
經　　銷：聯合發行股份有限公司
電　　話：（02）2917-8022 傳真：（02）2915-7212
劃撥戶名：蘭臺出版社　　　　　帳號：18995335
香港代理：香港聯合零售有限公司
電　　話：（852）2150-2100　　傳真：（852）2356-0735
出版日期：2024年8月　初版
定　　價：套書 新臺幣 6,800 元整（平裝）
ISBN：978-626-97527-9-9